高等教育安全科学与工程类系列教材

安全法学

第3版

主　编　栗继祖　赵耀江
副主编　王　茜　巩　燕
参　编　冀巨海　郭　彬　田水承　安婷玉　刘效广
王天日　黄　乾　林秀丽　禹　敏　于　跃
王晓佳　王晓波
主　审　李树刚　王新泉

机 械 工 业 出 版 社

本书第3版是根据我国《安全生产法》修订后的内容特点以及相关法律法规修改情况，结合前两版使用中存在的问题修订而成的。主要修订内容包括《安全生产法》、安全生产行业法律法规、事故案例分析等。全书主要内容包括安全法学基础、安全生产法律法规的形成与发展、安全立法、《安全生产法》、安全生产法律体系、安全生产监督管理、煤矿安全监察、中外煤矿安全监察法律制度比较、工伤保险和事故损害赔偿、安全生产行业法律法规、典型违法事故案例分析等。

本书可作为高等学校安全工程及相关法学专业的本科教材，也可作为注册安全工程师资格考试的辅导教材，同时可供从事安全法律法规研究及安全管理的相关专业人员学习参考。

图书在版编目（CIP）数据

安全法学/栗继祖，赵耀江主编. —3版. —北京：机械工业出版社，2016.8（2024.6重印）

高等教育安全科学与工程类系列教材

ISBN 978-7-111-54689-4

Ⅰ.①安…　Ⅱ.①栗…　②赵…　Ⅲ.①安全法学-中国-高等学校-教材　Ⅳ.①D922.501

中国版本图书馆CIP数据核字（2016）第202975号

机械工业出版社（北京市百万庄大街22号　邮政编码100037）

策划编辑：冷　彬　责任编辑：冷　彬　马碧娟　任正一

责任校对：王亚磊　封面设计：张　静

责任印制：单爱军

北京虎彩文化传播有限公司印刷

2024年6月第3版第9次印刷

184mm×260mm · 18.75印张 · 452千字

标准书号：ISBN 978-7-111-54689-4

定价：49.00元

电话服务　　　　　　　　　　网络服务

客服电话：010-88361066　机　工　官　网：www.cmpbook.com

010-88379833　机　工　官　博：weibo.com/cmp1952

010-68326294　金　书　网：www.golden-book.com

封底无防伪标均为盗版　机工教育服务网：www.cmpedu.com

安全工程专业教材
编审委员会

序[一]

“安全工程”本科专业是在1958年建立的“工业安全技术”“工业卫生技术”和1983年建立的“矿山通风与安全”本科专业基础上发展起来的。1984年，国家教委将“安全工程”专业作为试办专业列入普通高等学校本科专业目录之中。1998年7月6日，教育部发文颁布了《普通高等学校本科专业目录》，“安全工程”本科专业（代号：081002）属于工学门类的“环境与安全类”（代号：0810）学科下的两个专业之一[二]。据“高等学校安全工程学科教学指导委员会”1997年的调查结果显示，自1958~1996年年底，全国各高校累计培养安全工程专业本科生8130人。近年，安全工程本科专业得到快速发展，到2005年年底，在教育部备案的设有安全工程本科专业的高校已达75所，2005年全国安全工程专业本科招生人数近3900名[三]。

按照《普通高等学校本科专业目录》的要求，以及院校招生和专业发展的需要，原来已设有与“安全工程”专业相近但专业名称有所差异的高校，现也大都更名为“安全工程”专业。专业名称统一后的“安全工程”专业，专业覆盖面大大拓宽[三]。同时，随着经济社会发展对安全工程专业人才要求的更新，安全工程专业的内涵也发生了很大变化，相应的专业培养目标、培养要求、主干学科、主要课程、主要实践性教学环节等都有了不同程度的变化，学生毕业后的执业身份是注册安全工程师。但是，安全工程专业的教材建设与专业的发展出现尚不适应的新情况，无法满足和适应高等教育培养人才的需要。为此，组织编写、出版一套新的安全工程专业系列教材已成为众多院校的翘首之盼。

机械工业出版社是有着悠久历史的国家级优秀出版社，在高等学校安全工程学科教学指导委员会的指导和支持下，根据当前安全工程专业教育的发展现状，本着“大安全”的教育思想，进行了大量的调查研究工作，聘请了安全科学与工程领域一批学术造诣深、实践经验丰富的教授、专家，组织成立了教材编审委员会（以下简称“编审委”），决定组织编写“高等教育安全工程系列‘十一五’教材”[四]。并先后于

[一] 此序作于2006年5月，为便于读者了解本套系列教材的产生与延续，该序将一直被保留和使用，并对其中某些的数据变化加以备注，以反映本套系列教材的可持续性，做到传承有序。

[二] 按《普通高等学校本科专业目录》（2012版），“安全工程”本科专业（专业代码：082901）属于工学学科的“安全科学与工程类”（专业代码：0829）下的专业。

[三] 这是安全工程本科专业发展过程中的一个历史数据，没有变更为当前数据是考虑到该专业每年的全国招生数量是变数，读者欲加了解，可在具有权威性的相关官方网站查得。

[四] 自2012年更名为“高等教育安全科学与工程类系列教材”。

2004年8月（衡阳）、2005年8月（葫芦岛）、2005年12月（北京）、2006年4月（福州）组织召开了一系列安全工程专业本科教材建设研讨会，就安全工程专业本科教育的课程体系、课程教学内容、教材建设等问题反复进行了研讨，在总结以往教学改革、教材编写经验的基础上，以推动安全工程专业教学改革和教材建设为宗旨，进行顶层设计，制订总体规划、出版进度和编写原则，计划分期分批出版30余门课程的教材，以尽快满足全国众多院校的教学需要。

由安全学原理、安全系统工程、安全人机工程学、安全管理学等课程构成的学科基础平台课程，已被安全科学与工程领域学者认可并达成共识。本套系列教材编写、出版的基本思路是，在学科基础平台上，构建支撑安全工程专业的工程学原理与由关键性的主体技术组成的专业技术平台课程体系，编写、出版系列教材来支撑这个体系。

本套系列教材体系设计的原则是，重基本理论，重学科发展，理论联系实际，结合学生现状，体现人才培养要求。为保证教材的编写质量，本着“主编负责，主审把关”的原则，编审委组织专家分别对各门课程教材的编写大纲进行认真仔细的评审。教材初稿完成后又组织同行专家对书稿进行研讨，编者数易其稿，经反复推敲定稿后才最终进入出版流程。

作为一套全新的安全工程专业系列教材，其“新”主要体现在以下几点：

体系新。本系列教材从“大安全”的专业要求出发，从整体上考虑、构建支撑安全工程学科专业技术平台的课程体系和各门课程的内容安排，按照教学改革方向要求的学时，统一协调与整合，形成一个完整的、各门课程之间有机联系的系列教材体系。

内容新。本系列教材的突出特点是内容体系上的创新。它既注重知识的系统性、完整性，又特别注意各门学科基础平台课之间的关联，更注意后续的各门专业技术课与先修的学科基础平台课的衔接，充分考虑了安全工程学科知识体系的连贯性和各门课程教材间知识点的衔接、交叉和融合问题，努力消除相互关联课程中内容重复的现象，突出安全工程学科的工程学原理与关键性的主体技术，有利于学生的知识和技能的发展，有利于教学改革。

知识新。本系列教材的主编大多由长期从事安全工程专业本科教学的教授担任，他们一直处于教学和科研的第一线，学术造诣深厚，教学经验丰富。在编写教材时，他们十分重视理论联系实际，注重引入新理论、新知识、新技术、新方法、新材料、新装备、新法规等理论研究、工程技术实践成果和各校教学改革的阶段性成果，充实与更新了知识点，增加了部分学科前沿方面的内容，充分体现了教材的先进性和前瞻性，以适应时代对安全工程高级专业技术人才的培育要求。本系列教材中凡涉及安全生产的法律法规、技术标准、行业规范，全部采用最新颁布的版本。

安全是人类最重要和最基本的需求，是人民生命与健康的基本保障。一切生活、生产活动都源于生命的存在。如果人们失去了生命，一切都无从谈起。全世界平均每天发生约68.5万起事故，造成约2200人死亡的事实，使我们确认，安全不是别的什么，安全就是生命。安全生产是社会文明和进步的重要标志，是经济社会发展的综合反映，是落实以人为本的科学发展观的重要实践，是构建和谐社会的有力保障，是全面建成小康社会、统筹经济社会全面发展的重要内容，是实施可持续发展战略的组成部分，是各级政府履行市场监管和社会管理职能的基本任务，是企业生存、发展的基本要求。国内外实践证明，安全生产具有全局性、社会性、长期性、复杂性、科学性和规律性的特点，随着社会的不断进步和工业化进程的加快，安全生产工作的内涵发生了重大变化，它突破了时间和空间的限制，存在于人们日常生活和生产活动的全过程中，成为一个复杂多变的社会问题在安全领域的集中反映。安全问题不仅对生命个体非常重要，而且对社会稳定和经济发展产生重要影响。党的十六届五中全会首次提出“安全发展”的重要战略理念。安全发展是科学发展观理论体系的重要组成部分，安全发展与构建和谐社会有着密切的内在联系，以人为本，首先就是要以人的生命为本。“安全·生命·稳定·发展”是一个良性循环。安全科技工作者在促进、保证这一良性循环中起着重要作用。安全科技人才匮乏是我国安全生产形势严峻的重要原因之一。加快培养安全科技人才也是解开安全难题的钥匙之一。

高等院校安全工程专业是培养现代安全科学技术人才的基地。我深信，本套系列教材的出版，将对我国安全工程本科教育的发展和高级安全工程专业人才的培养起到十分积极的推进作用，同时，也为安全生产领域众多实际工作者提高专业理论水平提供学习资料。当然，由于这是第一套基于专业技术平台课程体系的教材，尽管我们的编审者、出版者夙兴夜寐，尽心竭力，但由于安全学科具有在理论上的综合性与应用上的广泛性相交叉的特性，开办安全工程专业的高等院校所依托的行业类型又涉及军工、航空、化工、石油、矿业、土木、交通、能源、环境、经济等诸多领域，安全科学与工程的应用也涉及人类生产、生活和生存的各个方面，因此本系列教材依然会存在这样和那样的缺点、不足，难免挂一漏万，诚恳地希望得到有关专家、学者的关心与支持，希望选用本系列教材的广大师生在使用过程中给我们多提意见和建议。谨祝本系列教材在编者、出版者、授课教师和学生的共同努力下，通过教学实践，获得进一步的完善和提高。

“嘤其鸣矣，求其友声”，高等院校安全工程专业正面临着前所未有的发展机遇，在此我们祝愿各个高校的安全工程专业越办越好，办出特色，为我国安全生产战线输送更多的优秀人才。让我们共同努力，为我国安全工程教育事业的发展做出贡献。

中国科学技术协会书记处书记⊖
中国职业安全健康协会副理事长
中国灾害防御协会副会长
亚洲安全工程学会主席
高等学校安全工程学科教学指导委员会副主任
安全科学与工程类专业教材编审委员会主任
北京理工大学教授、博士生导师

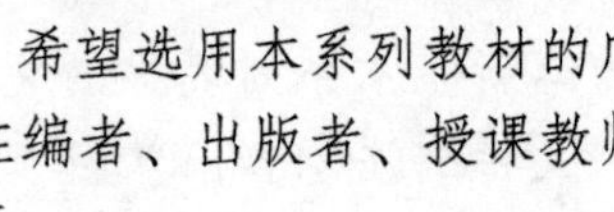

⊖ 曾任中国科协副主席。

第3版　前　言

我国近年来进一步加强了安全生产相关法律法规的制定及修订工作，2014年《安全生产法》修订后，安全生产法治建设取得了新进展，安全生产法治秩序得到完善。为了全面反映近年来我国安全生产法治建设的成果，本书第3版针对《安全法学》前两版教材的使用情况以及本领域研究的新进展，修订、完善了相关内容，主要修订内容包括：修改第4章《安全生产法》、增加安全生产行业法律法规一章、修改部分事故案例分析。

本书第3版由太原理工大学栗继祖教授、赵耀江教授担任主编。具体的编写分工如下：第1章由栗继祖编写；第2章由太原理工大学巩燕编写；第3章由太原理工大学王天日编写；第4、10章由太原理工大学王茜编写；第5章5.1、5.2节由西安科技大学田水承编写，5.3、5.4节由太原理工大学禹敏、于跃共同编写；第6章由太原理工大学冀巨海编写；第7章由太原理工大学郭彬编写；第8章由太原理工大学刘效广编写；第9章由太原理工大学安婷玉编写；第11章11.1~11.3节及11.6、11.7节由太原理工大学王晓佳、王晓波共同编写，11.4节由东北大学林秀丽编写，11.5节由中原工学院黄乾编写。全书由栗继祖、赵耀江统稿，西安科技大学李树刚教授和中原工学院王新泉教授担任主审。

敬请读者对本书使用中存在的问题多提宝贵意见。

编　者

第2版 前 言

我国近年来十分注重有关法律法规的出台，依法加强安全生产管理，安全生产法治建设取得了积极进展，安全生产法治秩序逐步形成和完善。为了全面反映我国安全生产法治建设的成果，在安全工程专业高等教育中让学生形成法治观念，针对各高校安全工程专业近年来开设的“安全法学”“安全法规与监察”等课程的教材使用情况以及本领域研究的新进展，我们对《安全法学》第1版进行了修订。本书第2版密切结合当前我国安全生产的实际，从安全生产法律法规、安全监察制度、安全生产标准、工伤保险与事故损害赔偿等方面对安全生产法律法规与监察进行了全面阐述。

本书理论阐述与实践并重，浅显易懂，适用性强，内容更为全面，为高校作为教材使用提供了更为丰富和完善的范本。同时，本书对于从事专业研究和参加资格考试的读者也有相当的参考价值，可作为政府部门、企业相关人员、法律研究者和其他专业学生的参考读物。

此次再版对编写人员做了部分调整，由太原理工大学赵耀江教授、栗继祖教授担任主编。具体的编写分工如下：第1、2章由赵耀江、栗继祖编写，第3、4、5、6、7、8章由栗继祖编写，第9章和第10章10.1、10.2节由太原理工大学王茜编写，第10章10.3、10.4节由西安科技大学田水承编写，第10章10.5节由中原工学院黄乾编写，第10章10.6节由东北大学林秀丽编写。全书由栗继祖统稿，中国矿业大学(北京校区)周心权教授和中原工学院王新泉教授担任主审。

尽管本书在编写时进行了认真的资料核实与文字核对工作，但仍难免存在误漏、不当之处，敬请读者多提宝贵意见。

编 者

第1版　前　言

我国生产事故多发，而且随着工业生产的发展，各类可导致事故的潜在隐患增多，严重威胁着人民群众的生命安全，对生态环境造成了严重破坏，给国家造成了巨大的经济损失，严重制约了我国工业企业的可持续发展。为此，我国近年来十分注重有关的法律法规的出台，依法加强安全生产管理，各高校安全工程专业也开设了“安全法学”课程，但是由于一直没有合适的教材，这一课程的开设，没有达到应有的教学效果。

针对这一问题，我们编写了《安全法学》一书。本书结合当前我国安全生产的实际，从安全生产法律、安全生产行政法规、安全监察制度、安全生产标准等方面对安全生产法规以及安全监察进行了阐述。

本书理论阐述与实践并重，浅显易懂，适用性强，既可作为高校安全工程专业的教材，也可作为培训教材和工具书供专业技术人员和管理部门工作人员学习、参考与使用。

本书由太原理工大学安全工程系主任赵耀江教授任主编，具体编写分工如下：第1、2、3章由赵耀江编写，第4、5、6、7、8章由太原理工大学栗继祖编写，第9章9.1、9.2、9.3、9.5节由中原工学院黄乾和西安科技大学田水承编写，第9章9.4、9.6节由东北大学林秀丽编写。太原理工大学刘茂林、郭胜亮、刘智灵参与了本书编写的一些文字工作。

本书由中国矿业大学(北京校区)博士生导师周心权教授和中原工学院王新泉教授任主审。

由于本书的编写是对国内安全法学教育的一次尝试，难免存在误漏、不当之处，敬请读者多提宝贵意见。

编　者

目 录

第1章

安全法学基础

1.1 安全法学概述

安全法学又称安全生产法学，是一门与安全生产法制密切相关的新兴学科，是在安全生产教育培训领域介绍国家有关政策法规时逐步建立、形成的。经过多年的发展，特别是高等教育以及安全监察领域的研究与完善，安全法学已经形成了比较完善的学科体系。以往，安全法学主要介绍各领域安全生产法律法规、国内外安全生产法律法规概况、中外安全生产法律法规比较、国际安全监察与行政执法、生产经营单位的安全生产职责与管理、安全生产的法律责任追究等，目前已经扩大到基本的安全法学理论、安全法学研究方法、职业安全健康、安全生产法律体系等。我国的安全生产法制近年来不断完善，依法监管、依法加强安全生产条件、建设安全生产法治秩序已经成为重要策略。

安全生产法律体系是国家为了保护劳动者在劳动过程中的安全和健康而制定的各种法律、法规以及标准和规范的总和，可分为宪法、安全生产法律、行政法规、规章、地方性法规、安全生产标准等。宪法在法律中居于最高地位，其中关于改善劳动条件、提高福利待遇的规定具有最高的法律效力。安全生产法律是由全国人民代表大会（以下简称人大）及其常务委员会（以下简称常委会）制定的安全生产法律规范性文件的统称，包括《中华人民共和国安全生产法》（以下简称《安全生产法》）、《中华人民共和国矿山安全法》（以下简称《矿山安全法》）等。行政法规是由国务院制定的有关的各类条例、办法等，包括《安全生产许可证条例》《煤矿安全监察条例》等。规章是指由国务院所属部委以及有关地方人民政府规定的有关安全生产的规范性文件，如《煤矿企业安全生产许可证实施办法》《生产经营单位安全培训规定》等。地方性法规是指省、自治区、直辖市的人大及其常委会在法定权限内制定、发布的规范性文件。安全生产标准是安全生产法律体系中的一个重要组成部分，有国家标准、行业标准等。除此以外，已批准的国际劳工组织（ILO）公约也是我国安全生产法律体系的有机组成部分。

安全法学对于建立和完善我国的安全生产法律体系具有重要价值，通过安全法学知识的学习与研究，可以提高安全生产法律意识，促进依法加强安全生产工作，确保我国安全生产法治秩序的建立和完善。

1.1.1 安全生产法律法规的基本内容

我国的安全生产法律制度经过多年的发展和完善，主要包括以下几个方面的内容：

（1）安全生产监督管理制度。这项制度主要包括安全生产监督管理体制、各级人民政府和安全生产监督管理部门以及其他有关部门各自的安全生产监督管理职责、安全生产监督检查人员职责、社区基层组织和新闻媒体进行安全生产监督的权利和义务等。

（2）生产经营单位安全保障制度。这项制度主要包括生产经营单位的安全生产条件、安全管理机构及其人员配置、安全投入、从业人员安全资质、安全生产条件论证和安全评价、建设工程“三同时”、安全设施的设计审查和竣工验收、安全技术装备管理、生产经营场所安全管理、社会工伤保险等。

（3）生产经营单位负责人安全生产责任制度。这项制度主要包括生产经营单位主要负责人和其他负责人、安全生产管理人员的资质及其在安全生产工作中的主要职责等。

（4）从业人员安全生产权利义务制度。这项制度主要包括生产经营单位的从业人员在生产经营活动中的基本权利和义务，以及应当承担的法律责任等。

（5）安全生产中介服务制度。这项制度主要包括从事安全评价、评估、检测、检验、咨询服务等工作的安全生产中介机构和安全专业技术人员的法律地位、任务和责任等。

（6）事故应急救援和处理制度。这项制度主要包括事故应急预案的制定、事故应急体系的建立、事故报告、调查处理的原则和程序、事故责任的追究、事故信息发布等。

（7）安全生产责任追究制度。这项制度主要包括安全生产的责任主体，安全生产责任的确定和责任形式，追究安全生产责任的机关、依据、程序和安全生产法律责任等。

1.1.2 建立安全生产法治秩序

要实现我国安全生产的根本目标，就必须建立以法制为基础的安全生产管理新体制，并通过法制手段来推进安全生产法律体系的实施，建立安全生产法治秩序。经过多年的努力，我国安全生产法制建设取得了显著成效，初步形成了以《安全生产法》为主体，《矿山安全法》、《中华人民共和国道路交通安全法》（以下简称《道路交通安全法》）、《中华人民共和国消防法》（以下简称《消防法》）、《中华人民共和国特种设备安全法》（以下简称《特种设备安全法》）《中华人民共和国铁路法》（以下简称《铁路法》）、《中华人民共和国煤炭法》（以下简称《煤炭法》）、《中华人民共和国电力法》（以下简称《电力法》）等相关法律为配套，行政法规、部门规章、地方性法规及相关标准为支持的安全生产法律体系。但安全生产法制建设和执法工作仍需进一步加大力度。

要加强立法和制度建设，建立重大隐患治理省级安全生产监督管理部门挂牌督办和监督检查制度，建立各级安全生产委员会事故查处督办制度，建立企业安全生产信用挂钩联动制度，推行高危企业安全生产责任险，促进安全技术装备产业发展，建立国家级安全生产应急救援队伍等，研究制定相应的部门规章或实施办法。

企业安全生产主体责任的履行，必须通过政府的有效监管，通过强制性执法才能实现。要正确认识企业安全生产主体责任与政府监管责任的关系，认清安全监管监察机构所必须履行的职责，进一步增强执法意识，加大执法力度，提高执法效率。通过强化安全监管监察执法工作，促使企业安全生产主体责任和安全生产各项工作落实到位。

“安全生产，重于泰山”。随着社会、经济的高速发展，安全生产工作越来越体现出重要性，安全生产事关社会政治、经济和人民生活的各个方面，关系到国家稳定，关系到人最宝贵的生命和财产的安全，还直接关系到企业的生存与发展。因此，加强安全生产的法制建设，搞好安全生产工作，是统筹社会经济健康发展，实现可持续发展战略，全面建成小康社会的必然选择。

1. 法制建设是安全生产的重要保障

抓好安全生产，必须依靠法制。安全生产涉及人民群众生命和财产安全的基本权利，这种权利只能依法确认和保护。企业从事生产经营活动也要履行法定义务并承担法律责任，否则必将陷入无序状态，造成人民群众生命财产和社会财富的重大损失。政府履行社会管理和公共服务的职能，必须依法行政。法制是安全生产的保障，没有法制则没有秩序，没有秩序则没有安全。

保障安全是企业从事生产经营活动的重要前提。安全生产法制的主要功能就是确定市场主体在安全生产方面的权利、义务和责任，设定安全生产的行为规范，建立正常的、安全的生产经营秩序，保障人民群众的生命财产安全。按照社会主义市场经济的要求，企业生产安全的无序状态需要依法规范。企业必须依法加强安全生产管理，必须依法处理生产安全事故，安全生产违法者必须承担法律责任。

强化安全生产监督管理需要法制。依法行政是社会主义法制建设的基本要求。在安全生产综合监管与专项监管相结合的管理体制下，依法监管是政府对安全生产进行监督的主要手段，必须依法确定负有安全生产监督管理职能的各有关部门的法律地位、职责和监管执法措施，保证监管执法主体依照法定授权、法定程序履行监管执法职责。

2. 完善安全生产的立法与体系建设是安全生产的前提

我国安全生产法制建设的进程经历了两个阶段，即煤炭工业法制建设的起步阶段和安全生产法制建设的全面发展阶段。1991~2001 年的 10 年，国家煤炭工业主管部门和安全生产监督管理部门坚决贯彻依法治国的基本方略，重视并致力于安全生产法制建设，逐步填补了我国安全生产法制建设的空白，初步建立了安全生产法律体系的框架，在我国社会主义法制史上写下了重要的一页。

2001 年至今是我国安全生产法制建设的全面发展阶段。21 世纪我国进入了全面建设和谐社会的新的历史时期，我国安全生产立法进入了系统化建设的新阶段。在十几年间，由国务院安全生产监督管理部门组织起草和修订、国家发布的安全立法就有多部。全国人大常委会审议通过了《安全生产法》。国务院制定了《国务院关于特大安全事故行政责任追究的规定》和《安全生产许可证条例》，修订了《危险化学品安全管理条例》。全国人大常委会和国务院还制定了《矿山安全法》《消防法》《特种设备安全法》《道路交通安全法》《中华人民共和国建筑法》（以下简称《建筑法》）《中华人民共和国职业病防治法》（以下简称《职业病防治法》）和《建设工程安全生产管理条例》《特种设备安全监察条例》《工伤保险条例》等安全生产法律、法规。

多年以来，我国尽管在安全生产的立法与体系建设上取得了瞩目的成就，但是由于起步较晚，加上经济、社会的飞速发展，在实际工作中经常会遇到各种问题，具体法律和体系建设还存在许多亟待修订和完善的地方。

3. 法制问题的关键还是执法的问题

法制是立法和执法的统一，立法的目的是为了实施。有法必依、违法必究和执法必严才是最重要的。法律的生命在于执行，执行不力的法律无异于一纸空文。“法令行则国治，法令弛则国乱”。据粗略统计，全国人大及其常委会所立的与安全生产有关的法律有十多部，国务院制定的各种条例达二十多部，各部委制定的规章有一百多个。然而，为什么上百个法律都控制不住“生产安全事故频发”？究其原因主要有以下几点：

首先，《安全生产法》在执行中遭遇了严重的地方保护主义、形式主义。有的地方官员充当违法违规企业的保护伞，使得违法成本低廉。组织结构层面的多重性也使得机构臃肿和职责不分，更加速了行政权力的社会化，并滋生腐败现象。

其次，执法人员和监管力量不足，一些执法人员素质不高。由于安全生产监督管理机构组建较晚、较急，人员大多来自不同的行业和部门，有的缺少专业知识，有的缺少执法经验，有的不敢管，有的不会管，监督检查经常流于形式。

最后，一些单位和部门对违法违令者姑息迁就，违而不查，查而不办，办而不究。许多行之有效的措施和法律法规形同虚设，缺少权威性、严肃性。

当前，我国安全生产法制建设已经步入正轨，今后的任务艰巨繁重。只要坚定不移、坚持不懈地努力工作，致力于安全生产法律制度和机制的健全，致力于安全生产法律体系的完善，致力于安全生产监管体制的顺畅，致力于全民安全生产法治观念和法律意识的培养，致力于安全生产法治秩序的建立，就一定能够遏制重大、特大生产安全事故以及各类职业伤害事故的发生，保障人民生命和财产安全，全面建设社会主义法治国家，促进经济社会的全面、协调、可持续发展，从根本上实现安全生产。

1.2 安全法学法理

社会法律现象包括一个国家现行的法律体系、法律制度、法律规范等，包括立法、执法、司法、守法和法律监督等环节，还包括法律的产生、发展变化、消亡的规律。法理学属于整个法学体系中的理论学科。它是对一个国家法律体系中的法律原则、法律规则、法律概念、法律内容和法律范畴进行理论上的分析，探索其精神实质。法理学不是研究某一具体的法律部门或某项法律规则的具体问题，而是关注对各个部门法学具有理论基础和方法论的指导意义的法律基础内容。法理学对于提高法律素质，增强法律意识和法治观念具有根本性、基础性的作用，也是做好立法、执法、司法、守法和法律监督等工作的理论基础和指导思想。

法理学是法学领域的基础性学科，它是以整个法律现象及其发展规律的共同性问题作为研究对象的。法理学的重点研究对象应该是法律本体论、法律发展论、法律价值论及作用论、法律运行论和法学教育及法律职业等内容。

1.2.1 法理学研究的主要问题

1.2.1.1 法理学包含的问题

（1）法的基本原理包括法的定义和特征、法的本质（内在）、法的作用、法的价值。

（2）从宏观上看，法在人类历史上是怎么产生、变化、发展的。

（3）以一个国家法律关系来看，国家是怎么使立法、执法、守法在一个国家贯彻实施的。

（4）就某一部法律来说，法的基本范畴。

（5）法和其他社会现象的关系。

1.2.1.2 法理学研究的内容

法理学研究的内容比较复杂，与安全法学关系密切的主要有以下几个方面：

1. 法理学的含义

（1）法理学的拉丁文为 Jurisprudentua，是所有法学和法律知识、理论、学说的总称。这是法理学一词在最广泛的意义上被人们所理解和使用，也是法理学最初的含义。

（2）法理学研究法学和法的一般问题，是作为法学体系中一门分支学科存在的专门学问。这是法理学一词在学理意义上、专门科学意义上被人们所理解和使用，是一般法学著述尤其是教科书上阐述的法理学。

2. 法理学的对象和范围

（1）法的一般原理，包括法的概念、本质、价值、功能、分类、发展等。

（2）法的基本范畴，包括法律关系、权利义务、职权职责、法的渊源、规范、体系、效力、责任、法律意识、法治原理等。

（3）法与其他社会现象的联系，包括法与经济、政治、文化、宗教、道德、人权。

（4）法的制定和实施，包括法的制定、解释、执行、适用、遵守以及法的实施保障等。

3. 法学体系与法理学的地位

（1）法学分科。

1）理论法学：其从总的方面探究各种法律现象的基本概念、原理、原则和根据的法学分支学科的总称，主要包括法理学或法哲学、立法学、法解释学、法律社会学和比较法学等。

2）应用法学：其任务主要是研究各个具体的部门法和各种具体的法的渊源，如法律、法规和规章，主要包括宪法学、行政法学、经济法学、民商法学、刑法学、诉讼法学、国际法学以及安全法学等。

3）历史法学：其主要研究历史上不同国家、不同类型的法律制度和法律思想，研究这些法律制度和思想的实质、内容、形式、特点及其产生、发展和消亡的规律，主要包括法律制度史学、法律思想史学、法律史学等。

（2）法理学在法学体系中的地位。

1）法理学作为从现实的和历史的各种法的现象中研究法的基本问题和一般规律的学科，是法学的主要理论学科，是全部法学专业、法律专业和法学教育必修的专业基础课程。

2）法理学的研究范围非常广泛，它涉及法学体系中的其他各个分支学科，既研究法自身的问题，又研究各种法制和法治现象。

3）法理学研究的是法学领域中重要的、基本的、根本的问题，它的成果对法学的其他分支学科有重要的理论基础作用。

4）法理学还研究法、法的现象、法的发展规律和与其他社会现象的联系，理解它们的发生、发展和与其他社会现象的关系，由此深刻理解各种法、法的现象、法的发展规律的精神实质。

5）法理学在同法学其他学科发生关系的过程中，对这些法学分支学科具有普遍指导意义。

4. 中国现时期法的渊源体系

中国现时期法的渊源体系，是由中央法的渊源和地方法的渊源这两大法的渊源系统所合成的。

（1）中央一级法的渊源体系。

1）宪法。在当代中国法的渊源中，宪法规定国家的根本制度和根本任务，具有最高的法律地位和法律效力，是制定一切法律、法规的依据。

2）法律。它包括基本法律和非基本法律。基本法律是指由全国人大制定和修改的，规定或调整国家和社会生活中，在某一方面具有根本性和全面性关系的法律，包括关于刑事、民事、国家机构的和其他的基本法律。基本法律以外的法律又称非基本法律，是指由全国人大常委会制定和修改的，规定和调整除基本法律调整以外的，关于国家和社会生活某一方面具体问题的关系的法律。

3）行政法规。它是由最高国家行政机关即国务院根据并且为实施宪法和法律而制定的关于国家行政管理活动方面的规范性文件，是我国重要的并且数量很大的一种法的渊源。其效力仅次于宪法和法律。

4）部门规章。它是国务院所属各个部门根据宪法、法律和行政法规制定的规范性法律文件。

（2）地方一级法的渊源体系。

1）地方性法规的立法主体是地方国家权力机关，即省、自治区、直辖市以及设区的市的人大及其常委会，其他地方国家机关均无权制定地方性法规。

2）地方性法规的根本任务是因地制宜解决地方问题，解决法律和行政法规不能独立解决或暂时不宜由法律和行政法规解决的问题。同时，地方性法规需要接受宪法、法律和行政法规的规制。

3）地方性法规的两条基本原则：① 体现地方特色——自主性；②与宪法、法律、行政法规不相抵触——从属性、执行性。

4）地方性法规的管理范围。为执行法律和行政法规，有权制定地方性法规的立法主体，可以根据本行政区域的实际情况对许多事项做出具体规定，这是从属性或执行性地方性法规调整的范围；地方性法规可以就属于地方性事务需要制定地方性法规的事项做出规定，这是自主性地方性法规调整的范围。

根据《中华人民共和国立法法》（以下简称《立法法》），除了属于只能由法律规定的11个方面的事项之外，其他事项国家尚未制定法律或行政法规的，省、自治区、直辖市和较大市的人大及其常委会，根据地方的具体情况和实际需要，可以先行制定地方性法规。

5）地方性法规与其他法的渊源之间的关系。

① 与宪法、法律和行政法规之间的关系。宪法、法律和行政法规的效力高于地方性法规。

② 与规章之间的关系。地方性法规与国务院部门规章之间对同一事项的规定不一致，不能确定如何适用时，由国务院提出意见，国务院认为应当适用地方性法规的，应当决定在该地方适用地方性法规，国务院认为应当适用部门规章的，需要提请全国人大常委会裁决。地方性法规的效力高于本级和下级地方政府规章。

③ 地方性法规内部之间的关系。设区的市的人大及其常委会的地方性法规，不得同本省、

自治区的地方性法规相抵触，报省、自治区人大常委会批准后执行；省、自治区、直辖市的人大有权改变或撤销它的常委会制定和批准的不适当的地方性法规。

5. 法的执行

广义的法的执行是指所有国家行政机关、司法机关及其公职人员依照法定职权和程序实施法律的活动。狭义的法的执行是指国家行政机关及其公职人员依法行使管理职权、履行职责、实施法律的活动。人们把行政机关称为执法机关就是在狭义上适用法的执行。

法理学研究的内容还包括法的概念、特征，法的要素，法的效力，法律体系，法律关系，法律责任，立法、执法与司法，法律解释，法律监督，法的实现，法的本质，法的作用，法的价值，法与人权，法的起源，法的历史类型，法与经济、政策、国家、科学技术，法与其他社会规范，法制与法治等。

1.2.2 法理学基础知识

法学理论是整个法学的基础理论，它研究的不是某一部门法学或某项法律的具体问题，而是对整个法的原理、原则、概念、范畴和规律性的东西进行理性思考，探求其精神实质。例如，法的产生、发展、本质、特征、作用、形式，法与国家和社会其他诸现象的关系，法的制定和实施等普遍性的、深层次的问题。我国法学理论，除研究上述问题外，还着重研究有中国特色的社会主义民主与法制，依法治国、建设社会主义法治国家，法与物质文明和精神文明建设的关系，人权以及“一国两制”的法律理论与实践等重大问题。这些问题对各个部门法学具有理论原理和方法论的指导意义，在人们提高法学素养、增强法律意识和法治观念的过程中具有基础性和根本性的作用，是做好立法、执法、司法、普法和法律监督等工作的法理根据和思想向导。

1.2.2.1 法的概念

什么是法律是法学理论最基本的问题。概括地说，法是由国家制定或认可的，以权利和义务为主要内容的，体现国家意志，并以国家强制力为后盾的行为规范的总称。把握法的概念，首先要了解法这一现象内在的、固有的、确定的东西，也就是法的基本特征；其次要把握法这一现象与其他同类现象的区别与联系，尤其是要把握法与道德、法与政策的区别与联系。

1. 法是调节人们行为的规范

人是天生的社会动物，离开了社会、离开了他人，任何人都无法生存下去，所以就必然有一个人们之间的相互关系，也就是社会关系问题。人们在相互交往中常常会发生矛盾、冲突，这就要求有一系列规则，以规范人们的行为，这样人们之间才能正常有序地进行交往。

2. 法是由国家制定或认可的一种特殊行为规范

人们的社会行为规范有多种，如习惯、教义、道德、政策、纪律等，法律规范与它们不同，是由国家制定或认可的、体现国家意志的。在我国，法所体现的国家意志是客观规律和社会主义初级阶段国情的有机结合，因而，具有普遍性和极大的权威。

3. 法是以规定权利和义务的方式来运作的行为规范

法所规定的权利和义务，包括个人、组织（法人）及国家（作为普通法律关系主体）的权利和义务，还包括国家机关及公职人员在依法执行公务时的职权和责任。它明确地告诉人们应该怎样做，必须怎样做，禁止怎样做。必须做的未做，禁止做的做了，就要追究法律责任。所以，立法机关代表人民做这样的规定时，要力求符合客观规律，充分体现人民的意志和利益。

4. 法是由国家强制力保证实施的社会行为规范

国家强制力即军队、警察、法庭、监狱等，是法的后盾，其他社会行为规范都不具有这种属性。在通常情况下，这种强制力是不显现的；对少数违法犯罪分子来说，这种强制力就会显现出来。如果没有这种强制力，在法的施行过程中遇到障碍，或者有人违反法律构成犯罪时，就不能排除障碍，不能使犯罪分子得到应有的制裁。

1.2.2.2 法律关系

法律关系是社会生活关系的法律形式，是法律所确认和调整的、法律主体之间基于一定的法律事实而形成的权利义务关系。

法律关系包括很多内容，如法律关系主体、客体、类别，法律关系的产生、变更和消灭等。这里主要讲权利与义务，因为权利与义务既是法律关系，也是法律规范本身的核心内容，它存在并贯穿于各个法律部门、各项法律及其运作的全过程。概括地说，权利是法律赋予权利人实现其利益的一种力量，义务是法律基于权利而给义务人的一种负担。

1. 权利与义务

古往今来，众多的学者对权利和义务做了大量研究，有各种各样的理论，但以下五个观点，从不同角度或层面上触及了它的本质：

（1）利益说，认为法律权利是法律所确认和保护的利益。一项权利之所以能成立，是为了保护某种利益，即利在其中。权利的实现要有条件，其直接相应的条件就是义务人要履行应尽的义务。相对来说，义务是负担，义务人要付出一定的利益。

（2）主张说，认为法律权利是正当而具有法律效力的主张。一种利益若无人提出对它的主张，就不可能成为法律权利。提出主张是主动的，相对来说，负担义务是被动的。最常见的事例是合同纠纷。如果双方都履约，双方的权利都得到实现；如果一方违约，另一方不依法主张自己的权利，并在必要时通过诉讼强制违约方履行义务，他的权利就不可能实现。

（3）资格说，认为法律权利是法律赋予权利主体作为或不作为的资格。提出主张要有凭有据有条件，对权利主体来说，就是要有资格，而且这种资格是法律所保护的。有了这种资格，就意味着“可以”做某事，没有这种资格，就意味着“不可以”做某事。例如，选举资格，有，就可以去投票；没有，就不可以去投票。

（4）力量说，认为法律权利是法律赋予权利主体实现其利益的一种力量。这种力量被称为权能，包括权威和能力。由法律赋予的利益或资格，是有权威的法律权利，有了这种权利的同时，主体还要具备享有和实现其利益的实际能力。法律权威的力量和权利主体的实际能力构成权利这种法律上的力量，这种力量能够保证主体为实现某种利益而活动或者改变法律关系。例如，某人把自己的合法财产卖掉或赠送给别人，就表现了某人的这种力量，法律关系也随之改变。

（5）自由说，认为法律权利是法律所允许的权利主体不受干预的自由。权利主体可以按个人意志去行使或放弃某项权利，不受外来的干预或胁迫。如果某人被强迫去行使或放弃某种利益或要求，那么这种主张或放弃本身就不是权利，而是义务。一般而言，为了确保权利的落实，外界包括其他公民、法人、社会组织和国家机关就会对权利主体负有一定的义务，以使其权利得以实现。作为法律权利的自由，包括意志自由和选择自由。例如，婚姻自由，既表现了男女双方的意志自由，也表现了双方的选择自由。但是，自由不是无度的，这个度就是法律规定的尺度。

2. 权利与义务的关系

（1）法律关系中的对应关系。这种对应关系是指任何一项法律权利都有相对应的法律义务，两者是相互关联、对立统一的。劳动和受教育等则既是权利，又是义务。

（2）社会生活中的对等关系。这主要表现在权利义务的总量是大体相等的。如果权利的总量大于义务的总量，则有的权利就是虚设的；如果义务的总量大于权利的总量，就有特权的存在。在具体的法律关系中，两者的总量也是相等的，如债权与债务是对等、等量的。

（3）功能上的互补关系。法律权利的享有有赖于法律义务的积极履行。在许多情况下，不主张权利，义务人就不去履行义务。例如，由于诉讼成本高等原因，债权人为了不耗费更多的精力、损失更多的费用，对于几千元、几万元的欠款一般就放弃了债权，这样债务人就逃避了义务。法律义务也是法律责任，义务规范要求的作为与不作为要令行禁止。法律主体如果都能这样对待义务，就必然有助于权利的实现，建立良好的秩序。

（4）价值选择中的主从关系。在任何类型的法律体系中，都是既有权利又有义务的，这样，才能通过法律对人们的社会行为进行调整。在我国社会主义条件下，由于坚持法律面前人人平等，在基本权利义务分配上一视同仁。也就是说，权利义务统一，任何人都既是权利主体，也是义务主体。

1.2.2.3 法的分类

法的分类是从不同角度，按照不同的标准把法分为若干不同的种类。以法规范的内容为标准，可以分为宪法、民法、刑法等；以法的创制方式和表现形式为标准，可以分为成文法、不成文法；以法的效力范围为标准，可以分为一般法、特别法，等等。

1. 国际法与国内法

这是以法的创制主体和适用主体的不同而进行的分类。国际法不论在理论上还是实践上，都有一个它与国内法的关系问题，显示出它的特殊性和重要性。

概括地说，国际法与国内法关系的理论主要是“两派三论”。所谓两派，即一派认为国际法与国内法是一个法律体系，这就是“一元论”；另一派则认为国际法与国内法是两个不同的法律体系，这就是“二元论”。在“一元论”中又有两种不同的论点：一种是国际法优于国内法，另一种是国内法优于国际法。由此形成了“两派三论”。

2. 实体法与程序法

这是根据法律规定内容的不同所做的划分。实体法是规定和确认权利与义务或职权与责任为主的法律，如宪法、行政法、民法、刑法等；程序法是以保证权利与义务得以实施或职权与责任得以履行的有关程序为主的法律，如民事诉讼法、刑事诉讼法、行政诉讼法、立法程序法等。但是，这里有两点应该注意：第一，这种划分并不是绝对的，实体法中往往有少量的程序规定，程序法中往往也规定有关国家机关和诉讼参与人在诉讼活动中的职权、责任和权利、义务；第二，要把程序法与诉讼法加以区别，如立法程序法、议事规则等是程序的规定，但不涉及诉讼问题。

3. 公法和私法

这种划分因为只在一部分国家（主要是西方民法法系或成文法系国家）适用，所以是法的一种特殊的分类。这种分类来源于罗马法。著名的罗马法学家乌尔比安认为：“公法是关于罗马国家的法律，私法是关于个人的法律。”但罗马法的内容主要是私法。17、18世纪公法的地位大大提高。到19世纪，这种划分被一些国家用于法典编纂和法律改革。进入20世纪，由于国家对经济的干预日益增多，在一些国家出现了“法律社会化”现象，公私法相互渗透，这种传统的划分法日益动摇。西方民法法系的法学家，对这种划分的标准也一直争论不休。有的认为应以法律关系的主体是否至少有一方代表公共权力为标准来划分；有的认为应以法律关系是对等还是从属为标准来划分；有的认为应以法律规定是强行法还是任意法的性质为标准来划分；有的认为应以法律的内容维护的是公共利益还是私人利益为标准来划分。在采用这种划分法的国家，一般认为宪法、行政法、刑法、诉讼法是公法，民法、商法是私法。劳动法、保险法、社会福利保障法、环境与自然资源保护法等，既无法列入公法，也无法列入私法，就单列出来，称为“混合法”或“中间法”。

我国有史以来就采用成文法，在制定立法规划、法律汇编和法学教学与研究中，都采用部门法的划分，如宪法、民商法、行政法、经济法、社会法、刑法、诉讼法等。

1.2.2.4　法的效力

法的效力通常有广义与狭义之分。广义的法律效力，是指法的约束力和强制力。规范性法律文件，如刑法、民法等，具有普遍的效力；非规范性法律文件，如判决书、调解书、公证书等，只有具体的、特定的法律效力。狭义的法律效力，是指法的生效范围或适用范围，即对什么人、在什么地方和什么时间适用的效力。

1. 对人的效力

法对人的效力有以下几种原则：

（1）属人主义。凡是本国人，不论在国内或国外，都受本国法约束。本国法对在本国领域的外国人不适用。

（2）属地主义。不论本国人、外国人，只要在本国法所管辖的区域内，一律有效力。本国人在国外，不受本国法的约束。

（3）保护主义。任何人只要损害了本国利益，不论损害者的国籍和所在地，都要受到本国法的追究。

（4）结合主义。以属地主义为主，与属人主义、保护主义相结合。现代国家大都采用这一原则，我国也采用这一原则。

2. 空间效力

法的空间效力是法适用的领域范围，包括领土、领水、领空和底土。驻外国使馆、悬挂本国国旗的船舶和航空器属于领域的延伸，本国法都有效。

法有位阶之分，这样才构成一个上下有序、左右相连的和谐统一体系。所以，不同位阶的法在本国领域内的效力是有区别的。以我国为例，主要有以下区别：

（1）宪法和全国人大制定的基本法律和决议、决定，全国人大常委会制定的法律和决议、决定，国务院制定的行政法规和发布的决定、命令等，在全国一切领域内有效。

（2）根据宪法或由全国人大授权，由有权制定地方性法规的省、市地方人大及其常委会制定的地方性法规，在本行政区域内有效；民族自治地方的人大及其常委会制定的地方性法规和民族自治地方的人大制定的自治条例、单行条例在本自治区域内有效；特别行政区的立法机关制定的法律在本特别行政区有效。

（3）国务院各部委和与有权制定地方性法规的人大同级的政府制定的规章，有内部规章和外部规章之分。部委的内部规章只在本部门内部有效；其外部规章只在本部门所管辖的事项范围内有效，即具有行业性。地方政府规章，只在本行政区域或本行政区域内的有关行业有效。

（4）有的法，如《中华人民共和国戒严法》，只有在某一地区发生的情况达到该法规定的条件，依法定程序宣布实行戒严的地区和时间内有效。

法和法律在学理上是有区别的，在法的体系中也是有区别的。当说到法律时，严格意义上仅指全国人大及其常委会制定的基本法律和法律；当说到法时，如执法、司法、守法，就还包括行政法规、地方性法规和规章。

我国制定法律、法规和规章的主体很多，因此，必须切实加强立法监督，才能使我国的法的体系内容和谐一致，形式完整统一。

3. 时间效力

法的时间效力是指法从何时开始有效，何时失效，以及对其生效以前的事项是否有效。

（1）法生效的时间。

1）自法颁布之日起生效。

2）由该法明文规定具体生效时间。

3）由专门的决定规定该法具体生效的时间。

4）明文规定法颁布后经过一定期限开始生效。正规的做法是明文规定（明示）生效的时间，即“依法生效”。

（2）法失效的时间。

1）新法公布后，原有的同一法即失效。

2）新法取代原有法，同时明文宣布原有法失效。

3）法本身规定有效期届满的即自行失效。

4）由有权机关或受权机关发布专门的文件宣布废止某个或某些法律、法规、规章。

5）法已完成历史任务而自行失效。

4. 法的实效

法的实效是指法为了实现其目的而调整社会关系所产生的实际效果，它表现为权利得到享用，义务得到履行，禁令得到遵守，从而实现依法治国、建设社会主义法治国家所追求的整个社会良好的法治状态，促进和保障生产力发展，综合国力持续增强，人民生活水平不断提高。

法的实效与法的效力不同，法的效力是法的约束力，属“应然”范畴；法的实效是法律规范通过遵守、执行和适用转化为社会现实，属“实然”范畴。法的效力是法的实效的前提之一，没有这个前提，法就不可能取得实效，但是，仅有这个前提，而不遵守、执行和适用，就不可能有实效。从法的效力与法的实效的角度说，我国立法活动所追求的目的，可以分为两个层次：第一层次是制定良好而完备的法，形成有中国特色的社会主义法的体系，这个法的体系中的所有规范，都是严格按照法定程序制定出来的，因而都具有法的效力。第二层次是使所有法律规范取得实效。对立法机关来说，取得法的实效，有一系列工作可做，如提高立法质量，严格而慎重地选举和决定任命国家机构的组成人员，加强立法和执法、司法监督等。但是，法的实效的取得，有多种条件和因素，概括起来主要是政治、经济、文化、道德四个方面。经济提供法的运行过程的物质保障，政治提供民主法治的支持和保障，文化提供公民和公职人员的科学文化知识的支持和保障，道德提供社会主体道德素养的支持和保障。总之，只要切实推行依法治国，建设社会主义法治国家的基本治国方略，就一定能够使我国社会主义法律取得更大的实效。

1.2.3　我国的基本法律制度

1.2.3.1　有中国特色的社会主义法律体系

1. 法律体系的概念

法律体系，一般来讲，是指一国全部法律规范依照一定的原则和要求所组成的有机的统一整体。它以法律形式反映和规范国家政治、经济、文化和社会的各项制度。要建立有中国特色的社会主义法律体系，就要科学地界定这一法律体系的构成，确定它包括哪些不同效力的规范性文件，即法律体系的范围，确定它由哪些法律部门组成。有中国特色的社会主义法律体系，应该是适应我国社会主义初级阶段的基本国情，与社会主义的根本任务相一致，以宪法为统帅和根本依据，由部门齐全、结构严谨、内部协调、体例科学的法律及其配套法规所构成，是保证我国沿着建设有中国特色社会主义道路前进的各项法律制度的有机的统一整体。

2. 法律体系的构成

我国的法律体系应当以宪法为统帅，以法律为主干，同时包括行政法规、地方性法规、民族自治地方的自治条例和单行条例等规范性文件。

根据《立法法》的规定，全国人大及其常委会行使国家立法权，全国人大制定和修改刑事、民事、国家机构和其他的基本法律，全国人大常委会制定和修改除应当由全国人大制定的基本法律以外的其他法律，并可对全国人大制定的法律进行部分补充和修改；国务院制定行政法规，并可根据全国人大的授权在经济体制改革和对外开放方面制定暂行规定或者条例；省、自治区、直辖市人大及其常委会制定地方性法规，省、自治区人民政府所在地的市和经国务院批准的设区的市的人大及其常委会也可以制定地方性法规，报省、自治区人大常委会批准后施行；民族自治地方的人大可以制定自治条例和单行条例，报上级人大常委会批准；根据全国人大的授权，经济特区的国家权力机关根据经济特区的具体情况和实际需要，可以制定在经济特区实施的法规。我国实行的是统一的分层次的立法体制。上述基本法律、法律、行政法规、地方性法规、自治条例和单行条例等，都属于法的范畴，是法的形式渊源，它们的位阶不同，各自具有不同的效力。

我国国家大，情况复杂，各地经济、文化发展不平衡，各种社会关系除了主要依靠法律来调整外，还需要由行政法规、地方性法规等规范性文件来辅助调整。从现实情况看，行政法规、地方性法规中，一部分是为实施法律做出的具体规定，一部分是对尚未制定全国性法律的有关方面的管理做出规定，其中包括由全国人大授权国务院制定的暂行规定或者条例。从总体来看，法律与行政法规、地方性法规等，在我国的法律体系中分别处于主、次地位，应该都包括在我国的法律体系范围之内。

3. 法律的分类

我国的法律体系划分为7个法律部门，这7个法律部门是宪法、民商法、行政法、经济法、社会法、刑法、诉讼法。每类法律部门中又包括若干子部门，有些子部门下面还可进一步划分。这种划分，能够比较清楚地反映各类法律规范所调整的对象和方法，既易于把各个法律部门区分开，又使各个法律部门之间的关系合乎逻辑，并且符合我国现有法律和将要制定的法律的状况。

为了维护我国社会主义法制的统一和尊严，作为国家的法律体系应当是一个统一的体系，各个法律部门之间、各个法律部门内部、不同层次的法律规范之间，都应当相互协调、成龙配套，既不能重复相混，也不能互相矛盾。要形成有中国特色的社会主义法律体系，首先，构成这个法律体系的法律部门应当齐全；其次，每个法律部门中调整该类社会关系的基本的、主要的法律应当制定出来，使社会生活的各个领域、各个方面都基本有法可循；最后，各个法律部门之间、不同阶位和不同效力等级的法律规范之间、实体法与程序法之间，应当做到上下左右紧密配合、相互协调，使这个法律体系结构严谨、形式科学。可以说，这三条是构成法律体系的主要标志。当然，由于社会关系错综复杂，并不断发生变化，因此调整社会关系的法律规范也会随之发生变化。有的法律中会同时包含其他法律的一些规范，这就需要按这个法律的主体内容来决定其归类。法律部门的划分也不是一成不变的，随着社会的发展，会产生新的社会关系，新的法律部门将可能出现，原有的法律部门也会有所调整。

1.2.3.2　宪法及其特殊性

1. 宪法

现代世界的任何一个国家里，都存在许多的法。除宪法外，还有刑法、民法、商法等。宪法既然是法的一种，它就具有法的基本特征。《中华人民共和国宪法》（以下简称《宪法》）序言中写道：“本宪法以法律的形式确认了中国各族人民奋斗的成果，规定了国家的根本制度和根本任务，是国家的根本法，具有最高的法律效力。全国各族人民、一切国家机关和武装力量、各政党和各社会团体、各企业事业组织，都必须以宪法为根本的活动准则，并且负有维护宪法尊严、保证宪法实施的职责。”这一段规定，明确地回答了什么是宪法的问题，同时也表明了宪法的崇高地位。

2. 宪法与其他一般法不同的特殊性

宪法一方面具有与其他一般法的共同性，另一方面还具有与其他一般法不同的特殊性。宪法同其他一般法的差别在于宪法是根本法，不是一般的法。

美国制定或修改一般的法律只需由国会议员提出议案，经两院审议后分别以过半数表决通过即可。而宪法修正案则必须由国会两院议员 2/3 多数要求或者应 2/3 州议会的请求召集特别会议才能提出。宪法修正案的通过必须由 3/4 的州议会或者 3/4 州的修宪会议批准才能生效。我国《宪法》的修改，须由全国人大常委会或者 1/5 以上的全国人大代表提议，并由全国人大以全体代表的 2/3 以上的多数通过（《宪法》第六十四条）。而全国人大在制定、修改其他一般法律的时候，则全国人大主席团、全国人大常委会、全国人大各专门委员会、国务院、中央军事委员会、最高人民法院、最高人民检察院，以及全国人大的一个代表团或者 30 名以上的代表，均可以提出议案，并只需经全国人大全体代表的过半数通过即可。由此，说明了根本法同其他一般法的区别。

1.2.3.3　民法

1. 民法概述

（1）民法是调整民事生活的法律。从法学角度看，整个社会生活可以划分为两个领域：民事生活领域和政治生活领域。民事生活领域涵盖了全部经济生活和家庭生活。政治生活领域包括国家的组织、国家的活动，即立法、司法、行政以及公民政治权利的行使等。民事生活领域和政治生活领域所应遵循的法律规则是不同的，民法就是民事生活领域的法律规则。政治生活领域的法律规则，包括宪法、刑法、诉讼法、行政法、经济法等，属于公法。因此，民法是调整民事生活，包括经济生活和家庭生活的法律。

（2）民法的基本原理。民法是调整民事生活的法律，公法是调整政治生活的法律，它们所遵循的基本原理也不相同。公法所遵循的基本原理是国家意志决定。民法所遵循的基本原理是意思自治。所谓意思自治，是指经济生活和家庭生活中的一切民事权利义务关系的设立、变更和消灭，均取决于当事人自己的意思，原则上国家不干预。只有在当事人之间发生纠纷不能通过协商解决时，国家才以仲裁者的身份出面予以裁决。需说明的是，意思自治并非不受限制，在现代市场经济条件下，国家出于对市场宏观调控和保护消费者、劳动者利益及社会公共利益的需要，有必要制定一些特别法规对意思自治予以适度限制。

（3）民法的基本任务。

1）为现代市场经济活动提供行为规则。民法为现代市场提供一般规则及市场活动的行为规则，使市场参加者可以遵循这些规则从事活动，进行预测、计划和冒险，并建立和维护正常的市场秩序，例如，《中华人民共和国合同法》（以下简称《合同法》），就规定了市场交易的基本规则。因此，民法的任务之一，是促进社会主义市场经济的发展。

2）为人权提供基本保障。所谓人权，是指作为一个人应有的权利。其中首先是人格权、身份权和财产权，它们是民法上最重要的民事权利，并首先由民法予以规定和保护。尤其人格权，是享有其他民事权利和政治权利的基础。《中华人民共和国民法通则》（以下简称《民法通则》）规定了公民享有生命权、身体权、健康权等人格权，被称为中国的权利宣言。因此，保障人权是民法的基本任务。

3）维护社会公平正义。在现代市场经济条件下，民法发挥着维护社会公平正义的重要作用，具有协调各种利益冲突的调节器的功能。所谓公平正义，是指不同的人群、阶层、行业以及生产者、经营者、消费者和劳动者，在利害关系上大体平衡，不致过分悬殊。民法保护一切企业和个人在不损害他人和社会利益的前提下谋求自己的利益，不允许靠损害社会和他人利益而发财致富，妥善协调各种利益冲突，被称为社会利益冲突的调节器。

2. 民法的调整对象及与其他法律部门的区别

（1）民法的调整对象。民法是我国统一的社会主义法律体系的一个重要构成部分。民法作为一个独立的法律部门，有其特定的调整对象，即民法调整特定的社会关系。《民法通则》第二条规定："中华人民共和国民法调整平等主体的公民之间、法人之间、公民和法人之间的财产关系和人身关系。"根据这一规定，我国民法的调整对象包括两种社会关系，即财产关系和人身关系。

（2）民法与行政法的区别。行政法是指现代国家据以实施国家行政管理的法律规则的总称。行政法的调整对象是国家行政管理机关在行使国家行政管理职能中彼此之间，以及国家行政管理机关与公民、法人、其他组织之间发生的社会关系，其中也包括某些财产关系。作为行政法调整对象的财产关系，具有以下特征：其一，双方当事人中至少有一方是国家行政管理机关，当事人的法律地位不是平等的，是属于一种管理与被管理、监督与被监督、命令与服从的行政隶属关系；其二，这类财产关系的发生取决于国家行政管理机关的命令或指令，无须征得被管理、被监督一方的同意；其三，这类财产关系通常是无偿的，不具有商品交换的性质。可见，民法与行政法是截然不同的法律部门。

（3）民法与劳动法的区别。劳动法是指调整劳动关系和由劳动关系而产生的劳动保险、劳动福利等社会关系的法律规则的总称。劳动法的调整对象中也包括某些财产关系，如职工的工资、劳动保险金、福利待遇等。我国劳动关系的基础是劳动合同关系。单就作为劳动法调整对象的基础关系的劳动合同关系而言，其与民法有极密切的联系，如劳动合同双方当事人法律地位平等、劳动合同关系的发生取决于双方的意思表示，须遵循平等、自愿、公平和等价有偿的原则等。但是，由于国家实行社会主义的劳动政策，特别注重对劳动者就业和选择职业的权利、取得劳动报酬的权利、休息休假的权利、获得劳动安全卫生保护的权利、接受职业技能培训的权利、享受社会保险和福利的权利、参加和组织工会的权利等的保障，使劳动合同关系区别于民法合同关系，使劳动法区别于民法。当劳动合同关系发生纠纷时，应当首先适用劳动法的有关规则，关于劳动法没有规定的事项，则应适用民法关于合同关系的规定。可见，劳动法中关于劳动合同关系的法律规则，具有民法的特别法的性质。

3. 我国民法的基本原则

（1）平等原则。所谓平等原则，是指在民事活动中一切当事人法律地位平等，任何一方不得把自己的意志强加给对方。平等原则在现行法上的根据，首先是《民法通则》第三条的规定："当事人在民事活动中的地位平等。"其次是《合同法》第三条的规定："合同当事人的法律地位平等，一方不得将自己的意志强加给另一方。"

平等原则的含义是，参加民事活动的当事人，无论是自然人或是法人，无论其法人的类别，无论其所有制性质，无论其经济实力强弱，在法律上的地位一律平等，任何一方不得把自己的意志强加给另一方，同时法律也对双方当事人提供平等的法律保护。需特别注意的是，平等原则所要求的平等，非指经济地位上的平等或经济实力的平等，而是"法律地位"的平等。

（2）合同自由原则。所谓合同自由原则，是指参加民事活动的当事人在法律允许的范围内享有完全的自由，按照自己的自由意思决定缔结合同关系，为自己设定权利或对他人承担义务，任何机关、组织和个人不得非法干预。合同自由原则在现行法上的根据，首先是《民法通则》第四条的规定："民事活动应当遵循自愿、公平、等价有偿、诚实信用的原则。"其次是《合同法》第四条的规定："当事人依法享有自愿订立合同的权利，任何单位和个人不得非法干预。"

（3）公平原则。所谓公平原则，是指民事法律行为内容的确定，应当遵循公平的原则。由当事人一方或第三方确定民事法律行为内容的，其确定只在符合公平原则时，始得对他方当事人发生效力。公平原则在现行法上的根据首先是《民法通则》第四条中民事活动应当遵循公平的原则的规定，其次是《合同法》第五条的规定："当事人应当遵循公平原则确定各方的权利和义务。"

（4）诚实信用原则。诚实信用原则简称诚信原则，这一原则要求民事活动的当事人在行使权利和履行义务时，遵循诚实信用的道德准则。

诚信原则在现行法上的根据首先是《民法通则》第四条中民事活动应当遵循诚实信用的原则的规定，其次是《合同法》第六条"当事人行使权利、履行义务应当遵循诚实信用原则"的规定。还有《中华人民共和国消费者权益保护法》（以下简称《消费者权益保护法》）第四条的规定："经营者与消费者进行交易，应当遵循自愿、平等、公平、诚实信用的原则。"

诚实信用为市场经济活动中的道德准则。它要求一切市场参加者符合“诚实商人”或“诚实劳动者”的道德标准，应在不损害他人利益和社会公益的前提下，追求自己的正当利益，绝不允许通过损害对方、损害他人和损害社会公共利益，谋取自己的利益。其目的是在当事人之间的利益关系和当事人与社会之间的利益关系中实现平衡，并维持市场经济的道德秩序。

(5) 公共秩序与善良风俗原则。所谓公共秩序与善良风俗原则，是指民事法律行为的内容及目的不得违反公共秩序或善良风俗。这一原则在现行法上的根据是《民法通则》第七条“民事活动应当尊重社会公德，不得损害社会公共利益，扰乱社会经济秩序”的规定，和《民法通则》第五十八条中民事行为违反社会公共利益的无效的规定。还有《合同法》第七条“当事人订立、履行合同，应当遵守法律、行政法规，尊重社会公德，不得扰乱社会经济秩序，损害社会公共利益”的规定。我国法律上的“社会公共利益”和“社会经济秩序”，相当于外国法律上的“公共秩序”，我国法律上的“社会公德”，相当于外国法律上的“善良风俗”。

(6) 禁止权利滥用原则。所谓禁止权利滥用原则，是指一切民事权利之行使，不得超过其正当界限，行使权利超过其正当界限，则构成权利滥用，应承担侵权责任。禁止权利滥用原则在现行法上的根据，是《宪法》第五十一条的规定：“中华人民共和国公民在行使自由和权利的时候，不得损害国家的、社会的、集体的利益和其他公民的合法的自由和权利。”因此，禁止权利滥用是我国《宪法》的一项基本原则，也当然是我国民法上的一项基本原则。按照这一原则，一切公民和法人在行使民事权利时，均负有不得超过其正当界限，即不得滥用其权利的义务。违反这一义务，如以损害他人为目的而行使权利，或者行使权利所获得的利益微小而造成他人重大损害的，即构成权利滥用，应承担损害赔偿责任。

4. 民法的基本内容

(1) 民事主体制度。民事主体制度规定了参加民事生活所必须具备的法律资格，也就是自然人和法人。

自然人是指具有血肉之躯的人类。具有中华人民共和国国籍的自然人叫作公民。自然人是民法上的主体资格，公民是公法上的主体资格。自然人的民事权利能力是指法律赋予自然人享有民事权利、承担民事义务的法律资格。自然人的民事行为能力是指自然人通过自己的行为取得民事权利、承担民事义务的法律资格。现代民法认可一切自然人，不分民族、种族、政治态度、宗教信仰、财产多寡、文化水平、性别、年龄，都具有平等的民事权利能力。按照《民法总则》第十七~二十一条的规定，自然人满18岁，具有完全民事行为能力，可以独立实施民事行为；16岁以上不满18岁，以自己的劳动收入为主要生活来源的，视为有完全民事行为能力；不满8周岁的未成年人为无民事行为能力人；10岁以上的未成年人为限制民事行为能力人，可以进行与他的年龄、智力相适应的民事活动，其他民事活动应当由其法定代理人代理，或者征得其法定代理人的同意。

法人是与自然人对应的另一类民事主体，是一种社会组织体。社会组织体具备法律规定的条件，被法律赋予法人资格，可以自己的名义参加经济活动，享有民事权利并承担民事义务。《民法通则》规定的法人，分为企业法人与非企业法人。企业法人是指具有法人资格的各种公司和营利性经济组织；非企业法人包括机关法人、事业单位法人和社会团体法人。一个国家机关，在国家政治生活中是国家权力的执掌者，是公法上的主体。但在参加经济生活，如采购办公用品、修建办公大楼、与供应商或建筑公司订立买卖合同或建设工程合同时，则是民事主体，称为机关法人。企业法人是最主要的市场主体，如果放任企业法人任意设立或任意消灭，将严重损害交易对方的利益和社会公共利益，因此民法规定企业法人必须具备法定条件并经登记取得法人资格，企业法人的消灭必须进行清算。

（2）民事行为制度。民事主体取得权利和承担义务，须通过自己的行为，如订立合同、订立遗嘱、设立公司以及结婚、收养等。民法分别规定了各种行为的成立条件、生效条件和法律后果，这就是民事行为制度。只有符合法律条件的行为，才能够发生当事人所希望的法律后果。例如，哪些合同应当规定为无效合同、哪些合同应当规定为可撤销合同，其标准在于合同内容是否直接损害社会公共利益，或者仅仅损害相对方当事人的利益。直接损害社会公共利益的合同和合同条款，应当由法律直接规定为无效。合同内容仅仅损害相对方当事人的利益的，则应当规定为可撤销，赋予相对方当事人撤销权。相对方当事人基于种种考虑，可以通过撤销权的行使，变更或者撤销该合同；也可以放弃撤销权，使该合同成为有效合同。

（3）民事权利制度。在社会生活中，每个人都在追求自己的利益，难免发生利益冲突，法律上认为合理正当的利益，便给予认可和保护，这就是民事权利。民事权利意味着受法律保护的利益。民事权利所包含的利益，可以分为财产利益和非财产利益。因此，民事权利可以分为财产权和非财产权两大类。非财产权是指与民事主体的人格和身份不可分离的权利，可分为人格权和身份权。人格权是指自然人对自己的生命、身体、健康、自由、名誉、姓名、肖像、隐私等人格利益所享有的权利。法人对自己的商誉和名称也享有人格权。身份权是自然人在婚姻家庭关系上的权利。财产权是指具有财产价值的民事权利，可分为物权、债权、知识产权和继承权。

（4）民事责任制度。对各种侵害民事权利的行为进行制裁和对受害人予以救济的法律形式和规则，构成民事责任制度。民事责任主要包括违约责任和侵权责任。

《合同法》第一百零七条规定：“当事人一方不履行合同义务或者履行合同义务不符合约定的，应当承担继续履行、采取补救措施或者赔偿损失等违约责任。”按照这一规定，违约责任实行严格责任原则，只要违反合同，即应承担违约责任。要求免责，须证明有免责事由。例如，证明因不可抗力导致违约，或者证明合同中有免责条款等，均可获得免责。

民法将损害他人人身、财产，依法应承担民事责任的违法行为，称为侵权行为。侵权行为可分为一般侵权行为与特殊侵权行为。按照《民法通则》第一百零六条第二款和第三款的规定，一般侵权行为实行过错责任原则，特殊侵权行为实行严格责任原则。按照过错责任原则，以加害人有过错（故意、过失）为承担责任的条件，没有过错不承担责任。按照严格责任原则，不以过错为承担责任的条件，加害人不能通过证明自己没有过错而获得免责。加害人要求免责的，须证明有免责事由。

民事责任的实质是法律强制加害人向受害人支付一笔金钱以填补受害人所受损害，因此损害赔偿金额应以实际发生的损害为限，即所谓“损害多少赔偿多少”，不允许受害人获得超过实际损害的赔偿金。鉴于 20 世纪 80 年代中期发生了假冒伪劣和缺斤短两等故意损害消费者利益的社会问题，因此 1994 年开始实施的《消费者权益保护法》规定了“双倍赔偿”制度（2014 年 3 月 15 日开始实施的新修订的《消费者权益保护法》规定了“三倍赔偿”制度），成为民事责任制度的一个例外。

（5）民事时效制度。所谓时效制度，是指权利不行使的事实状态在法定期间持续存在，即产生与该事实状态相应的法律效果的法律制度。时效制度有稳定法律秩序的作用。因为某种权利不行使的事实状态长期存在，必然在此事实状态基础上发生各种法律关系，时过多年之后，如果允许原权利人行使权利，势必推翻多年以来以此事实状态为基础所形成的各种法律关系，造成经济秩序的混乱。因此，实行时效制度，使该不行使权利的人丧失其权利，以维护法律秩序的稳定。时效制度的另一重要作用，是作为证据之代用。因为有民事权利而长期不行使，必至证据消灭，证人死亡，经过多年之后提起诉讼，当事人难以举证，法庭难以认定事实。因此，实行时效制度，只要时效期间经过，即使不行使权利的权利人丧失权利，可以避免当事人举证和法庭调查、认定证据的困难。民事时效分为诉讼时效和取得时效两种。《民法总则》规定了诉讼时效，未规定取得时效。按照《民法总则》的规定，普通诉讼时效期间为3年，特别诉讼时效期间为1年，从知道或者应当知道权利被侵害时起计算。

1.2.3.4 行政法律制度

党的十五大提出的依法治国的基本方略，已写入《宪法》："中华人民共和国实行依法治国，建设社会主义法治国家。"依法行政是依法治国最重要的组成部分，在很大程度上对依法治国基本方略的实行具有决定性意义。

《宪法》规定，中华人民共和国的一切权力属于人民，人民行使国家权力的机关是全国人民代表大会和地方各级人民代表大会。国家行政机关由人民代表大会产生，对它负责，受它监督。《宪法》又规定，行政机关是权力机关的执行机关。权力机关的意志主要是通过制定法律表达出来的，因此，从根本上说，行政机关是执法机关。依法行政，是对行政机关提出的要求，要求行政机关行使行政权力，必须有法律授权，权力来源于人民，来源于法律并依据法律。严格依照法律规定办事，法律是行政机关据以活动的根据，也是人们对这种活动进行评判和监督的标准。改革开放以来，我国加强了行政法制建设，从总体上看，是按照依法治国、依法行政的要求展开的。依法行政，首先是要为行政执法提供完善的行政法律制度，授权明确，制度民主、公正，便于操作，符合市场经济要求；其次是要政府依据法律的授权和规定，严格执法。

行政机关行使行政权力，执行法律，主要有以下两种方式：一是制定规范，又称抽象行政行为，即国务院根据宪法和法律制定行政法规，国务院各部委根据法律、行政法规制定部门规章，地方人民政府还要根据法律、行政法规和地方性法规制定地方政府规章；二是依法做出具体行政行为。这两者都要按照党的十五大的要求，做到一切政府机关必须依法行政，切实保障公民权利。

规定行政法律制度的法律规范，统称为行政法。从性质上说，行政法是关于行政权的法，是关于行政权的授予、行政权的行使和运作以及对行政权的授予、运作和行使进行监督的法律规范的总和。

这里所说的法律规范的总和，是指行政法是由众多法律规范组成的。这与民法、刑法一般都有法典不同。因此，行政法就有一个调整范围的问题。行政法大致由以下三部分组成：

第一部分，关于行政权的授予和组织行政机关的法律。这部分大致由行政组织法、行政编制法和公务员法等法律组成。

第二部分，关于行政权的行使和运作的法律。这部分法律数量最多，内容最为庞杂，统称为行政行为法。

行政权的运作大致有以下两种情况：一种情况是按行政管理事项划分的行政权具体运作的法律，行政机关管理的事项有多少种类，这部分法律就可分为多少种类，其中有些部门还可自成体系，如公安、环保、税务等，这种法律为数众多，范围极广，一般称为部门行政法。另一种情况是与各级人民政府和各个部门都有关的法律和规则，各级人民政府和各个部门都必须遵循，如行政立法的规则，关于行政执法的法律，包括行政处罚、行政许可、行政强制、行政征收、行政程序等法律，这里介绍的主要是和各级人民政府、各个部门都有关的全国统一的行政法律制度。

第三部分，对行政机关的组织、行政权的行使和运作进行监督的法律，统称为行政监督法，如行政监察法、审计法、行政复议法、行政诉讼法、行政赔偿法等。

我国在行政法律制度的建设方面，有些制度已经健全，有些则尚需进一步建立和完善，全国人大及其常委会在行政方面的立法任务还很重。至于如何监督行政机关，使已经建立起的法律制度在实际生活中得到落实，使各级人民政府都能按照党的十五大提出的要求，做到依法行政，切实保障人民权利，建设廉洁、勤政、务实、高效的政府，其任务将更为艰巨。

1.2.3.5　几个与安全生产相关的基本概念

1. 人身权

（1）人身权的概念。人身权乃人格权和身份权的合称，又称人身非财产权，是指民事主体依法享有的，与其自身不可分离亦不可转让的没有直接财产内容的法定民事权利。人身权是民事主体享有的最基本的民事权利，自然人可能因为某种法定原因丧失某种财产权利或者政治权利，但不可能丧失基本的人身权利。例如，某人可能因为犯罪被剥夺政治权利，或者因故意杀害被继承人而丧失继承权，但其作为自然人依法享有的人身权仍依法受到保护。人身权是民事主体从事民事法律行为，设定、取得、变更或者放弃其他民事权利的基础，特别是民事主体取得财产权的前提。例如，自然人家庭成员之间的身份权是取得继承权的前提；法人没有名称权，其经营活动就难以正常、有序地开展。

（2）人身权的特征。与其他民事权利相比较，人身权具有以下特征：

1）非财产性。根据民事权利是否直接包含财产内容，可以将其分为财产性权利和非财产性权利。人身权以民事主体的人格利益和特定的身份为客体，而人格利益和身份本身并不具有直接的财产内容，它所体现的是人们的道德情感、社会评价等。正是在此种意义上说，人身权属于非财产性权利。但是，人身权与财产权又存在一定的联系，具体表现为：其一，人身权是某些财产权取得的前提，如亲权是遗产继承权取得的前提。其二，人身权可以转化为财产权，如附着良好信誉的法人名称可以有偿转让，并获得财产利益。其三，人身权受到损害时的财产性补偿，如自然人名誉权受到损害时的精神损害赔偿。

2）不可转让性。根据民事权利是否可以自由转让，可以将其分为可以转让的民事权利和不可转让的民事权利。人身权与民事主体不可分离决定了人身权的不可转让性，除法律另有规定外，人身权不得以任何形式买卖、赠与和继承。例如，名誉权不得转让也不可能转让。但是，人身权的不可转让性也存在例外，即某些人身权脱离民事主体本身仍具有法律意义或者经济价值。例如，法人名称权的转让和继承、人体器官的赠与等。人身权的不可转让性决定其行使方式的局限性，即某些人身权通常由民事主体自己使用或者排斥他人使用，而不能像所有权那样实现权能分离，或者如同知识产权一样许可他人使用，如生命权、健康权。人身权的不可转让性决定其不可剥夺性，即民事主体违反民事义务，仅能依法追究民事责任，而不能剥夺其人身权利。例如，自然人甲侵害乙的健康权，但不能因此而剥夺甲的健康权或者其他人身权。

3）不可放弃性。个人作为存在于社会的个体，个人利益必然隐含和体现了社会利益。依据庞德的观点，个人生活方面的利益作为一种社会利益，即指“文明社会生活要求每个人都能根据当时社会标准进行生活”，[一]而个人自我主张利益如身体、精神利益乃“文明社会生活”的基础，对此基础的动摇即是对社会利益的侵犯。由此决定了生命权、身体权和健康权等人身权具有不可放弃性。“禁止免除对人身伤害的侵权行为责任，是各国立法和实务的一致立场。”[二]我国《合同法》第五十三条也禁止当事人通过约定免除造成人身伤害的民事责任，从而体现了对社会公共利益和道德的保护。

4）法定性。根据民事权利的产生方式，可以将其分为法定权利和约定权利。人身权利的取得基于法律的直接规定，而无须民事主体之间的特别约定。尽管某些民事权利的取得，需要民事主体一定的行为，但该行为所能产生的权利则是法律预先设定的，民事主体不能通过约定或者单方行为创设人身权。例如，家长给新生儿取名，法人设立机构给拟设法人命名，只能产生法律规定的姓名权或者名称权。

5）绝对性和支配性。根据民事权利的效力是否可以对抗不特定的一切人，可以将其分为绝对权和相对权。人身权的不可转让性决定了权利人可以向任何人主张人身权，并排斥任何人的非法干涉。根据民事权利的功能，可以将其分为支配权和请求权。民事主体可以基于人身权直接支配其人格利益或者身份，而无须对方当事人为特定的行为，由此决定了人身权属于支配权。

（3）确立人身权法律制度的意义。

1）从生物物种角度而言，人身权制度保护、确立民事主体的人身权不受侵犯，为人类的繁衍和延续提供了前提条件。否则，人与人之间相互残杀或者损害健康等，人类作为生物物种之一，就难以健康发展。

2）保护基本人权的需要。各项具体的人身权是人所共享的基本人权在民法领域的体现，如生存权是首要人权，生存权有赖于生命权和健康权的拥有并得到严格的保护。

3）保护人格尊严的需要。《宪法》第三十八条宣称“人格尊严不受侵犯”，《民法通则》第一百零一条规定“人格尊严受法律保护”，因而需要建立人身权法律制度，特别是建立具体人格权和一般人格权制度，充分保护民事主体的人格尊严。

4）建立和维护正常、有序的社会关系的需要。人与人之间彼此区分和彼此尊重是正常、有序的社会关系的前提，而彼此区分有赖于姓名和名称，彼此尊重的内容即为个人享有的自由、名誉、隐私、肖像等基本人格利益。家庭是组成社会的基本单位，家庭关系的稳定关系到社会关系的和谐，家庭成员之间互享身份权对于稳定家庭关系必不可少。通过人身权法律制度保护人格权和身份权，无疑会有利于社会关系的有序状态的建立和维持，以及受到破坏后的恢复。

2. 身体权

（1）身体权的概念。身体权是指自然人保持其身体组织完整并支配其肢体、器官和其

[一] 韩世远. 免责条款研究//梁慧星主编《民商法论丛》（第2卷）. 北京：法律出版社，1994年版，506页。

[二] 梁慧星. 民法学说判例与立法研究. 北京：中国政法大学出版社，1993年版，281页。

他身体组织的权利。身体是生命的物质载体，是生命得以产生和延续的最基本条件，由此决定了身体权对自然人至关重要。身体权与生命权、健康权密切相关，侵害自然人的身体往往导致对自然人健康的损害，甚至剥夺自然人的生命。但是生命权以保护自然人生命的延续为内容，健康权保护身体各组织及整体功能正常，身体权所保护的是身体组织的完整及对身体组织的支配。

（2）身体权的特征和内容。身体权区别于其他人格权的特征在于，它以身体及其利益为客体，在内容上表现为以下三个方面：第一，保持身体组织的完整性，禁止他人的不法侵害。第二，支配其身体组织，包括肢体、器官、血液等，传统的伦理观念认为，身体组织的构成部分不得转让，致使传统的民法理论认为身体权并不包括对身体组织的支配权，但是，医学的发展推动了伦理观念的变化，也为身体权注入了新的内容，身体器官的移植、血液的有偿或者无偿奉献，都是自然人行使身体权的方式。第三，损害赔偿请求权，任何权利在受到损害时都能依法寻求赔偿，身体权也不例外。

《民法通则》第一百一十九条明确规定“侵害公民身体造成伤害的，应当赔偿医疗费、因误工减少的收入、残废者生活补助费等费用”。

3. 生命权

（1）生命权的概念和特征。生命权是指自然人维持生命和维护生命安全利益的权利。生命权是自然人得以成为“人”的最基本的人格权，故《民法通则》第九十八条明文规定“公民享有生命健康权”，即生命权和健康权。也正是由于生命对自然人乃至整个人类繁衍的重要性，给予“安乐死”以合法地位的观点至今仍受到诸多反对。生命权的重要特征在于：

1）生命权的客体是生命及其安全利益，这与身体权和健康权明显不同。

2）生命权只有在生命安全受到威胁，或者处于危险状态时，才能够行使，否则没有主张权利的必要，而且，对于生命权的主体来说，该项权利的主要内容在于排除生命安全所受到的危险和威胁。例如，请求他人消除危险、排除妨害，对所受不法侵害进行正当防卫，对威胁生命安全的危险，有权采取紧急避险措施。

3）生命权一旦受到实际侵害，任何法律救济对于权利主体都是毫无意义的，法律救济的唯一功能在于使权利主体的近亲属得到财产上的补偿和精神上的抚慰。

（2）侵害生命权的损害事实。侵害生命权的直接受害人是作为权利主体的自然人，但是与权利主体有血缘、婚姻、人事、劳动等关系的其他人或者社会组织往往会受到间接的损害，这是由自然人的社会属性决定的。一般而言，侵害生命权的损害事实可以分为如下几个层次：第一，权利主体生命的丧失，即造成自然人死亡的客观结果。第二，死者的近亲属或者相关社会组织因权利主体生命丧失而受有财产损失，如死者（权利主体）的近亲属或者所在工作单位支出的医疗费、丧葬费。第三，死者生前扶养的人丧失扶养来源，如死者的未成年子女接受扶养来源的丧失。第四，死者近亲属的精神损害。

4. 法人

现代社会进行各类社会活动的主体，除自然人外，还有以团体名义进行活动的各类组织。其中，在民事活动中，具有民事权利能力和民事行为能力，依法独立享有民事权利和承担民事义务的组织中，最重要的就是法人。法人是具有独立人格的团体，具有不同于自然人的一系列明显特征，在近现代以来的人类生产、生活中发挥了巨大的作用。

（1）法人的概念。法人是具有民事权利能力和民事行为能力，依法独立享有民事权利和承担民事义务的组织。

人类社会自进入资本主义时代并完成了工业革命以来，对生产和交换规模的扩大提出了进一步的要求，以往在经济生活中作为民事主体进行各类经济活动的自然人和合伙，根本无法满足社会化大生产要求积聚资本、进行规模生产经营的需要，于是公司应运而生了，并成为现代市场经济条件下最为活跃的民事主体。民法上的法人理论主要就是对于公司理论的概括和总结。在公司的发展史上，最早出现的是无限公司。作为合伙的进化形式，无限公司其实就是淡化了家族色彩的合伙。1673年法国颁布的《商事条例》第一次确认了无限公司的法律地位。但无限公司中，公司的财产并未与成员的财产完全分开，其人格也并未与成员的人格分离，投资者风险很大，也难以实现专业化经营，且筹资范围有限，不能完全适应市场经济发展的要求。作为其改良形式，两合公司出现了。两合公司是部分股东负无限责任、部分股东负有限责任的公司，它部分满足了降低投资风险、实现专业化经营的要求，但并不彻底，也未改变筹资范围有限的状况，于是又出现了股份有限公司。股份有限公司是公司的典型形式，也是法人的典型形式。它是由一定人数以上的股东所设立的，全部资本分为均等的股份，其成员以其认购的股份金额为限，对公司债务承担责任的公司。股份有限公司的出现，标志着法人制度发展到了完备的阶段。

新中国成立初期，曾先后在有关的法规中使用了“法人”一词。但是，在相当长的时间里，并没有认真实行法人制度。改革开放以来，我国开始重视有关法人的立法，如1983年4月颁布的《国营工业企业暂行条例》、1983年9月颁布的《中华人民共和国中外合资经营企业法实施条例》、1986年12月公布的《中华人民共和国企业破产法（试行）》、1988年4月公布的《中华人民共和国全民所有制工业企业法》（以下简称《全民所有制工业企业法》）等，均有一些关于法人的规定。特别是《民法通则》设专章对法人问题做了详细规定，它包括法人的一般规则，企业法人的设立、变更和终止以及承担责任的范围，确定机关、事业单位和社会团体的法人资格，并专门对联营企业的形式做了规定，从而使我国法人制度初步建立。随着《中华人民共和国公司法》（以下简称《公司法》）的颁行，法人制度更趋完善。

（2）法人的基本法律特征。

1）法人是依法成立的一种社会组织。这是法人与自然人之间的最大区别。法人是社会组织，但不是任何组织都能取得法人资格，只有那些具备法定的条件，并得到国家认可或批准的社会组织，才能取得法人资格。

2）法人拥有独立的财产或者经费。法人拥有独立的财产或者经费，是法人作为独立主体存在的基础和前提条件，也是法人独立地享有民事权利和承担民事义务的物质基础。

3）独立承担民事责任。法人能够独立承担民事责任，是它拥有独立财产的必然反映和结果。正因为法人有独立的财产，所以它理所当然地要独立负担由自己活动所产生债务的财产责任。既然法人的财产与法人成员的其他财产以及创立人的其他财产是分开的，那么除法律另有规定外，国家、法人成员个人对法人的债务不承担责任，而应由法人以自己所有或经营管理的财产承担民事责任。

4）法人能够以自己的名义参加民事活动。这一特征是法人有自己独立财产的必然结果，同时也是法人的人格独立于其成员人格的明证。

（3）法人的本质。组织体说的代表人物米休德（Michoud）等人认为，法人是一种具有区别于其成员的个体意志和利益的组织体。法人的本质不在于其作为社会的有机体，而在于其具有适合为权利主体的组织，这种组织就是具有一定目的的社团或财团。法人是一种抽象的实在，法人具有区别于其成员利益的个人利益的团体利益，具有自己的组织，法人组织的意志是由法人的机关实现的。组织体说说明了法人的组织特征，以及法人与其机关及其成员之间的关系，这些都奠定了大陆法系关于法人制度的基本理论。组织体说不仅为大多数大陆法系民法学者所接受，而且也为20世纪以来的民商立法所普遍采用。《民法通则》关于法人的本质即采用组织体说。

（4）我国现行法对于法人的分类。在《民法通则》中，法人被分为企业法人、机关法人、事业单位法人和社会团体法人。

企业法人以从事生产、流通、科技等活动为内容，以获取盈利和增加积累、创造社会财富为目的，它是一种营利性的社会经济组织。依照《民法通则》的规定，我国的企业法人有三种分类方法：一是根据所有制性质将企业法人分为全民所有制企业法人、集体所有制企业法人、私营企业法人；二是根据是否有外资参与，将企业法人分为中资企业法人、中外合资经营企业法人、中外合作经营企业法人和外商独资企业法人；三是根据企业的组合形式，将企业分为单一企业法人、联营企业法人和公司法人。在我国，公司法人是以营利为目的的企业法人。公司又分为有限责任公司和股份有限公司。

机关法人是指依法享有国家赋予的行政权力，并因行使职权的需要而享有相应的民事权利能力和民事行为能力的国家机关。国家机关以法人的资格进行活动的，与其他当事人处于平等的法律地位。有独立经费的机关法人以自己的名义参加民事活动所产生的债务，应以它的独立经费给予偿还，若债务超出其经费而另需抵补的，则应由国家有关立法加以保证。国家机关依照法律或行政命令成立，不需要进行核准登记程序，即可取得机关法人资格。

事业单位法人是指为了社会公益事业目的，由国家机关或者其他组织利用国有资产举办的，从事文化、教育、卫生、体育、新闻等公益事业的单位。这些法人组织不以营利为目的，一般不参与商品生产和经营活动，虽然有时也能取得一定收益，但该收益只能用于公益事业，且属于辅助性质。它们的独立经费主要来源于国家财政拨款，也可以通过集资入股或由集体出资等方式取得。事业单位以法人名义从事民事活动所产生的债务，应以它们的独立经费负清偿责任。依据法律规定或行政命令组建的事业单位，从成立之日起，即具有法人资格；由自然人或法人自愿组建的事业单位，应依法办理法人登记，方可取得法人资格。

社会团体法人是指自然人或法人自愿组成，为实现会员共同意愿，按照其章程开展活动的非营利性法人。社会团体法人采取由参加成员出资或由国家资助的办法建立团体财产和活动基金，除依法规定的特别基金外，应以此对其债务负清偿责任。社会团体法人可分为学术性社会团体法人、行业性社会团体法人、专业性社会团体法人及联合性社会团体法人。

5. 法律关系主体

法律关系主体是指法律关系的参加者，即在法律关系中享有权利或承担义务的人，法律上所称的“人”主要包括自然人和法人。自然人是指有生命并具有法律人格的个人，包括公民、外国人和无国籍的人。法人是与自然人相对称的概念，是指具有法律人格，能够以自己的名义独立享有权利或承担义务的组织。

参加任何法律关系都必须具有权利能力，某些特定类型的法律关系，除了要具有权利能力之外，还必须具有行为能力。所谓权利能力，就是由法律所确认的法律关系主体享有权利或承担义务的资格，是参加任何法律关系都必须具备的前提条件。

按法学界主流的观点，可把公民的权利能力分为一般权利能力和特殊权利能力两种。一般权利能力为所有公民普遍享受，始于出生，终于死亡，如人身权利能力等。特殊权利能力须以一定的法律事实出现为条件才能享有，如参加选举的权利能力须以达到法定年龄为条件。

法人的权利能力始于法人依法成立，终于法人被解散或撤销。法人权利能力的内容和范围与法人成立的目的直接相关，并由有关法律和法人组织的章程加以规定。

行为能力是法律所确认的，由法律关系主体通过自己的行为行使权利和履行义务的能力。自然人的行为能力分为三类：第一类为完全行为能力人。第二类为限制行为能力人。第三类为无行为能力人。

与行为能力直接相关的是责任能力。责任能力即对自己的行为承担法律责任的能力。责任能力是行为能力在刑事法律关系中的表现形式，它与关于行为能力规定的精神是一致的。完全行为能力人即完全责任能力人，限制行为能力人即限制责任能力人，而无行为能力人则是无责任能力人。但值得注意的是，行为能力与责任能力的年龄在不同法律中的规定是不同的。

6. 法律关系客体

法律关系客体是指权利和义务所指向的对象，又称权利客体或义务客体。它是将法律关系主体之间的权利与义务联系在一起的中介，没有法律关系的客体作为中介，就不可能形成法律关系。因此，客体是构成任何法律关系都必须具备的一个要素。

成为法律关系客体应满足下述三个条件：①必须是一种资源，能够满足人们的某种需要，因而被认为具有价值；②必须具有一定的稀缺性，因而不能被需要它的人毫无代价地占有利用；③必须具有可控制性，因而可以被需要它的人为一定目的而加以占有和利用。

在现代社会中，同时符合上述三种条件的事物是非常多的，因此法律关系客体的数量和种类难以一一详述，概括地讲主要包括如下几类：①物，法律上所说的物包括一切可以成为财产权利对象的自然之物和人造之物；②行为，在法律关系客体的意义上，行为指的是权利和义务所指向的作为或不作为；③智力成果，作为法律关系客体的智力成果指的是人们在智力活动中所创造的精神财富，它是知识产权所指向的对象；④人身利益，包括人格利益和身份利益，是人格权和身份权的客体。

7. 法律关系的内容

法律关系的内容是指法律关系主体间在一定条件下依照法律或约定所享有的权利和承担的义务，是人们之间利益的获取或付出的状态。

（1）权利和义务的概念。权利和义务是一对表征关系和状态的范畴，是法学范畴体系中最基本的范畴。从本质上看，权利是指法律保护的某种利益；从行为方式来看，它表现为要求权利相对人可以怎样行为，必须怎样行为或不得怎样行为。义务是指人们必须履行的某种责任，它表现为必须怎样行为和不得怎样行为两种方式。

在法律调整状态下，权利是受法律保障的利益，其行为方式表现为意志和行为的自由。义务则是对法律所要求的意志和行为的限制，以及利益的付出。权利和义务是法律调整的特有机制，是法律行为区别于道德行为最明显的标志，也是法律和法律关系内容的核心。

（2）权利和义务的分类。对权利和义务可从不同的角度，按照不同的标准进行分类。

1）根据权利和义务所体现的社会内容的重要程度，即它们在权利义务体系中的地位、功能及社会价值的不同，可以把权利、义务分为基本的权利和义务与普通的权利和义务。基本权利和义务是人们在国家的政治、经济、文化、社会生活中根本利益的体现，是人们社会地位的基本法律表现，是人们日常生活中利益关系的反映。

2）根据权利和义务的适用范围不同，可以把权利、义务分为一般的权利和义务与特殊的权利和义务。一般权利又称抽象权利，其主体是一般权利人，同时也无特定义务人。一般义务的主体是每一个人，而每个义务人没有与之相对应的特定的权利人。一般义务通常不是积极的作为，而是消极的不作为。特殊权利又称具体权利，其主体是特定的权利人，同时也有特定义务人。特殊义务是指特定义务人做出的积极的作为或消极的不作为。

3）根据权利和义务的主体不同，可以把权利、义务分为公民的权利和义务、集体的权利和义务、国家的权利和义务（职权和职责）、人类的权利和义务（人权）。另外，根据部门法的划分，还可以把权利、义务分为民事权利和义务、诉讼权利和义务等。

（3）权利和义务的相互关系。权利和义务作为法律关系的重要因素，体现了人们在社会生活中的地位及其相互关系，反映着法律调整的文明程度。从宏观方面讲，可以把权利和义务的关系概括为：历史进程中曾有的离合关系，逻辑结构上的对立统一关系，总体数量上的等值关系，功能上的互补关系，运行中的制约关系，价值意义上的主次关系。

8. 权利和义务

从法学理论上讲，权利是指规定或隐含在法律规范中，实现于法律关系中的，主体是以相对自由的作为或不作为方式获得利益的一种手段；义务是指规定或隐含在法律规范中，实现于法律关系中的，主体以相对受动的作为或不作为方式保障权利主体获得利益的一种约束手段。权利的行使和义务的履行离不开权利义务的主体。《安全生产法》涉及的权利、义务主体有国家机关、社会团体（工会）、群众性自治组织、生产经营单位以及从业人员。

权利、义务在各个权利、义务主体间的设定是通过法律规范表现出来的。法律规范是法律的主要组成内容，分为授权性法律规范、义务性法律规范和权义复合性法律规范。授权性法律规范是指为权利主体设定的自由选择作为、不作为或要求别人作为、不作为的规则，其特点是对权利主体不具有强制性。例如，《安全生产法》第五十条规定，生产经营单位的从业人员有对本单位的安全生产工作提出建议的权利。这一规定并不是要求从业人员必须提出建议。义务性法律规范是直接要求义务主体作为或不作为的规则，它具有必要性和强制性的特点。例如，《安全生产法》第八十五条规定，任何单位和个人都不得阻挠和干涉对事故的依法调查处理。这一规定没有自由选择的权利，必须无条件执行，否则就要受到处罚。权义复合性法律规范是指兼具授予权利、设定义务两种性质的规则。它大多是有关国家机关的组织和活动规则，其特点是一方面有权按照法律规定做出一定行为（这时权利成为权力），另一方面做出这些行为又是不可推卸的义务。例如，《安全生产法》第五十九条规定，县级以上地方各级人民政府应当根据本行政区域的安全生产状况，组织有关部门按照职责分工，对本行政区域内容易发生重大生产安全事故的生产经营单位进行严格检查。这一规定对上述各级人民政府来说，既是权利（权力），也是义务。《安全生产法》是以义务性法律规范和权义复合性法律规范为主，以授权性法律规范作为补充构筑起来的，这是由现阶段生产经营单位追求利润最大化与安全生产的矛盾以及从业人员的素质等原因决定的，不仅符合当前的客观实际情况，还能够保障最大多数人的生命健康等权利不受侵犯。

法律关系主体所拥有的权利，一部分以他人履行义务而获得，一部分以自己履行义务而获得，没有第三种形式，而且权利和义务的关系是对立统一的。例如，《安全生产法》第五十六条规定，从业人员发现事故隐患或者其他不安全因素，有立即向有关人员报告的义务，接到报告的人有及时予以处理的义务。这样通过从业人员自己履行的义务，使接到报告的有关人员对有关情况及时予以处理，从而保障了从业人员在劳动作业时的生命健康权利。相反，从业人员自己不履行这种义务，有关人员就不能及时予以处理，就有可能威胁乃至剥夺从业人员的生命健康权利。权利和义务的对立统一不仅表现在上述相互对应、相互依存上，还表现在两者相互转化上。还如上述，接到报告的人员应当及时处理是一种义务，同时也是一种权利，否则便无法履行这种义务。

9. 法律事实

由于社会生活本身是不断变化的，法律关系也就不能不具有某种流动性，从而表现为一个产生、变更与消灭的过程。法律关系的产生指的是主体之间出现了权利、义务关系；法律关系的变更指的是法律关系的主体、客体或内容中的任何一项发生了变化；法律关系的消灭指的是主体间权利、义务关系完全终止。

法律关系的产生、变更或消灭不是随意的，必须符合以下两个条件：第一个条件是抽象的条件，即法律规范的存在，这是法律关系产生、变更与消灭的前提和依据。第二个条件是具体的条件，即法律事实的存在，它是法律规范中假定部分所规定的各种情况，一旦这种情况出现，法律规范中有关权利和义务的规定以及有关行为法律后果的规定就发挥作用，从而使一定的法律关系产生、变更或消灭。

10. 法律关系的保护

根据法律关系的产生依据是否使用法律制裁，可以将法律关系划分为调整性法律关系和保护性法律关系。

保护性法律关系是在主体的权利与义务不能正常实现的情况下通过法律制裁而形成的法律关系，它是在违法行为基础上产生的，是法的实现的非正常形式。最典型的保护性法律关系就是刑事法律关系。保护性法律关系的主体一方是国家，另一方是违法者。

当调整性法律关系因主体的违法行为，而不能正常实现，并由此引发法律制裁时形成的法律关系就是保护性法律关系，如刑事法律关系、民事损害赔偿法律关系等。

违法行为是指违反法律义务的行为，包括当为不为和不当为而为。在现实生活中，违法行为相对于合法行为毕竟属于少数，对违法行为的法律制裁更多情况下起的是一种威慑作用，而不可能是法律作用实现的常规方式。因此，基于对违法行为的制裁而形成的法律关系，并非法律关系的常规形式。

在许多情况下，调整性法律关系不能正常实现并不是因为主体的违法行为，而是因为各种不可抗力，这时就可能不会引发保护性法律关系。

1.3 安全法学的基本内容

1.3.1 安全法学的概念

安全在《现代汉语词典（第6版）》上的定义是“没有危险；平安”，与之相对应的英文是“Security”或“Safety”。不可否认，对大多数人而言，安全主要包括人身安全和财产安全。但不同的人所认知的“人身”和“财产”的“没有危险；不受威胁；不出事故”都是不同的。以民法上的物权为例，有的人希望自己的物完全由自己占有，甚至有人不愿意把钱存到银行里，而有的人则希望将财产尽可能地融入流通中，并愿意承担其中的风险。不同的人由于自己的观念、角度甚至性格的不同，都会对“安全”有不同的期待。

对“安全生产”而言，这种不同的安全观现象就显得更为突出。对于企业而言，安全也许主要在于生产过程正常地运行；对于企业员工而言，安全也许在于他的生命健康不受威胁；而对于监察部门来说，安全则可能更在于没有或者很少有重大恶性伤亡事故。

通过以上分析，可以发现，“安全生产”这个词汇，对不同单位或人员而言，其实是完全不同的。从本质上讲，安全生产对法律的需求，实际上来源于人们在面临工业或其他事故产生的种种可能的时候，对这些可能性做出选择扬弃、利益权衡和价值判断的需要。

1. 安全生产的概念

安全生产是一种状态，在这种状态下，法律所保障的既有利益在安全生产中得以合理延伸，在用人单位（生产经营单位）与从业人员劳动合同关系中仍然具备正当性的利益，应当继续得到保护，并且，在用人单位（生产经营单位）与从业人员劳动合同关系中失去正当性的利益，不再得到保护；基于新的合同关系而出现的新的权利，如果具备正当性，则获得保护，如果不具备正当性，则遭到禁止和惩罚。

在劳动关系中，当人们的正当利益得到保障，不正当的行为受到禁止或者无法实施时，就认为这个关系是有安全保障的。因此，安全生产立法的目的，在于对劳动关系双方行为的正当与否做出实体意义上的判断，进而保护利益主体的合理利益，并通过程序性规则防止这些利益被不正当的行为所侵害。

2. “人身安全”与“财产安全”

一般认为，安全生产包括两个主要含义，即“人身安全”与“财产安全”。前者是指生产经营过程中的伤亡等人员的安全问题；后者则是由于设备、环境等损失而产生的财产安全问题。在立法中，采用“人身安全”与“财产安全”的提法，有利于保障国家、社会和个人的利益，而不是主要针对个人的利益。与立法相对应，司法和执法较为简单，执法者只需要判断安全问题是出在人身安全上还是财产安全上，就可以根据不同的立法规定，对相应的行为的合法性做出判断，给予保护或者惩罚。应当说明的是，当人身安全和财产安全之间发生冲突的时候，法律优先保护的是人身安全。

综合以上分析，可以给出安全法学的概念。安全法学（The Science of Safety Law），在我国又称安全生产法学，是一门研究与职业安全健康相关的法律法规标准的起源、现状与发展规律的科学，属于劳动法体系的分支学科。其主要研究内容包括安全法学基本理论、国内外职业安全健康法律法规概况、安全法律法规及其标准的作用、安全监察与执法、用人单位的安全保障职责、工人及其组织的监督、安全生产的法律责任追究、安全生产行政许可制度等。人类最早的安全生产立法，可追溯到 13 世纪德国的《矿工保护法》，以及 1802 年英国的《保护学徒的身心健康法》。经过两百多年的发展，现在大多数国家已经建立了完善的职业安全健康法制体系。可以说，具有完善的职业安全健康法制体系是一个国家有良好的安全纪录的根本原因。我国的安全法学研究和安全生产法制建设将促进安全生产工作的不断完善。

1.3.2 安全法学的研究对象及范围

1.3.2.1 安全法学的研究对象

安全法学的研究对象包括：

（1）安全法学的基本原理，包括安全法学的定义、特征、作用、价值等。

（2）安全法学的产生、变化、发展。

（3）安全生产法律法规及其相关规范的立法、执法。

（4）安全法律法规制度的基本范畴。

（5）安全生产法律法规和其他社会现象的关系。

1.3.2.2 安全法学的研究范围

安全法学的主要研究范围有以下几个方面：

1. 安全法学基本知识、理论、学说

（1）安全法学的一般原理，包括安全法学的概念、本质、价值、功能、分类、发展等。

（2）安全法学的基本范畴，包括安全生产法律关系、权利义务、职权职责、法的渊源、规范、体系、效力、责任、法律意识、法治原理等。

（3）安全生产法律法规与其他社会现象的联系，包括安全生产法律法规与经济、政治、文化、宗教、道德、人权的关系。

（4）安全生产法律法规的制定和实施，包括法的制定、解释、执行、适用、遵守以及法的实施保障等。

2. 安全法学和其他法的学说的关系

安全法学的研究范围既涉及自身的问题，又涉及各种法制和法治现象与安全生产的关系，还涉及与其他安全法学，如网络安全法学、交通安全法学、消防安全法学等的关系。

安全法学的研究更着眼于各类安全法学领域中重要的、基本的、根本的问题，它的成果对各专业领域的安全法学的其他分支学科有重要的理论基础作用。

3. 安全生产法律法规的渊源体系

我国现时期安全生产法律法规的渊源体系，是由中央法的渊源和地方法的渊源这两大法的渊源体系所合成的。

（1）中央一级安全生产法律法规的渊源体系。

1）宪法。宪法规定国家的根本制度和根本任务，具有最高的法律地位和法律效力，是制定一切法律、法规的依据。“加强劳动保护，改善劳动条件”是有关安全生产方面最高法律效力的规定。我国宪法关于人权（身体权、生命权）保护及其他公民权利保护的规定都是安全生产领域必须遵守的。

2）安全生产法律，包括安全生产基本法律、专门法律和相关法律。我国的基本法律是指由全国人大制定和修改的，规定或调整国家和社会生活中，在某一方面具有根本性和全面性关系的法律，包括关于刑事、民事、国家机构的和其他的基本法律，具体包括《中华人民共和国刑法》（以下简称《刑法》）、《民法通则》、《中华人民共和国劳动法》（以下简称《劳动法》）、《中华人民共和国工会法》（以下简称《工会法》）等。这些法律在安全生产法律体系中属于相关法律。

我国的非基本法律是指由全国人大常委会制定和修改的，规定和调整除基本法律调整以外的，关于国家和社会生活某一方面具体问题的关系的法律。《安全生产法》是我国的非基本法律，但在安全生产法律体系中属于基本法律，是安全生产法律体系的核心。我国的非基本法律中有关安全生产的专门法，如《矿山安全法》，就属于安全生产专门法律，其他如《职业病防治法》、《中华人民共和国行政许可法》（以下简称《行政许可法》）、《中华人民共和国国家赔偿法》（以下简称《国家赔偿法》）等属于安全生产相关法律。

3）安全生产行政法规，是由最高国家行政机关即国务院根据并且为实施宪法和法律而制定的关于国家行政管理活动方面的规范性文件，是我国重要的并且数量很大的一种法的渊源。其效力仅次于宪法和法律，包括《安全生产许可证条例》《危险化学品安全管理条例》等。

4）安全生产部门规章，是由国务院所属各个部门根据宪法、法律和行政法规制定的规范性法律文件，如国家安全生产监督管理总局（以下简称国家安监总局）制定的《安全生产违法行为行政处罚办法》等。

（2）地方级安全生产法规的渊源体系。地方安全生产法规是指地方国家权力机关，即省、自治区、直辖市以及较大市的人大及其常委会，针对安全生产问题，根据本行政区域的实际情况对许多事项做出的安全生产具体规定，如《山西省安全生产条例》等。地方安全生产法规解决法律和行政法规不能独立解决或暂时不宜由法律和行政法规解决的问题，同时地方性法规需要接受宪法、法律和行政法规的规制。

地方安全生产法规体现地方特色，同时与宪法、安全生产法律、行政法规不相抵触。

根据《立法法》，除了属于只能由法律规定的 11 个方面的事项之外，其他事项国家尚未制定法律或行政法规的，省、自治区、直辖市和较大市的人大及其常委会，根据地方的具体情况和实际需要，可以先行制定地方性法规。

4. 安全生产法律法规的执行

安全生产法律法规的执行主要是指有关政府部门、企事业单位遵守国家现行有关安全生产法律、法规和标准，在适用、程序等方面贯彻“安全第一、预防为主、综合治理”的方针，切实落实各级人员安全生产责任制，防范各类安全事故的发生。

安全法学的研究内容还包括安全生产法律法规的概念、特征，安全生产法律制度的效力，安全生产法律法规体系，安全生产法律关系，安全生产法律责任，安全生产立法、执法与司法，安全生产法律解释、法律监督，安全生产法律法规与经济、政策、国家、科学技术，安全生产法律法规与其他社会规范，安全生产法制与法治等。

复习思考题

1. 安全生产法律法规对安全生产的作用有哪些？
2. 我国安全生产法律法规包括哪些基本内容？
3. 我国的安全生产监督管理制度包括哪几个方面？
4. 我国安全生产法律法规建设的任务是什么？
5. 简述如何依法保障劳动者的安全生产权利。
6. 法理学研究的主要问题有哪些？
7. 安全法学的基本内容有哪些？
8. 什么是安全法学？安全法学的研究对象及范围是什么？
9. 什么是法律关系？法律关系的构成要素是什么？

第2章

安全生产法律法规的形成与发展

2.1 安全立法的起源与发展趋势

2.1.1 安全生产立法的起源

安全生产法律法规是保护劳动者的安全与健康，保障生产经营人员的利益和应享受的法定权利，保障社会生产资料和国家及人民财富安全的法律法规、国家标准及行业标准的总称。现代安全生产的立法起源于18世纪工业革命开始后，是工业生产技术发展中解决事故伤害的需要，是社会各界推动、谈判和妥协的结果。人类的安全生产法律法规，从无到有，从单一的、零星的、只适用于某一特定范围（行业、地区、工人）的法律法规到综合的、全面的、适用范围更为广泛的基本法，并辅以一系列的从属法律法规，形成一个较为完整的安全生产（职业安全健康）法律法规体系，是经过了不同的历史发展阶段的，其中伴随着法制推动安全保障水平的不断提高。

中世纪，人类生产从畜牧农耕业向使用机械工具的工业转移，从此开始发生各类事故。随着工业社会的不断发展，生产技术规模和速度不断扩大，矿山塌陷、瓦斯爆炸、锅炉爆炸、机械伤害等工业事故不断发生。在工业社会初期，安全技术比较落后的状况下，人们首先想到的是从立法的角度来控制日益严重的工业事故。

人类最早的安全生产立法，可追溯到13世纪德国的《矿工保护法》，该法规定了一系列矿山生产中对于矿工的人身健康的保护措施。到1802年英国议会制定了最早的具有现代法制意义的安全保障法律《保护学徒的身心健康法》。这部法律是为劳动保护而设，规定了学徒的劳动时间，矿工的劳动保护，工厂的室温、照明、通风换气等工业卫生要求。由于英国制定的《保护学徒的身心健康法》基本涵盖了工业安全的主要问题，体现了合同自由、保护弱者、强化监督等一系列工业安全管理的基本措施，因此被认为是真正意义上的安全生产立法，并得到各国效仿，是公认最早的安全生产立法。对于世界范围的安全生产立法，人类进入20世纪才开始联合行动，这就是1919年第一届国际劳工大会制定的有关工时、妇女、儿童劳动保护的一系列国际公约。英国、德国、美国等工业发达国家是劳动安全立法最早和最为完善的国家。除此以外，很多国家的安全生产立法一般在20世纪才开始起步，包括日本这样的发达国家，也是在1916年才正式实施《工厂法》，比英国晚了百余年。

2.1.2 安全生产立法的发展

18世纪中叶，英国已成为当时最大的工业化国家。到19世纪前半期，英国完成了工业革命。英国工业革命期间，雇员的劳动时间、劳动工资以及其他劳动条件均由雇主与雇员签订的合同确定，国家的法律只保护签订“合同”的自由，即“契约自由”和合同的履行，而并不保护雇员应在良好的劳动条件下劳动。雇员作为个体劳动者即便在签订“合同”时有了讨价还价的机会和权利，但那也是很有限的，他们常常被迫忍受恶劣的待遇，因此工人的安全、健康没有保障。由于当时棉纺工厂的劳动条件尤为恶劣，工时长、工资低，而且雇佣的多为女工和童工，因此在1802年英国议会首先通过了一项限制纺织厂童工工作时间的《保护学徒的身心健康法》。这是在英国，也可以说是国际上产生的第一个重要的职业安全卫生法律。随后，英国在1833年颁布了世界上第一个《工厂法》。该法对工人的劳动安全、卫生、福利做了规定，成为“工厂立法”时期的先驱。

19世纪中叶以后，一些主要资本主义国家步英国的后尘，加入“工厂立法”的行列。美国从英国的殖民统治下独立后，所制定的法律，虽然力图摆脱英国法律的影响，但是至今美国的法律方法论、法律用语和司法的基本概念仍延续了英国的体系。1877年美国马萨诸塞州颁布了美国的第一个《工厂检查法》。1877年日本的大阪府制定了《制造厂管理规程》。1897年日本政府应15个府、县的请求，草拟了《职工法》，后改名为《工厂法》，但因议会更迭，拖至1914年才予以通过并颁布。

从20世纪初期到70年代，随着科学技术的发展，生产面貌日新月异，同时也在安全卫生等方面带来许多新的风险和问题。一些国家越来越感到只制定和颁布单一的、零星的、仅适用于某一特定范围的职业安全卫生法律法规已不能适应工业发展的需要，必须把职业安全卫生作为一个极重要的问题单独制定一个统一的、综合的、全面的安全卫生基本法。这就是20世纪70年代时各国相继纷纷制定和颁布职业安全卫生法的原因。最早的综合、全面的职业安全立法是美国于1970年颁布的《职业安全与健康法》，该法把以往针对工业领域雇员安全与健康保护的措施扩大到整个社会领域，开创了“有雇员的地方就有安全”的新安全观，把社会经济发展、进步与安全健康保障水平的提高结合在了一起。现在，国际上大多数国家已根据职业安全卫生的要求制定了不少法律、条例，形成了较为完整的安全卫生法律法规体系。除此之外，国际组织也纷纷通过国际公约、地区性法律等方式，对雇员的安全与健康加以保护，在任何情况下都不能以人的安全与健康为代价获取利益已成为国际社会的基本共识和实际做法。

2.1.3 安全生产法制建设的发展趋势

1. 安全生产立法的趋势和特点

人类社会已进入科技飞速发展和建立以人为本法治社会的时期，安全生产立法必将体现出如下趋势和特点：

（1）安全生产立法从专门化走向综合化，从分散发展到体系建设。

（2）安全生产立法的任务更突出预防性，更强调超前和本质安全化的特点。

（3）安全生产立法的目标体系更趋明确。立法的目标不但包含防止生产过程的人员伤亡，还包括避免生产过程的危害（职业病）以及生产资料的安全保障和社会财产损失的控制等方面。

(4) 安全生产立法的层次体系更为全面。国际通用的职业安全卫生法律法规（ISO（国际标准化组织）标准、ILO标准、国际公约等）、各国的国家安全生产法律法规、世界范围及本国的行业安全生产法律法规（石油、核工业等）、地区安全生产法律法规（欧盟、亚太等）等，得到全面的发展。

(5) 安全生产立法的功能体系更为合理。建议性法律法规，如ISO标准；强制性法律法规，一般各国制定的国内安全生产法律法规都属此类；承担不同法律功能的法律法规，如法律、技术标准、行政法规、管理规章等，各守其责，发挥各自的功能和作用。

2. 我国的安全生产法制建设发展趋势

根据国家有关部门的规划，我国的安全生产法制建设将有如下发展：

(1) 我国在安全生产领域已经颁布并修订了综合性的法律——《安全生产法》。目前，有关部门正在加紧完善配套法规。

(2) 对新中国成立以来特别是《安全生产法》修订以来颁布的各类安全生产法律法规，需要按机构改革的职责分工和执法主体的变化，进行修订和完善；各类安全生产技术标准需要系统认真地进行清理；国家安全生产方面的法律法规，如《劳动法》《矿山安全法》《消防法》等需要制定和完善配套规程和条例；各省市、行业的法规、条例等也需要进行完善和修订。

(3) 充分发挥现有的安全生产法律法规的效力。

(4) 随着生产理念的转变、科技的发展、社会的进步，包括《安全生产法》在内的法律法规都有待于进一步修订和完善，《职业安全法》的制定也应提上日程。

2.2 国外安全生产法律、法规概况

2.2.1 国外职业安全健康法律制度概述

最早颁布《职业安全与健康法》的国家是美国。1968年，当时的约翰逊总统提出制定一个统一、综合、全面的职业安全和健康计划，到1970年，经国会激烈争辩后，终于通过了全美国统一的《职业安全与健康法》，从而彻底改变了以往只由各州制定安全健康法规的局面，有效地加强了对各州职业安全工作的领导。继美国之后，日本于1972年6月颁布《劳动安全卫生法》，原联邦德国于1974年12月颁布了《职业安全法》，加拿大于1978年颁布了《职业卫生与安全法》。另外，芬兰、墨西哥等国家也都颁布了类似的法律，作为政府进行安全与健康监督检查和指导的法律依据。

联合国所属机构以及国际劳工组织对重要生产领域的国际管理也采取了有效的约定和建议。

美国、日本、欧盟等国家、组织都对职业安全健康制定了有关的法律法规和监控体系。以美国的化学品安全法律为例，与化学品有关的法律就有16部之多，对化学品从原料产出、应用到废弃物处理实行全过程的监控管理，特别是在环境无害化方面做了许多规定。

为了规范和指导国际危险货物的生产和运输，1955年联合国危险货物运输专家委员会提交了第一份工作报告。报告提出了危险品的分类、编号、包装、标志和运输文件以及最低要求。1956年报告改为《联合国危险货物运输建议书》，1996年改为现在的《联合国危险

货物运输规章范本》（大桔皮书）形式，同时配套出版《试验和标准手册》（小桔皮书），并每两年修订并出版一次。目前，世界各国和各国际组织涉及危险品的立法内容或管理活动都以大、小桔皮书为依据。

1992年联合国环境与发展大会上通过的《21世纪议程》的第19章中关于有毒化学物质的安全使用中明确提出了开展国际合作，努力实现化学品无害化管理的任务。

目前一些发达国家相应建立起了适应企业的OSHMS（职业安全健康管理体系），这是实施职业安全健康管理的大趋向，如美国职业安全与健康监察局的自愿保护计划（VPP：1982），澳大利亚的职业安全健康管理体系原则、体系与支持技术指南等。国际劳工组织为了保护员工的利益，于2001年发布了《职业安全健康管理体系导则》。职业安全健康管理体系规定了企业为了实施职业安全管理所需的企业机构、程序、过程和资源，通过构建管理体系的要素并使之按照发展了的PDCA循环法（策划——实施——审核——行动）的不断循环运行，使企业的职业安全健康状况不断有新的改善。职业安全健康管理体系的建立与保持，可以全面提高企业的安全管理水平，将被动的安全管理变为主动的安全管理，从事故处理变为事故预防，将员工的安全观念改变为：我要安全、人人要安全、时时保安全、处处都安全。从而在工业生产、经营、储存、使用、运输、废弃物处置等各环节建立系统的安全管理体系，全面改变目前工业事故高发的局面。

2.2.2 国外安全生产法律制度介绍

随着社会、经济、生产的不断发展，各国在安全卫生法基础上做了不少的重新修订或局部条款修改的立法活动，使之适应21世纪社会经济发展和安全生产的需要。

例如，美国劳工部根据《1977年联邦矿山安全与健康法》制定了《联邦法典》第30卷“矿产资源卷”，并规定矿山安全与健康监察局每年修订一次。《煤矿安全监察程序》是指导煤矿监察员开展监察活动的工作标准，1997年由矿山安全与健康监察局第三次修订后沿用至今。在2006年年初，美国西弗吉尼亚州接连发生两起矿难，时任美国总统布什当年6月15日签署了《2006年煤矿改善与新应急响应法》，制定了有关应急措施、救援等技术法规及标准。

澳大利亚于1994年制定了《矿井安全与健康法》，该法参照了1984年《职业安全卫生法》，并且规定修订的时间间隔为每五年一次。煤炭产量最大的新南威尔士州针对煤矿安全分别于1982年、1984年和1986年颁布实施了《煤矿规程》《煤矿（监督监察员、地区监督监察员和电气监督监察员的选举）管理条例》和《煤矿监督员资格管理条例》；1999年9月还颁布了修订版《煤矿规程》。2002年又颁布了《煤矿健康和安全法》，与该法配套的是2006年颁布的《煤矿健康和安全规章》。该法要求煤矿主履行健康与安全的职责，完善紧急管理体系，确保煤矿开采过程中工人的健康和安全。此外，《2004年矿山健康与安全法》和《2007年矿山健康与安全规范》两部法律及相配套的法规于2008年7月1日起正式实施。矿业大州西澳大利亚州2004年新修订了《矿山安全与监察法》，此外，澳大利亚还专门制定颁布了《矿山救护法》。

欧盟于1999年发布的《职业安全健康管理规程指令》（MHSW）在英国已经全面实施。英国还实施了适用矿山安全的欧盟指令，包括《矿山（安全出口）规程》（1988年）、《煤矿（炸药）规程》（1993年）、《煤矿（矿主和经营条例）规程》（1993年）、《矿山应急事故逃生和救援条例》(1995年)、《防止职业噪声条例》(2005年)。另外,《欧盟职业安全健康框架指令》(1989年)被英国已吸收为《职业安全健康和福利条例》(1999年)。

南非政府1993年颁布了《职业健康与安全法》,1996年5月30日通过《矿山健康与安全法》,1997年1月15日生效,并于2002年通过了《矿山与石油资源开发法》,形成了较完善的矿山安全法规体系。

德国现行的矿业法律、法规主要是1995年修订的《联邦矿业法》,后依据《联邦矿业法》制定了《硬煤开采条例》《矿山职工健康保护条例》等。德国职业安全卫生方面的法律法规健全,包括《劳动保护法》《劳动安全法》《设备安全法》及1996年通过的新的《工伤保险法》等。

印度的主要煤矿(矿山)法规是1955年的《矿山法》,《矿山法》由议会通过,适用于全印度。

1. 美国的安全生产法律制度

(1)美国职业安全健康管理。1970年以前,美国每年有超过1.4万名工人死于各种安全事故,约有30万人患职业病。1970年12月29日,由时任美国总统尼克松签署通过了《1970年职业安全与健康法》,成立了美国职业安全与健康监察局(OSHA)。美国职业安全与健康监察局设在劳工部内,是具备独立地制定职业安全与健康标准,并对职业事故拥有裁决权,以减少职业场所伤亡率和职业病为目的的联邦政府组成机构。

美国职业安全与健康监察局通过采取强有力的措施、公平有效地执行《职业安全与健康法》,加强培训、教育和咨询,以及建立战略伙伴关系和发展其他合作项目等行动,来帮助雇主和雇员减少职业伤害、疾病和死亡。美国职业安全与健康监察局成立四十多年来,在职业安全与健康领域已取得实质性进展:职业场所死亡率降低62%,职业伤害及职业病人数减少42%。职业安全与健康管理体系逐渐完善,真正有效地保护了劳动者的职业安全和健康。

(2)美国的矿山安全生产法律制度。美国的矿山安全生产法律制度是在吸取严重安全生产事故的教训中得到完善的。19世纪末到20世纪初,美国每年有数千人死于煤矿事故。最严重的是仅1907年就死亡3242人,其中一起发生在主要产煤州西弗吉尼亚州的煤矿爆炸事故,死亡人数达362人。严酷的现实促使美国国会和政府采取坚决措施加强安全生产管理。1910年,美国设立了矿业局,其基本任务是制定安全标准,监督生产,加强检查、调查、处理事故和进行矿山安全生产方面的研究。1913年美国成立劳工部,其主要职责之一就是安全生产管理。

早在1891年,美国国会就通过了《联邦煤矿安全条例》来解决煤矿安全问题,《联邦煤矿安全条例》的通过标志着一个越来越全面地规范采矿活动的立法长期演进的开始。但是《联邦煤矿安全条例》和以后的立法相比只是一个较为温和的立法,适用的范围较窄。1947年,国会授权制定了第一部关于美国煤矿安全管理的法律。1951年12月下旬,在西法兰克福发生的一起煤矿爆炸事故中死亡119人,再次引起美国公众极大关注,导致美国于1952年制定了《联邦煤矿安全法》。《联邦煤矿安全法》对以往的立法做了较大的改进。它规定在一些地下的煤矿实行年检制度,并且授予了美国矿业局有限的执法权力。这些执法权力包括对违法行为发布违法公告和在紧急情况下下达撤退命令的权力。它还规定了37条安全与健康标准,但不包括露天煤矿。1968年是美国煤矿多灾年,11月,法明顿事故死亡78

人，此后在其他几个矿山又有170多个矿工死于非命；同月，康苏尔煤矿瓦斯大爆炸，死亡78人，触发煤矿工人大罢工，迫使美国联邦政府制定新的煤矿法。1969年，美国联邦政府制定了《联邦煤矿健康与安全法》（以下简称《煤矿法》）。这部法律比以往任何一部约束采矿工业的联邦法律都更全面、更严格。其内容包括露天煤矿和井下煤矿，要求每座露天煤矿每年进行2次监察，井下煤矿每年进行4次监察，极大地扩大了联邦政府对煤矿的执法能力。新的《煤矿法》比1952年的《联邦煤矿安全法》前进了一大步。1973年，美国建立矿山安全与健康监察局。1976年，美国建立了国家健康与安全学院，负责培训安全监察员，并召开各种专题讨论会，组织学术交流。

1977年10月美国国会通过了《联邦矿山安全与健康法》。该法是在原有的《联邦金属与非金属矿安全法》和1969年《煤矿法》的基础上，通过合并和做了重大修改后制定的，该法在许多方面修订了1969年的《煤矿法》，并且加强了所有采矿工业的联邦健康与安全规定，煤炭和非煤炭开采包括在一个法案之内。

新法大大加强了矿山安全与健康监察局的权限，并规定矿工代表可直接参与矿工安全事务，加强安全技术培训和研究，对违章行为的处罚更加严厉。

另外，美国煤矿安全法律法规还包括《联邦法典》第30卷“矿产资源卷”，经两院批准每年修订出版一次。其主要内容为：A分章——官方标志；B分章——采矿用品的测试、评价与审批；C~F分章（保留，为以后有关立法活动提供空间）；G分章——档案与其他管理要求；H分章——教育与培训；I~L分章（保留，为以后有关立法活动提供空间）；M分章——矿山事故、伤害、职业病、雇工数目与产量；N分章——金属矿与非金属矿的安全与健康；O分章——煤矿的安全与健康；P分章——处罚；Q分章——典型违规户。

在2006年年初，美国西弗吉尼亚州接连发生两起矿难，举国震惊，时任美国总统布什当年6月15日签署了《2006年煤矿改善与新应急响应法》，制定了有关应急措施、救援等技术法规及标准。该法是自1977年《联邦矿山安全与健康法》以来，对联邦安全健康法最为全面的补充和改善。首先提出了井工煤矿要进一步增强安全意识，强化矿山事故应急反应能力。要求每座煤矿至少配备有两支矿山救护队，并且其驻地应该在距该煤矿一小时车程之内，每座矿井应制定书面的应急响应预案并不断更新。

美国是世界主要产煤大国之一。美国通过不断完善煤矿安全管理法律制度，努力提高执法力度，煤矿安全状况得到明显改善，在生产实践中取得了十分显著的成绩。1970~1996年间，美国因煤矿事故死亡人数已经从270人降低到39人，百万吨死亡率也从0.47%降低到0.04%；1980~1996年，百万吨死亡率每年平均降低76.5%，基本上消除了重大事故的发生；1996~1998年，因煤矿事故死亡人数连续三年都没有超过40人，尤其是1998年其死亡人数已经降低到29人，百万吨死亡率也仅为0.03%。自1900年到2004年，美国的煤炭年产量从4亿t增长到12亿t，但是死亡人数却从1489人下降到了28人（并不是死于瓦斯爆炸等事故，而是其他工伤意外死亡）；而2004年美国的煤矿工人总数大约为10.3万人（百万吨死亡率为0.023%）。而且，随着科技水平的提高，美国煤矿生产技术越来越先进，矿工人数逐年下降，劳动生产率居世界首位。

（3）美国职业安全健康管理机构的设置。美国联邦政府设立了职业安全与健康监察局，该局主要设有国家办公室和区域办公室。国家办公室包括合作和国家项目部（DCSP）、标准和指导部（DSG）、科学技术和医药部（DSTM）、执行项目部（DEP），以及评估和分析部（DEA）。按照行政区划不同，在全国范围共设置10个区域办公室，负责各区域的职业安全与健康管理。在区域办公室以下，还设有73个地区办公室，直接负责具体的执行任务。区域办公室及地区办公室都是联邦职业安全与健康监察局的派出机构。

此外，各州设有相对独立的州立职业安全与健康监察局，执行州立项目（State Programs）。有的州根据实际情况，颁发了更严格的地方职业安全与健康法规，进行管理。联邦政府机构与地方之间既相互配合，又依法独立行使职责。

（4）美国实施职业安全与健康管理的主要方式。美国职业安全与健康监察局的使命就是保护职业场所的每一个人包括企业主和员工的安全和健康。以此为出发点，通过推行强制性标准，加强安全检查与企业自检，强化职工安全与自我保护意识，鼓励工作场所的持续改进，以最大限度减少工作场所的安全事故和对职工的职业伤害。

1）制定强制性的国家标准。安全事故的调查结果及其对职工健康危害的程度是美国职业安全与健康监察局修订与增补职业安全与健康标准的重要依据。随着社会、经济、科学技术的不断发展，一些新的职业安全与健康标准也相应出台，以更好地保护职工的安全和健康。例如，目前美国职业安全与健康监察局正在对有关纳米技术进行研究，准备制定相关的新标准。此外，对人类环境工程学（Ergonomics）的研究也正在进行中。

2）选择性地实施行政许可管理。行政许可仅仅是美国采用的管理手段之一，目前只在部分地区实行职业安全与健康的许可管理。最主要的管理方式是通过不同的合作项目，鼓励企业自发地加强职业安全与健康管理，以达到相关标准的要求。

3）建立完善的社会监督和协作机制。美国建立有一套完善的职业安全健康管理投诉和举报处理机制，以充分发挥劳动者的监督作用，这在很大程度上有效促进了职业场所安全与健康条件的不断改进。此外，美国还构建了顺畅的职业安全健康管理公众参与渠道，即通过推进不同项目合作的方式，让企业、相关政府机构、协会、学校、研究机构以及其他非政府组织都参与进来，共同监督和促进职业安全与健康的发展。这些参与部门还为提供共享资源及加强职业安全与健康的教育做出了积极的贡献。

（5）美国职业安全与健康管理的启示。美国的职业安全与健康管理对频繁的职业场所伤害和事故起到了有效的遏制作用，同时对美国的社会、经济、科技发展起到了积极的促进作用。其主要经验包括：

1）直面存在的职业安全与健康问题。针对当时美国职业场所面临的严峻现实，美国政府为改进职业场所员工的安全和健康条件，颁布了《1970年职业安全与健康法》，并成立专门的职业安全与健康监察局来促进该法案的实施。

1971年以来，虽然美国的工作场所和雇员人数增长了一倍多，分别由360万个工作场所和5600万名就业人员增加到700万个工作场所和1.11亿就业人员，但美国职业安全与健康监察局通过实施强制性职业安全与健康法律法规，加强对工作场所的监察，使工作场所意外事故造成的人员死亡人数减少了一半以上，职业伤害与职业病人数下降了40%。

2）职业安全与健康管理并重。美国《职业安全与健康法》中强调了职业安全与职业健康的双重重要性。因此，在职业安全与健康管理过程中，无论是政府，还是企业及协会，在强调安全的同时，也积极关注职业健康的进步。例如，美国职业安全与健康监察局2006年就发布了金属铬的新标准，以减少由于金属铬的辐射带来的职业危害。

3）兼顾雇主和雇员双方的利益。美国的职业安全与健康管理并不仅仅从职工的角度出发，而是同时考虑雇主的利益，充分发挥雇主和雇员双方的积极性来共同促进工作场所的安全与健康。职业安全与健康的促进不仅仅有利于职工，同时也将有效增加雇主的利益。安全事故的减少与职工伤亡的降低会大大降低雇主的生产成本，减少损失，节约巨额赔偿金及职工医药费，同时安全设施的投入也会带来更高效的生产率。基于这些因素，雇主更愿意主动配合政府搞好自身的安全建设。

4）建立完备的法律保障体系。经过四十多年的努力，美国已建立起一个系统全面、功能完善的职业安全与健康法律体系。在 1971～2005 年的三十多年间，美国在完善职业安全与健康法方面取得了具有重要意义的进展。1970 年《职业安全与健康法》出台伊始，美国职业安全与健康监察局便依据该法案，制定了更具体的相关法规和标准，有效地保障了职业安全与健康管理，确保政府与企业有效遵循相关法律。

完善的赔偿法案是对职工安全和健康的另一重要保障。职工的诉讼程序同样十分完善。这也是保证企业持续改进职业场所的安全和健康条件的关键因素。

5）建立职业安全与健康管理的协作机制。政府与政府之间、政府与企业之间、政府与协会等第三方机构之间、企业与企业，以及企业与第三方机构间都建立了良好的协作机制，横向与纵向合作并举，美国职业安全与健康管理机构因而得以充分有效地保护美国境内各企业及其他机构的职工。尽管政府机构管理和监察人员有限，但由于部分企业人员的积极自愿参与管理，使许多项目的实施更加有效和直接。美国职业安全与健康监察局还积极开展了多个战略合作项目，鼓励第三方机构如协会、学校等参与职业安全与健康管理，发展教育和培训，起到了积极的推动作用。

6）按企业规模实行分类管理。美国职业安全与健康监察局的合作与国家项目部内专门设置了一个小规模商业处，负责全国的小规模企业管理。考虑到大部分小规模企业资金投入不足，小规模商业处专门设立基金资助小商业安全管理“安全与健康成就确认项目”，基金直接划拨给各州政府，再由州政府将资金分配到所在区域小规模企业，用于职业场所安全与健康改进。此外，还专门设置了咨询项目，为小规模企业职业安全与健康管理提供免费咨询与培训。

与之相反，规模较大的集团和公司则没有任何资助。多数大公司有自己的内部培训机构，独立地对员工进行安全与健康培训，定期接受管理部门的安全检查。通过这种差别对待，平衡不同条件的企业，保证职业安全和健康管理在所有行业的有效实施，从而真正有效地保护了不同行业的职工安全与健康。

7）实施职业安全健康管理的可持续发展战略。经过多年的努力，美国的职业安全与健康管理已取得显著成效，很多项目如战略同盟项目、自愿保护项目、挑战项目、咨询项目等对美国职业安全与健康管理的持续发展发挥了积极有效的作用。这些项目分别都有各自的期限，当到期后，签约双方再续签，以保持长期的合作与发展，使企业不断地发展和改进安全与健康管理，为真正实现其减少职业伤害、疾病和死亡至零的最终目标而持续努力。

2. 日本的安全生产法律制度

1877 年，日本大阪府首先制定了《制造厂管理规程》，其他府、县也相继制定了类似的规程，为以后的日本《工厂法》出台奠定了基础。1897 年，日本政府应 15 个府、县的请求，草拟了《职工法》，后改名为《工厂法》，1914 年国会通过该法并颁布，并于 1923 年进行了修改。第二次世界大战结束后，日本重新颁布《劳动基准法》，把“安全与健康”作为

第5章，共14条纳入该法律之中。随着经济的迅速恢复和发展，《劳动基准法》与经济的发展逐渐不相适应，于是1964年日本又颁布了《工业事故预防组织法》。1972年，日本劳动省在中央劳动基准审议会的建议下，提出制定独立的《劳动安全卫生法》，经国会通过后生效，但该法仍须与《劳动基准法》保持一致。1973年7月，日本制定了《矿山保安法》，第1章为总则，第2章为保安，第3章为监督机关，第4章为处罚规定，共58条。

3. 英国的安全生产法律制度

英国的职业安全卫生（健康）立法比美国、日本要晚。1970年以后，不少社会组织和机构，特别是工会对英国已有的有关安全卫生的法规是否足以保障所有劳动者的安全健康提出质疑。以罗宾爵士为首的职业安全委员会于1972年提出报告，建议制定一个统一的适用于全国所有雇员的安全健康法来代替已有的、为数众多却零散的安全健康法规，这一建议被政府采纳，于1974年10月1日、1975年1月1日、1975年4月1日分三次颁布了《劳动安全卫生法》的全部条款。该法全面、严谨，且法中有法、措施有力，规定详细，成为不少国家借鉴的蓝本，即使美国在后来修改完善《职业安全与健康法》时也参照了英国的一些规定。

近年来，英国的煤矿安全生产法律主要是实施欧盟指令。欧盟1999年发布的《职业安全健康管理规程指令》在英国已经全面实施。英国还实施了适用矿山安全的欧盟指令，包括《矿山（安全出口）规程》（1988年）、《煤矿（炸药）规程》（1993年）、《煤矿（矿主和经营条例）规程》（1993年）、《矿山应急事故逃生和救援条例》（1995年）、《防止职业噪声条例》（2005年）。《欧盟职业安全健康框架指令》（1989年）已被英国吸收为《职业安全健康和福利条例》（1999年）。

英国具有完善的职业安全监管体系，中央与地方均建立了严密的监控体系，监督与监察职业安全与健康法律法规的落实情况。在中央政府设有职业安全与健康执行局，负责对重要安全与健康事项进行监督监察，对重大事故进行调查处理；地方政府设立分支机构，负责对一般事项进行监督监察，调查处理一般安全事故。

4. 澳大利亚的安全生产法律制度

澳大利亚的生产安全法律法规基本上是英国式的，英国的“罗宾式法规”对澳大利亚职业健康与安全方面的法规改革影响最大。澳大利亚最早的健康与安全法是维多利亚州的《1973年工厂法》，以后经过25年时间，其他的州和区也出台了类似的法规。澳大利亚联邦政府在健康与安全方面的法律法规主要有《1991年职业健康与安全（联邦政府雇员）法》《1998年安全、康复和补偿法》《1985年国家职业健康与安全委员会法》，这三部法的共同点是均有一条规定就是保留各州和地区政府已建立的关于职业健康与安全方面的法规，其中前两部主要是针对联邦政府雇员的。

2002年，澳大利亚又颁布了《煤矿健康和安全法》，与该法配套的是《2006年煤矿健康和安全规章》。该法要求煤矿主履行健康与安全的职责，完善紧急管理体系，确保煤矿开采过程中工人的健康和安全。此外，《2004年矿山健康与安全法》和《2007年矿山健康与安全规范》两部法律及相配套的法规于2008年7月1日起正式实施。

在2004年，矿业大州西澳大利亚州修订了《矿山安全与监察法》，此外，澳大利亚还专门制定颁布了《矿山救护法》。

澳大利亚在煤矿安全上实行的是自上而下的管理，拥有较完善的管理制度及执行制度。

而该政府所采取的主要管理手段依然来源于立法，在立法的指导下，联邦政府、州政府以及煤炭生产联合管理委员会、矿业公司，直至矿井各级安全管理部门都应按照法律的规定严格执行。此外，结合各州的实际情况，各州政府有权对本区域内的矿井安全提出意见和建议，拥有绝对的发言权。

5. 德国的安全生产法律制度

德国不仅有完备的安全生产法律体系，而且有专门的政府机构和充足的人员来负责安全生产的监督管理工作，并在实践中形成了比较健全的工作运行机制，因而为安全生产提供了有力的保障。德国的安全生产法律法规非常完备，且操作性很强。他们把以安全生产责任制为核心的各项安全制度法律化，成为强制执行的法律规定。这一切不仅与德国向来重视煤矿安全技术的研发工作和强制性的安全培训课程有关，更与其严厉的安全生产法律法规制度有密不可分的联系。尤其在 2004 年，它的煤矿百万吨死亡率仅为 0.04%。德国的煤矿安全立法历史悠久，早在 13 世纪就有一些矿山安全立法，如 13 世纪德国政府颁布的《矿工保护法》。现在适用于德国煤矿安全卫生方面的法律、法规有三类：第一类是欧盟制定的有关职业安全卫生方面的法律、法规，欧洲理事会虽然不是一个行政部门，但是它有权向欧盟总部提出安全法律的建议，或拟定有关的法律、法规草案，经欧盟议会通过后，作为欧盟各国进行安全生产的立法依据；第二类是德国联邦矿业法律、法规和其他有关职业安全卫生方面的联邦法律、法规；第三类是矿业公会（BBG）制定的矿山安全卫生规章和技术标准。另外，上一级也有权制定矿山安全法规，但现在已逐渐被德国联邦统一的法规所取代。

德国现行的煤矿安全法律、法规有《联邦矿业法》（1980 年颁布，1995 年修订）、《硬煤开采条例》、《矿业（有关防止井下气候影响职工健康）条例》（1991 年颁布，主要规定矿主有义务对矿工的身体进行定期检查，矿主必须对影响职工健康的危害因素，如噪声、振动、有毒有害气体等采取预防措施等）、《矿用电气设备许可条例》（1993 年颁布）。

德国的安全生产法律规定，每个雇主都必须按规定依法为雇员缴纳工伤保险金，这项制度已经实行了一百多年，为了加强安全生产的行政执法，德国设有相对独立的具有权威性的安全生产监督管理部门。德国是一个联邦制国家，在州政府矿山和能源部，下设安全生产监督管理局，在各地设立办事处，具体从事安全生产监督管理、事故查处以及安全培训、职业卫生方面的工作。

德国历来重视煤矿安全生产技术的研发，推崇新技术、新设备在煤矿中的应用。在井下煤矿作业中，矿工通过“数字眼镜”可以查看到哪些机器发生了故障，计算机能给出详细且配有动画演示过程的维修步骤，不需要矿工亲自检查机器，计算机可以完全地自动识别、检查和处理数据；德国矿山还采用“全自动车自动选煤”的先进技术，部分代替了矿工执行危险工作。这些先进技术和设备的广泛应用，极大地提高了煤矿安全生产的安全性，保证了矿工的生命安全。此外，德国还规定，所有的矿工都必须在矿业学校或者矿山工作中受到 3 年以上的培训，在正式成为煤矿职工前，还必须参加由煤矿企业组织的统一的、集中的培训课程的考察。在实际工作中，这些矿山职工还要定期进行培训。

而对于长期没有发生安全事故的矿工，煤矿还会对其增加工资以作为奖励。这些强制性规定，对煤矿职工的采矿工作起到了很好的规范工作，是煤矿安全事故发生率减少的又一必要因素。

德国所制定的煤矿安全生产法律法规也十分严格。而其中最为重要的是《煤炭安全法》，它是德国联邦宪法的一部分，各个州也都制定了自己的法律法规，从而形成了德国特有的完整的煤矿安全生产法律体系。德国的执法工作做得更是严格。在德国，有3个安全监察队伍会对各个矿井进行定期或者不定期的巡查；而国家安全生产部门的工作人员每周会突击检查煤矿的安全工作，作为矿工所投保的工伤事故保险联合会也会派专家不定期到开采现场进行巡查；同时，煤矿安全管理人员则会全天不断地测试井下开采的安全状况。

6. 西班牙的安全生产法律制度

西班牙对安全生产非常重视，不仅有完备的安全生产法律法规体系，而且有专门的政府机构和充足的人员负责安全生产的监督管理工作，并在实践中形成了比较健全的工作运行机制。西班牙《国家劳工法》规定，每个企业在开办之前必须向政府安全生产监督管理部门提交企业安全生产风险评估报告和安全措施报告。这两个报告需经国家安全生产监督管理部门认定的咨询机构进行论证，然后再经政府安全生产监督管理部门审批，确认其准确性和可行性之后，才由工商管理部门发给营业执照。同时规定，企业必须每年向政府依法缴纳销售收入的2.5%作为安全基金，用于安全生产管理。

2013年10月28日，西班牙西北部卡斯蒂利亚和莱昂自治区的圣卢西亚煤矿区发生瓦斯泄漏，致6人中毒死亡。埃米利奥山谷矿井深位于地下近700m，遇难矿工死于吸入过多瓦斯。这起事故是西班牙18年来最大的一次煤矿事故。

为了加强安全生产的行政执法，西班牙设有相对独立的具有很高权威的安全生产监督管理部门。在全国配置了约800名安全稽查员，还有约1300人从事安全技术检查工作，其全部为国家公务员编制。另外约有3000人从事安全技术方面的咨询工作，并由国家提供经费和设施。

7. 葡萄牙的安全生产法律制度

葡萄牙设有相对独立且具有较高权威的安全生产监督管理部门。葡萄牙劳工部监察院有工作人员约300名。在全国18个区设立的32个办事处有工作人员约900名，其中约有250人是专职安全监察员，其主要职责是监察落实安全生产的法律法规和安全技术措施，调查各种安全生产事故，并提出处理意见。葡萄牙注重建立安全生产的技术支撑体系，通过技术创新，改善安全生产和职业健康状况，设有专门的机构从事安全生产和职业卫生的技术研究、咨询、培训和信息工作。

8. 南非的安全生产法律制度

南非是世界上矿藏极为丰富的国家之一。采矿业比较发达，但工伤事故和矿业灾难较多。每年因事故受伤的从业人员约20万人，经济损失高达170亿兰特（约20亿美元）。

南非政府重视安全生产方面的立法。在1941年就制定了《工厂、机械和建筑工作法》，对机械制造业和建筑业等企业的安全生产进行法律规范。1983年又将该法律修改为《职业安全法》，1993年再次对该法进行修订，将其适用范围扩大到所有工作场所，并将名称改为《职业健康安全法》。1996年，针对矿山企业的安全状况，制定颁布了《矿山健康安全法》，对矿工这一特殊产业工人的健康和安全予以特殊保护。在《职业健康安全法》和《矿山健康安全法》的基础上，各政府机构还相继制定了许多配套规章，如《矿山健康安全规程》等，并于2002年通过了《矿山与石油资源开发法》，建立起了比较完善的安全生产法律体系。

在南非政府部门中，劳工部负责对全国所有产业的安全生产监督管理，矿产资源部对矿山安全生产实施监督管理，其他政府部门在各自的职责范围内，对安全生产实施监督管理。政府对安全生产监督管理力度最大的是矿山，矿山安全生产的监督管理实施垂直管理、分工负责体制。政府在矿山能源部设矿山健康与安全监察局，一名副总司长担任总监察长（即监察局局长），设3名副总监察长，总监察长直接对部长负责。矿山健康与安全监察局下设4个职能司，分别为矿山安全监察司、矿山设备安全监察司、矿山职业卫生监察司和综合司。在全国9个省，分设地区矿山安全与健康监察局，每一名副总监察长负责3个地区矿山安全与健康监察局。整个矿山安全与健康监察局共有257名工作人员，其中监察员207人，地区矿山安全与健康监察员由一名首席监察员负责，下设若干名不同专业的监察员。按照监察业务分工，监察员分为矿山监察员、矿山设备监察员、医疗监察员和职业卫生监察员。为了保障监察员公正行使职权，矿山安全与健康监察局建有专门的监督系统，设有若干名不同专业的监察员，负责监督地区矿山安全与健康监察局和监察员的执法情况，其中一名监察员直接负责监督3名副总监察长的工作。同时赋予监察员较大的权力，监察员可以不需理由或者通知，在任何时候，向企业及从业人员询问与安全有关的事项，要求提供相关文件，检查任何机器和工作条件，并有权扣留任何文件、物品、机器的全部或一部分。对企业违反安全管理法律的行为，有权立即纠正，并可以对其进行处罚。企业必须执行监察员的指示，对监察员的任何干扰和妨碍都是违法行为，可能被处以罚款或最高2年的监禁。

在安全生产监督管理方面，南非政府还注重发挥中介组织的作用。除国家职业安全协会外，提供安全生产服务的中介组织还有负责矿山安全服务的南非矿业商会等。这些社会中介组织通过提供安全生产的技术服务，协助企业提高安全生产水平。

企业对安全生产工作非常重视，一般都设立专职或者兼职的安全检查员，负责本企业的安全生产工作。同时，根据南非政府法律规定，雇主对每个雇员负有安全培训的义务。雇员在矿山工作期间，原则上要进行3次培训，即入矿之前进行安全基础知识培训，第2年进行顶板控制等基本安全知识培训，第3年进行顶板控制、防尘、放火等专业安全知识培训。通过培训使一名新员工变成一名熟练工人。承包商来矿承包工程，负责对其工人进行安全培训，雇主要对承包商的培训情况进行检查，以了解承包商是否符合条件。

南非政府全面开展职业安全认证工作。政府通过中介组织（国家职业安全协会等）对企业进行职业安全认证，促进企业采取措施提高安全生产水平。国家职业安全协会对企业的认证采用的是“五星级安全评估系统”，与36个国家有业务关系，雇用180名安全健康专家，其主要业务是矿业，占其总业务量的70%。协会通过对企业生产的危险程度、管理系统、各部门的合作与协调情况以及制度的有效性等方面进行量化评价，对企业的安全状况进行评估，并依据不同得分，将企业的安全状况评为一星级至五星级五个等次，星级越高，安全状况越好。认证结果与企业缴纳的赔偿基金相联系。企业的星级越低，缴纳的赔偿基金数额越大。同时，协会还通过技术咨询、法律服务等方式，帮助企业改进安全工作，提高星级档次，有效地提高企业的安全生产水平。

南非政府对安全事故处理的主要方式是责任划分。对于在工作场所发生的安全事故，如果是由于雇员违章操作，或者是不服从管理，或者是不按规定使用安全防护用品等，则可确认该雇员承担责任，雇主对雇员受到的损害不负责任。如果是由于雇员自身过错之外的原因造成事故，则由雇主承担责任，并且，如果因为雇主的疏忽行为，威胁到雇员的人身健康或安全，或者造成企业1人以上的严重伤害，且该危险或伤害全部或者部分是由于企业工作环境的条件造成的，则雇主还要承担刑事责任。

南非政府建立安全赔偿金，强制性地要求各企业按照一定的标准缴纳。按规定，企业从事的行业越危险，该企业的安全状况认证星级越低，则其缴纳的基金费用越高。安全赔偿金由政府指定的机构负责运作和管理。企业发生事故时，对从业人员的损害赔偿，一般采取支付安全赔偿金的方式来解决。由安全赔偿金的管理部门直接向受到损害的雇员进行赔偿，对于死亡的雇员，最高可以得到8万兰特（约1万美元）的赔偿。

2.3 新中国成立以来我国安全生产法律制度的形成与发展

2.3.1 我国安全生产法律、法规的形成

1. 第一阶段：初建时期(1949~1957年)

在我国的第一部《宪法》中明文规定："国家通过国民经济有计划的发展，逐步扩大劳动就业，改善劳动条件和工资待遇，以保证公民享受这种权利。"对改善劳动条件和建立工时休假制度也都有明确规定。

在国民经济恢复时期，由中央各部门和地方人民政府制定和颁布的各种安全生产法规就有119种。1956年5月，国务院正式颁布了《工厂安全卫生规程》《建筑安装工程安全技术规程》和《工人职员伤亡事故报告规程》，即"三大规程"。这些法规在新中国成立初期，对我国的安全生产和保证劳动者的安全与健康起到了重要作用。

2. 第二阶段：调整时期(1958~1965年)

1958年下半年，出现了盲目冒进的苗头。由于"大跃进"时期忽视科学规律，冒险蛮干，只讲生产，不讲安全，大量削减安全设施，伤亡事故又明显上升，出现了新中国成立以来伤亡事故的第一个事故高峰期，这是安全生产工作有发展但受挫折的阶段。自1961年开始的调整中，安全生产工作也转入正轨。1963年我国进入国民经济三年恢复调整时期，在这一时期我国先后发布了《国务院关于加强企业生产中安全工作的几项规定》《国营企业职工个人防护用品发放标准》等一系列安全生产法规、规章，使安全生产法制工作得到了进一步加强。

3. 第三阶段：动荡时期(1966~1978年)

这一时期，由于特殊的历史原因，安全生产工作被认为是"活命哲学"而受到批判，因而使工业生产秩序混乱，劳动纪律涣散，安全生产工作出现倒退，伤亡事故急剧上升，形成了新中国成立以来的第二个事故高峰期，这是安全生产工作遭受破坏和倒退的阶段。

4. 第四阶段：恢复发展时期(1979~1990年)

1978年12月召开的党的第十一届三中全会，确立了改革开放的方针。

党中央、国务院对安全生产工作非常重视，先后发出了中共中央（78）67号文件和国务院（79）100号文件，即《中共中央关于认真做好劳动保护工作的通知》和《国务院批转国家劳动总局、卫生部关于加强厂矿企业防尘防毒工作的报告的通知》，要求各地区、各部门、各厂矿企业必须加强劳动保护工作，保护职工的安全和健康。尤其是对"渤海二号平台"等事故的严肃处理，强化了领导干部的安全生产意识。在这一时期，确定了"安全第一、预防为主"的方针；初步建立了安全生产法规体系、安全监察体系和检测检验体系；

安全生产责任制得以逐步落实；安全生产的科研、教育工作也得到长足发展。同时，在劳动保护、安全生产方面加强了国际合作与交流。1979 年第五届全国人大第二次会议颁布了《刑法》，其中明确了对交通、运输、工矿、林场、建筑等企业、事业单位，因违反规章制度，强令工人违章作业而造成重大事故的责任者的惩处办法，并规定了量刑标准。1997 年 3 月 14 日第八届全国人大第五次会议修订的《刑法》，对安全生产方面的犯罪做了更为明确具体的规定。

1984 年 7 月，国务院发布了《国务院关于加强防尘防毒工作的决定》，进一步强调了生产性建设项目"三同时"的规定；对企业、事业单位治理尘毒危害和改善劳动条件的经费开支渠道，严禁企业、事业单位或它们的主管部门转嫁尘毒危害问题，以及关于加强防尘防毒的监督检查和领导等问题，都做了明确规定。1987 年 1 月，原卫生部（现为国家卫生和计划生育委员会)、原劳动人事部（现为人力资源和社会保障部)、财政部、中华全国总工会联合发布了《职业病范围和职业病患者处理办法的规定》，规范了对职业病的管理，并将 99 种职业病列为法定职业病。

此外，全国有 28 个省、自治区、直辖市的人大或人民政府颁布了地方劳动保护条例。从 1981 年开始，原国家质量技术监督局（现为国家质量监督检验检疫总局）加快了安全生产方面国家标准的制定进程，先后制定、颁布了一系列劳动安全卫生的国家标准，为安全生产工作提供了法定的技术依据，也使安全生产法制在技术上得以落实。

5. 第五阶段：逐步完善时期(1991 年至今)

1991 年 2 月，国务院发布了《企业职工伤亡事故报告和处理规定》，严格规定了对各类事故的报告、调查和处理程序。1992 年 4 月 3 日，《工会法》颁布实施，这部法律把党中央对工会工作的方针和主张予以具体化、法律化，为工会适应新的历史时期的需要，更好地维护职工安全健康权益提供了法律依据和保障。1992 年，《中华人民共和国妇女权益保障法》的颁布，对女职工的劳动保护提出了明确要求。1994 年 7 月 5 日第八届全国人大常委会第八次会议通过了《劳动法》，它的颁布和实施，标志着我国劳动保护法制建设进入了一个新的发展时期。国家还陆续制定了《矿山安全法》、《煤炭法》、《中华人民共和国乡镇企业法》（以下简称《乡镇企业法》）、《消防法》、《中华人民共和国劳动合同法》（以下简称《劳动合同法》）等法律法规。

自 1936 年我国政府批准了第一个国际劳工组织公约——《确定准许儿童在海上工作的最低年龄公约》开始，截至 2013 年年底，由我国政府批准的国际劳工组织公约已达 25个，其中包括 4 个核心公约，即《同工同酬公约》《准予就业最低年龄公约》《禁止和立即行动消除最恶劣形式的童工劳动公约》《消除就业和职业歧视公约》。

2000 年以来，由于我国经济社会快速发展，工业生产能力进一步提高。我国的经济发展主要依赖能源、原材料等重工业的拉动，事故风险大，加之安全管理不善，形成了第三次事故高峰期，突出表现为重、特大事故明显增多，恶性事故上升，给人民生命财产造成了重大损失。由于我国已于 2001 年加入了世界贸易组织（WTO）以及对外开放的进一步加深，安全事故给我国也造成了恶劣的国际影响，因此必须借鉴国际先进的安全管理手段，通过加强法制建设，依法规范生产经营单位的生产经营活动，以改变目前事故多发的局面，树立我国既是经济大国也是安全大国的新形象。

2.3.2　实现安全管理的法制化

1. 我国安全生产的目标和任务

2004年1月9日国务院发布了《国务院关于进一步加强安全生产工作的决定》，决定指出：安全生产关系人民群众的生命财产安全，关系改革发展和社会稳定大局。我国虽然初步建立了安全生产监管体系，安全生产监督管理得到加强，对重点行业和领域集中开展了安全生产专项整治，生产经营秩序和安全生产条件有所改善，安全生产状况总体上趋于稳定好转。但是，目前全国的安全生产形势依然严峻，一些领域伤亡事故多发的状况尚未根本扭转，安全生产基础比较薄弱，保障体系和机制不健全，部分地方和生产经营单位安全意识不强，责任不落实，投入不足，安全生产监督管理机构、队伍建设以及监管工作亟待加强。

安全管理必须坚持"安全第一、预防为主、综合治理"的基本方针，进一步强化政府对安全生产工作的领导，大力推进安全生产各项工作，落实生产经营单位安全生产主体责任，加强安全生产监督管理；大力推进安全生产监管体制、安全生产法制和执法队伍"三项建设"，建立安全生产长效机制，实施科技兴安战略，积极采用先进的安全管理方法和安全生产技术，努力实现全国安全生产状况的根本好转。

根据规划，到2020年，我国安全生产状况力争实现根本性好转，亿元国内生产总值死亡率、十万人死亡率等指标达到或者接近世界中等发达国家水平。

为了实现这一目标，必须坚持把矿山企业、建筑企业、危险化学品生产经营单位等方面的安全生产专项整治，作为整顿和规范社会主义市场经济秩序的一项重要任务，持续不懈地抓下去。把安全生产专项整治与依法落实生产经营单位安全生产保障制度、加强日常监督管理以及建立安全生产长效机制结合起来，确保整治工作取得实效。对《安全生产法》修订后确立的各项法律制度，要抓紧制定配套法规、规章。认真做好各项安全生产技术规范、标准的制定、修订工作。加大安全生产法律、法规的学习宣传和贯彻力度，普及安全生产法律知识，增强全民的安全生产法制观念。

2. 落实和强化生产经营单位的安全生产主体责任

依法加强和改进生产经营单位安全管理，必须强化生产经营单位的安全生产主体地位，进一步明确安全生产责任，全面落实安全保障的各项法律法规。生产经营单位要根据《安全生产法》等有关法律规定，设置安全生产管理机构或者配备专职（或兼职）安全生产管理人员。保证安全生产的必要投入，积极采用安全性能可靠的新技术、新工艺、新设备和新材料，不断改善安全生产条件。改进生产经营单位安全管理，积极采用职业安全健康管理体系认证、风险评估、安全评价等方法，落实各项安全防范措施，提高安全生产管理水平。

生产经营单位必须对所有从业人员进行必要的安全生产技术培训，主要负责人及有关经营管理人员、重要工种人员必须按照有关法律、法规的规定，接受规范的安全生产培训，经考试合格，持证上岗。

3. 加强安全生产监督管理，建立和完善安全生产行政许可制度

建立安全生产行政许可制度。把安全生产纳入国家行政许可的范围，在各行业的行政许可制度中，把安全生产作为一项重要内容，从源头上制止不具备安全生产条件的企业进入市场。开办企业必须具备法律规定的安全生产条件，依法向政府有关部门申请、办理安全生产许可证，持证生产和经营。

强化安全生产监管监察行政执法。各级安全生产监管监察机构要增强执法意识，做到严格、公正、文明执法。依法对生产经营单位安全生产情况进行监督检查，指导督促生产经营单位建立、健全安全生产责任制，落实各项防范措施。组织开展好企业安全评估，搞好分类指导和重点监管。对严重忽视安全生产的企业及其负责人或业主，要依法加大行政执法和经济处罚的力度。认真查处各类事故，坚持事故原因未查清不放过、责任人员未处理不放过、整改措施未落实不放过、有关人员未受到教育不放过的“四不放过”原则，不仅要追究事故直接责任人的责任，同时要追究有关负责人的领导责任。

2.3.3 目前的安全生产法律体系

法律体系是指一国范围内现行法律规范，按照一定规则分类组合为法律部门而形成的法律规范的有机联系的统一体。我国法律体系一般认为是由宪法、行政法、刑法、民商法、诉讼法、社会法、经济法等法律部门构成。其中社会法下的劳动法体系是调整劳动关系以及与劳动关系有密切联系的其他一些社会关系的诸多法律规范，按照其内在的联系，组成相互协调统一的有机整体。安全生产法律制度是对生产经营单位在生产经营活动中的安全生产条件、安全生产工作规则和监督管理办法进行规范，以保护劳动者在生产经营活动中的人身安全为根本宗旨的法律，是属于劳动法体系中的劳动安全与卫生法律法规类的规范。

建立、健全安全生产法律制度的宗旨或目的，是为了加强安全生产监督管理。对安全生产工作依法实行监督管理，是国家保障人民生命财产安全的重要手段。我国生产经营单位的安全事故不断发生，当然由多种因素造成，其中对安全生产的监督管理不力及安全生产法律制度不完善，是主要原因之一。因此，健全安全生产法律制度，依法加强对安全生产的监督管理，可以防止和减少生产安全事故，保障人民生命财产安全，促进经济发展。

安全生产法律制度是指由国家权力机关、行政机关及有关行业协会等为规范生产经营单位的安全生产活动，保护从业人员的人身安全、生产单位的财产安全，针对生产、经营行为，而制定的法律、法规、规则、标准等一系列规范的总称。

有关行业协会等制定的安全生产行业技术标准，包括强制性标准和推荐性标准，是安全生产法律制度的有机组成部分。

安全生产法律体系是一个包含多种法律形式和法律层次的综合性系统，从法律规范的形式和特点来讲，既包括作为整个安全生产法律法规基础的宪法规范，也包括行政法律规范、技术性法律规范、程序性法律规范。按法律地位及效力同等原则，安全生产法律体系分为五个门类。

1. 宪法

宪法是安全生产法律体系框架的最高层级，“加强劳动保护，改善劳动条件”是我国有关安全生产方面最高法律效力的规定。

2. 安全生产方面的法律

（1）基础法。我国有关安全生产的法律包括《安全生产法》和与它平行的专门法律和相关法律。《安全生产法》是综合规范安全生产法律制度的法律，它适用于所有生产经营单位，是我国安全生产法律体系的核心。

（2）专门法律。专门安全生产法律是规范某一专业领域安全生产法律制度的法律。我国在专业领域的法律有《矿山安全法》、《中华人民共和国海上交通安全法》（以下简称《海上交通安全法》）、《消防法》、《道路交通安全法》。

（3）相关法律。与安全生产相关的法律是指安全生产专门法律以外的其他法律中涵盖有安全生产内容的法律，如《劳动法》、《建筑法》、《煤炭法》、《铁路法》、《中华人民共和国民用航空法》（以下简称《民用航空法》）、《工会法》、《全民所有制工业企业法》、《乡镇企业法》、《中华人民共和国矿产资源法》（以下简称《矿产资源法》）等。

还有一些与安全生产监督执法工作有关的法律，如《刑法》、《中华人民共和国刑事诉讼法》、《中华人民共和国行政处罚法》（以下简称《行政处罚法》）、《中华人民共和国行政复议法》、《国家赔偿法》和《中华人民共和国标准化法》（以下简称《标准化法》）等。

3. 安全生产法规、规章

（1）全国性安全生产法规。安全生产行政法规是由国务院组织制定并批准公布的，是为了实施安全生产法律或规范安全生产监督管理制度而制定并颁布的一系列具体规定，是实施安全生产监督管理和监督管理工作的重要依据。我国已颁布了多部安全生产行政法规，如《国务院关于特大安全事故行政责任追究的规定》等。

（2）地方性安全生产法规。地方性安全生产法规是指由有立法权的地方权力机关——人大及其常委会和地方人民政府制定的安全生产规范性文件，是由法律授权制定的，是对国家安全生产法律、法规的补充和完善，以解决本地区某一特定的安全生产问题为目标，具有较强的针对性和可操作性。目前，我国有27个省（自治区、直辖市）的人大制定了《劳动保护条例》或《劳动安全卫生条例》，有26个省（自治区、直辖市）的人大制定了《矿山安全法》实施办法。

随着2014年《安全生产法》的修订，各地紧密结合地方安全生产实际，加快地方性法规规章的制定、修订步伐。黑龙江、湖南、广东等地已完成安全生产条例的修改，其他省（自治区、直辖市）均已启动安全生产条例的修订工作。辽宁、山东、吉林、新疆、天津、安徽、广东、宁夏、北京、重庆、福建等地依据新的《安全生产法》对有关建设项目安全设施“三同时”事故隐患排查治理、事故调查处理、尾矿库、安全责任险等配套规章制度进行了制定或修订。

（3）部门安全生产规章、地方政府安全生产规章。根据《立法法》的有关规定，部门规章之间、部门规章与地方政府规章之间具有同等效力，在各自的权限范围内施行。

地方政府安全生产规章一方面从属于法律和行政法规，另一方面又从属于地方性法规，并且不能与它们相抵触。

4. 安全生产标准

安全生产标准是安全生产法律体系中的一个重要组成部分，也是安全生产管理的基础和监督执法工作的重要技术依据。安全生产标准大致分为设计规范类，安全生产设备、工具类，生产工艺安全卫生类，防护用品类四类标准。

5. 已批准的国际劳工组织公约

国际劳工组织自1919年创立以来，截至2013年年底，一共通过了189个国际公约和为数较多的建议书，这些公约和建议书统称国际劳工标准，其中70%的公约和建议书涉及职业安全卫生问题。我国政府已签订了多个国际公约，根据我国法律规定，当我国安全生产法律与国际公约不同时，应优先采用国际公约的规定（除保留条款外）。目前，我国政府已批准的国际劳工组织公约有25个，其中4个是与职业安全卫生密切相关的。

2.3.4 涉及安全生产的相关法律范畴

我国的安全生产法律体系比较复杂，它覆盖整个安全生产领域，包含多种法律形式。可以从涵盖内容不同分成8个类别，包括综合类安全生产法律法规和规章、矿山类安全法律法规、危险物品类安全法律法规、建筑业安全法律法规、交通运输安全法律法规、公众聚集场所及消防安全法律法规、其他安全生产法律法规和国际劳工安全卫生标准。

1. 综合类安全生产法律法规和规章

综合类安全生产法律法规和规章是指同时适用于矿山、危险物品、建筑业和其他方面的安全生产法律、法规和规章，它对各行各业的安全生产行为都具有指导和规范作用，主导性的法律是《劳动法》《安全生产法》，由安全生产监督检查类、伤亡事故报告和调查处理类、重大危险源监管类、安全中介管理类、安全检测检验类、安全培训考核类、劳动防护用品管理类、特种设备安全监督管理类和安全生产举报奖励类等通用安全生产法律、法规和规章组成。

2. 矿山类安全生产法律法规

矿山类安全生产法律法规规范的行业和部门主要包括煤矿、金属和非金属矿山、石油天然气开采业。我国的矿山安全立法工作已取得了很大成绩，先后颁布实施了《矿山安全法》、《煤炭法》、《中华人民共和国矿山安全法实施条例》（以下简称《矿山安全法实施条例》）和《煤矿安全监察条例》；相关部门先后颁布了一批矿山安全生产监督管理规章；有26个省（自治区、直辖市）人大及其常委会制定了《矿山安全法》的实施办法。

3. 危险物品类安全法律法规

我国在危险物品安全管理方面已经颁布实施了《危险化学品安全管理条例》《民用爆炸物品安全管理条例》《使用有毒物品作业场所劳动保护条例》《放射性同位素与射线装置安全和防护条例》《中华人民共和国核材料管制条例》《放射性药品管理办法》等法规。

4. 建筑业安全生产法律法规

规范建筑业安全生产行为的法律有《安全生产法》《建筑法》《消防法》等。行政法规有《建设工程安全生产管理条例》《特种设备安全监察条例》《国务院关于特大安全事故行政责任追究的规定》等。部门规章有《建筑安全生产监督管理规定》等。另外，我国已批准国际劳工组织通过的《建筑业安全和卫生公约》。我国的建筑业法律法规已较为完善。

5. 交通运输安全法律法规

交通运输安全法律法规包括铁路、道路、水路、民用航空运输行业的法律、法规和规章，《安全生产法》原则上也适用于这些行业。目前，这些行业都有自己专门的法律法规，如铁路运输业有《铁路法》《铁路安全管理条例》等；民航运输业有《民用航空法》《中华人民共和国民用航空器适航管理条例》、《中华人民共和国民用航空安全保卫条例》等，此外，民用航空运输安全还执行国际公约和相关的规则；道路交通管理方面有《道路交通安全法》《中华人民共和国道路交通安全法实施条例》等；海上交通运输业有《海上交通安全法》及《中华人民共和国海上交通事故调查处理条例》和《中华人民共和国渔港水域交通安全管理条例》；内河交通运输业有《中华人民共和国内河交通安全管理条例》。另外，各交通运输业主管部门和公安部门还制定了不少交通运输安全方面的规章、标准等。

6. 公众聚集场所及消防安全法律法规

公众聚集场所及消防安全法律法规所涉及的范围主要是公众聚集场所、娱乐场所、公共建筑设施、旅游设施、机关团体及其他场所的安全及消防工作。目前这方面的法律、法规和规章主要有《消防法》及与之相配套的《公共娱乐场所消防安全管理规定》《消防监督检查规定》《机关、团体、企业、事业单位消防安全管理规定》《仓库防火安全管理规则》《火灾统计管理规定》等，在这方面还需要制定和完善相关的法律法规。

消防技术规范与技术标准是国务院各部委或各地方部门依据《标准化法》的有关法定程序单独或联合制定颁发的，用以规范消防技术领域中人与自然、科学技术的关系的准则或标准。根据《消防法》第九条、第十条、第十九条、第二十条等条款的规定，这些消防技术标准都具有法律效力，必须遵照执行。

消防技术规范与技术标准是消防科学管理的重要技术基础，是建设单位、设计单位、施工单位、生产单位、公安消防机构开展工程设计、建设、产品生产、消防监督的重要依据。对提高消防产品质量、合理调配资源、保护人身和财产安全、创造经济效益和社会效益都有相当重要的作用。

消防技术标准根据其性质可分为规范（又称工程建设技术标准）和标准两大类。标准又可分为基础性标准、试验方法标准和产品标准（又称通用技术条件）。

我国目前的全国消防标准化技术委员会分8个分技术委员会，分别为基础标准、固定灭火系统标准、灭火剂标准、消防车（泵）标准、消防灭火器及消防装备标准、消防电子产品标准、防火材料标准、建筑构件标准。

国家工程建设消防技术标准（消防规范）根据其性能又可分为建筑类规范（又称综合性规范）和设备类规范（又称专业性规范）。

7. 其他安全生产法律法规

其他安全生产法律法规包括的内容是上述五个专业领域以外的行业安全管理规章。我国近年出台的相关的法律法规主要有以下几方面：

（1）《中华人民共和国特种设备安全法》（以下简称《特种设备安全法》）。《特种设备安全法》自2014年1月1日起施行。这部法律在进一步完善特种设备管理制度的基础上，确立了对特种设备整个生命周期完整信息记录的可追溯制度、缺陷特种设备召回制度和存在严重事故隐患特种设备的报废制度，明确了各方的主体责任，特别是突出了企业的主体责任，可操作性非常强。

（2）《推进长江危险化学品运输安全保障体系建设工作方案》。2014年6月，国务院办公厅印发了《推进长江危险化学品运输安全保障体系建设工作方案》。基于长江得天独厚的水上运输条件和运输成本优势，沿江工业尤其是石化化工工业布局集中，水路运输已经成为沿江石化化工产业原料和产品运输的重要途径。同时，长江也是沿江地区很重要的水源地，沿线人口众多，取水口密集，一旦发生危险化学品泄漏等安全事故，将直接威胁沿江居民饮水安全，影响生态环境和沿江经济发展。该方案确立了工作目标，明确了重点工作，进一步完善长江危险化学品运输安全保障体系，提升运输安全水平，保障长江沿岸居民饮用水安全和生态文明建设，促进沿江经济社会可持续发展，为依托长江黄金水道建设长江经济带创造良好环境。

（3）《食品生产企业安全生产监督管理暂行规定》。《食品生产企业安全生产监督管理暂行规定》经2013年10月14日国家安监总局局长办公会议审议通过，于2014年1月3日以国家安监总局令第66号公布，自2014年3月1日起施行，2015年5月29日根据国家安监总局令第80号修正。该规定对食品生产企业安全生产的基本要求、作业过程的安全管理、政府部门的监督管理和法律责任等进行了细化、量化，明确了食品生产企业安全生产应当遵循的基本要求和政府部门应当承担的监管职责。

(4)《非煤矿山企业安全生产十条规定》。《非煤矿山企业安全生产十条规定》经2014年6月17日国家安监总局局长办公会议审议通过，并于6月20日公布，自公布之日起施行。该规定明确，相关企业都必须证照齐全有效，确保全员培训合格，应急演练到位。针对金属非金属地下矿山、金属非金属露天矿山、金属非金属尾矿库、陆上石油天然气开采企业和海洋石油天然气开采企业等五类企业，分别做出了10条具体规定。在金属非金属地下矿山方面，要求必须按规定设置安全出口并保持畅通，严禁独头开采。在金属非金属露天矿山方面，就事故多发的边坡管理和爆破作业等环节，要求必须确保相邻的采石场采矿许可范围之间最小距离大于300m。在金属非金属尾矿库方面，为防止发生溃坝事故造成人员伤亡，明确必须限期消除病库安全隐患，严禁危库、险库生产运行。在陆上石油天然气开采方面，要求必须严格落实外包工程安全管理。在海洋石油天然气开采方面，明确必须确保消防、救生、逃生设备齐全完好，加强重大危险源监控管理。

(5)《严防企业粉尘爆炸五条规定》。2014年8月15日，《严防企业粉尘爆炸五条规定》以国家安监总局令形式发布。为深刻吸取江苏昆山中荣金属制品有限公司"8·2"特别重大爆炸事故教训，在深度分析近几年来发生的类似事故情况的基础上，依照《粉尘防爆安全规程》等有关标准规范，国家安监总局制定了《严防企业粉尘爆炸五条规定》。这是继《煤矿矿长保护矿工生命安全七条规定》《化工（危险化学品）企业保障生产安全十条规定》《烟花爆竹企业保障生产安全十条规定》《非煤矿山企业安全生产十条规定》之后，安全生产制度建设的又一重大举措。

其余未制定专门的安全法规的行业和部门，则以《安全生产法》为主导性法律。

8. 国际劳工安全卫生标准

在国际劳工组织公约中，我国政府批准的有25个，其中4个是有关职业安全卫生方面的公约。当前，国际上将贸易与劳工标准挂钩是发展趋势。我国加入WTO，参与世界贸易就必须遵守国际通行的规则，因此，我国的安全生产立法和监督管理工作也需要逐步与国际接轨。

2.4 我国的安全生产方针

2.4.1 安全生产方针的内涵

我国安全生产的方针是"安全第一、预防为主、综合治理"。它高度概括了安全管理工作的目的和任务，成为安全生产工作的方向和指针。作为各级生产管理人员，对安全生产工作方针必须有所了解；而作为安全工作者，更应对其有深刻的理解，以便在生产实际中贯彻执行。

"安全第一、预防为主、综合治理"的方针，是群众智慧的结晶，是安全工作长期实践经验的总结，其含义深刻，归纳起来，主要有以下几点：

1. 安全与生产是辩证统一的关系

安全与生产是企业经营过程中必须面对的两个方面，必须用辩证统一的观点来看待两者的关系。

首先，安全和生产都是为了社会与劳动者的利益，两者的目的是一致的。社会化生产的目的是为了充分满足人们的物质和精神需要，为社会积累财富，这是符合劳动者的根本利益的；而安全是为了保护劳动者的生命和健康，保护物质财产的价值，这也关系到劳动者的直接利益。安全搞好了，劳动者在良好的条件下进行生产，可以更好地发挥生产积极性和创造性，促进生产的发展；生产发展了，又为进一步改善劳动条件创造了物质基础，使劳动者的安全健康得到更好的保护。

其次，还应该看到，安全和生产也会出现暂时的、局部的矛盾。这种矛盾表现在安全工作和生产有时会在思想观念、时间安排、资金利用、人员配备等方面发生冲突。企业职工、安全工作人员和生产管理人员由于所处的地位不同，在考虑安全和生产问题时，认识往往不一致，也会产生矛盾。

综上所述，安全与生产既存在统一性，又有矛盾性，应该认识到两者的统一是根本的、全局的，而矛盾只是暂时的、局部的。解决矛盾的根本方法是企业必须坚持“安全第一、预防为主、综合治理”方针，确立“管生产必须管安全”的工作制度。

2. 要把保证安全放在企业一切工作的首要位置

安全生产工作中的“安全第一”，说明了安全工作和生产以及其他各项工作的关系。

“安全第一”就是要强调安全，突出安全，要把保证安全放在一切工作的首要位置。当生产和其他工作与安全工作发生矛盾时，安全是第一位的，各项工作要服从安全，否则虽然由于随机因素暂时没有发生事故，但事故迟早还是会发生的，许多企业血的教训都说明了这一点。“安全第一”，就是要求一切经济部门和企业的领导要重视生产中的安全。实践表明，一个企业的安全工作开展得如何，与企业最高领导者是否重视安全的关系十分密切。只有领导重视了，安全工作才能搞得好，否则，安全工作是搞不好的。“安全第一”，就是要在企业生产经营过程中，时时、处处、事事、人人都考虑安全，遵循安全规律，创造安全和谐的生产劳动环境和人际关系。“安全第一”，还必须把安全生产作为衡量企业工作好坏的一项基本指标，作为一项有“否决权”的标准，不安全就不准进行生产。

3. 预防为主是实现安全第一的基础

安全工作可以分为事故处理型和事故预防型两种类型。现代生产不断发展，科学技术日新月异，多种学科综合应用，致使生产中的安全问题变得十分复杂，稍有疏忽，就会酿成重大事故。“预防为主”就是要把安全工作放在事前做好，做到防微杜渐，防患于未然；要依靠科技进步，加强科学管理，运用系统安全的原理和方法，进行安全预测与分析、评价工作；要在设计生产系统、产品和服务的同时，设计有效的安全卫生措施，预防和消除危及人身安全健康的一切不良条件，保证安全。要做到安全第一，首先要搞好预防措施。预防工作做好了，就可以保证生产安全化，实现安全第一，否则安全第一就会落空。

2.4.2　制定安全生产方针的原因

为什么要把“安全第一、预防为主、综合治理”作为安全生产的工作方针呢？可以从以下几个方面来认识：

1. 它是由党和国家的性质决定的

我们的党是工人阶级的政党，我们的国家是社会主义的国家，党和国家的根本任务就是为广大人民谋取利益。发展生产，实现现代化，不断满足人民日益增长的物质和精神需要，是为人民谋取最大利益的具体体现。安全与健康是人民的基本利益之一，因此理所当然地要受到党和国家的关心和保护。这是社会主义国家的性质决定的，是社会主义生产的基本原则。如果为了发展生产，而以劳动者的无谓牺牲作为代价，就从根本上违背了社会主义生产的目的，失去了发展社会主义生产的意义。

2. 它是由发展生产的经济规律决定的

生产的发展取决于生产力和生产关系的发展，而生产力的发展是决定性的因素。生产力由三大要素组成：劳动者、劳动资料和劳动对象。要发展生产力，就要保护和促进这三大要素的发展。在这三大要素中劳动者是首要的、起决定性作用的。生产的过程就是由劳动者使用劳动资料去加工、改造劳动对象的过程，劳动资料和劳动对象是被动的，而劳动者是主动的、活跃的。所以，要发展生产力，最重要的就是要充分发挥劳动者的作用，这包括保护劳动者的劳动能力和激发劳动者的劳动积极性和创造性。保护劳动者的劳动能力（体力和智力）与搞好安全生产、避免伤亡事故发生是密不可分的，而劳动者的积极性和创造性的激发，一方面取决于他们的思想觉悟和主人翁责任感；另一方面也有赖于他们的福利水平的提高和劳动条件的改善。同时，社会化的生产依靠的是集体的劳动，良好的劳动条件和环境有利于劳动者的整体配合，发挥集体的智慧和力量。否则，如果发生工伤事故，不仅会损害当事者的劳动能力，而且还会造成广泛的群体和社会影响，严重挫伤集体的劳动积极性。大量事实证明，伤亡一个人，周围许多人的情绪都要受到影响，工作和生产的积极性会大大降低，往往要经过相当长的一段时期，生产才能恢复正常。

总之，要发展生产，人的因素是最重要的。而要发挥人的因素，首先要保证安全，要把安全放在一切工作的首位，真正做到防患于未然。当然，对于生产力的另外两个要素，也是必须加以重视和保护的。如果发生事故，轻则设备财产遭受损失，重则整个工厂或企业毁于一旦，生产的发展将受到严重阻碍。

3. 它是由重视人的安全需要决定的

随着生活水平的提高，人们的基本需要从解决身体的温饱向着追求安全舒适的生活和工作环境转移，安全生产已成为职工的重要需要之一。职工在选择工作和职业时，不仅关心工资收入，还要考虑工作条件是否安全卫生。企业应该尊重和维护职工的安全需要，这样才能提高职工士气，拥有高素质的职工队伍，增强企业的市场竞争能力。

4. 它是由企业的社会责任决定的

按企业资本的所有权进行划分，有国有企业、集体所有企业、私营企业、中外合资企业和外商独资企业等。无论是哪种类型的企业，都是国民经济的基本单位，其实质都是由资本所有者（股东）投入资本，经过企业经营者和企业职工的劳动，将生产资料转换成产品或服务，产生出新的价值。

取得一定的盈利是企业经营的原则，也是企业生存和发展的基础。但是企业要正确处理眼前利益和长远利益的关系以及社会、企业、职工三者的利益关系。企业不能因追求股东利益而损害社会和职工的利益。企业的社会责任就是要让社会、企业和职工均获得利益，保持生产的可持续发展。

从理论上说，只有承担了这种社会责任的企业才能存在，如果企业只顾眼前的或企业自身的利益，造成自然资源的破坏和环境的污染、社会和经济秩序的混乱、职工劳动条件恶劣、工伤事故频频发生等情况，这样的企业就应该被取缔。重视安全生产，改善劳动条件，防止职工的人身伤害，是企业保障职工利益的重要方面。此外，职工伤害也会给社会稳定带来不利影响，财物损坏会造成社会财富的损失，等等。

5. 它是目前严峻的安全生产形势所决定的

安全生产形势严峻，有形式上的直接原因，有管理上的间接原因，有历史的原因，有发展中的原因，更有经济增长方式落后、行业管理弱化、监管体制机制不完善、安全欠账严重等深层次原因，其中最关键的还是人的因素。从国内外的统计分析资料来看，90%以上的事故是由人的不安全行为造成的，这些不安全行为具体表现为安全知识不够、安全意识不强、安全习惯不良。为彻底改善我国的安全生产面貌，实现制定的近期、中期、长期安全生产目标，并从根本上实现“安全第一”的最终目标，必须通过综合治理的方式。

2.4.3 安全生产方针的贯彻实施

贯彻“安全第一、预防为主、综合治理”的方针是各级安全生产监督管理部门长期的和重要的任务，必须立足当前，放眼未来，坚持不懈，努力奋斗。贯彻实施安全生产工作方针的目的，就是要在生产过程中切实防止发生工伤事故和职业病，避免各种损失，保障职工的安全和健康，从而推动企业生产和各项事业的顺利发展。为达到这一目的，应该注意做好以下几方面的工作：

1. 积极推进安全生产法律法规建设，变行政管理为法制管理

安全生产法律法规是国家和政府为了保障劳动者在生产过程中的安全和健康，所制定并强制实施的一系列行为规范和准则。

2. 理顺并完善安全生产管理体制

安全生产方针的落实需要有一个良好的安全生产管理体制作为保障。自2005年以来，我国实行的安全生产管理体制是“国家监察、部门和地方监管、企业负责、群众参与、社会支持，统一、高效、协调的安全生产监管体系”。这一安全生产管理体制从不同的角度、不同的层次、不同的方面来推动“安全第一、预防为主、综合治理”方针的贯彻，它是在多年的安全生产管理工作实践及其经验总结的基础上逐步形成的，为企业安全生产工作的顺利开展，提供了较好的保证。

3. 积极采取各种劳动安全卫生技术措施

积极采取各种劳动安全卫生技术措施，保证各项安全卫生措施经费的投入，不断改善生产条件和环境，保障劳动者有一个安全可靠、卫生舒适的劳动场所，减少和杜绝各类事故造成的人员伤亡和财产损失，防止和消除职业病和职业危害，这些正是安全生产方针的具体落实和体现。

4. 坚持安全生产的思想教育和知识、技能培训，提高安全意识和素质

要坚持不懈地开展安全生产的思想教育，提高人们对安全生产方针的认识，从而增强贯彻执行该方针的自觉性。

5. 不断进行安全管理改革，积极推进安全管理现代化

要不断进行安全管理的改革，积极引进国内外先进的安全管理思想和方法，推进安全管理的现代化。把安全管理建立在科学化、系统化、信息化的基础之上，进行全面安全管理，变事后处理为事前预防，实现主动管理。

6. 重视职工伤亡事故的调查、统计和分析工作

贯彻安全生产方针，最根本的目的就在于保护生产过程中劳动者的安全与健康。伤亡事故发生后，只有认真地调查、分析和统计，从思想上、管理上和技术上查明事故的真实原因，研究事故发生的规律和趋势，才能采取切实有效的改进措施，预防事故的重复发生。

复习思考题

1. 改革开放以来，我国颁布的重要的安全生产相关的法律法规有哪几个？
2. 我国批准的与安全生产相关的国际公约有多少个？
3. 简述如何落实和强化生产经营单位的安全生产主体责任。
4. 我国的安全生产方针是什么？为什么？

第3章

安全立法

3.1 国外职业安全立法概述

国外的安全生产立法经历了两个阶段，第一个阶段是1802~1970年，这一阶段的主要特点是进行工业安全的立法，不同国家、地区和国际组织均参与了这一进程。通过工业安全立法，人类基本找到了通过法制手段，规范用人单位安全行为的做法，并取得了显著的进展，把事故对人的伤害降到了可控制的水平。

第二阶段是1970年以来，进行职业安全健康的法制建设。第二次世界大战结束后，随着经济不断发展，生产上高、新、尖端技术的运用，一些国家越来越感到在安全生产上只制定和颁布单一的、零星的、仅适用于某一特定范围的职业安全健康法律法规已不能适应形势的需要，必须把职业安全健康作为一个极重要的问题，单独制定一个统一、综合、全面的安全健康基本法。因此，20世纪70年代，职业安全健康方面的法律在国外纷纷出台。

美国是最早颁布《职业安全与健康法》的国家。20世纪70年代工伤事故和职业危害日益严重，在严峻的现实面前，美国国会经激烈辩论后，通过了全美国统一的《职业安全与健康法》，于1970年12月29日由当时的尼克松总统签署生效。该法的颁布，改变了过去只由各州制定安全卫生法规的局面，从而加强了对各州职业安全卫生工作的领导。

日本在《劳动基准法》中，设立了“劳动安全卫生”一章，但随着日本经济的迅速恢复和发展，逐渐显得不相适应。1972年，日本劳动省在中央劳动基准审议会的建议下提出了单独的《劳动安全卫生法》，经国会通过后生效。

在英国，当时有不少社会组织和机构，特别是工会对国内已有的有关安全健康的法律法规是否足以保障所有劳动者的安全健康提出疑问，以罗宾爵士为首的职业安全委员会在经过调研后建议，制定一个统一的、适用于所有雇员的安全健康法来替代已有的为数众多却显得零星的有关安全健康的法律法规，加强国家机关的监察力量，明确雇员权利和义务。此建议被采纳后，英国于1974年10月1日、1975年1月1日、1975年4月1日分三批颁布了《劳动安全健康法》的全部条款。随后，原联邦德国、加拿大、芬兰、墨西哥、玻利维亚等国陆续制定了这方面的法律。

西方工业国家颁布的安全健康法一般是关于劳动安全与健康问题的基本法，多为授权法，有关大臣、部长或机构可根据需要制定从属性法规，如条例、规程等，它不需要经过复杂的立法过程，可及时发挥法律效力，解决存在的问题。英国、美国等国现已根据安全健康法制定了不少条例，形成了较为完整的安全健康法律体系。各国已颁布的安全健康基本法律也随情况的变化，不断进行局部条款修订或全面法律修订，这样，安全生产监察法律体系得以建立和不断完善。

其他国家在安全生产和监察立法方面也做了不少努力。苏联解体后，所有制结构和管理制度发生的变化，给生产安全管理带来极大的困难，发生了许多重大事故，造成巨大的生命财产损失。因此，俄罗斯制定了一系列有关安全生产的法律，用法律形式来保证国家对各种所有制企业安全的监督。例如，《危险生产企业的工业安全法》规定了企业从设计到投产各个阶段的安全要求，以及中央和地方负责安全的官员和安全检查员的职责和权力。同时政府有关部门还制定了几十个相关规定和条例，使生产安全管理规范化和制度化。韩国对职业安全十分重视，在20世纪60年代就制定了《产业安全保健法》，依据这些法律，又制定了许多规章，这些规章内容非常具体，涉及面很广，操作性很强。韩国的安全生产方面法律法规的特点是，政府安全管理机构的设立、职能配置或者是社团组织和中介机构的行为规范、作用的发挥等，在法律中都可以找到明确的规定，甚至对企业内部安全管理机构的设置等具体问题，法律中都有明示。这样，法律中把政府、中介机构和企业在安全方面的职责规定得比较严格，使安全管理真正做到了有法可依。

另外，国外还积极推行安全健康标准化，并作为安全健康立法的一个重要组成部分。国外安全卫生立法中的一个突出特点是提倡采用切实可行的标准，因为这样的标准是贯彻执行安全卫生法律法规的重要保证，如美国的《职业安全与健康法》中特别强调制定安全卫生标准，它成为美国职业安全卫生工作的基础和核心。此类标准由美国劳工部职业安全卫生管理局负责组织制定，主要有一般工业标准、海运业标准、建筑业标准和农业标准四大类，并随着经济发展和技术的进步不断进行修订。

联合国所属机构以及国际劳工组织对危险化学品的国际管理也采取了有效的约定和建议。国际劳工组织为了保护员工的利益，于2001年发布了《职业安全健康管理体系导则》。

3.2 国际劳工组织的安全生产立法

国际劳工组织在第八十届国际劳工大会上的一项议程就是讨论预防重大工业事故，在大会的若干提议下形成了预防重大工业事故的公约与建议书，为会员国制定预防重大工业事故的国家法律或法规起到了规范化的作用，出版了指导性的《预防重大工业事故工作守则》。国际劳工组织的突出重点就是“三方协商”，由政府、工人组织和雇主所组成，无论是在公约与建议书还是工作守则中都体现了“三方协商”的原则，分别赋予政府、雇主和工人组织相应的权利和责任。

雇主的责任有：

（1）对有可能造成重大风险事故的设施通报主管部门，无论是现使用的设备还是新建设施，对每个含有重大危险的设施应建立控制其危害的成文制度，包括危险识别与风险评估分析、安全技术措施、组织培训与指导措施、应急计划与步骤、控制重大事故影响的措施、与工人代表协商措施、修改制度措施。

（2）根据控制危害制度编写安全报告并在国家法律法规规定的时限内通报主管部门。

(3) 当情况发生变化时，雇主应主动增补或修改安全报告。

(4) 发生重大事故后雇主须立即通知主管当局，并在规定的期限内提交事故原因分析、现场的直接影响及为减轻其影响所采取行动的事故报告，报告还应包括今后预防此类事故发生的详细措施。

政府部门的责任有：

(1) 制订宏观控制计划及保护每一重大危险设施现场之外的公众和环境。

(2) 对已发生的重大事故发出警报，通知公众，引起社会的重视。

(3) 综合控制重大危险设施的工程选址。

(4) 对含有重大事故风险的企业实施监察，对已发生的重大工业事故进行调查、评估，并有权中止任何呈现重大事故险情的操作。

工人及其代表是保护工人利益的一方，他们有权得知重大危险设施发生险情后所产生的后果，清楚政府对重大危险设施的指示、建议和命令，参与编写安全报告、应急计划及事故报告，对预防重大事故及控制重大事故发生发展的应急程序应定期得到指导和培训。当存在重大危险隐患时，工人及其代表有权采取必要行动并立即通知主管部门。一旦发生重大事故工人应遵守应急措施。

3.3 欧盟的安全生产立法

原欧洲共同体（现为欧盟，以下简称原欧共体）在 1982 年 6 月 24 日颁布了《有关某些工业活动严重事故危害的指令》。

原欧共体遵照国际劳工组织的建议，特发布其指令。该指令的宗旨是：预防某些工业活动可能导致的重大事故并限制其对人员和环境的影响，通过设计、建设和运转等不同阶段实施一体化安全措施，对工业场所工作人员提供培训和信息，一旦发生严重事故时能使其得到很好的控制，特别是指其成员国在此领域采取相应措施。该指令所适用的企业主要是指化学或石油天然气企业。对企业活动的负责人提出了为预防重大事故并且限制对人员和环境产生的后果所必须采取的必要措施。企业活动的负责人应在任何时候向上级主管部门呈报：他们已经鉴别出的所存在的重大事故危害，已采取的适当安全措施并已为工作在现场的人员提供信息、培训和设备以保证他们的安全。企业主还应将企业工业活动的相关信息通知上级主管部门。该通知主要包括以下内容：①企业储存或使用的物质、产品、副产品；②储存活动涉及的物质、数量、化学物理性能及具有潜在危害的其他物质；③工厂的地理位置和气象条件、工作场所暴露在危险状态下的最多人数、技术生产过程的概括描述等；④可能发生重大事故时所采取的紧急计划、负责向上级主管部门报警的人员姓名等情况。该通知应随着安全技术知识的更新和对危害评估知识的发展定期更新。

原欧共体在 1989 年 11 月 30 日发布了《关于对工人工作时生产设备使用的安全与卫生的最低要求》。该指令的宗旨是在工作环境中及使用设备时保证工人的安全与健康。

该指令的内容主要有：①雇主应采取的必要措施，以保证企业中工人使用的生产设备有利于工作的顺利进行并且对工人的安全与健康没有损害，对特种设备的特种工作条件和工作性质存在的危害准备特别措施，对工人的安全与健康的危害及这种设备产生的附加危险都应加以特别注意；②使用的生产设备应符合欧盟有关条款的最低要求；③在使用涉及特殊危险的生产设备可能给工人的安全和健康带来特殊威胁时，雇主应保证只限于负责使用该设备的人员使用，并指定专人负责维修、改进、保养及修理；④对工人应有相应的培训教育及应在生产设备上书写使用说明。

此外，还有欧盟于1999年发布的《职业安全健康管理规程指令》。

3.4　发达国家的安全生产立法

3.4.1　外国劳动标准立法及其执法范围

劳资双方的内在矛盾，决定了劳动标准立法和执法的必要性。纵观世界各国劳动标准立法和执法的发展历史，其经历了一个从无到有、从低层次到高层次的逐步发展过程。劳动标准立法主要包括工作时间和休息休假、工资和劳动保护四个方面。

3.4.1.1　劳动标准立法

1. 美国

美国在1970年颁布了《职业安全卫生法》，有关预防事故内容如下：明确规定实行职业安全卫生标准制，劳工部部长要在规定期限内发布命令，颁布“国家一致标准”，和“已建立的联邦标准”一并作为职业安全卫生标准。必要时可按照一定程序颁布“临时性紧急标准”。雇主必须执行职业安全卫生标准，但他们在符合该法所规定的条件下可以向部长提出申请，要求暂不执行某一标准，或改变该项标准。劳工部部长如同意他的申请可发布临时命令。部长或他的委托人有权在合理时间内进入工厂、企业、行政机关等工作场所检查执行职业安全卫生标准等情况，对违反条例、命令及标准者发出传票，情节轻微者给予通知，限时纠正，纠正后可撤销传票。但当违反事件发生已达6个月时，则不再签发传票，劳工部部长或他委托的人经检查或调查确认雇主有违法行为的，可通知罚款。任何雇主或雇员代表如有不服，可向劳工部部长发出书面通知，部长与负责审议此类案件的职业安全卫生复查委员会进行商议，由该委员会召开听证会，然后由委员会发出以事实为根据的命令，批准、修改或撤销劳工部部长的传票或所批的罚款。如对委员会上述命令还不服或因此而受到“不利影响”等情况，可直接上诉到法院，由司法当局复查。法律规定了罚款的金额，所有罚款应交到劳工部存入财政部自然增长，它可以重新用于被罚单位所在地改进安全卫生工作。

该法对制定职业安全卫生标准的机构设置、隶属部门、经费来源及监察、上诉、处罚以至罚款去向均做了规定，这就保证了安全卫生标准的顺利实施。由法律规定必须执行安全卫生标准，要求在工艺设计、设备安装、操作方法、建筑规划等方面都按照安全卫生标准实施，无疑对事故预防起了决定性的作用。

（1）工作时间。美国《公平劳动标准法》第七条规定，任何雇主不得要求雇员一周工作时间超过40小时，除非付给雇员至少为基本工资的1.5倍为补偿工资。

（2）休息、休假。美国绝大多数工人每年享受全薪节假日7~8天。带薪休假的时间长短主要是根据工龄、职位及职业等因素来确定的，其中工龄是最为重要的因素。劳动者工作年限越长，享受带薪休假的时间也就越长。美国雇员全薪年休假1~4周，是通过集体协议规定的。

（3）工资。《公平劳动标准法》第六条对于最低工资规定，“1997年9月1日以后每工作小时不少于5.15美元”。并且“任何雇主必须男女雇员同工同酬，不得基于性别歧视而给予男性或女性雇员相对更低的工资，基于资历、价值、工作质量和数量以及其他非性别因素的差别除外”。

(4) 劳动保护。美国先后颁布了《联邦金属矿山和非金属矿山安全法》《联邦煤矿安全法》以及《职业安全卫生法》等来加强劳动者保护。其中，《职业安全卫生法》适用于所有雇主和雇员。而对于儿童、学徒、学生和残疾人的特殊保护则规定在《公平劳动标准法》第十二和十四条。2006年年初，美国西弗吉尼亚州接连发生两起轰动全国的矿难，当时的美国总统布什签署了《2006年煤矿改善与新应急响应法》，制定了有关应急措施、救援等技术法规及标准。该法是对安全健康法最为全面的补充和改善；提出了井工煤矿要进一步增强安全意识，强化矿山事故应急反应能力；要求每座煤矿至少配备有两支矿山救护队，并且其驻地应该距该煤矿一小时车程之内，每座矿井应制定书面的应急响应预案并不断更新。

2. 法国

(1) 工作时间。为了改善劳动者的生活条件，同时，基于缓和失业的考虑，法国的工时制度经过了数度的修改，从每周的40小时减少为39小时。20世纪90年代末通过的《奥布里法》规定，从2000年1月1日起将每周工作时间减少为35小时。并且，在企业委员会不反对的情况下，雇主可以不实行统一的共同工作时间表，而依雇员个人具体情况而定。

(2) 休息、休假。法国法律规定，除铁路职工外，雇主不得给同一雇员每周安排工作超过6天，星期日必须安排休息。法定类型的机构可以采取周轮休制。法国的法定节日共13天（元旦、五一、国庆、两次世界大战停战日以及6个宗教节日），此外，在每年的5月1日至10月31日之间还可以享有5周带薪年休假。

(3) 工资。劳动报酬包括工资、实物报酬、额外报酬、交通费用、津贴奖金、小费和分红。而法国的工资形式包括计时工资、计件工资和因营业额而异的工资。2001年7月1日起各行业最低月工资为1082.60欧元（每小时收入6.41欧元）。

(4) 劳动保护。《法国劳动法典》第232-1条明确雇主必须保持工作场所的清洁和符合工人健康保障要求的必要卫生条件。第233-1~233-7条就劳动安全做出了明确规定，涉及机器设备、矿井、煤气管道、过重等有毒有害的工作条件下劳动的必要保护措施。

法律对女性劳动者在劳动报酬、晋升机会、工作调动、享受有关待遇等方面享有与男性同等权利的保护。

3. 德国

(1) 工作时间。《工作时间法》原则上把每日的工作时间限定为8小时，每周40小时，根据工种（如驾驶员、面包师等）或企业的具体经营要求等可以有所变通。通过集体劳资协议，可以缩短工作时间，特定条件下也可以延长。为了缓解就业压力，近年企业集体劳资协议多将每周工作时间从40小时降为38小时。

(2) 休息、休假。德国男性雇员每工作6~9小时，至少应安排30分钟休息，超过9小时的，至少应休息45分钟。雇主每天必须给予雇员不间断的11小时的休息时间，期间雇主不能要求雇员协助做任何工作。

雇员每年至少享有24个工作日的带薪假。劳动关系存在6个月后，即可获得休假权。假期一般当年休完，如因工作或个人原因推迟，应在次年第一季度补休。严重残疾雇员额外多5天休假。

（3）工资。在欧洲，德国的最低工资水平较高，但是由于近年经济发展的放缓和受到欧盟相关指令的影响，导致2001~2004年，德国的工资性收入每年平均下降0.5个百分点，目前正准备立法防止本国工资水平下降。

（4）劳动保护。《德国基本法》第1条第2款为雇员的劳动安全和卫生提供保护，它包括对雇员生命、健康、工作能力、工作环境的保护。雇主应定期检查、评估现有工作条件、环境和具体岗位的设置、布置是否合理，是否会产生物理、化学和生物等危害人体的影响，是否符合现代劳动医学的要求。企业还应建立、健全急救、消防和紧急疏散制度。应雇用一定数量的医生和安全人员。此外，应定期向员工介绍有关预防措施，做到防患于未然。20名雇员以上的企业，要成立劳动保护委员会，监督劳保措施的实施情况。并且应针对技术性工作采取相应保护措施，根据不同危险物可能产生的危害，分四个等级，对雇员采取不同的保护措施。

4. 日本

（1）工作时间。其《劳动基准法》第32条规定，劳动者每天劳动时间不得超过8小时，每周劳动时间不得超过40小时；在特定行业下（多为服务业），允许每一周工作时间超过40小时。由于行业的差异，日本还确立了变通工时制度。

（2）休息、休假。劳动时间超过6小时者，应有不少于45分钟的休息时间；劳动时间超过8小时者，应有不少于1小时的休息时间。日本劳动标准确立了每周五日工作、两日休息的制度。

雇主每年给予劳动者一定期限的有薪年休息时间。《劳动基准法》第39条第1款规定，劳动者连续受雇1年，而出勤率达80%以上者，雇主应给予连续的或分割的6个工作日的带薪年休假，而连续工作2年以上的，除上述规定外，雇主还应每年多加一天的休假。但多加的休假日，最多不超过20天。

（3）工资。日本的工资主要是由基本工资和各种津贴组成。日本基本工资主要是采取年功序列工资，是指根据雇员的学历、年龄和本企业连续工龄长短等因素为基准确立劳动者的基本工资和晋升的一种工资制度。日本企业通常按月将工资，以货币形式、按规定日期全额直接支付给劳动者。但是，在征得劳动者同意的基础上，也允许将工资汇入本人指定的存款账户或扣缴社会保险费、税收等款项之后再支付。此外，通常每年发放两次奖金，即夏季奖金和冬季奖金。

（4）劳动保护。日本《劳动安全卫生法》规定了雇主应遵守的防治伤亡事故的最低标准，而且明确了雇主实现舒适作业环境和改善劳动条件，确保作业场所公认的安全和健康的义务。雇主在录取日常雇佣的劳动者之前，必须进行规定的体检。雇主必须为日常聘用的劳动者每年安排一次（夜班、接触X射线等有可能危害健康的特定行业应每6个月进行一次）由医生实施的体检。对未成年工和女工的特殊保护在日本《劳动基准法》中做出了明确规定。

3.4.1.2 *劳动标准执法*

1. 美国

美国《职业安全与健康法》赋予各州直接对本州行使职业安全与健康监察的自主权。其表现在两个方面：一方面，除联邦政府的职业安全与健康标准外，各州也可以根据自身特定的情况，自主制定适当的职业安全与健康监察标准，但其根本目的不得与联邦政府的标准相违背，并且所确立的标准不得低于联邦标准；另一方面，则是具体的监察执行权的自主性，目前，美国有24个州和2个海外属地采取自主对本州的职业安全与健康状况进行监察。

美国的劳动标准执法采取“疏”“堵”结合的综合性措施：一是采取引导方式，通过公布自愿安全计划保护指南的方式，鼓励企业自愿参与安全健康保护计划；二是通过对违法行为的责任追究实现对劳动标准的维护。美国工资工时处实施监察的方式分为两种：一种是根据投诉和举报开展监察；另一种是根据职权主动开展监察。其中前者是最主要的方式。

美国的矿山安全监察严格有效，矿山安全监察员极具权威，他们到矿山去监察，不得预先通知企业，并不得在矿山吃饭；做出的各种监察指令矿山必须无条件执行；对拒不执行安全监察指令的矿主，执法机关可向联邦法院提出起诉。

2. 德国

在德国，劳动标准的执行主要依靠两个方面：一是企业委员会监督劳动保护法律规范的遵守，而没有企业委员会的企业雇主应该就所有劳动保护相关的措施听取雇员意见；二是国家监督，原则上由州机关的工商监督官员（劳动保护官员）实行。此外，对于一些特定的工商领域有一些特殊机关监督，如矿山官员、海关官员等。

在德国，除了州机关的工商监督官员的排他性职权外，一般的行政机关也是国家监督机构。

3. 法国

法国各地都设立了工作监察处，重点对企业安全工作进行日常监察。工作监察处为松散型管理。监察长经严格考核产生，依法行使职权，不受政府更迭的影响，代表政府监督企业守法。监察长一旦发现企业有违法行为，先警告，再向法院起诉。监察员可以进入涉及劳动法典、法律、法规和劳动行政法规的实施的一切工作环境。

监察长到企业履行的职权包括以下五个方面：一是看职工名册。了解员工情况的真实性、税务登记情况、劳动合同签订情况。二是查看企业工会代表名单。三是查看工人身体检查表。四是查阅企业作息时间表。五是核对工资单。

4. 日本

日本的劳动标准由各都道府县劳动工作主管部门内设的劳动标准局监察，并设置有劳动标准监察官。劳动标准监察官有权检查企业所在地、宿舍及其附属房屋，有权要求查阅账簿及文件，并可向雇主或工人提出问题。对于违反劳动标准的犯罪，劳动标准监察官有权执行刑事诉讼法中规定的司法监察官的职权。

此外，对于企业违反劳动标准的情况，工人可以向行政官厅或劳动标准监察官报告，并且，雇主不得以此为由辞退或歧视该工人。

3.4.2　发达国家安全生产法治经验

3.4.2.1　国际各类组织介入安全健康工作

西方发达国家的工会对职业卫生工作的介入，主要有以下几种形式：①积极参与劳动保护立法和执法监督活动；②利用“三方机制”进行集体谈判；③建立工会劳动保护监察体系；④参与企业和地方劳动保护机构的活动。

1. 美国工会——推进立法与标准体系的建立

美国工会针对常见职业危害，多年来一直不遗余力地向社会和政府呼吁，通过起草和修订文本、向法院上诉、出庭作证、辩护，以推动职业卫生的立法和标准的制定、修订工作，使美国劳动者能够获得很多劳动保护。

从20世纪60年代中期起，美国工业组织大会（CIO）和美国劳动者联盟（AFL）的工业工会、钢铁劳动者工会等组织一起协同努力，使美国国会1970年通过了《职业安全与健康法》，并促使成立美国职业安全与健康监察局。《职业安全与健康法》赋予了美国职业安全与健康监察局在制定和实施工作场所安全规定方面的广泛权力，并建立了对违法雇主进行处罚和追究刑事责任、使劳动者合法提交工作场所安全和健康议题的体系。

1968年，美国西弗吉尼亚州法明顿的一个煤矿发生瓦斯爆炸事故，造成78人死亡。1969年，美国煤矿劳动者联合工会举行了大规模罢工，使俄亥俄州、宾夕法尼亚州和西弗吉尼亚州的煤矿瘫痪。1969年，美国国会通过了《煤矿安全与健康法》。1977年，美国煤矿劳动者联合工会与钢铁劳动者工会又一起进一步推动了《矿山安全与健康法》在国会的通过，同时促进了美国矿山安全与健康监察局的成立。《矿山安全与健康法》要求监察者阻止不安全产品在矿山中的使用；提出每个地下矿山每年必须接受4次检查；增加了联邦政府在矿山安全方面的管理权力；对违法行为制定了民事和刑事处罚措施；对患尘肺病的受害者提供补偿。

在美国工业组织大会、美国劳动者联盟、建筑物和建筑工会的游说下，1986年，美国颁布了《有害废物作业和应急反应法》，要求保护有害废物作业劳动者。

由于邮政劳动者不在1970年通过的《职业安全与健康法》保护范围之内，1988年，在拥有100万名会员的邮政工会要求下，美国国会通过立法修订了美国职业安全与健康监察局的现行法规，要求将邮政服务业纳入《职业安全与健康法》范畴。

1988年，美国运输部第一次提出酒精测定程序的试行法规——《运输工作场所的毒品和酒精测定程序》，该法规是在美国卫生与人类服务部的指南基础上制定的。1996年，美国运输部对该法进行修订，将美国汽车驾驶员工会提供的“毒品和酒精测定”文件引入法规。

1971年，美国职业安全与健康监察局实施了针对石棉的联邦管理法规，美国工业组织大会和美国劳动者联盟的工业工会向劳动管理部门呼吁制定《应急标准（试行）》，以减少劳动者对石棉的暴露。

1972年，美国职业安全与健康监察局将《应急标准（试行）》颁布为正式标准。1986年，国际机械和航空劳动者协会呼吁美国职业安全与健康监察局第二次制定石棉标准，16个其他工会也加入到呼吁行列中，工会的努力使美国1986年通过了两项更严格的规定。

1974年，美国职业安全与健康监察局制定《氯乙烯标准》，要求雇主为从事氯乙烯作业的劳动者提供体检、呼吸道保护设施，要求作业环境在8小时暴露中低于百万分之一的浓度，使劳动者免遭氯乙烯危害。该规定遭到了工业界的反对，为此，美国工业组织大会和美国劳动者联盟的工业工会积极介入，并在法庭上成功为新标准进行辩护。

1975年，美国服装和纺织工会与北卡罗来纳州公共利益研究小组联合为减少劳动者暴露于棉尘提出了一项法律提案。1976年，美国职业安全与健康监察局颁布了一项关于棉尘的建议标准。

1978年，新的棉尘标准对吸入水平的限制使棕肺病消失了。美国工业组织大会和美国劳动者联盟认为，该标准中有两项内容过于宽松，但支持其他内容的实施。当工业界反对时，美国工会一直为新标准进行辩护，直到最高法院判决维持标准不变。同时，政府介入，欲降低标准的要求，美国工会又成功地使标准维持不变。

1983年，美国职业安全与健康监察局制定了一项《危害告知标准》，使劳动者有权知道工作中接触到的危险化学品情况。最初的标准只应用在制造业，工会要求扩大到所有行业，尤其是建筑业。法院支持工会的要求，并严格限制工业界以贸易秘密为借口来隐瞒信息，这使得美国职业安全与健康监察局重新考虑标准适用范围，1987年该标准在所有行业实施。经过煤矿工会和钢铁工会的共同努力，美国矿山安全与健康监察局也采纳了这项标准，2002年，矿山劳动者获得了与其他行业人员同样的知情权。

2. 加拿大企业的“联合安全卫生委员会”

加拿大企业的“联合安全卫生委员会”（以下简称联合委员会）是一个帮助劳动者提高安全意识、查明工厂中的隐患和危险以及解决这些隐患和危险的咨询机构。联合委员会由代表雇工和雇主的两部分委员组成，共同促进企业的职业安全与卫生工作。

加拿大法律规定，以下企业需要建立联合委员会：①任何雇佣20名或更多工人的企业；②任何雇佣20名或者更多工人，且预期工期在3个月或以上的建设项目；③虽然雇佣工人少于20名，但适用于有关指定物质法规的任何企业（非建设项目）。

雇佣工人多于5名、少于20名的企业不要求建立联合委员会，但是工人应当推选1人作为安全卫生代表，其与联合委员会委员具有相同的职责和权力。少于5名工人的企业不要求推选安全卫生代表。

联合委员会的职责主要包括以下几点：

（1）联合委员会有权查明与评估企业潜在危险，如机械、物质、生产工艺、劳动条件、程序或可能危及工人安全健康的任何因素，这可通过对工作场所进行安全卫生检查来完成。联合委员会每个月至少对企业进行一次检查。对于查出的问题，联合委员会应当在一定的时间之内进行研究。

（2）联合委员会有权向雇主和工人提供职业安全卫生改进建议，如推荐一种供工人在噪声环境中使用的新型听力防护器等。雇主应当在21天内对建议做出书面答复。

（3）联合委员会有处理工人投诉的职责。当工人发现任何危险或违法行为时，应向雇主报告。如果问题得不到解决，工人应提交联合委员会或安全卫生代表处理。联合委员会或安全卫生代表还应承担的职责是邀请一线监察员、工厂安全管理人员或雇主指派的参与解决问题的责任人员进行问题处理；在下一次联合委员会会议上提请注意这个问题，并记录在会议记录上；将联合委员会做出的有关决定或建议反馈给投诉的工人。

（4）联合委员会应当指派工人委员中的1人参加拒绝工作事件的调查。这种调查通常由参与调查的工人委员做出结论。如果问题没有得到解决，雇主、工人委员或安全卫生代表应当通知劳工部监察员。

（5）联合委员会应当选派1名或更多的工人委员进行死亡或严重伤害事故的调查。工人委员可以检查事故现场，也可以检查任何可能与事故有关的机械、设备、物质等。他们应评估事故现场情况、提出改进措施，并向联合委员会和劳工部门报告调查结果。

（6）联合委员会有权从雇主处获取信息，如为查明潜在或现存危险所需的有关资料、有关本企业正在进行的安全卫生方面的检测、有关本企业因伤害而休工的事故及职业病情况等。

（7）联合委员会有权从工人赔偿委员会（WCB）获取信息，如（因工）死亡人数、休工伤害人数、患职业病人数等。当收到工人赔偿委员会的报告后，雇主应当在工厂内公布这份报告。

联合委员会至少有一半委员是由工人（非经营管理型雇员）推选的工人委员。成立工会的企业，工人委员应当由代表工人的工会推选。根据候选委员的业务知识、在生产过程及安全方面所负的职责，由雇主推选雇主方委员。同时，联合委员会推选至少2名分别代表工人和雇主的委员参加专门培训。企业安全卫生机构向完成培训的委员颁发证书，持证委员在联合委员会中被赋予一些特殊的权力和职责。联合委员会委员的工作期限至少为1年。

在企业内，联合委员会委员每3个月举行1次会议。但是，如果企业存在危险物质或危险工艺，则需要更频繁地开会。

联合委员会会议按惯例由双方委员轮流主持。联合委员会自行确定出席会议的法定人数，每次会议都应有代表双方的委员出席。

3. 德国的同业公会——促进工伤保险

德国的职业卫生管理体制是双轨制，由代表国家利益的政府企业监督局和非政府公众权益性团体同业公会（行业工会）共同监督企业的职业安全卫生工作。

德国于1884年颁布工伤保险法，是世界上第一个建立工伤保险制度的国家。德国工伤保险经办机构分为三大类：一是公共系统的工伤保险经办机构，二是农业同业公会，三是工商业同业公会。其中工商业同业公会是德国最大的也是最重要的工伤保险经办机构，包括了26家同业公会，参保的工商企业达300万家，参保人数达421.7万人，占德国工伤保险参保人数的90%以上。

德国企业里一般没有成立工会委员会，主要是行业工会发挥作用。作为职业卫生的主要监督机构，工商业同业公会的职责是采取一切适当的手段，预防工作安全事故、职业病以及工作造成的健康危害；在工作安全事故或职业病发生后，采取一切适当的手段，恢复被保险人的健康和劳动能力，并给予被保险人或其遗属相应的经济补偿。

德国工伤保险体现出了鲜明的预防优先的特点。首先，在德国《社会法典》中规定了工伤预防作为工伤保险机构首要的使命与任务。《社会法典》第7章第1条规定，同业公会应该“使用一切适当的方法”防止工伤事故、职业病以及由于工作原因对健康造成的损害，查明工伤事故发生的原因，保障在事故发生时有效的急救措施，减轻工伤事故和职业病所导致的后果。其次是同业公会按照《社会法典》的规定将“预防、康复、补偿”作为自己的工作目标，并特别提出“先预防，后康复；先康复，后补偿”的工作原则。

在事故预防方面，工商业同业公会采取了以下八个方面的措施：

（1）颁布系列安全标准。这些标准会根据情况的变化随时补充与调整。同业公会的职业安全研究中心负责制定系列安全标准，其中一些安全标准草案经同业公会通过并实施后，已成为欧盟成员国的统一标准。

（2）检查事故隐患。同业公会对企业的监督主要侧重在技术监督。各行业同业公会都有专职技术监督官员和检查员，在各地对成员公司进行巡回检查和提供服务。劳动安全的责任仍由企业雇主承担，同业公会控制并监督着企业内的事故预防工作。

（3）咨询。同业公会为成员公司提供职业安全卫生方面的建议和咨询，以最大限度地减少损失。

（4）提供培训服务。法律规定所有负责劳动安全的人员都必须参加培训。培训费用由同业公会从工伤事故预防经费中支出。同业公会的工作人员在培训中心、流动培训车、企业内部及地方的培训中心提供免费培训服务。

（5）进行职业病预防的定期体检。由同业公会设立的检查中心负责职业病检查和诊断工作。

（6）工作场所有害物质的监测和危害调查。同业公会免费提供视觉测定、听力测定、噪声测量和有毒物质测定以及对可疑职业病病因进行调查等流动服务。

（7）产品安全标准鉴定。德国的产品在进入市场之前必须获得安全鉴定书，安全鉴定工作由同业公会负责。

（8）科学研究。针对工伤事故、职业病病因和防护手段开展科学研究，研究结果用于制定职业卫生标准和生产新型防护用具。

根据德国法律规定，员工超过20人的企业应依法成立劳动保护委员会。劳动保护委员会由雇主或雇主委托的代理人1人、工会代表2人、职业卫生医生、劳动安全专员和现场安全员组成。劳动保护委员会至少每季度召开一次会议，讨论劳动保护和事故预防问题，向雇方提出有关建议，并监督执行。

3.4.2.2 不同国家的经验

1. 美国

美国是世界主要产煤国之一，近年，美国煤矿产量达到历史最高水平，年产商品煤十亿多吨。通过不断完善煤矿安全管理法律，提高执法力度，近二十多年美国已经基本上杜绝煤矿严重伤亡事故的发生。特别是近年，美国煤矿年死亡人数只有30名左右，2002年，美国煤矿事故死亡27人，达到历史最低水平。与20世纪90年代初相比，死亡人数下降了50%。当然，美国的煤矿业也经历了从事故多发到加强立法和管理、最终进入安全生产时期的过程。就在19世纪后期和20世纪初期，美国每年有数千人死于煤矿事故。

1907年，发生在主要产煤州西弗吉尼亚州的一起煤矿爆炸事故，死亡人数为362人，创美国历史之最。频繁严重的矿难促使美国国会和政府采取坚决措施，加强煤矿安全管理。1910年，美国设立矿业局，以强化安全标准制定、监督安全生产、加强检查、调查处理事故和进行安全生产方面的研究。美国还加强煤矿安全立法、执法和各种教育工作对减少煤矿事故起到了明显作用。

（1）从乱到治的立法博弈。19世纪，美国工业发展速度加快，劳动条件十分恶劣，工业污染、工伤事故越来越多。1902年初，美国公共安全服务部门开始着手研究制定职业安全规划。为实施规划，建立了联邦矿业局。

1934年，美国在劳工部部长办公室下设立劳工标准处（后改为劳工标准局），成为美国创建的第一个常设性联邦机构。此后一系列适用于特定范围的安全法律法规逐步颁布实施。1958年，为保障工人的职业安全与健康，联邦政府制定了《码头工人和港口工人补偿法》，为美国职业安全与健康立法打下了基础。

1968年，当时的约翰逊总统提出了美国第一个综合性职业安全与健康监察议案。第二年，新上任的尼克松总统也提出了一个新的提案，建议组建独立于劳工部的职业安全与健康监察局，该局可以独立地制定职业安全与健康标准，并对职业事故拥有裁决权，最终制定出一个全国统一的综合性职业安全与健康法。1970年，《职业安全与健康法》经尼克松总统签署颁布。

经过多年的努力，美国已建立起一个系统全面、功能完善的职业安全与健康法律体系。在1971~2002年的三十多年间，美国在完善职业安全与健康法方面取得了具有重要意义的进展。

（2）职业安全与健康立法程序。美国的职业安全与健康立法程序比较复杂，一项新的职业安全与健康法律法规产生，除需经过事故调查、总统建议、组织制定程序外，关键还需通过国会两院（两党）、资劳两方的辩论，需经多个回合的复杂辩论，综合几方面的利益，才能使法案通过，有关职业安全与健康法律法规（标准）的制定过程大体包括以下三个程序：

1）事故调查。事故调查是立法的重要依据。发生事故的主要原因来自雇主一方，于是这一调查结果成为制定《工人补偿法》的重要依据。因此，美国每制定一项安全法律法规或标准，都要进行一系列问题调查。

2）提出立法建议。美国成立职业安全与健康监察局后，《职业安全与健康法》授权劳工部部长主持，职业安全与健康监察局组织，国家职业安全与健康研究院或咨询委员会等提出立法方案的建议，草拟职业安全与健康法律法规（标准）方案。

3）提出方案。经两院辩论所提出的职业安全与健康法律法规方案，需通过国会众议院、参议院两院的劳方小组委员会举行听证会，由两党议员就即将制定的法律法规进行辩论，表决通过后经总统签署意见，立法正式生效。

（3）职业安全与健康监察机构。

1）职业安全与健康监察局。职业安全与健康监察局的主要职能是保障美国所有从业人员的安全与健康，该局是依据《职业安全与健康法》的规定，于1971年成立的联邦政府监察管理机构。

1971年以来，虽然美国全国工作场所和雇员人数增长一倍多，分别由360万个工作场所和5600万个就业人员增加到700万个工作场所和1.11亿个就业人员，但职业安全与健康监察局通过实施强制性职业安全与健康法律法规，加强对工作场所的监察，使工作场所意外事故造成的人员死亡人数减少了一半以上，职业伤害与职业病人数下降了40%。

2）矿山安全与健康监察局。矿山安全与健康监察局是美国联邦政府劳工部下面的一个职能部门，依据联邦的法律体系，矿山安全监察实行独立的国家矿山安全监察体制，监察机构与煤矿没有任何隶属关系，对全美国的矿山进行职业安全与健康监察，以保护全国一万四千多个采矿企业的350000名雇员的安全和健康。

《职业安全与健康法》从法律角度明确地规定了矿山安全与健康监察局的职能，即赋予矿山安全与健康监察局对全国矿山进行安全与健康监察的权力，不论矿井规模大小和人员的多少，既对煤矿进行监察，也对金属和非金属矿进行监察。矿山安全与健康监察局通过强制性执行采矿业安全与健康作业标准，来消除采矿业死亡事故、减少严重性非死亡事故的发生频率，并使对矿工健康的危害降到最低程度，最终达到有效地改善全国矿山作业条件，降低安全事故的目标。

3）联邦职业安全与健康复审委员会。美国为有效处理监察执法过程中可能出现的一些存在争议的问题，依法建立起了专门的法律仲裁机构——联邦职业安全与健康复审委员会。

该委员会是依据《职业安全与健康法》成立的。该委员会的主席、副主席由3人组成，经总统任命由参议院确认，经费来源为政府拨款。其主要职责是对职业安全与健康监察局的工作进行检查、监督，对企业雇主提出的职业安全与健康民事罚款，即是否发生违反《职业安全与健康法》规定的行为以及提出的罚款数额是否合适进行复审。该机构是个确保职业安全与健康监察局的行为与法律保持一致的司法机关。

《职业安全与健康法》还规定，负责听审的行政法官应听取向联邦职业安全与健康复审委员会提出的任何起诉，以及与该起诉有关的任何请求，并在听审的基础上做出形成其最终诉讼审理的决定。

（4）职业安全与健康监督管理程序。

1）优先监察方案。为了执行安全与健康法律法规和标准，监察员要对各种工作场所进行检查。由于《职业安全与健康法》涉及五百多万个工作场所，不可能全部都立即进行检查，情况最严重的应先予以考虑。因此，职业安全与健康监察局制订了一个优先检查顺序计划。

①紧急危险。对存在紧急危险状况的予以最优先检查。所谓紧急危险，是指能立即造成人员死亡或者身体严重伤害，或是采取正常执行程序消灭这种危险之前有可能发生上述情况。

②灾难性事件或死亡事故。第二优先检查的是对造成5人或以上住院的灾难性事故或死亡事故。这类事故，雇主必须于48小时内向职业安全与健康监察局报告。由该局派员调查，看是否违犯了标准，并采取措施避免同类事故再次发生。

③雇员提出申诉。对雇员提出申诉，抱怨雇主违反标准或劳动条件不安全、不健康的检查被放在优先检查的第三位。美国《职业安全与健康法》规定，每个雇员认为处于某种危害的紧迫危险状况中或是雇主违反了标准使他们的身体受到威胁时，有权向职业安全与健康监察局要求进行检查。该局在接到要求后应予受理，并将所采取的行动告诉雇员。如果雇员要求保密，则职业安全与健康监察局不得将其姓名告诉雇主。

④对高危害性企业的定期（计划）检查。优先检查的是那些特殊的具有高危害性的对健康有损害的工业企业。这些工业企业是根据死亡、伤害或患病率以及雇员暴露在有毒物质中等情况选定的。各州可以根据自己的安全与健康计划确定高危害性企业的检查工作。

⑤跟踪检查。跟踪检查是为了查证以前的违犯行为是否已得到纠正，如果雇主未能纠正这种违反行为，则安全与健康监察员可通知雇主，他或她必须遵守"纠正违反行为的通知"，如果这种违反行为继续下去，则将加重处罚。

除了个别情况外，上述行动都不事先通知被检查方。如果某人将职业安全与健康监察局的检查行动事先透露给雇主，该人将会受到高达1000美元罚金或6个月监禁的处罚。在特殊情况下，职业安全与健康监察局可能事先通知雇主，但这样的通知要在检查前的24小时内发出，特殊情况包括：A. 存在紧迫危险状况，需尽快予以纠正；B. 必须在正常工作时间以外的时间内进行的检查，或对方须做特殊的准备工作；C. 通知对方务必保证雇主及雇员届时到场；D. 职业安全与健康监察局的地区办事处主任认为事先通知对方可使检查进行得更彻底、更有效。

雇主事先接到通知后，应立即通知雇员代表或按职业安全与健康监察局要求的去做。

2）监察方法。监察方法包括监察前准备、召开预备会议、监察行动、总结会议和惩处五部分，其中惩处包含以下内容：

①签发传票 。监察员在报告了检查结果后，由职业安全与健康监察局地区办事处主任决定，签发何种传票，其内容包括确认违反了什么条例和标准、提出纠正的期限、确定罚款

金额。

传票将被分别送达雇主和雇员。雇主必须将传票的复制件张贴在发生违犯的地点或附近三天，或直至这一违犯已纠正时为止。

②处罚。任何雇主违犯《职业安全与健康法》者，其情节严重的，处以若干罚款或刑事处罚，具体可分为下列几类：

A. 非严重违犯，即与安全、健康直接有关，但不至于造成死亡或严重的身体伤害，每次可判以高达7000美元的罚款。

B. 严重违犯，即工作场所存在可能导致发生死亡或严重身体危害的情况，且雇主对存在着的这种危害是知情的，对每次违犯处以高达7000美元的罚款，亦可根据雇主的认罪态度，以前是否违犯及单位规模大小等予以酌减。

C. 故意违犯，即雇主意识到和明知工作场所存在危及雇员安全与健康的因素，但不尽快消除，对这种违犯每次可处以高达5000~70000美元的罚款，故意违犯可以根据以前是否违犯过或单位规模大小调整其罚款金额，但不再考虑雇主的态度，通常最低罚款不低于25000美元，如果故意违犯导致一名雇员死亡，则法庭可判以罚款70000美元或监禁6个月，或两者并行。

D. 重复违犯，即违犯了任何标准、条例、规定等，在再次检查时发现又重复违犯，这种多次违反可以处以高达70000美元的罚款。

未能如期纠正违犯，每天可处以高达1000美元的罚款。

此外，可能签发传票和提出罚款的有：伪造或篡改犯罪记录、报告或申请书者，处以高达70000美元或6个月的监禁，或两者并行；违反张贴要求的，可处以高达7000美元的罚款；攻击安全与健康监察员，或对抗、反对、恐吓、干预监察员执行工作任务的，可处以5000美元以下罚款或3年以下监禁。

（5）完善的事后补偿机制。

1）工伤强制保险——雇主全部负担。为了遏制伤亡事故和职业病上升的势头，美国联邦政府实行强制性工伤保险制度，有些州据此制定了本州的工伤保险法案。

美国的工伤保险制度在发达国家中起步较晚，其工伤保险制度的立法发展过程可以分为三个阶段：工伤事故普通法阶段、雇主责任法阶段和劳工伤害赔偿法阶段。目前，美国99%的工人受到美国联邦或州劳工赔偿法的保护。

鉴于工伤保险所针对的是危害严重的劳动风险，工伤保险具备高度的强制性，国家以立法形式强制雇主必须对雇员的工伤事故负责。美国《工伤保险法》规定，赔付工伤待遇所需费用全部由雇主一方负担，工人和国家不负担费用。雇主逐年投保，保费按工资总数及规定的不同工种的费率计算，并计入企业生产成本。

劳动者在生产过程中发生伤、残、死亡事故，无论责任在雇主还是劳动者，都应依法给予受伤害者经济赔偿，而不因责任问题影响劳动者及家属的正常经济生活，即在工伤赔付上，即使雇主没有责任，也应按工伤赔付范围确定的标准予以赔偿。

实行“无责任补偿”，不等于说可以不追究工伤事故的原因和后果，也不等于说对工伤事故放任不管。相反，对事故发生的原因和后果，必须进行认真的调查。对于社会保险来说，它关注的主要是伤残者的经济补偿，以保障其生活。

通过法律强制征收工伤保险费，可以实现企业之间、地区之间的工伤风险分散，避免企业由于一旦发生工伤事故而导致破产。

美国工伤保险是按行业划分的，与行业所有企业的伤害频率和安全考绩有关，用以精确的估算该行业工人补偿保险损失成本，即工伤保险费率、危害程度和企业工伤事故率的确定。

2）工伤赔偿法案。美国国家工人补偿法委员会也称工人补偿委员会，由15名成员组成，工人补偿委员会对州工人补偿法做全面的研究和评价，以确定它是否能提供一个充分、迅捷和公正的补偿制度。

美国工伤赔偿范围包括：

①医疗费用，包括治疗、药品、住院、康复和义肢等费用。

②薪金赔偿，约为雇员工伤前工资的50%~75%。这部分待遇不用缴税，因为是雇员工伤前实际所得工资收入。薪金赔偿从工伤后第2周开始支付。加利福尼亚州规定，支付短期（指雇员暂时伤残）的赔偿费用，雇员得到的赔偿待遇水平最高，每周最高可达336美元；康复期赔偿待遇水平较低，每周最高可达288美元；长期残疾者赔偿待遇水平最低，每周至多为148美元，因残一年后还不能上班的，可同时申请联邦政府的伤残保障金，但各项相加不得超过本人原工资的80%。

③肢体伤残赔偿，根据肢体永久性伤残部位给予赔偿，如断一手指赔偿一定固定数额等。

④抚恤金。对于工伤死亡者需供养的家属（遗属年薪在3万美元以下和年龄在18岁以下者）可得的抚恤金，各州规定不一，有的州规定一次性支付，有的州规定长期支付。

依据美国有关工伤补偿法的规定，一般情况下伤残抚恤金的支付数额为：对于遭受终身全身伤残的雇员应付给其现每月报酬的66.33%。

根据伤残程度，其支付期主要有以下几种：A. 失去胳膊，抚恤金支付期为280星期；B. 失去腿，抚恤金支付期为248星期；C. 失去手，抚恤金支付期为212星期；D. 失去脚，抚恤金支付期为173星期；E. 失去眼球，抚恤金支付期为140星期。

2. 日本

（1）基本原则。日本职业安全机构（厚生劳动省）认为：保障工人的安全与健康是国家面临的最大挑战。雇主对工人的安全与健康负有主要责任。因此，雇主不应仅仅满足于实施事故预防的最低标准和措施，还应系统、前瞻、自觉地开展安全健康活动，逐渐降低工作风险。而且，工人自身也应重视作业场所安全卫生问题，努力学习并提高专业知识，积极响应雇主开展的职业安全卫生活动。

20世纪50年代以后，随着经济的发展，工业化水平的提高，日本的安全生产问题凸显，工伤死亡人数剧增。1961年，日本在生产过程中因事故死亡人数曾达到6712人。面对日本与国际环境的重大变化，这些制度需做重大改革。为适应新的经济环境，公司需要评审所有的商业活动，包括业务部门、管理模式、人力资源与劳动管理。劳动力市场有多种多样的工作模式，包括临时性或业余性工作的增加、就业流动性的加大。因为这些变化，职业安全卫生出现了一些新的问题。因此，有必要评估这些变化对安全卫生的影响。这些都是制定安全卫生战略的基础，以此促进实施安全卫生计划。

日本政府制定了一系列法律法规。由于法律健全、措施得当、各方重视，日本的安全生产问题基本得到了有效控制。2003年，日本工矿业在生产过程中死亡的人数只有307人。

（2）以往的措施。为增强生产安全事故的预防效果，必须强制性地、系统地实施事故预防综合措施，与此同时，雇主、商业团体和中央政府应密切合作，履行各自的义务。因此，从长远的角度考虑，中央政府制订了综合性事故预防计划，明确了将要实行的政策，指导雇主，即生产安全事故预防的主体，采取安全措施，自主地开展职业安全活动。

基于这些认识，自1958年以来，日本已经制订了12个国家工业事故预防的五年计划。第一个到第三个五年计划（20世纪70年代中期），根据《劳动基准法》的最低工作环境的要求，最主要的问题是预防频发的伤亡事故。第四个到第十二个五年计划，随着1972年《劳动安全卫生法》的实施，所面临的挑战是保障实施更高要求的安全卫生标准。

日本政府多年来在一切经济活动中通过制定和完善有关法律法规，实施一系列的安全对策和措施，使生产过程中的事故大幅下降，伤亡人数不断减少，成为世界上安全生产成本最低的国家之一。

（3）基本方针。以上述原则为基础，考虑社会与经济条件的变化，为保障所有劳动人民的安全与健康，日本的综合性事故预防计划包括如下基本方针：

1）消除死亡事故。因为工人在社会中的作用是不可替代的，在任何时期，工人在养家糊口的工作过程中丧生是完全不能接受的，所以雇主和其他相关部门必须尽力预防工伤事故的发生。日本自从1981年之后的17年里，每年因工死亡人数一直在2000人以上浮动，最终在1998年跌破2000人大关。2001年因工死亡人数为1700~1800人。消除死亡事故的计划进一步巩固并取得成果，进一步降低死亡人数。由于采取各方面有效的措施，日本的安全生产问题基本得到了全面控制。到2003年，日本工矿业在生产过程中死亡的人数是307人，而矿工只有14人死亡。

2）保障中小企业安全卫生。日本的安全卫生水平在稳步提高。但是，中小企业比大企业事故率高，安全卫生状况还不能令人满意。为确保中小企业的安全卫生状况，根据工业安全卫生相关法律法规的要求，该计划将采取措施，实施最低安全卫生标准，并且为企业自主开展安全卫生活动提供适当的支持，支持中小企业的集体行动。

3）促进职业卫生战略，解决日益增长的心理与身体负担。近年来，常规的体检异常率和工人压力与焦虑感的比例在增加。当前，对工人的因为过度劳累造成的心脑血管疾病或因为工作负荷造成的心理疾病与心理疾病所导致的保险赔偿在增加，授权赔偿也在增加。

因为商业环境变得更为紧张，公司在考虑调整机构，工人因为工作的数量和质量的变化所造成的焦虑，使心理和身体的压力在进一步升高。为了日本社会的良性发展，不仅要考虑职业病的预防，还要积极保障工作场所的职业卫生。

4）开发安全和卫生管理技术来降低风险。尽管目前经济形势依然严峻，但保障职业安全卫生应该是企业管理中最重要的问题。深入开展“安全文化”活动，使整个系统和个人优先考虑安全问题，在公司建立职业安全卫生可持续发展的自我提高机制。因为各公司存在多种多样的风险，而且风险经常发生变化，所以降低工作风险是一项基本战略。

根据OSHMS，雇主与工人合作，通过PDCA循环法来评价风险水平，采取必要措施来降低风险，逐渐提高安全卫生水平。而且，针对机械与设备风险，雇主在制造或引进机械与设备时，应进行风险评价，系统地降低风险，了解掌握制造或引进的机械所存在的风险信息，以便用户知道机械所存在的风险，采用适当的安全方式操作。该计划还将寻求开发机械设备安全操作的信息。

5）工作模式多样化与流动就业的安全对策。劳动部门为支持工作模式多样化与流动就业开展了一系列改革。改革的前提条件是建立一个安全卫生工作系统，无论何种工作模式，都能保障所有工人的安全卫生。

因此，该计划将以建立有效的机制为目标，实现工作场所安全卫生，包括改善工作安全卫生立法。

（4）日本的《劳动安全卫生法》。日本在1972年制定并于1988年修改的《劳动安全卫生法》中规定，工伤事故的预防是通过监督官的执法监察和技术检查进行的。日本的监督官由两部分人员组成，一部分是具有司法警察权限的监察人员，为了施行《劳动安全卫生法》，必要时可进入企业单位，对有关不安全或事故危险的情况质问有关人员，查阅有关材料，甚至命令停工检查，情节严重的，他们有权对该企业提出上诉；另一部分是技术人员，进行必要的技术检查，对一些不安全因素或事故隐患提出修改意见或建议，但进行检查时必须向有关人员出示证件。

3. 英国

英国是欧洲职业安全卫生立法的先导者，早在1833年就制定了《工厂法》。1974年《劳动卫生安全法》获得通过，它是一部专门的安全卫生法律，适用于一切领域的劳动安全卫生。

该法的宗旨是：保护劳动者的安全、健康和福利，防止与劳动者有联系的其他人员的安全和健康方面遇到危险，并且对危险物质的保管和使用进行控制，预防人们非法获取、占有和使用危险物质，并控制放射性物质排入大气层。

该法规定了雇主的责任、安全卫生委员会及安全卫生执行局的职权和职责、执法监察的范围及违法的处罚、安全卫生条例及惯例的制定和批准、雇员的医疗、建筑行业的专项条款等。

4. 法国

法国在1973年颁布了《劳动法典》，经过几次修改后，于1981年定案。为了提高工伤事故的预防水平，1976年修改了《劳动法典》的部分章节作为《就业事故预防法》。该法规定了适用的范围为各类工业、商业和农业实体及其附属产业，也适用于律师事务所、自由职业者、职业工会、各种协会、集团及公立医院和私立疗养院。

该法要求雇主对工人在安全与事故预防方面给予相应的培训，也包括工人转岗后的培训。对于生产制造或销售运输任何危险物品的企业，雇主对这些危险物品上附有的标签及文字说明负责。任何制造、进口或销售对工人有危害的物质的雇主应向国家调研与安全协会提供必要的信息以得到危害评估，保存评估结果并支付评估费用。

劳动监察员在监察期间若发现某企业出现事故危险，可以对该企业的雇主下达采取适当方式消除其危险的正式通知。此类通知应有书面记录和签署日期及签名，应有一定的执行期限，此期限期满后，若险情仍然存在则可对该企业的雇主下达官方通告，然后通知警察局处以罚款以示处罚。

5. 欧洲其他国家

欧洲是工业革命的先驱，工业革命的兴起，使工人从手工作业过渡到机械化作业，这样也就导致了多发事故和恶性事故的发生，一些工人发出了保护自身生命和利益的呼声，因此诞生了各种安全卫生、事故及赔偿的法律法规及法令。意大利在1904年颁布了《职业事故法》，1926年颁布了《工业事故法令》。摩洛哥在1927年颁布了《工业事故法令》，1947年又进行了修改。瑞士在1930年颁布了《预防事故法（建筑行业）》。西班牙在1932年颁布了《工业事故预防条例》。希腊在1937年颁布了《预防事故法令》。

欧洲国家主要是在各行业制定有关事故预防条例，这些条例中包括雇主的责任，雇主应为雇员提供的安全设备及劳动卫生条件，行政管理机构的监督、检查范围，还对具体的作业场所及设备装置的安全技术性能做了规定。

3.5 我国的安全生产立法

在我国，立法是指由特定主体，依据一定职权和程序，运用一定技术，制定、认可和变动法这种特定社会规范的活动。我国现行立法体制是中央统一领导和一定程度分权的，多级并存、多类结合的立法权限划分体制。

我国立法包括全国人大及其常委会立法、国务院及其部门立法、一般地方立法、民族自治地方立法、经济特区和特别行政区立法。我国的安全生产立法也包括上述几个层次。

3.5.1 我国安全生产立法简史

1. 新中国成立前的矿场安全与健康立法

我国在19世纪后半叶，随着洋务运动的推进，积极地向西方学习先进的工业生产技术和购买先进的生产设备，加速了我国工业企业的发展。工业发展和兵工建设的绝大部分原料来自矿产品，这就导致我国矿业在晚清时期反而发展迅速。1878年，直隶总督李鸿章在天津设开平矿务局，随后在贵州、云南、湖南等全国多数地区设立了矿务局。自此，煤矿、金矿、铅矿、锑矿以及铜矿的开采规模越来越大，出资形式有官办、民办、中外合资开办等多种类型。在膨胀的矿业官僚机构和迅速发展起来的矿山企业之间，需要界定权力和权利的边界，规制政府机关和规范矿山企业。因此，清朝政府于1907年制定了《大清矿务章程》，征询各省意见后继续修正，于1910年正式颁布了《大清矿务章程》。这是我国历史上第一部成文矿业法。

辛亥革命以后的矿山企业，基本上沿袭封建社会把头式的家长制进行管理。当时，矿工处于弱势地位，工资明显偏低，不足以维持家庭的基本生存；矿主把矿工在工作场所的健康与安全并不当回事，工伤和因工死亡的抚恤津贴属于象征性的；童工以及妇女在危险场所长时间劳动等。为此，全国劳工运动最先在矿业领域里发起，然后扩展到其他行业。这时，全国各地的工会为工人提高工资和减少工时的合理权益而组织工人进行集体的讨价还价、集体性经济斗争和集体罢工。工会发起的劳工斗争，阻止了矿主的最大化产出，这令矿主及当政官员感到十分麻烦。合理罢工又受到了国际劳工组织的引导，这就内外形成压力，促使了制度的变迁。

中华民国时期，工业发展和长年的战争急需矿产品，因而加速了矿业的开发。但矿工的福利与迅速发展的矿业不协调，导致劳资双方对立。

孙中山的三民主义和国民党的政治纲领均强调民生，为保护劳工以及进一步明确保障矿工权益的立法提供了政治基础和社会基础。这样，有力地推进了矿业基本法向保障矿工安全与健康的矿业特别法发展。为此，国民政府制定了一系列改善矿工福利的法律法规，其中以

《中华民国矿业法》最突出。该法是一部以健康安全优先、界定矿主责任、保障矿工权利、强制培训矿工的矿场安全与健康法。

国民政府在1930年颁布《中华民国矿业法》后的19年中，对该法进行了9次修正；制定了《矿业法施行细则》并进行过4次修改；相匹配的《矿业登记规则》修正过3次；制定了近百部关于矿业管理方面的法律、法规和规章。

国民政府与国际劳工组织联系密切，多次派人参加国际劳工大会，并在大会上提出了外侨在华企业应服从中国劳工法的议案，提高了中国劳工的地位。在国际劳工组织的推动下，国民政府批准了13个国际劳工组织公约，其中大部分是关于劳工福利的约定。为履行公约，国民政府在1925~1938年陆续颁布了《工厂法》《工厂法实施细则》《工厂检查法》《工会法》等法律。这些法律都是关于劳工福利待遇、健康与安全保障的系统规定。

2. 新中国成立后的安全立法

新中国成立后，中国人民政治协商会议通过的《共同纲领》中提出人民政府“实行工矿检查制度，以改进工矿的安全和卫生设备”。1950年5月，当时的政务院批准的《中央人民政府劳动部试行组织条例》和《省、市劳动局暂行组织通则》，提出由各级劳动部门担负监督、指导各产业部门和企业劳动工作的任务。1956年国务院发布了劳动保护“三大规程”，要求“各级劳动部门必须加强经常性的监督检查工作”。根据上述规定，我国从20世纪50年代开始逐步建立了劳动行政监督检查制度。但至改革开放前，劳动行政监督检查制度并非劳动监察制度，因为其并未在法律框架下设置，主要依靠单一的行政权施行，也没有更多的监察、处罚、法律救济手段。

进入改革开放时期，我国开始注重依法治国，安全生产监察制度也开始纳入法律轨道。1982年2月13日国务院发布《矿山安全条例》《矿山安全监察条例》《锅炉压力容器安全监察暂行条例》，宣布在各级劳动部门设立矿山和锅炉压力容器安全监察机构。1983年5月，国务院批转原劳动人事部、原国家经济委员会、中华全国总工会《关于加强安全生产和劳动安全监察工作的报告》，提出“劳动部门要尽快建立、健全劳动安全监察制度，加强安全监察机构，充实安全监察干部，监督检查生产部门和企业对各项安全法规的执行情况，认真履行职责，充分发挥应有的监察作用”。由此确定了劳动安全卫生监察制度。1989年7月17日原机电部发布了《工业卫生监察规定》。

进入到20世纪90年代，我国安全生产监察制度有了很大发展，表现在出台了多个单项劳动监察条例，明确了劳动安全生产监察职责、权限。劳动部（现为人力资源和社会保障部）1990年6月1日发布《漏电保护器安全监察规定》，建设部（现为住房和城乡建设部）1991年7月9日发布《建筑安全生产监督管理规定》，原劳动部1991年4月16日发布《客运架空索道安全运营与监察规定》，化学工业部1992年10月29日发布《化工安全卫生监察办法》。1993年8月，劳动部发布了《劳动监察规定》，对劳动监察的内容做出了规定，其中规定安全生产监察职责由劳动部承担。1994年7月5日《劳动法》颁布，其中第十一章对劳动监督检查进行了专章规定，明确了劳动监督检查的法律地位，赋予劳动监督检查机构行政执法的权利，使其逐步向劳动监察制度发展。1995年6月，原劳动部颁布了《劳动安全卫生监察员管理办法》，具体规定了各级劳动行政部门劳动安全卫生监察员应具备的条件、推荐、考核发证、监察标志、应履行的职责、应遵守的纪律和奖惩等条款。上述法规和规章推动了劳动安全卫生监察体制的完善、劳动安全卫生监察队伍的建立。

2002年6月《安全生产法》颁布，2003年《安全生产违法行为行政处罚办法》《煤矿安全监察行政处罚办法》发布。2014年8月31日，全国人大常委会第十次会议对《安全生产法》进行了修订，自2014年12月1日起施行。2007年11月30日，国家安监总局令第15号公布了新修订的《安全生产违法行为行政处罚办法》，2015年4月2日国家安监总局令第77号对其进行了修正。2015年6月8日，国家安监总局令第81号对《煤矿安全监察行政处罚办法》进行了修改，自2015年7月1日起施行。近年来，我国安全生产监察法律与以往相比在制度内容上和立法质量上都有大幅度提高。

3.5.2 我国安全生产法律法规建设的任务

现阶段我国安全生产监督管理，首先是要加强安全生产方面的法制建设，其次是要尽早出台规范行政行为的文件，严格权力范围，保证决策执行民主化，同时履行国际公约，采用先进的管理措施。

安全生产监督管理工作要完善监督机制，包括加强国家监察、工会监督、职工个人监督以及监察机构、社区、村委会、媒体等方面的监督。

3.5.2.1 要加强安全生产方面的法制建设，真正做到有法可依

在《安全生产法》出台前，我国的安全生产立法难以完全适应当前加强安全生产监督管理和行政执法的需要，《安全生产法》是我国第一部综合性的安全生产法律。《安全生产法》颁布以来，我国的安全生产法制建设得到了快速发展。但是，由于多年来形成的制度难以完全得到改变，还有许多影响我国安全生产法制化的问题。

一是国家颁布的有关安全生产的法律、法规大部分制定和形成于20世纪八九十年代。这些法律、法规的规定很难及时地反映当前安全生产的新形势、新情况和加强管理的需要，难以完全解决近年安全生产工作中出现的新问题。在此基础上进行的机构设置、管理规定并没有及时得到清理，有一些已经对《安全生产法》的执行形成了障碍。

二是现行有关法律、行政法规大都是单行的立法，只是某个行业和某方面的特殊的安全管理问题。因此，存在行业性的分割以及地区分割，同样一个安全生产问题可能在不同行业和不同地区要求并不一致，同样监管机构的设置以及职能也有所不同，导致行业、地区间各行其是，企业无所适从的情况。

三是现行有关法律、法规多数不是专门的安全生产法律，除了《安全生产法》外，没有专门对安全生产普遍性的问题做出规定。因此，现阶段既有统一性的针对所有企业普遍适用的规定和做法以及相应的机构设置，也有只是针对不同行业部门的规定和做法以及机构设置，这样，在实际工作中难免相互扯皮，影响行政效率，也给企业造成负担，尤其是行政许可的负担。

四是缺乏强有力的安全生产监督机制。现行安全生产监督管理机构及其设置以及形成的体制，并不是《安全生产法》颁布后形成的，而是多年来不断积累的结果，其中部分做法已经严重地影响了监督管理的成效。同时，由于多年来我国安全生产工作主要靠政府去管，已经形成了一整套以行政手段为主导的做法，并没有因为《安全生产法》的颁布而得到全面整改，政府机构不习惯于依法行政，不习惯于接受社会和公众的监督，重审批、许可，轻监督、检查的情况仍然存在。

上述问题必须通过加强法制建设来解决。具体而言，有如下主要工作：

1. 旧的体制仍然在发挥作用，必须在制度上得到解决

改革开放以来，经济成分多样化、经济利益多元化、劳动用工形式多样化和生活方式的多样化，使安全生产工作出现许多新情况、新问题，给安全生产监督管理工作带来了难度。

计划经济条件下制定的有关法律、法规，基本上是针对国有企业的。而现在，相当多的私营企业、集体企业和股份制企业的老板，公然规避法律，或者违法生产经营，片面追求利润增长，忽视甚至放弃安全生产管理工作，产生大量的事故隐患和不安全因素，导致生产安全事故屡屡发生。

据统计，全国非公有制企业发生事故的起数和死亡人数都约占全部企业发生事故起数和死亡人数的70%以上。一方面，一些小煤矿、小工厂、小运输（公路、水路）等小厂、小矿或生产经营网点，安全生产条件差，安全管理混乱，事故发生最多。另一方面，许多企业在新形势下也出现以包代管、层层转包、租赁经营、一统发包等现象。市场经济体制下企业的安全责任本来应该更重，但安全生产责任制并不健全、不落实，企业负责人的安全责任也不明确，没有建立适应需要的安全管理机构和专业人员，安全资金投入严重不足，使得企业技术装备老化、落后，安全性能下降，抗事故能力差，事故隐患随处可见。转轨期、发展期的安全生产工作，期待安全生产法制发挥更大作用。

2. 机构改革和政府职能的转变，要求必须加强安全生产监督管理

我国在深化经济体制改革的过程中，对行政管理体制进行了较大改革，安全生产监督管理工作的执法主体发生了较大变化。原机械部、原化工部等专业经济部门相继撤销，有关行业管理和安全生产监督管理的职能并入原国家经济贸易委员会（现为商务部，以下简称原国家经贸委），与此同时，原劳动部门的职能也进行了重大调整，不再负责安全生产综合监督工作，而由原国家经贸委承担全国安全生产综合监督管理职能。为加强安全生产监督管理工作，国家成立了原国家安全生产监督管理局（现为国家安监总局）和国家煤矿安全监察局。各省（自治区、直辖市）也相继对安全生产监督管理机关进行了调整、设立。由于政府机构的改革，《劳动法》《矿山安全法》等现行有关安全生产的法律、法规的执法主体发生了重大变化，新建立的安全生产监督管理体制需要在法律上予以明确。

实行政企分开，政府职能正在由原来直接管理企业向宏观调控转变，需要加强对安全生产的监督管理。随着专业经济行政管理部门的撤销，原来由原冶金部等部门管理的国有重点企业，先后下放到地方。原交通部（现为交通运输部）、原铁道部、原中国民用航空总局等部门也逐步与企业脱钩，实行政企分开。这些部门在各自的职责范围内，要依法对本系统的安全生产进行监督管理。因此，安全生产监督管理部门的职责、其他有关部门的安全生产监督管理职责，以及安全生产监督管理部门与其他有关部门的工作关系等重大问题，需要通过立法加以明确，使之法律化、制度化。

3. 完善安全生产法制，确保安全生产长治久安

实现安全生产法制化建设，建立一个适应社会主义市场经济需要，符合WTO原则，完善且关系协调的安全生产法律、法规、标准体系。将原各行业部门的安全法规、标准进行协调、归并、修订，及时变更执法主体，补充和完善新的规则和技术内容。强化安全生产责任制和企业安全生产的自我约束机制，使安全生产的法制、体制和工作机制统一协调，最大限度地减少工业伤亡事故，促进企业安全与生产、安全与效益的协调发展，创造出既有人、技术和环境和谐，又有个人劳动心情舒畅的安全生产的新局面。

3.5.2.2 依法保障劳动者的安全生产权利

强化安全生产监督管理，严格执法，提高安全生产监督管理的针对性、时效性和科技含量，实现关口前移，已是当务之急。我国安全生产管理水平低，技术措施执行不力、落实不到位，监督管理缺乏针对性、时效性，因此，必须改善安全生产管理技术和安全生产监督管理力度，促进企业安全生产管理的机制创新，提高安全生产监督管理的科技含量，实现安全生产管理的科学化、规范化、标准化。

1. 我国法律法规关于劳动者安全生产权利的规定

（1）参与安全生产管理权。通过职工大会、职工代表大会，劳动者有权参与企业有关安全生产规划、管理制度、管理办法、安全技术措施和规章的制定；对不符合国家安全生产方针和法律、法规规定的规章、制度有权提出修改意见。

（2）安全生产监督权。职工有权对企业贯彻、执行国家安全生产方针情况，有关安全生产法规、安全生产管理制度执行情况，企业负责人和管理人员安全行为，作业现场安全情况，安全技术措施专项费用使用情况进行监督。

（3）安全生产知情权。劳动者有权了解企业安全情况、作业现场安全状况；有权了解作业规程和安全技术措施制定执行情况；有权要求班前讲安全及安全生产注意事项；有权要求交接班时交代作业地点安全情况；进入工作场所前，有权要求跟班干部或带班班长检查工作面，制定具体安全措施。

（4）参与事故隐患整改权。劳动者发现事故隐患，有权要求有关部门组织整改，并积极提出整改措施、建议和参与整改。

（5）不安全状况停止作业权。当作业现场发现重大事故隐患，可能危及劳动者生命安全并无法及时排除时，劳动者有权停止作业并自行撤离现场。

（6）接受安全教育培训权。劳动者未经安全培训、教育，特殊工种作业人员未取得操作资格证书的，有权拒绝上岗作业。

（7）抵制违章指挥权。企业管理人员违章指挥，劳动者有权拒绝执行；对于违章操作行为，劳动者有权制止；跟班管理人员擅离工作岗位，劳动者有权向有关方面报告。

（8）紧急避险权。在生产过程中，出现重大事故隐患，并危及生命安全的情况下，劳动者有权采取紧急避险措施。

（9）反映举报权。劳动者有权向企业和政府安全管理部门、工会组织举报违反有关安全生产法律、法规、制度的行为；有权检举违章指挥、违章操作者；有权反映作业现场的安全管理情况和不安全因素。

（10）投诉上告权。在进行安全生产监督检查时，如果受到打击报复和迫害，劳动者有权向企业负责人或政府有关部门、工会组织投诉和控告；劳动者有权对忽视安全、玩忽职守造成事故的责任者进行检举；劳动者有权对隐瞒事故的单位和责任者提出控告。

2. 保障劳动者行使安全生产权利的措施

（1）各级安全生产监督管理部门和企业要充分认识保障劳动者安全生产监督权利的重要意义，充分发挥劳动者对安全生产的监督检查作用，广泛听取各方意见，积极采纳合理化建议。

（2）企业的主要负责人要定期向职工代表大会或职工大会报告安全生产工作，向职工讲解安全情况；按规定对职工进行安全教育、培训。

(3) 企业在制定企业安全规划、规章制度、安全措施时，要认真听取职工代表的意见，保障职工参与安全管理的权利。

(4) 企业要制定奖励政策，鼓励劳动者积极行使安全生产权利。对在安全生产中做出贡献，敢于同违章违纪做斗争，积极为安全生产出主意、想办法、提建议的职工要给予表彰奖励。

(5) 对劳动者正当行使安全生产权利要给予保护；对劳动者反映的安全生产问题要高度重视，尽快解决；对劳动者的合理化建议要积极采纳；对侵害劳动者安全生产权利、搞打击报复的人或事要严肃处理；对劳动者提出的安全问题不及时解决而造成事故的，要追查责任。

(6) 劳动者因行使安全生产权利而影响工作时，不得扣发其工资和给予处分，由此造成的停工、停产损失，应由责任者负责。

(7) 企业工会组织要依法维护职工安全生产权利，并组织职工对安全生产进行监督；对违章指挥、强令职工冒险作业的行为要坚决制止；发现危及职工生命安全的情况时，要立即组织职工撤离危险现场。

3.5.2.3 通过责任追究制度实现安全生产

安全生产责任追究制度是指在发生安全生产事故时，按照有关安全生产的法律、法规、规章和安全生产责任制的规定，对负有安全生产职责的相关单位和责任人追究行政、民事、刑事等责任的制度。

随着社会主义市场经济体制的建立和“依法治国”方略的实施，安全生产法律体系不断完善。但是在经济快速发展的同时，也伴随着诸多的矛盾和问题。一些地方人民政府的主要领导在强调突出经济建设的同时，安全意识淡化，忽视或放松对安全生产的监督管理，安全生产责任制不落实，安全措施不到位，不能正确处理安全与生产、安全与效益、安全与发展的关系。致使生产安全事故频频发生，给人民生命财产造成重大损失。因此，各级领导干部的安全生产责任心和监督管理水平，是保障安全生产的关键因素。只有强化各级人民政府和各级领导干部的安全生产责任，实施安全事故责任追究制度，才能保证安全生产形势的根本好转。

《安全生产法》和《国务院关于特大安全事故行政责任追究的规定》及其他有关法律、法规对此做了明确规定。《安全生产法》第十四条规定：“国家实行生产安全事故责任追究制度，依照本法和有关法律、法规的规定，追究生产安全事故责任人员的法律责任。”

安全生产的责任主体包括以下几个方面：

(1) 地方人民政府主要领导人和政府有关部门正职负责人，地方人民政府和政府有关部门对特大安全事故的防范、发生负有直接责任的主管人员和其他直接责任人员。这类责任主体应对以下事故负责：①特大火灾事故；②特大交通安全事故；③特大建筑质量安全事故；④民用爆炸物品和化学危险品特大安全事故；⑤煤矿和其他矿山特大安全事故；⑥锅炉、压力容器、压力管道和特种设备特大安全事故；⑦其他特大安全事故。

这类主体对以上特大安全事故的防范、发生中有失职、渎职或者负有领导责任的，应当依法给予相应的行政处分或者追究相应的刑事责任。

(2) 涉及安全生产事项，负责行政许可（包括批准、核准、许可、注册、认证、颁发证照、竣工验收等）的政府部门或者机构的负责人及责任人员。这类安全生产责任主体必须严格依照法律、法规和规章规定的安全生产条件和程序进行审查，不符合法定安全生产条件的不得批准；对于弄虚作假，违法予以批准的，应给予相应的行政处分或依法追究刑事责任。

（3）生产经营单位、生产经营单位的决策机构、主要负责人、个人经营的投资人和企业的从业人员。这类主体对于安全生产依法都负有各自的职责或责任，在工作中违背自己应尽的义务，引发安全事故发生的，都要根据各自应负责任的大小，予以依法追究。

安全生产责任追究的形式有行政处罚、刑事处罚和民事责任。行政处罚又分为罚款、吊销有关证照、责令停产停业等，刑事处罚主要是追究责任者的玩忽职守罪、重大责任事故罪等刑事责任。民事责任主要是发生安全事故致人伤亡应承担的经济赔偿责任。

《安全生产法》《矿山安全法》《国务院关于特大安全事故行政责任追究的规定》等法律、法规等规范性文件，从不同的角度，为防范安全生产事故、追究事故责任提供了有力的法律保障。

3.5.3 完善以法制为基础的安全生产管理新体制

20世纪90年代以来，我国在经济社会快速发展的同时，安全生产总体状况却不容乐观。鉴于这种情况，我国政府相关部门、科研机构、社会各方都曾积极地开展研究、寻求对策。我国实现安全生产的基本途径是建立以法制为基础的安全生产管理新体制，并通过法制手段来推行安全生产法律体系的实施，要依照国际劳工组织的要求建立以政府主管部门、用人单位、劳动者（工会）三方独立、制约、合作、多赢的法制新体制。

1. 我国安全生产法制建设取得很大进展，但仍需加强职业安全健康方面的法制建设

一是安全生产法律体系初步形成并渐趋完善。以《安全生产法》为主体，以相关法律、行政法规、部门规章和行业标准规程、地方性法规规章，以及企业安全生产规章制度为补充的安全生产法律体系，已初步形成并渐趋完善。企业建章立制工作也有很大进展。安全生产各个方面、各个环节的工作基本上做到了有法可依、有章可循。

二是近年来，安全生产法制建设取得重大进展。2006年6月，全国人大常委会通过了《中华人民共和国刑法修正案（六）》，增设了不报、谎报安全事故罪。2007年6月《生产安全事故报告和调查处理条例》正式实施，国务院相关部门相继制定、出台了一批部门规章和规范性文件，修订、制定了一批相关行业技术标准。

另外还要看到，安全生产形势依然严峻。2014年修订的《安全生产法》，特别突出以人为本的思想理念，更加注重保障职工的职业安全和生命健康，树立科学的安全生产观。但是由于新《安全生产法》宣传的不到位，依然有企业一直强调生产、财产安全，用经济指标衡量安全的观念仍然盛行，从这个问题来说，还有大量工作要做。

2. 以法制手段促进全国安全生产状况持续稳定好转

党和政府高度重视安全生产工作，把安全发展纳入我国社会主义现代化建设的总体布局。但现阶段我国安全生产的压力仍然很大，影响制约安全生产的一些结构性、体制性矛盾和诸多深层次问题尚未解决，这些都是安全生产工作的不利因素。因此，必须积极推进制度建设，完善安全生产法制，通过有效的监督，规范各类主体的行为。

一是继续加快安全生产法制建设步伐，加强立法工作。要加快修订《矿山安全法》《煤炭法》和《煤矿安全监察条例》等法律法规。从安全生产工作需要出发，制定、修订一批部门规章，制定安全生产标准，同时积极推动地方的安全生产立法工作。

二是加强安全生产执法工作，健全安全生产联合执法机制和重特大事故责任追究沟通机制。要加强执法监督，规范执法行为，完善行政执法责任追究制度，开展行政执法评议活动，严厉打击安全生产领域的违法犯罪行为。

三是按照“四不放过”原则，依法从严查处事故，严厉打击安全生产领域的违法、违纪行为。认真贯彻执行《生产安全事故报告和调查处理条例》《安全生产领域违法违纪行为政纪处分暂行规定》等法律法规。

四是从基层职工的意识和行为方面加强法律实施。在职工中大力开展学法、懂法、知法、守法的活动，不仅要使他们的遵纪守法成为习惯，成为道德法则，而且要使他们能够用法律这一利器来保护自己的权益。

通过建立和完善我国安全生产法律体系，实现安全生产工作以政府为主导的管理体制向以法制为基础的监督管理体制的转变，必将促进我国安全生产工作进入一个崭新的阶段。

3.5.4 我国职业安全卫生立法的趋势

1. 日益突出的职业安全卫生问题需要加强立法

改革开放以来，我国经济高速增长，现代化建设取得了重大成就，但也不能忽略发展过程中所带来的严重的职业安全卫生问题。近年来，全国生产安全事故总量下降趋势明显，但总体形势依然严峻。我国的工伤、工亡、职业病人数在世界上都是名列前茅的。其中，缺乏统一的以“保护劳动者的生命健康”为立法宗旨的“职业安全卫生法”是一个重要原因。从现实的情况来看，国家安监总局对全国安全生产实施综合监管，并负责煤矿安全监察和非煤矿山、危险化学品、烟花爆竹等无主管部门行业领域的安全监管工作；工业和信息化部、公安部、住房和城乡建设部等部门，分别负责本系统、本领域的安全工作；国家质量监督检验检疫总局负责锅炉压力容器等四类特种设备的安全监督检查；国家卫生和计划生育委员会负责职业病诊治工作；人力资源和社会保障部负责工伤保险管理，同时保留了儿童、妇女的劳动保护工作职能。实际上，这是一种分散式的、多头领导的格局，急需改革，要尽快建立起统一、高效的新监管体制。

2. 职业安全卫生权与职业安全卫生立法

职业安全卫生权是劳动者的基本权利之一，职业安全卫生法是劳动法的重要组成部分。但从学理上分析，职业安全卫生权在我国还与狭义的劳动保护权具有相同的含义。广义的劳动保护权是指有关劳动者保护的全部内容，包括工资、工时、劳动条件和劳动待遇以及劳动保险等涉及劳动者利益的所有内容。从这个意义上说，劳动法实际上就是劳动保护法。狭义的劳动保护权是指在生产过程中为保护劳动者的安全和健康所采取的有关措施。职业安全卫生权就其实质而言是劳动者的生命健康权。职业安全卫生权是劳动者人身权的重要内容，是公民人身权中生命健康权在劳动关系领域的派生权利。

工作环境权（在工作场所享有符合国家劳动安全卫生标准和职业卫生要求的工作环境以及劳动安全卫生保障的权利）是以“职工参与”为核心的集体性和程序性权利。工作环境权既涉及公法关系又涉及私法关系，具有公私交融的社会属性，因此，其权利相对应的义务主体主要是国家和雇主。工作环境权的客体则是雇员请求国家和雇主为一定行为或者不为一定行为，以实现安全、舒适的工作环境。

在职业安全卫生法律关系中，国家的身份定位，不仅仅是职业安全卫生法律法规所说的义务人。这个法律关系不是单纯的雇员和雇主的关系，而是国家、雇主、雇员三方的关系，包括了国家与雇主、雇主与雇员、国家与雇员三重法律关系，而且，这三重法律关系都不一样。雇主对于国家、对于雇员均为义务人，区别在于对于国家是公法义务人，对于雇员是私法义务人。国家和雇员的关系，是一种公民权利关系，国家对于雇员也是义务人。所以，在职业安全卫生法律关系中，国家是职责人，雇主是义务人，雇员是权利人。

3. 构建我国职业安全卫生法律体系的必要性和可行性

“安全生产”与“职业安全卫生”是不同领域中两个相互关联，然而理念不同的概念。前者是“以生产为本”；后者是“以人为本”，体现了人们对于职业伤害问题认识的两个阶段、两种理念。理念的不同导致立法时的立法宗旨、适用范围、法条内容、实施机制等一系列的不同。目前我国已经出台了《安全生产法》《职业病防治法》等一系列法律法规，这些法律法规对促进我国职业安全卫生事业具有积极意义和重要作用。

保障劳动者的职业安全卫生权利是劳工保护最基本和最迫切的任务，也是目前我国劳工立法最基本的内容。在立法中，主要存在职业病诊断难、职业病鉴定难、监管难、劳动者维权难、追究责任难等几大问题，而在实施中则存在预防缺失、政府监管不力甚至失职、地方保护严重等问题。面对我国劳动领域中职业安全卫生问题非常突出的局面，目前亟待构建和完善职业安全卫生法律体系。

4. 职业安全卫生法的框架、原则和主要内容

职业安全卫生立法的宗旨，应以职业灾害的预防和救治为核心内容。在我国职业灾害频发的当下，有必要从职业灾害立法的视角来思考我国的职业安全卫生立法。职业灾害立法应当树立职业灾害的理念，端正用工成本的理念，增强治理系统的理念。

安全生产问题集中于事故，所以要把事故问题放在所有工作的主要位置、突出位置、核心位置、中心位置。要解决事故问题，必须对事故可能发生、已经发生的诸多关系进行规制。从事故预防到事故救援，再到事故调查处理，方方面面的关系或行为都要进行规制，所以，生产安全事故问题规制包括生产安全应急救援法律规制、安全事故预防规制、事故调查规制。

职业安全卫生和安全生产体现的是劳权和产权，而这两种权利共存于生产过程中。即使想要安全生产，也必须从劳工安全着手，相关的信息只有劳工最清楚。在立法理念上，应先坚持劳动者权利和安全管理的功能、绩效应当统一，立法应当“一体化”，使其成为权利法与管理法的统一。

应当从法律体系的完善、扩大权利主体的范围并畅通权利的实现途径、理顺并完善职业伤害补偿制度、健全职业安全卫生教育培训和投入的相关法律、合理配置职业安全卫生法律责任等方面予以完善。

复习思考题

1. 国外职业安全健康法律制度的特点有哪些？
2. 国外职业安全健康法律关系各方的权责是如何划分的？
3. 国外安全生产监察的基本内容是什么？
4. 如何完善以法制为基础的安全生产管理新体制？
5. 为什么要加强对安全生产行政机构依法行政的监督？

第4章

《安全生产法》

4.1 《安全生产法》概述

《安全生产法》是我国安全生产法律法规体系的核心，该法于2002年6月29日由第九届全国人大常委会第二十八次会议审议通过，并于同年11月1日施行。在运行了12年后，第十二届全国人大常委会第十次会议于2014年8月31日通过并公布了《安全生产法》的修正案（以下简称新法），新法于2014年12月1日起施行。

《安全生产法》是我国安全生产法制建设的一个里程碑，它对于建设有中国特色的安全生产法律体系，使安全生产工作走上法制化轨道，具有十分重大的意义。《安全生产法》是我国第一部全面规范安全生产的专门法律，是我国安全生产法律体系的主体法，不仅是各类生产经营单位及其从业人员实现安全生产所必须遵循的行为准则，也是各级人民政府及其有关部门进行监督管理和行政执法的法律依据，以及制裁各种安全生产违法犯罪行为的有力武器。

4.1.1 立法的简要经过

《安全生产法》是在党中央、全国人大、国务院的领导下，经过各方长期不懈的努力而出台的。从着手起草有关劳动保护方面的法律开始到《安全生产法》的出台，前后经历了21年的时间，其间凝聚了多个部门、多届领导、众多专家、广大企业和起草工作人员的心血，是长期以来安全生产战线集体劳动和智慧的结晶。

1981年3月，经国务院批准，由原国家劳动总局牵头起草《劳动保护法（草案）》，于1987年上报国务院。后在修改草案的过程中，将《劳动保护法（草案）》改名为《劳动安全卫生条例（草案）》。1994年，原劳动部决定组织起草《安全生产法》，并进行工作，1996年4月，将《安全生产法（草案）》与《劳动安全卫生条例（草案）》和《职业病防治条例（草案）》合并为《劳动安全卫生法（草案）》。1998年，国务院机构改革后，原国家经贸委承担了安全生产综合管理职能，在原劳动部工作的基础上，起草了《职业安全法（草案）》，于1999年12月报国务院审查。国务院法制办公室将《职业安全法（草案）》下发，征求各省、直辖市、自治区人民政府的意见，并于2000年改名为《安全生产法》，列入国务院2001年立法计划。2002年6月29日第九届全国人大常委会第二十八次会议通过，同日以中华人民共和国主席令第70号公布，自2002年11月1日起实施。《安全生产法》是专门为加强安全生产的管理，遏制恶性生产事故频发态势而制定的专门法律，它的颁布实施，是我国社会主义法制建设的一件大事。

4.1.2 立法的必要性

《安全生产法》的出台，既是改革开放以来各方面共同努力工作的结果，也是历史发展的必然产物。《安全生产法》既代表了广大人民群众的呼声，又体现了党中央、全国人大、国务院对广大人民群众的爱护；既总结了近年来发生的重大、特大事故的原因、特点和教训，又借鉴了国外成功的经验。

（1）社会主义市场经济体制的建立，亟待依法规范安全生产。改革开放以来，经济成分多样化、经济利益多元化、劳动用工形式和生活方式的多样化，使安全生产工作出现许多新情况、新问题，也给安全生产监督管理工作带来了难度。

一是非公有制企业增多，国家对其安全生产条件没有明确的、严格的、具体的法律规范。以往制定的有关法律、法规基本是针对国有企业的，以至于相当多的私营企业、个体经济的老板公然规避法律、法规，片面追求经济效益，忽视甚至放弃安全生产管理，导致事故屡屡发生。

二是企业安全生产管理缺乏法律规范，基础工作薄弱。许多企业的安全生产责任制不健全或者不落实，没有必要的安全管理机构和人员，安全投入严重不足，企业技术装备老化、落后，带“病”运转，事故隐患大量存在。

三是许多企业在新形势下出现以包代管、层层转包、租赁、发包等现象。转轨期、建设期、发展期的安全生产工作，呼唤《安全生产法》早日出台。

四是生产经营单位从业人员有关安全生产的权利和义务不明确，违章作业现象严重。

在这种情况下，必须通过《安全生产法》明确所有生产经营单位的安全保障责任，提出强制性的安全要求，以确保安全生产。

（2）机构改革和政府职能的转变，要求必须加强安全生产监督管理。我国在深化经济体制改革的过程中，对行政管理体制进行了较大改革，安全生产监督管理工作的执法主体发生了较大变化。原机械部、原化工部等专业经济部门相继撤销，有关行业管理和安全生产监督管理的职能并入原国家经贸委，与此同时，原劳动部门的职能也进行了重大调整，不再负责安全生产综合监督工作，而由原国家经贸委承担全国安全生产综合监督管理职能。为加强安全生产监督管理工作，国家成立了原国家安全生产监督管理局和国家煤矿安全监察局(2003年3月，原国家安全生产监督管理局和国家煤矿安全监察局调整为国务院直属机构)。各省（自治区、直辖市）也相继对安全生产监督管理机构进行了调整、设立。由于政府机构的改革，《劳动法》《矿山安全法》等现行有关安全生产的法律、法规的执法主体发生了重大变化，新建立的安全生产监督管理体制需要在法律上予以明确。

实行政企分开，政府职能正在由原来直接管理企业向宏观调控转变，需要加强对安全生产的监督管理。随着专业经济行政管理部门的撤销，原来由原冶金部等部门管理的国有重点企业，先后下放到地方。原交通部、原铁道部、原中国民用航空总局等部门也逐步与企业脱钩，实行政企分开。这些部门在各自的职责范围内，要依法对本系统安全生产进行监督管理。因此，安全生产监督管理部门的职责、其他有关部门的安全生产监督管理职责，以及安全生产监督管理部门与其他有关部门的工作关系等重大问题，需要通过立法加以明确，使之法律化、制度化。

由权力型政府部门向责任型政府部门的转变，需要强化政府责任，推进依法行政。随着改革的逐步深入，政府将主要抓宏观决策，抓法律执行，抓监督管理，抓向社会提供服务，抓社会主义市场经济秩序的建立和维护。加大政府部门相应的责任，符合市场经济的发展要求。作为各级人民政府，有义务、有责任加强安全生产监督管理，防止和减少生产安全事故，保障人民群众的生命和财产安全，促进经济发展。《安全生产法》和《国务院关于特大安全事故行政责任追究的规定》，就是要加大政府在安全生产方面的责任。在政府职能由以权力型为主向以责任型为主转变的过程中，需要依法明确政府的职责，规范政府的行为，加强其对安全生产的监督管理。

(3) 安全生产形势严峻呼唤着《安全生产法》的出台。我国安全生产与发达国家相比存在很大差距。《安全生产法》出台之前，我国煤矿事故死亡人数是世界上主要产煤国煤矿死亡总人数的4倍以上，百万吨煤死亡率是美国的200多倍、印度的10倍；百万吨钢死亡率是美国的20倍、日本的80倍；特种设备的事故发生率是发达国家总数的5~10倍；万车死亡率约为美国的10倍；近10年民航运输飞行平均重大事故率是世界平均水平的1.5倍，航空发达国家的3.9倍。我国严峻的安全生产形势引起国际社会的广泛关注，直接影响着我国的形象和对外贸易。

各类事故造成巨大的经济损失。联合国秘书长指出，因工伤和职业病造成的经济损失相当于全球GDP（国内生产总值）的4%。中国工程院的研究报告表明，我国每年因各类事故造成的经济损失在1500亿元（约占GDP的2%）以上。

我国严峻的安全生产问题还造成不良的社会影响，成为社会不稳定的因素。部分省市日益增多的劳动争议案件中涉及安全卫生条件和工伤保险的已超过50%。严峻的安全生产形势已成为社会关注的焦点和热点。

我国的安全生产形势始终表现为伤亡总量大、重特大事故频繁发生、大量事故隐患尚未得到整改、应急救援能力不足，所有这些问题的解决都迫切需要强有力的法律依据。

(4) 原有有关安全生产的立法难以完全适应加强安全生产监督管理和行政执法的需要，亟待制定一部综合性的安全生产法律。

一是国家颁布的已有的有关法律大部分制定于20世纪80~90年代。这些法律规定很难及时地反映当前安全生产的新形势、新情况和加强管理的需要，难以完全解决近年安全生产工作中出现的新问题。

二是已有的有关法律、行政法规都是单行的立法，只能解决某个行业和某方面的特殊的安全管理问题。

三是现行有关法律多数不是专门的安全生产法律，没有专门对安全生产的普遍性问题做出规定。

四是缺乏强有力的安全生产执法手段。

(5) 履行国际公约，迎接经济全球化挑战。我国是国际劳工组织的成员国，也是事故伤亡最多的国家之一。应通过建立健全安全生产法律制度，推动有关职业安全卫生公约在我国的贯彻实施，规范我国企业的生产和经营，适应经济全球化的发展趋势，更好地参与国际竞争。

面对生产安全的严峻形势，从深层探寻原因，其中大多是与安全管理不严、安全措施不落实有关。因此，完善安全生产法制，加大行政执法力度，坚持“安全第一、预防为主、综合治理”的方针，以此防止和减少生产安全事故，保障人民生命财产安全，促进经济发展，具有特别重要的意义。

4.1.3 立法的意义

(1)《安全生产法》的贯彻实施，有利于全面加强我国安全生产法律法规体系建设。

(2)《安全生产法》的贯彻实施，有利于保障人民群众生命安全。重视和保护人的生命权，是制定《安全生产法》的根本点和落脚点。

(3)《安全生产法》贯彻了以人为本的原则，在赋予各种法律主体必要权利的同时设定了应尽的义务，最大限度地保护人民生命财产安全。

(4)《安全生产法》的贯彻实施，有利于依法规范生产经营单位的安全生产工作。《安全生产法》对生产经营单位的安全生产条件、主要负责人的责任，安全生产管理机构、特种作业人员的资质、安全投人、建设工程安全设施设计审查与竣工验收等做出了严格、明确的规定。

(5)《安全生产法》的贯彻实施，有利于各级人民政府加强对安全生产工作的领导。《安全生产法》明确规定了各级人民政府应当加强对安全生产工作的领导，支持、督促有关部门依法履行安全生产监督管理职责。县级以上地方人民政府对安全生产监督管理中的重要问题予以协调、解决。

(6)《安全生产法》的贯彻实施，有利于安全生产监管部门和有关部门依法行政，加强监督管理。《安全生产法》规定各级安全生产监督管理部门依照该法对安全生产实施综合监督管理，其他有关部门依照该法和有关法律、行政法规在各自的职责范围内实施安全生产监督管理。

(7)《安全生产法》的贯彻实施，有利于提高从业人员的安全素质。从业人员安全素质的高低，直接关系到能否实现安全生产。《安全生产法》在赋予从业人员安全生产权利的同时，还明确规定了他们必须遵章守纪、服从管理、接受培训、提高技能等义务。

(8)《安全生产法》的贯彻实施，有利于增强全体公民的安全法律意识。关注安全，人人有责，实现安全生产，必须通过宣传教育、培训、监管和执法等活动，增强全体公民的安全法律意识。《安全生产法》赋予全体公民各种权利，其目的不仅在于维护他们的合法权益，还在于促使他们重视安全，增强安全意识。

(9)《安全生产法》的贯彻实施，有利于制裁各种安全违法行为。对安全生产违法行为打击不力，是导致生产安全事故多发的原因之一，《安全生产法》针对近年来主要的安全生产违法行为，设定严厉的法律责任，其范围之广、力度之大是空前的。

4.1.4 内容特点

《安全生产法》是我国关于安全生产的专门法律，也是有关安全生产的基本法律、综合性法律。全文体现了重在治理、突出核心、强化监督、责任追究的特点。

第十二届全国人大常委会第十次会议于2014年8月31日通过了《全国人民代表大会常务委员会关于修改〈中华人民共和国安全生产法〉的决定》，自2014年12月1日起施行。

修正案对《安全生产法》进行了五十多项修改，全文仍分为7章，但条文增加到114条，新增了64个条款，共58条、69款进行了修改，修改条数占原法总条数的59.8%。内容上从强化安全生产工作的“摆位”、进一步落实生产经营单位主体责任、政府安全监管定位和加强基层执法力量、强化安全生产责任追究等四个方面入手，着眼于安全生产现实问题和发展要求，补充完善了相关法律制度规定，重点解决了过去对安全生产问题不具体、安全生产职责不明确、违法非法行为处罚不到位的问题。新法的颁布实施必然有利于安全生产长效机制的建立和完善，有助于实现生产经营活动的“长治久安”。

通过对原有法律的修改、补充、强化，新法新增内容集中在以下几个方面：

1. 坚持以人为本，推进安全发展

新法在第三条明确提出安全生产工作应当以人为本，坚守“发展决不能以牺牲人的生命为代价”这条红线，明确了各级各类安全生产管理机构和安全生产监督管理部门在处理安全与生产关系中的价值选择，以及有关部门和机构在处理重大险情和事故应急救援中在“保财产还是保人命”上的选择，具有重大意义。

在《安全生产法》立法之初，就强调了其为促进国民经济健康发展的作用，新法修订中更是将“坚持安全发展”写入了总则，强化了安全生产工作的重要地位，明确了安全生产在国民经济和社会发展中的重要地位。

2. 完善安全生产方针和工作机制

新法确立了“安全第一、预防为主、综合治理”的安全生产工作“十二字方针”，明确了安全生产的重要地位、主体任务和实现安全生产的根本途径。在明确安全生产方针的同时，新法将经过实践检验的安全生产工作机制纳入法律条文，明确要求建立生产经营单位负责、职工参与、政府监管、行业自律、社会监督的机制，为各方进一步明确各自安全生产职责提出了基础要求。做好安全生产工作，落实生产经营单位主体责任是根本，职工参与是基础，政府监管是关键，行业自律是发展方向，社会监督是实现预防和减少生产安全事故目标的保障，安全生产工作将从过度依赖行政监管向社会共治的工作机制转变。

3. 完善政府监管体系和职责

针对安全生产工作在基层中存在安全监管体制不顺、监管人员配备不足、事故隐患集中、事故多发等突出问题，新法明确了乡、镇人民政府以及街道办事处、开发区管理机构等地方人民政府的派出机关在安全生产监督管理中的职责，从法律上实现了安全生产政府监管的全覆盖，也进一步夯实了安全生产管理工作的基础。

新法还新增了一些增强监管的即时性和实效性的具体措施，如扩大了监管部门在监督检查中可以采取查封、扣押措施的对象范围，对拒不执行停产停业、停止施工、停止使用相关设施设备等决定的生产经营单位，安全监管部门可通知有关单位采取对其停止供电等措施，直至其执行决定。

4. 强化生产经营单位的安全生产主体责任

生产经营单位在安全生产工作中的主体地位在新法中进一步被强调。新法要求生产经营单位不仅要建立健全安全生产责任制，还要加强安全生产责任制的落实和考核；新法确定了主要负责人、安全生产管理机构、安全生产管理人员等安全生产管理工作的主要力量在安全管理方面的义务和职责。在原有对生产经营单位安全生产条件要求的基础上，还增加了对事故隐患排查治理、安全生产教育和培训档案管理的要求，并将矿山、金属冶炼建设项目和用于生产、储存危险物品的建设项目安全设施的验收下放给建设单位自行组织。这些新的规定都进一步强化了生产经营单位在确保安全生产实现过程中的主体地位和主体责任。

5. 加大对安全生产违法行为的责任追究力度

新法新增了对事故责任单位主要负责人终身行业禁入规定和严重违法行为公告及通报制度。违法行为情节严重的生产经营单位将由安全生产监督管理部门向社会公告，并通报行业主管部门、投资主管部门、国土资源主管部门、证券监督管理部门和有关金融机构，发挥监管合力。

新法还加大了对企业隐患的处罚力度，许多条款已经不再把逾期未整改作为处罚的前置条件，违法行为的罚款数额也大幅提高，对发生特别重大事故的责任单位，如果情节特别严重的，可以处1000万元以上2000万元以下的罚款，这比之前的处罚额度提高了2~5倍，是目前所有法律中直接规定的罚款数额中最高的。

除以上几点外，新法还根据当前安全生产工作的要求，提出推进安全生产标准化工作、推行注册安全工程师制度。这些要求将有效帮助生产经营单位提高安全管理水平，提高事故预防能力。此外，新法还规定国家鼓励生产经营单位投保安全生产责任保险，这一规定的推行，不仅提高了事故单位的事故应对能力，也加强了对遭受事故损害的第三方的保障能力。

4.1.5 适用范围

根据法律空间效力范围的普遍原则，《安全生产法》适用于制定它的机关所管辖的全部领域，但不适用于我国已恢复行使主权的香港特别行政区和澳门特别行政区。香港和澳门的安全生产立法，应由这两个特别行政区的立法机关自行制定。

1.《安全生产法》适用的广义范围

《安全生产法》适用于中华人民共和国领域内从事生产经营活动的单位的安全生产。这里包括一切从事生产经营活动的企业、事业单位和个体经济组织，一切从事生产经营活动的国有企业事业单位、集体所有制的企业事业单位、股份制企业、中外合资经营企业、中外合作经营企业、外商独资企业、合伙企业、个人独资企业等，不论其经济性质如何、规模大小，只要从事生产经营活动的，都应遵守该法的各项规定，违反该法规定的行为将受到法律的追究。

2.《安全生产法》适用的特别范围

有关法律、行政法规对消防安全、铁路交通安全、道路交通安全、水上交通安全、民用航空交通安全另有规定的，适用其规定。没有规定的，适用《安全生产法》的规定。

3. 安全生产的对象范围

《安全生产法》是专门调整涉及安全生产的相关关系的法律，因此，其适用的范围只限定在生产经营领域。这里讲的“生产经营活动”，既包括资源的开采活动、各种产品的加工制作活动，也包括各类工程建设和商业、娱乐业以及其他服务业的经营活动。

4.1.6 基本框架

《安全生产法》从生产经营单位的安全生产保障到从业人员的权利和义务，从安全生产的监督管理到生产安全事故的应急与调查处理、法律责任，全面地规范了安全生产的管理行为。值得注意的是在《安全生产法》中对“危险物品”给予专项明确，充分体现国家对危险物品安全管理的高度重视。该法将“生产经营单位”作为主体，对安全生产经营的法律规定和责任更加明确。

新修正的《安全生产法》共7章114条，各部分条款分布及主要内容如下：

1. 总则

该部分共16条，主要说明《安全生产法》制定的目的、适用范围。总则还规定了生产经营单位、从业人员、工会、各级政府及负有安全生产监督管理职责的部门在实现和保障安全生产中的基本职责，重申了安全生产“安全第一、预防为主、综合治理”的方针，明确了“生产经营单位负责、职工参与、政府监管、行业自律和社会监督”的工作机制，确立了安全生产监督管理部门综合监管与有关部门在各自职责范围内专项监管的国家监管体制。生产经营单位要确保安全生产的实现，主要负责人对本单位安全生产工作全面负责。国家实行生产安全事故责任追究制度，鼓励安全科学技术研究，推广先进技术，改进安全设施和提高生产经营单位安全水平，对在改善安全生产条件、防止生产安全事故、参加抢险救护等方面取得显著成绩的单位和个人，给予奖励。

2. 生产经营单位的安全生产保障

该部分共32条，对生产经营单位的安全生产条件进行了规范，包括主要负责人的安全职责、安全管理机构和管理人员的设置要求及管理职责，各类人员培训考核要求，建设项目及安全设施的安全评价与审查验收制度，事故隐患排查治理制度，对生产经营场所及员工宿舍消防安全的要求，以及对安全设备、特种设备、危险物品、重大危险源、危险作业等方面的安全管理要求。

3. 从业人员的安全生产权利和义务

该部分共10条，主要是对生产经营单位与从业人员之间的劳动合同中安全保障的规定，从业人员获得安全生产保障的权利和安全生产的义务，以及工会在安全生产中的监督权及监督范围。

4. 安全生产的监督管理

该部分共17条，主要是对安全生产的监督管理做出的各项规定。国家监察层面主要是政府和负有安全生产监督管理职责的部门的职责，以及监管部门在履行职责过程中的行政权力和义务规定，行政监察机关对负有安全生产监督管理职责的部门的监督管理；社会监督层面则包括了安全技术与管理服务机构的技术监督，基层群众自治组织对安全生产违法行为的报告责任，新闻媒体等单位的安全生产宣传教育的义务，对违反安全生产法律、法规的行为进行舆论监督的权利等。

5. 生产安全事故的应急救援与调查处理

该部分共11条，在应急救援方面，主要规定了国家应急救援能力的建设、县级以上人民政府建立生产安全事故的应急救援体系的责任，以及危险物品生产经营单位的应急救援组织及救援措施。在事故调查处理方面，主要规定了事故单位及负有安全生产监督管理职责的部门在事故报告和组织事故救援方面的义务，以及事故调查与处理的法律原则。

6. 法律责任

该部分共25条，规定了对违反该法的各种违法行为的相应的法律责任。生产经营单位的安全生产违法行为法律责任涉及责令限期改正、责令停产停业整顿、没收违法所得、罚款、吊销有关证照直至关闭、对其主要负责人撤职等行政责任，由生产安全事故导致的人身、财产损失进行赔偿的民事责任，安全生产违法行为构成犯罪的刑事责任。对县级以上人民政府及其有关部门以及生产经营单位的安全法律责任也做了明确规定。

7. 附则

该部分共3条，对危险物品、重大危险源的定义做出规定，授权国务院制定事故划分标准，授权国务院有关部门制定相关行业、领域重大事故隐患的判定标准，规定该法自2014年12月1日起施行。

4.2 安全生产的监督管理

4.2.1 安全生产监督管理的特征

安全生产监督管理是指国家行政机关及其专门设立的负责安全生产监督管理的部门，依照有关安全生产的法律、法规和规章，对生产经营单位的安全生产工作实施的计划、组织、协调、指挥、控制、监督、检查等一系列监督管理活动。

根据《安全生产法》及其他有关安全生产的法律、法规和规章的规定，国务院安全生产管理的部门及县级以上地方人民政府安全生产管理的部门对安全生产工作实施综合管理。国务院有关部门和县级以上地方各级人民政府有关部门，在各自的职责范围内，对有关的安全生产工作实施监督管理。安全生产监督管理具有以下特征：

1. 具有监督的权威性

法律确定国务院和地方人民政府有关部门及负责安全生产的监督管理部门，依法对生产经营单位的安全生产工作进行监督管理，这些部门是代表国家行使监督职权的，执行的是国家的意志，这种代表国家进行监督的权威性是其他种类的监督所不具备的。

2. 具有监督的强制性

这种法定的监督，不管被监督管理的生产经营单位是否愿意，都必须接受监督，没有妥协的余地。安全生产监督管理部门对被监督管理对象的违法或违规行为，应当依照法定程序做相应处罚或者依法提交或建议司法、纪检等机关的依法惩办。所以，这种监督管理是以国家强制力为保障的。

3. 具有监督的普遍约束性

在安全生产监督管理机关的管辖领域范围内，在固定场所从事生产、经营的单位，都必须接受安全生产监督管理。国务院负责安全生产监督管理的部门负责全国的安全生产工作，统一监督调度管理，县级以上地方人民政府有关部门及负责安全生产监督管理的部门负责本辖区内的安全生产监督管理工作。

4. 国家安全生产监督管理部门具有特殊的行政执法地位

国家安全生产监督管理部门设置的原则、领导体制、职责权限和监督管理人员的任免等都是由法律规范确定的，与被监管对象没有上下级关系，但构成行政执法机关与行政相对人之间的行政管理法律关系。国家安全生产监督管理部门的监督管理活动，是从国家的整体利益出发，向人民和人民政府负责，不受部门和行业干扰与限制，具有较强的公正性。

4.2.2 安全生产监督管理的主体

安全生产监督管理主体是国务院安全生产监督管理的部门和有关部门，及县级以上地方各级人民政府安全生产监督管理工作的部门和有关部门。《安全生产法》第九条及《国务院关于特大安全事故行政责任追究的规定》第六条对安全生产监督管理的主体做了明确规定，国务院安全生产监督管理的部门对全国安全生产工作实施综合监督管理；县级以上地方各级人民政府安全生产监督管理的部门，对本行政区域内安全生产工作实施综合监督管理。国务院有关部门依法在各自的职责范围内对有关的安全生产工作实施监督管理；县级以上地方各级人民政府有关部门依法在各自的职责范围内对有关的安全生产工作实施监督管理。国务院和县级以上地方各级人民政府应当根据国民经济和社会发展规划制定安全生产规划，并组织实施。安全生产规划应当与城乡规划相衔接。

国务院和县级以上地方各级人民政府应当加强对安全生产工作的领导，支持、督促各有关部门依法履行安全生产监督管理职责，建立健全安全生产工作协调机制，及时协调、解决安全生产监督管理中存在的重大问题。乡、镇人民政府以及街道办事处、开发区管理机构等地方人民政府的派出机关应当按照职责，加强对本行政区域内生产经营单位安全生产状况的监督检查，协助上级人民政府有关部门依法履行安全生产监督管理职责。

县级以上地方各级人民政府应当根据本行政区域内的安全生产状况，组织有关部门按照职责分工，对本行政区域内容易发生重大生产安全事故的生产经营单位进行严格检查。县级以上地方各级人民政府负有安全生产监督管理职责的部门应当建立健全重大事故隐患治理督办制度，督促生产经营单位消除重大事故隐患。安全生产监督管理部门应当按照分类分级监督管理的要求，制订安全生产年度监督检查计划，并按照年度监督检查计划进行监督检查，发现事故隐患，应当及时处理。

4.2.3　安全生产监督管理部门的职责

1. 行政许可职责

对安全生产负有监督管理职责的政府部门，依照有关法律、法规和规章的规定，对涉及安全生产的事项需要行政许可（包括批准、核准、许可、注册、认领、颁发证照等）的，必须严格依照有关法律、法规、规章和国家标准或者行业标准规定的安全生产条件和程序进行审查，不符合有关法律、法规、规章和国家标准或者行业标准规定的，不得予以许可。对未依法取得许可的单位，擅自从事有关活动的，负责行政许可的部门发现或者接到举报后应当立即予以取缔，并依法予以处理。对已经依法获得许可的单位，负责行政许可的部门发现其不再具备安全生产条件的，应当撤销原许可。

2. 行政执法与监督检查职责

负有安全生产监督管理职责的主体，应当依法对生产经营单位执行有关安全生产的法律、法规、规章和国家标准或者行业标准的情况进行定期或不定期的监督检查。在履行职责过程中行使以下权利：①进入生产经营单位进行检查，调阅有关资料，向有关单位和人员了解情况。②对检查中发现的安全生产违法行为，当场予以纠正或者要求限期改正；对依法应当给予行政处罚的行为，依法做出行政处罚决定。③对检查中发现的事故隐患，应当责令立即排除；重大事故隐患排除前或者排除过程中无法保证安全的，应当责令从危险区域内撤出作业人员，责令停产停业或者停止使用；重大事故隐患排除后，经审查同意，才可恢复生产经营和使用。④对有根据认为不符合保障安全生产的国家标准或者行业标准的设施、设备、器材以及违法生产、储存、使用、经营、运输的危险物品予以查封或者扣押，对违法生产、储存、使用、经营危险物品的作业场所予以查封，并依法做出处理决定。

在监督检查过程中履行以下义务：①安全生产监督检查人员应当忠于职守，坚持原则，秉公执法。对涉及被检查单位技术秘密和业务秘密的，应当为其保密。②安全生产监督检查人员应当将检查的时间、地点、内容、发现的问题及其处理情况，做出书面记录，并由检查人员和被检查单位负责人签字，被检查单位负责人拒绝签字的，检查人员应当将情况记录在案，并向负有安全生产监督管理职责的部门报告。

负有安全生产监督管理职责的部门对检查中发现存在重大事故隐患的生产经营单位采取以下行政措施：负有安全生产监督管理职责的部门依法对存在重大事故隐患的生产经营单位做出停产停业、停止施工、停止使用相关设施或者设备的决定，生产经营单位应当依法执行，及时消除事故隐患。生产经营单位拒不执行，有发生生产安全事故的现实危险的，在保证安全的前提下，经本部门主要负责人批准，负有安全生产监督管理职责的部门可以采取通知有关单位停止供电、停止供应民用爆炸物品等措施，强制生产经营单位履行决定。同时，为保证安全，采取停止供电措施，除有危及生产安全的紧急情形外，应当提前24小时通知生产经营单位。生产经营单位依法履行行政决定、采取相应措施消除事故隐患的，负有安全生产监督管理职责的部门应当及时解除前述规定的措施。

3. 行政监察部门的行政监察职责

监察机关依照《中华人民共和国行政监察法》（以下简称《行政监察法》）的规定，对负有安全生产监督管理职责的部门及其工作人员履行安全生产监督管理职责实施监察。

4.2.4 安全生产社会监督

“安全生产的监督管理”一章中的“监督”是广义上的监督，既包括政府及其有关部门的监督，也包括社会力量的监督。社会监督是为充分发挥社会各界力量对安全生产的监督作用，主要包括：①为安全生产提供技术与服务的机构的监督，承担安全评价、认证、检测、检验等工作的安全生产中介机构要具备国家规定的资质条件，并对其出具的有关报告、证明等结果负责。②社会公众的监督，任何单位或者个人对事故隐患或者安全生产违法行为，都有权向负有安全生产监督管理职责的部门报告或者举报。③居民委员会、村民委员会等基层群众性自治组织发现所在区域的生产经营单位存在事故隐患或者安全生产违法行为时，应当向当地政府或者有关部门报告。④新闻媒体的监督，新闻、出版、广播、电影、电视等部门有进行安全生产宣传教育的义务，有对违反安全生产法律、法规的行为进行舆论监督的权利。

4.3 生产经营单位的安全生产保障制度

4.3.1 安全生产保障制度

安全生产保障制度是指生产经营单位进行生产经营活动时，必须具备或达到《安全生产法》和其他有关法律、行政法规、规章和国家标准或行业标准规定的安全生产条件，不具备安全生产条件的，不得从事生产经营活动，以保障生产经营活动安全的制度。

生产经营单位的安全生产保障，是安全生产最基本的条件，是保证安全生产的基础，包括：①安全生产设施、设备等物质条件；②各种责任制、规程等制度条件；③经营者及从业人员的安全意识、安全技术等心理、技能条件。只有这些基本的安全条件具备了，才能使正常的安全生产得以进行。

生产经营单位的安全生产保障主要包括生产经营单位的安全生产条件保障、生产经营单位安全责任人的责任保障、安全生产的资金投入保障、专职管理机构和管理人员的配置保障、经营者和从业人员的安全教育与培训保障、新建（扩建）项目的安全设施“三同时”制度保障及特殊项目的安全评价制度保障等。

4.3.2　生产经营单位安全保障的内容

1. 安全生产条件

所谓安全生产条件，从广义上讲，一般是指在生产经营活动开始前及生产经营过程中，生产经营单位的各个系统、作业环境、生产经营设备和设施，达到安全生产要求的管理组织、管理机构，安全责任制度和安全技术措施等，应达到安全生产的标准和满足安全生产活动的需要，不至于导致人员伤亡和财产损失事故发生的条件综合。狭义的安全生产条件，仅指《安全生产法》《矿山安全法》等有关安全生产的法律、法规、规章和国家安全标准或者行业标准等具体规定的，生产经营单位的生产经营活动所必须具备的强制性的要求条件。

2. 单位主要负责人、安全生产管理机构、安全生产管理人员的职责保障

《安全生产法》第十八条规定，单位主要负责人对本单位安全生产工作担负的职责包括：①建立、健全本单位的安全生产责任制；②组织制定本单位安全生产规章制度和操作规程；③组织制定并实施本单位安全生产教育和培训计划；④保证本单位安全生产投入的有效实施；⑤督促、检查本单位的安全生产工作，及时消除生产安全事故隐患；⑥组织制定并实施本单位的生产安全事故应急救援预案；⑦及时、如实报告安全生产事故。

《安全生产法》第二十一条规定，矿山、金属冶炼、建筑施工、道路运输单位和危险物品的生产、经营、储存单位，应当设置安全生产管理机构或者配备专职安全生产管理人员。其他生产经营单位，从业人员超过100人的，应当设置安全生产管理机构或者配备专职安全生产管理人员；从业人员在100人以下的，应当配备专职或者兼职的安全生产管理人员。

《安全生产法》第二十二条规定，生产经营单位的安全生产管理机构以及安全生产管理人员履行下列职责：①组织或者参与拟订本单位安全生产规章制度、操作规程和生产安全事故应急救援预案；②组织或者参与本单位安全生产教育和培训，如实记录安全生产教育和培训情况；③督促落实本单位重大危险源的安全管理措施；④组织或者参与本单位应急救援演练；⑤检查本单位的安全生产状况，及时排查生产安全事故隐患，提出改进安全生产管理的建议；⑥制止和纠正违章指挥、强令冒险作业、违反操作规程的行为；⑦督促落实本单位安全生产整改措施。

《安全生产法》第二十三条规定，生产经营单位的安全生产管理机构以及安全生产管理人员应当恪尽职守，依法履行职责。生产经营单位做出涉及安全生产的经营决策，应当听取安全生产管理机构以及安全生产管理人员的意见。生产经营单位不得因安全生产管理人员依法履行职责而降低其工资、福利等待遇或者解除与其订立的劳动合同。危险物品的生产、储存单位以及矿山、金属冶炼单位的安全生产管理人员的任免，应当告知主管的负有安全生产监督管理职责的部门。

《安全生产法》第四十三条规定，生产经营单位的安全生产管理人员应当根据本单位的生产经营特点，对安全生产状况进行经常性检查；对检查中发现的安全问题，应当立即处理；不能处理的，应当及时报告本单位有关负责人，有关负责人应当及时处理。检查与处理情况应当如实记录在案。

《安全生产法》第四十七条规定，生产经营单位发生生产安全事故时，单位主要负责人应当立即组织抢救，并不得在事故调查处理期间擅离职守。

3. 硬件设施的保障

《安全生产法》第二十条规定，生产经营单位应当具备的安全生产条件所必需的资金投入，由生产经营单位的决策机构、主要负责人或者个人经营的投资人予以保证，并对由于安全生产所必需的资金投入不足导致的后果承担责任。

《安全生产法》第二十九条规定，矿山、金属冶炼建设项目和用于生产、储存、装卸危险物品的建设项目，应当按照国家有关规定进行安全评价。

《安全生产法》第二十八条规定了"三同时"制度，即生产经营单位新建、改建、扩建工程项目的安全设施，必须与主体工程同时设计、同时施工、同时投入生产和使用。安全设施投资应当纳入建设项目概算。

《安全生产法》第三十、三十一条规定，矿山、金属冶炼建设项目和用于生产、储存、装卸危险物品的建设项目的安全设施设计应当按照国家有关规定报经有关部门审查。审查部门及其负责审查的人员对审查结果负责。矿山、金属冶炼建设项目和用于生产、储存、装卸危险物品的建设项目的施工单位必须按照批准的安全设施设计施工，并对安全设施的工程质量负责。

矿山、金属冶炼建设项目和用于生产、储存危险物品的建设项目竣工投入生产或者使用前，应当由建设单位负责组织对安全设施进行验收；验收合格后，方可投入生产和使用。安全生产监督管理部门应当加强对建设单位验收活动和验收结果的监督核查。

《安全生产法》第三十二条规定，生产经营单位应当在有较大危险因素的生产经营场所和有关设施、设备上，设置明显的安全警示标志。

《安全生产法》第三十三条规定，安全设备的设计、制造、安装、使用、检测、维修、改造和报废，应当符合国家标准或行业标准。生产经营单位必须对安全设备进行经常性维护、保养，并定期检测，保证正常运转。

《安全生产法》第三十四条规定，生产经营单位使用的危险物品的容器、运输工具，以及涉及人身安全、危险性较大的海洋石油开采特种设备和矿山井下特种设备，必须按照国家有关规定，由专业生产单位生产，并经具有专业资质的检测、检验机构检测、检验合格，取得安全使用证或者安全标志，方可投入使用。检测、检验机构对检测、检验结果负责。

《安全生产法》第三十五条规定，国家对严重危及生产安全的工艺、设备实行淘汰制度。生产经营单位不得使用应当淘汰的危及生产安全的工艺、设备。

《安全生产法》第三十六条规定，生产经营单位生产、经营、运输、储存、使用危险物品或者处置废弃危险物品，必须执行有关法律、法规和国家标准或者行业标准，建立专门的安全管理制度，采取可靠的安全措施，接受有关主管部门依法实施的监督管理。

《安全生产法》第三十七条规定，生产经营单位对重大危险源应当登记建档，进行定期检测、评估、监控，并制定应急预案，告知从业人员和相关人员在紧急情况下应当采取的应急措施。生产经营单位应当按照国家有关规定将本单位重大危险源及有关安全措施、应急措施报有关地方人民政府安全生产监督管理部门和有关部门备案。

《安全生产法》第三十八条规定，生产经营单位应当建立、健全生产安全事故隐患排查治理制度，采取技术、管理措施，及时发现并消除事故隐患。事故隐患排查治理情况应当如实记录，并向从业人员通报。

《安全生产法》第三十九条规定，生产、经营、储存、使用危险物品的车间、商店、仓库不得与员工宿舍在同一座建筑物内，并应当与员工宿舍保持安全距离。

生产经营场所和员工宿舍应当设有符合紧急疏散要求、标志明显、保持畅通的出口。禁止锁闭、封堵生产经营场所或者员工宿舍的出口。

《安全生产法》第四十条规定，生产经营单位进行爆破、吊装以及国务院安全生产监督管理部门会同国务院有关部门规定的其他危险作业，应当安排专门人员进行现场安全管理，确保操作规程的遵守和安全措施的落实。

《安全生产法》第四十二条规定，生产经营单位必须为从业人员提供符合国家标准或者行业标准的劳动防护用品，并监督、教育从业人员按照使用规则佩戴、使用。

《安全生产法》第四十四条规定，生产经营单位应当安排用于配备劳动防护用品、进行安全生产培训的经费。

4. 安全软环境的保障

生产经营单位必须依照《安全生产法》等有关安全生产的法律、法规和规章，加强安全生产管理，建立健全安全生产责任制度，完善本单位的安全管理制度，确保安全生产依法进行。

（1）安全生产责任制度：安全生产责任就是生产经营单位各级领导、各个部门、各类人员在他们各自职责范围内对安全生产应负的责任。生产经营单位建立健全安全生产责任制就是要确定覆盖全员、横向到边、纵向到底的安全安全生产职责，因此，安全生产责任制度是安全生产规章制度的核心。

《安全生产法》第十九条规定，生产经营单位的安全生产责任制应当明确各岗位的责任人员、责任范围和考核标准等内容。生产经营单位应当建立相应的机制，加强对安全生产责任制落实情况的监督考核，保证安全生产责任制的落实。

（2）安全投入保障制度：安全投入是生产经营单位落实各项安全生产条件所必需的资金投入，是实现安全生产的基本保障。

《安全生产法》第二十条规定，生产经营单位应当具备的安全生产条件所必需的资金投入，由生产经营单位的决策机构、主要负责人或者个人经营的投资人予以保证，并对由于安全生产所必需的资金投入不足导致的后果承担责任。

（3）人员培训教育制度：提高相关人员的安全生产知识和能力是避免人因事故的根本措施，人员的培训教育和考核要分类进行。

《安全生产法》第二十四条规定，生产经营单位的主要负责人和安全生产管理人员必须具备与本单位所从事的生产经营活动相应的安全生产知识和管理能力。危险物品的生产、经营、储存单位以及矿山、金属冶炼、建筑施工、道路运输单位的主要负责人和安全生产管理人员，应当由主管的负有安全生产监督管理职责的部门对其安全生产知识和管理能力考核合格。考核不得收费。危险物品的生产、储存单位以及矿山、金属冶炼单位应当有注册安全工程师从事安全生产管理工作。鼓励其他生产经营单位聘用注册安全工程师从事安全生产管理工作。

《安全生产法》第二十五条规定，生产经营单位应当对从业人员进行安全生产教育和培训，保证从业人员具备必要的安全生产知识，熟悉有关的安全生产规章制度和安全操作规程，掌握本岗位的安全操作技能，了解事故应急处理措施，知悉自身在安全生产方面的权利和义务。未经安全生产教育和培训合格的从业人员，不得上岗作业。

生产经营单位使用被派遣劳动者的，应当将被派遣劳动者纳入本单位从业人员统一管理，对被派遣劳动者进行岗位安全操作规程和安全操作技能的教育和培训。劳务派遣单位应当对被派遣劳动者进行必要的安全生产教育和培训。

生产经营单位接收中等职业学校、高等学校学生实习的，应当对实习学生进行相应的安全生产教育和培训，提供必要的劳动防护用品。学校应当协助生产经营单位对实习学生进行安全生产教育和培训。

生产经营单位应当建立安全生产教育和培训档案，如实记录安全生产教育和培训的时间、内容、参加人员以及考核结果等情况。

《安全生产法》第二十六条规定，生产经营单位采用新工艺、新技术、新材料或者使用新设备，必须了解、掌握其安全技术特性，采取有效的安全防护措施，并对从业人员进行专门的安全生产教育和培训。

《安全生产法》第二十七条规定，生产经营单位的特种作业人员必须按照国家有关规定经专门的安全作业培训，取得相应资格，方可上岗作业。

《安全生产法》第四十一条规定，生产经营单位应当教育和督促从业人员严格执行本单位的安全生产规章制度和安全操作规程；并向从业人员如实告知作业场所和工作岗位存在的危险因素、防范措施以及事故应急措施。

（4）安全生产统一协调管理制度：当生产经营单位之间存在协同作业或合作经营等相互关联时，应对各方安全生产职责进行协商明确。

《安全生产法》第四十五条规定，两个以上生产经营单位在同一作业区域内进行生产经营活动，可能危及对方生产安全的，应当签订安全生产管理协议，明确各自的安全生产管理职责和应当采取的安全措施，并指定专职安全生产管理人员进行安全检查与协调。

《安全生产法》第四十六条规定，生产经营单位不得将生产经营项目、场所、设备发包或者出租给不具备安全生产条件或者相应资质的单位或者个人。生产经营项目、场所发包或者出租给其他单位的，生产经营单位应当与承包单位、承租单位签订专门的安全生产管理协议，或者在承包合同、租赁合同中约定各自的安全生产管理职责；生产经营单位对承包单位、承租单位的安全生产工作统一协调、管理，定期进行安全检查，发现安全问题的，应当及时督促整改。

4.4 从业人员的权利和义务

4.4.1 权利和义务的法律含义

依照《安全生产法》《矿山安全法》等法律、法规和规章，赋予了从业人员一定权利和义务。这里的从业人员主要是指各职能部门的人员及其他管理人员和一线的生产工人。

法律上的权利是指法律所允许的权利人为了满足自己的利益而采取的，由其他人的法律义务所保证的法律手段。其特点有：①它来自法律规范的规定；②它是保证权利人利益的法律手段，权利与利益有密切联系；③它是与义务相关联的概念；④它确定权利人从事法律所允许的行为的范围。生产经营单位从业人员的权利是法律所规定并予以保障的，为了自己在生产经营中的安全利益而采取的，由企业所有者或经营者的安全生产义务主体所保证的必要手段和措施。

法律上的义务是指法律所规定的义务人应该按照权利人要求从事一定行为或不作为，以满足权利人利益的法律手段。其特点在于义务的必要性，即义务人必须从事或不从事一定的行为，否则就要受到国家强制力的制裁。生产经营单位从业人员的义务，是在法定的范围内，按照安全生产权利人的要求，作一定行为或不作一定行为的法律手段。

4.4.2 保障从业人员安全生产权利的必要性

1. 保障从业人员安全生产权利的意义

我国是一个发展中国家，生产力水平和安全生产水平比较低，我国从业人员安全生产权利保护的现状也令人担忧，存在着一些不容忽视的问题。特别是在社会主义市场经济条件下，生产经营单位的所有制成分多样化、劳动用工制度多样化、劳动作业条件多样化、管理方式多样化，大量非公有制经济成分的迅速增长，非国有生产经营单位的安全生产状况非常复杂。许多企业老板以最低的生产成本和安全投入，追求利润最大化，不惜以牺牲从业人员安全生产权利甚至生命为代价，剥夺、限制、侵犯从业人员安全生产权利的现象普遍存在，人身安全缺乏基本的保障。

上述问题，严重挫伤了从业人员的生产劳动积极性，损害了他们应有的权利。这与我国社会主义国家的本质不相容，与尊重和保障人权的社会主义法治精神不相容。要真正保障从业人员的安全生产权利，必须通过相应立法加以确认。依法保障从业人员的安全生产权利，是《安全生产法》的重要内容之一。《安全生产法》第三章对从业人员的安全生产权利义务做了比较全面、明确的规定，并且设定了严格的法律责任，为保障从业人员的合法权益提供了法律依据。

2. 保障从业人员安全生产权利的必要性

生产经营单位的从业人员是各项生产经营活动最直接的劳动者，是各项安全生产法律权利和义务的承担者。从业人员能否安全、熟练地操作各种生产经营工具或者作业，能否得到人身安全和健康的切实保障，能否严格遵守安全规程和安全生产规章制度，往往决定了一个生产经营单位的安全水平。

关心和维护从业人员的安全生产权利，是社会主义制度的本质要求，是实现安全生产的重要条件。重视和保护从业人员的生命权，是贯穿《安全生产法》的主线。从业人员既是各类生产经营活动的直接承担者，又是安全生产事故的受害者或责任者。只有高度重视和充分发挥从业人员在生产经营活动中的主观能动性，最大限度地提高从业人员的安全意识，才能把不安全因素和事故隐患降到最低限度，预防事故，减少人身伤亡。这是社会进步与法制进步的客观要求。

4.4.3 从业人员的权利

1. 危险因素和应急措施的知情权

生产经营单位，特别是从事矿山、建筑、危险物品生产经营和公众聚集场所，往往存在着一些对从业人员生命和健康有危险、危害的因素，如粉尘、瓦斯等有毒有害、放射性、腐蚀性、易燃易爆物质，存在着容易发生冒顶、突水、火灾、瓦斯爆炸、高空坠落等危害的作业场所、岗位工种、工序、设备，往往是事故的源头。直接接触这些危险因素的从业人员往往是生产安全事故的直接受害者。许多生产安全事故从业人员伤亡严重的教训之一，就是法律没有赋予从业人员获知危险因素以及发生事故时应当采取的应急措施的权利。如果从业人员知道并且掌握有关安全知识和处理办法，就可以消除许多不安全因素和事故隐患，避免事故发生或者减少人身伤亡。所以，生产经营单位从业人员有权了解其作业场所和工作岗位存在的危险因素及事故应急措施。《安全生产法》第五十条规定，生产经营单位的从业人员有权了解其作业场所和工作岗位存在的危险因素、防范措施及事故应急措施。

2. 安全管理的批评检控权

一些生产经营单位的主要负责人不重视安全生产，对安全问题熟视无睹，不听取从业人员的正确意见和建议，使本来可以发现、及时处理的事故隐患不断扩大，导致事故和人员伤亡。有的竟然对批评、检举、控告生产经营单位安全生产问题的从业人员进行打击报复。《安全生产法》第五十、五十一条针对某些生产经营单位存在的不重视甚至剥夺从业人员对安全管理监督权利的问题，规定从业人员有权对本单位的安全生产工作提出建议；有权对本单位安全生产工作中存在的问题提出批评、检举、控告。

3. 拒绝违章指挥和强令冒险作业权

在生产经营活动中，经常出现企业负责人或者管理人员违章指挥和强令从业人员冒险作业的现象，由此导致事故，造成人员大量伤亡。因此，法律赋予从业人员拒绝违章指挥和强令冒险作业的权利，不仅是为了保护从业人员的人身安全，也是为了警示生产经营单位负责人和管理人员必须照章指挥，保证安全，并不得因从业人员拒绝违章指挥和强令冒险作业而对其进行打击报复。《安全生产法》第五十一条规定，生产经营单位不得因从业人员对本单位安全生产工作提出批评、检举、控告或者拒绝违章指挥、强令冒险作业而降低其工资、福利等待遇或者解除与其订立的劳动合同。

4. 紧急情况下的停止作业和紧急撤离权

由于生产经营场所的自然和人为危险因素的存在不可避免，经常会在生产经营作业过程中发生一些意外的或者人为的直接危及从业人员人身安全的危险情况，将会或者可能会对从业人员造成人身伤害。例如，从事矿山、建筑、危险物品生产作业的从业人员，一旦发现将要发生透水、瓦斯爆炸、煤和瓦斯突出、冒顶、片帮、坠落、倒塌、危险物品泄漏、燃烧、爆炸等紧急情况，并且无法避免时，最大限度地保护现场作业人员的生命安全是第一位的，法律赋予他们享有停止作业和紧急撤离的权利。《安全生产法》第五十二条规定，从业人员发现直接危及人身安全的紧急情况时，有权停止作业或者在采取可能的应急措施后撤离作业场所。生产经营单位不得因从业人员在前述紧急情况下停止作业或者采取紧急撤离措施而降低其工资、福利等待遇或者解除与其订立的劳动合同。

5. 享受工伤保险和伤亡补偿权

《安全生产法》明确规定从业人员享有工伤保险和获得伤亡赔偿的权利，同时规定了生产经营单位的相应义务。《安全生产法》第四十九、一百零三条规定，生产经营单位与从业人员订立的劳动合同，应当载明有关保障从业人员劳动安全、防止职业危害的事项，以及依法为从业人员办理工伤保险的事项。生产经营单位不得以任何形式与从业人员订立协议，免除或者减轻其对从业人员因生产安全事故伤亡依法应当承担的责任，否则该协议无效，并要对生产经营单位的主要负责人、个体经营的投资人处以2万元以上20万元以下的罚款。《安全生产法》第五十三条规定，因生产安全事故受到损害的从业人员，除依法享有工伤保险外，依照有关民事法律尚有获得赔偿的权利的，有权向本单位提出赔偿要求。《安全生产法》第四十八条规定，生产经营单位必须依法参加工伤保险，为从业人员缴纳保险费。

4.4.4　从业人员的义务

1. 安全生产和自我保护义务

从业人员在作业过程中，应当严格遵守本单位的安全生产规章制度和操作规程。各生产经营单位的安全生产规章制度和操作规程，是针对本单位的生产经营特点制定的，是生产经营经验和事故教训的总结，从业人员在作业的过程中必须严格遵守。《安全生产法》第五十四条规定，劳动者在劳动过程中必须严格遵守操作规程，这是劳动者的义务和职责，是预防事故的保证。

从业人员在作业过程中，应当服从管理。对生产经营企业而言，管理就是效益，管理就是安全。生产经营单位负责人既负有生产经营的责任，也负有安全生产的责任。从业人员既要服从生产经营方面的管理，也要服从安全生产方面的管理。

从业人员在作业过程中，应正确佩戴和使用劳动防护用品。劳动防护用品是指劳动者在劳动过程中为免遭或减轻事故伤害或职业危害所配备的人身保护用品。正确佩戴和使用劳动防护用品，能够防止和减少生产安全事故，保障从业人员的生命和财产安全。

2. 接受安全生产教育与培训的义务

随着用工制度的改革，大量农民工涌入生产经营单位，成为主要劳动力。生产经营单位在采用新工艺、新技术、新材料或者新设备时，必须使操作人员详细了解和掌握这些新工艺、新技术、新材料或者新设备的技术特性，要通过编制教育培训教材，对从事这些工作的从业人员进行专门的安全生产培训，确保从业人员掌握这些新工艺、新技术、新材料、新设备。

《安全生产法》第五十五条规定，从业人员应当接受安全生产教育和培训，掌握本职工作所需的安全生产知识，提高安全生产技能，增强事故预防和应急处理能力。

3. 报告事故隐患的义务

《安全生产法》第五十六条规定，从业人员发现事故隐患或者其他不安全因素，应当立即向现场安全生产管理人员或者本单位负责人报告。贯彻“安全第一、预防为主、综合治理”的方针，加强对事故隐患或者其他不安全因素的管理和及时消除，对防止事故的发生具有特别重要的意义。从业人员直接从事生产经营活动，往往能够首先发现事故隐患或者其他不安全因素，如果及时报告，可以及时消除事故隐患或者其他不安全因素。

4.5　安全生产技术与管理服务

安全生产技术与管理服务是指为满足政府对生产经营单位的安全管理需要和生产经营单位提高安全生产管理水平的需要，按照法律、法规的规定对企业的安全生产条件和工程建设项目进行安全评价，对有关设施、设备进行安全性能的检测、检验、认证，为生产经营单位提供安全生产管理服务和对生产经营单位的有关人员进行安全教育培训等。这些服务工作由依法成立并具有国家规定的资质条件的机构或组织来完成。

为适应安全生产工作对有关服务机构的要求，规范安全生产服务机构的执业行为，以完善安全生产的社会化服务体系。《安全生产法》第十三条对有关安全生产服务机构做了专门的规定。

依照《安全生产法》的规定，安全生产服务机构必须遵守法律、行政法规的有关规定和执业准则，接受生产经营单位的委托，为生产经营单位提供有关的安全评价、检测、检验、认证、咨询、培训等客观、公正、良好的中介服务。安全生产服务机构根据生产经营单位的委托执行业务，生产经营单位对服务机构有自主选择权。有关政府部门不得强令生产经营单位接受其指定的中介机构的服务。

4.5.1 安全生产服务组织的资质条件

我国对承担安全生产评价、认证、检测、检验的机构实行资格认证和管理制度，主要是对中介组织的技术水平和实际能力的认证考核。首先要由中介组织提出资质认证申请，政府有关认证部门对其进行资质审查，对于符合认证标准的，依法赋予其提供相关安全生产技术服务的资格。

具体审查内容包括：①人员资格审查：审查服务机构的人员是否接受过专业培训，所学专业、学历、工作经历是否适合从事某种服务工作。②法人资格审查：审查其是否具备法人资格、是否是一个独立的单位或实体。③物质、技术方面的审查：审查其是否具备从事某项中介服务所必须具备的设备、仪器、场地、设施和专业技术标准，有无完善的《质量管理手册》等。

4.5.2 安全生产服务机构的管理

根据国务院办公厅印发的《国家安全生产监督管理总局主要职责内设机构和人员编制规定》，国家安监总局的主要职责之一是指导、协调全国和各省、自治区、直辖市安全生产检测检验工作，组织实施对工矿商贸生产经营单位安全生产条件和有关设备（特种设备除外）进行检测检验、安全评价、安全培训、安全咨询等社会中介组织的资质管理工作，并进行监督检查。为了做好安全生产社会中介组织管理工作，规范安全生产社会中介组织的资质管理工作，更有效地发挥安全生产社会中介组织在政府与企业之间的桥梁作用，2001 年 5 月 25 日原国家安全生产监督管理局（国家煤矿安全监察局）发布了《关于加强安全生产社会中介组织管理工作的通知》，2002 年 9 月 3 日原国家安全生产监督管理局、原人事部发布的《注册安全工程师执业资格制度暂行规定》和《注册安全工程师执业资格认定办法》等规范性文件对安全生产中介组织、执业人员资格，及其相关程序、方法等均做了具体规定。2007 年 3 月起施行的《注册安全工程师管理规定》对注册安全工程师在企业的配备、注册安全工程师的注册程序、执业范围、权利义务、继续教育、监督管理及相应的罚则等进行了规定。

4.5.3 安全生产服务机构服务的内容

1. 安全评价

安全评价在安全生产中介服务中占有很大分量，主要是指对生产经营单位的安全系统进行评判，通过评判以判别某个安全系统或其部分系统是否达到法定的安全标准、是否符合安全生产的需求。生产经营单位根据评价结果，对系统进行调整，对不符合要求的地方进行整改。

2007年1月4日国家安监总局发布的《安全评价通则》（AQ 8001—2007）规定，安全评价是指以实现安全为目的，应用安全系统工程原理和方法，辨识与分析工程、系统、生产经营活动中的危险、有害因素，做出了评价结论的活动。安全评价的法律法规依据是《劳动法》《安全生产法》《矿山安全法》《危险化学品安全管理条例》等适用安全评价的法律法规。

安全评价根据实施阶段的不同分为以下三类：

（1）安全预评价。安全预评价是指在建设项目可行性研究阶段、工业园区规划阶段或生产经营活动组织实施之前，根据相关的基础资料，辨识与分析建设项目、工业园区、生产经营活动潜在的危险、有害因素，确定其与安全生产法律法规、标准、行政规章、规范的符合性，预测发生事故的可能性及其严重程度，提出科学、合理、可行的安全对策措施建议，做出安全评价结论的活动。

（2）安全验收评价。安全验收评价是指在建设项目竣工后正式生产运行前或工业园区建设完成后，通过检查建设项目安全设施与主体工程同时设计、同时施工、同时投入生产和使用的情况或工业园区内的安全设施、设备、装置投入生产和使用的情况，检查安全生产管理措施到位情况，检查安全生产规章制度健全情况，检查事故应急救援预案建立情况，审查确定建设项目、工业园区建设满足安全生产法律法规、标准、规范要求的符合性，从整体上确定建设项目、工业园区的运行状况和安全管理情况，做出安全验收评价结论的活动。

（3）安全现状评价。安全现状评价是指针对生产经营活动中、工业园区的事故风险、安全管理等情况，辨识与分析其存在的危险、有害因素，审查确定其与安全生产法律法规、规章、标准、规范要求的符合性，做出安全现状评价结论的活动。

安全现状评价既适用于对一个生产经营单位或一个工业园区的评价，也适用于某一特定的生产方式、生产工艺、生产装置或作业场所的评价。

2. 安全认证

安全认证是安全生产中介组织依照有关安全生产法律法规或标准对生产经营单位的安全生产条件进行审验，以确认其是否达到法定的安全生产标准，从而确认其是否具有进行安全生产所必须具备的安全资格的活动。安全认证必须依照法律、法规和国家标准、行业标准规定的条件和法定程序严格进行，以保证认证工作的严肃性和权威性，为政府及主管部门提供客观、确实的管理依据。

3. 安全检测、检验服务

检测、检验服务可以为生产经营单位提供安全管理决策的技术依据，为安全生产监督管理部门提供技术分析及数据，为安全监管提供事实依据。将检测、检验职能从政府监督管理中分离出来，既合理调整了政府职能，又保证了检测、检验结果的客观、公正。中介机构的检测、检验工作职责包括：①受安全生产监督管理部门的委托，为安全生产监督管理提供技术数据，行使部分技术监督权；②依据国家有关安全生产法律、法规、标准等开展检测、检验工作，承担安全生产监督管理部门临时指挥的检测、检验任务；③开展建设项目投产前的检测、检验工作；④对特种设备进行安装检验和定期检验；⑤对生产经营场所进行检测、检验，分级建档；⑥对生产经营单位的检测、检验工作进行技术指导；⑦劳动保护用品的专业检测机构负责对劳动保护用品的质量进行检测。随着社会、生产的发展，中介机构的检测、检验职能必然向多功能方向发展。

4. 安全生产管理服务

新的《安全生产法》规定，依法设立的为安全生产提供服务的机构，不仅可以提供技术服务，也可以提供管理规定。除矿山、建筑、危险物品的生产、经营、储存、金属冶炼和道路运输单位以外，从业人员少于100人的生产经营单位，在安全生产管理方面，既可以配备专职或兼职的安全生产管理人员从事安全生产管理，也可以委托取得相应资质的机构或工程技术人员为其提供安全生产管理服务，履行安全管理职责。

4.6 安全生产责任追究制度

安全生产责任追究制度是指在发生安全生产事故时，按照有关安全生产的法律、法规、规章和安全生产责任制的规定，对负有安全生产职责的相关单位和责任人追究行政、民事、刑事等责任的制度。

《安全生产法》和《国务院关于特大安全事故行政责任追究的规定》及其他有关法律、法规对此做了明确规定。《安全生产法》第十四条规定："国家实行生产安全事故责任追究制度，依照本法和有关法律、法规的规定，追究生产安全事故责任人员的法律责任。"

安全生产的责任主体包括以下几个方面：

（1）地方人民政府有关人员。地方人民政府有关人员是指地方人民政府主要领导人和政府有关部门正职负责人，地方人民政府和政府有关部门对特大安全事故的防范、发生直接负责的主管人员和其他直接责任人员。

这类责任主体应对以下事故负责：①特大火灾事故；②特大交通安全事故；③特大建筑质量安全事故；④民用爆炸物品和化学危险品特大安全事故；⑤煤矿和其他矿山特大安全事故；⑥锅炉、压力容器、压力管道和特种设备特大安全事故；⑦其他特大安全事故。

当发生以上特大安全事故后，对有失职、渎职或者负有领导责任的责任主体，应当依法给予相应的行政处分或者追究相应的刑事责任。

（2）政府部门有关人员。政府部门有关人员是指涉及行政许可（包括批准、核准、许可、注册、认证、颁发证照、竣工验收等）的政府部门或者机构的负责人及责任人员。

这类安全生产责任主体必须严格依照法律、法规和规章规定的安全生产条件和程序进行审查，不符合法定安全生产条件的不得批准，对于弄虚作假，违法予以批准的，应给予相应的行政处分或依法追究刑事责任。

（3）生产经营单位有关人员。生产经营单位有关人员是指生产经营单位的决策机构、主要负责人、个人经营的投资人和企业的从业人员。

这类主体对于安全生产依法都负有各自的职责或责任，在工作中违背自己应尽的义务，引发安全事故发生的，都要根据各自应负责任的大小，予以依法追究。

安全生产责任追究的形式有行政处罚、刑事处罚和民事责任。行政处罚又分为罚款、吊销有关证照、责令停产停业等。刑事处罚主要是追究责任者的玩忽职守罪、重大责任事故罪等刑事责任。民事责任主要是发生安全事故致人伤亡应负的经济赔偿责任。

4.6.1 刑事责任

1. 关于生产经营单位安全投入

《安全生产法》第九十条规定，生产经营单位的决策机构、主要负责人、个人经营的投资人不依照《安全生产法》的规定保证安全生产所必需的资金投入，致使生产经营单位不具备安全生产条件，导致发生生产安全事故，构成犯罪的，依照《刑法》有关规定追究刑事责任。

2. 关于生产经营单位安全管理职责

《安全生产法》第九十一条规定，对于生产经营单位的主要负责人不履行《安全生产法》规定的安全生产管理职责的，导致发生事故，构成犯罪的，依照《刑法》有关规定追究刑事责任。

《安全生产法》第九十三条规定，生产经营单位的安全生产管理人员未履行《安全生产法》规定的安全生产管理职责的，责令限期改正；导致发生生产安全事故的，暂停或撤销其与安全生产有关的资格；构成犯罪的，依照《刑法》有关规定追究刑事责任。

该条犯罪是指构成《刑法》第一百三十四条重大责任事故罪、强令违章冒险作业罪。在生产、作业中违反有关安全管理的规定，因而发生重大伤亡事故或者造成其他严重后果的，处3年以下有期徒刑或者拘役；情节特别恶劣的，处3年以上7年以下有期徒刑。强令他人违章冒险作业，因而发生重大伤亡事故或者造成其他严重后果的，处5年以下有期徒刑或者拘役；情节特别恶劣的，处5年以上有期徒刑。

3. 关于生产经营单位安全设施、设备保障

《安全生产法》第九十五条、九十六条规定，生产经营单位有下列行为之一，造成严重后果，构成犯罪的，依照《刑法》有关规定追究刑事责任：①未按照规定对矿山、金属冶炼建设项目或者用于生产、储存、装卸危险物品的建设项目进行安全评价的；②矿山、金属冶炼建设项目或者用于生产、储存、装卸危险物品的建设项目没有安全设施设计或者安全设施设计未按照规定报经有关部门审查同意的；③矿山、金属冶炼建设项目或者用于生产、储存、装卸危险物品的建设项目的施工单位未按照批准的安全设施设计施工的；④矿山、金属冶炼建设项目或者用于生产、储存危险物品的建设项目竣工投入生产或者使用前，安全设施未经验收合格的；⑤未在有较大危险因素的生产经营场所和有关设施、设备上设置明显的安全警示标志的；⑥安全设备的安装、使用、检测、改造和报废不符合国家标准或者行业标准的；⑦未为从业人员提供符合国家标准或者行业标准的劳动防护用品的；⑧未对安全设备进行经常性维护、保养和定期检测的；⑨危险物品的容器、运输工具，以及涉及人身安全、危险性较大的海洋石油开采特种设备和矿山井下特种设备未经具有专业资质的机构检测、检验合格，取得安全使用证或者安全标志，投入使用的；⑩使用应当淘汰的危及生产安全的工艺、设备的。

以上所述犯罪是指构成《刑法》第一百三十五条规定的重大劳动安全事故罪。构成本条的犯罪，必须具备以下条件：一是劳动安全设施不符合国家规定。例如，矿山建设项目或者用于生产、储存危险物品的建设项目竣工投入生产或者使用前，安全设施未经验收合格；安全设备的安装、使用、检测、改造和报废不符合国家标准或者行业标准等。二是造成严重后果。对于构成犯罪的，依照《刑法》第一百三十五条的规定，对生产经营单位的直接责任人员，处3年以下有期徒刑或者拘役；情节特别恶劣的，处3年以上7年以下有期徒刑。

4. 关于生产经营单位擅自生产、经营、储存危险物品

《安全生产法》第九十七条规定，未经依法批准，擅自生产、经营、运输、储存、使用危险物品或者处置废弃物品，造成严重后果，构成犯罪的，依照《刑法》有关规定追究刑事责任。

该条犯罪是指构成《刑法》第一百二十五条非法制造、买卖、运输、储存危险物质罪。处3年以上10年以下有期徒刑；情节严重的，处10年以上有期徒刑、无期徒刑或者死刑。构成《刑法》第二百二十五条非法经营罪。违反国家规定，未经许可经营法律、行政法规规定的专营、专卖物品或者其他限制买卖的物品的，扰乱市场秩序，情节严重的，处5年以下有期徒刑或者拘役，并处或者单处违法所得一倍以上五倍以下罚金；情节特别严重的，处5年以上有期徒刑，并处违法所得一倍以上五倍以下罚金或者没收财产。

5. 关于生产经营单位危险物品管理和危险作业

《安全生产法》第九十八条规定，生产经营单位有下列行为之一，造成严重后果，构成犯罪的，依照《刑法》有关规定追究刑事责任。①生产、经营、运输、储存、使用危险物品或者处置废弃危险物品，未建立专门安全管理制度、未采取可靠的安全措施的；②对重大危险源未登记建档，或者未进行评估、监控，或者未制定应急预案的；③进行爆破、吊装以及国务院安全生产监督管理部门会同国务院有关部门规定的其他危险作业，未安排专门人员进行现场安全管理的；④未建立事故隐患排查治理制度的。

该条犯罪是指构成《刑法》第一百三十六条规定的危险物品肇事罪。构成本条的犯罪，造成严重后果，是构成犯罪的必要条件。此外，行为人在主观上应当是过失，在客观上实施了违反关于危险物品管理规定的行为。对于构成犯罪的，依照《刑法》第一百三十六条的规定，处3年以下有期徒刑或者拘役；后果特别严重的，处3年以上7年以下有期徒刑。

6. 关于生产经营单位员工宿舍与危险物品的保管

《安全生产法》第一百零二条规定，生产经营单位将生产、经营、储存、使用危险物品的车间、商店、仓库与员工宿舍设在同一座建筑内，或者与员工宿舍的距离不符合安全要求；或者生产经营场所和员工宿舍未设有符合紧急疏散需要、标志明显、保持畅通的出口，或者锁闭、封堵生产经营场所或者员工宿舍出口，造成严重后果，构成犯罪的，依照《刑法》有关规定追究刑事责任。

该条犯罪是指构成《刑法》第一百三十六条规定的危险物品肇事罪和第一百三十九条规定的消防责任事故罪。构成《刑法》第一百三十六条规定的危险物品肇事罪，必须具备以下条件：一是主观上是过失，如果是故意，则构成其他的犯罪；二是在客观上实施了违反危险物品管理规定的行为；三是造成了严重后果。构成《刑法》第一百三十九条规定的消防责任事故罪，必须具备以下条件：一是行为人主观上对于严重后果的发生是过失；二是客观上违反了消防管理规定，经有关部门通知采取改正措施而拒绝执行；三是必须造成严重后果。依照《刑法》第一百三十六条的规定，违反爆炸性、易燃性、放射性、毒害性、腐蚀性物品的管理规定，在生产、储存、运输、使用中发生重大事故，造成严重后果的，处3年以下有期徒刑或者拘役；后果特别严重的，处3年以上7年以下有期徒刑。依照《刑法》第一百三十九条的规定，违反消防管理法规，经消防监督机构通知采取改正措施而拒绝执行，造成严重后果的，对直接责任人员，处3年以下有期徒刑或者拘役；后果特别严重的，处3年以上7年以下有期徒刑。

7. 关于生产经营单位从业人员违章操作、不服从管理

《安全生产法》第一百零四条规定，生产经营单位的从业人员不服从管理，违反安全生产规章制度或者操作规程，造成重大事故，构成犯罪的，依照《刑法》有关规定追究刑事责任。

该条犯罪是指构成《刑法》第一百三十四条规定的重大责任事故罪。构成本条规定的犯罪，必须具备以下条件：一是从业人员在客观上实施了不服从管理、违反规章制度的行为；二是造成重大事故。按照《刑法》第一百三十四条的规定，工厂、矿山、林场、建筑企业或者其他企业、事业单位的职工，由于不服从管理、违反规章制度，或者强令工人违章冒险作业，因而发生重大伤亡事故或者造成其他严重后果的，处3年以下有期徒刑或者拘役；情节特别恶劣的，处3年以上7年以下有期徒刑。

8. 关于生产经营单位拒绝接受依法进行的安全生产监督检查

《安全生产法》第一百零五条规定，违反《安全生产法》规定，生产经营单位拒绝、阻碍负有安全生产监督管理职责的部门依法实施监督检查，构成犯罪的，依照《刑法》有关规定追究刑事责任。

该条犯罪是指构成《刑法》第二百七十七条妨害公务罪，以暴力、威胁方法阻碍国家机关工作人员依法执行职务的，处3年以下有期徒刑、拘役、管制或者罚金。

9. 关于生产经营单位主要负责人发生生产安全事故后不履行职责救援与报告事故的

《安全生产法》第一百零六条规定，生产经营单位的主要负责人在本单位发生生产安全事故时，不立即组织抢救或者在事故调查处理期间擅离职守或者逃匿，对生产安全事故隐瞒不报、谎报或者迟报，构成犯罪的，依照《刑法》有关规定追究刑事责任。

该条犯罪是指构成《刑法》第一百三十九条之一：在安全事故发生后，负有报告职责的人员不报或者谎报事故情况，贻误事故抢救，情节严重的，处3年以下有期徒刑或者拘役；情节特别严重的，处3年以上7年以下有期徒刑。

10. 关于监管部门审批和监督管理

《安全生产法》第八十七条规定，负有安全生产监督管理职责的部门的工作人员，有下列行为之一，构成犯罪的，依照《刑法》有关规定追究刑事责任：①对不符合法定安全生产条件的涉及安全生产的事项予以批准或者验收通过的；②发现未依法取得批准、验收的单位擅自从事有关活动或者接到举报后不予取缔或者不依法予以处理的；③对已经依法取得批准的单位不履行监督管理职责，发现其不再具备安全生产条件而不撤销原批准或者发现安全生产违法行为不予查处的。④在监督检查中发现重大事故隐患，不依法及时处理的。

该条犯罪是指构成《刑法》第三百九十七条规定的玩忽职守罪和滥用职权罪。构成犯罪的前提条件是造成严重后果。“造成严重后果”是指致使公共财产、国家和人民利益遭受重大损失。

滥用职权是指行使了不该自己行使的职权，即国家机关工作人员超越法律、法规赋予的职权，擅自处理其无权决定、处理的事项，或者在行使职权时，以权谋私，假公济私，不正确地履行职责，或者随心所欲地做出处理决定等。本条规定的对不符合法定安全生产条件的涉及安全生产的事项予以批准或者验收通过的行为，就是一种滥用职权的行为。如果因此而造成严重后果，则构成滥用职权罪。

玩忽职守是指国家机关工作人员严重不负责任，不履行或者不正确履行职责的行为。本条规定的发现未依法取得批准、验收的单位擅自从事有关活动或者接到举报后不予取缔或者不依法予以处理；对已经依法取得批准的单位不履行监督管理职责，发现其不再具备安全生产条件而不撤销原批准或者发现安全生产违法行为不予查处的行为，就是玩忽职守的行为，即不履行法律规定的职责。如果因此而造成严重后果，则构成玩忽职守罪。依照《刑法》第三百九十七条的规定，对玩忽职守、滥用职权罪，处3年以下有期徒刑或者拘役；情节特别严重的，处3年以上7年以下有期徒刑。情节特别严重，主要是指造成的经济损失数额特别巨大、造成人员死亡或者多人重伤的特别严重后果、造成特别严重的政治影响等情形。

11. 关于中介机构出具虚假证明

《安全生产法》第八十九条规定，承担安全评价、认证、检测、检验工作的机构，出具虚假证明，构成犯罪的，依照《刑法》有关规定追究刑事责任。

该条规定，对中介机构来说，主要是指构成《刑法》第二百二十九条规定的提供虚假证明文件罪。构成该罪须具备以下条件：一是主体是特定的，必须是有关的中介机构；二是客观上实施了故意提供虚假证明文件的行为；三是情节严重的。这里讲的“情节严重”是指故意提供虚假证明文件手段比较恶劣；虚假的内容特别重要，以及因此而造成重大生产安全事故等。按照《刑法》第二百二十九条的规定，对故意提供虚假证明文件，情节严重的，处5年以下有期徒刑或者拘役，并处罚金。由于严重不负责任，出具的证明文件有重大失实，造成严重后果的，处3年以下有期徒刑或者拘役，并处或者单处罚金。按照《刑法》第二百三十一条的规定，单位犯第二百二十九条规定的罪的，对单位判处罚金，并对其直接负责的主管人员和其他直接责任人员，按照第二百二十九条的规定处罚。

12. 关于地方人民政府、安全生产监管部门事故申报

《安全生产法》第一百零七条规定，有关地方人民政府、负有安全生产监督管理职责的部门，对生产安全事故隐瞒不报、谎报或者迟报，构成犯罪的，依照《刑法》有关规定追究刑事责任。

该条犯罪是指构成《刑法》第三百九十七条规定的滥用职权罪、玩忽职守罪。依照《刑法》第三百九十七条的规定，国家机关工作人员滥用职权或者玩忽职守，致使公共财产、国家和人民利益遭受重大损失的，处3年以下有期徒刑或者拘役；情节特别严重的，处3年以上7年以下有期徒刑。

4.6.2 行政责任

行政责任是行政法律责任的简称，是指有违反有关行政管理的法律、法规的规定，但尚未构成犯罪的行为所依法应当承担的法律后果。

1. 关于安全生产监管部门工作人员

《安全生产法》第八十七条规定，负有安全生产监督管理职责的部门的工作人员，有下列行为之一的，应依照该条规定追究其行政责任：①对不符合法定安全生产条件的涉及安全生产的事项予以批准或者验收通过的。“法定安全生产条件”是指《安全生产法》和有关法律、行政法规和国家标准或者行业标准规定的安全生产条件。“涉及安全生产的事项”既包括《安全生产法》规定的矿山建设项目和用于生产、储存危险物品的建设项目的安全设施设计，矿山建设项目和用于生产、储存危险物品的建设项目竣工投入生产或使用前其安全设施的验收等事项，也包括其他有关法律、行政法规规定应由负有安全生产监督管理职责的部门进行审批、验收的事项。②发现未依法取得批准、验收的单位擅自从事有关活动或者接到举报后不予取缔或者不依法予以处理的。按照《安全生产法》的规定，对未依法取得批准或者验收合格的单位擅自从事有关安全生产活动的，负责行政审批的部门发现或者接到举报后应当根据情况予以取缔，或者依法给予其他处理。如果负责行政审批的部门发现违法行为或者接到举报后不依法进行处理，则属于不依法履行法定职责的行为，应依照《安全生产法》第八十七条的规定追究法律责任。③对已经依法取得批准的单位不履行监督管理职责，发现其不再具备安全生产条件而不撤销原批准或者发现安全生产违法行为不予查处的。按照《安全生产法》的规定，对已经依法取得批准的单位，负责行政审批的部门发现其不再具备安全生产条件的，应当撤销原批准。④在监督检查中发现重大事故隐患，不依法及时处理的。

对有上述四种违法行为之一的负有安全生产监督管理职责的部门的工作人员，应当按照规定给予降级或者撤职的行政处分。按照《中华人民共和国公务员法》（以下简称《公务员法》）的规定，对于公务员有玩忽职守、贻误工作等违法行为，尚未构成犯罪的，应当给予行政处分；对于不够刑事处罚的，根据情节，给予降级或者撤职的行政处分。行政处分应当按照干部管理权限分别由任免机关或者行政监督管理机关决定。降级、撤职的处分应当由直属上级机关决定，报任命机关批准后执行。

2. 关于安全生产监管部门指定购买产品、违规收费

负有安全生产监督管理职责的部门依法享有审查、验收的职权，理应严格履行法律赋予的职责，不得滥用职权，以权谋私。在实践当中，有些负有安全生产监督管理职责的部门在对生产经营单位进行审查、验收时，违反规定收取费用，或者要求企业使用其推荐的安全设备、器材、产品，以从中谋取不正当利益。这些违法行为侵犯了生产经营单位的合法权利，加重了生产经营单位的负担，也损害了负有安全生产监督管理职责的部门作为国家机关公正执法的形象和声誉。为此，《安全生产法》第八十八条针对这两种违法行为做出了相应的处罚规定。

负有安全生产监督管理职责的部门，要求被审查、验收的单位购买其指定的安全设备、器材或者其他产品的，或者在对安全生产事项的审查、验收中收取费用的，首先应由其上级机关或者监督管理机关责令改正，责令退还收取的费用。对于接受审查、验收的单位符合审批、验收的条件，只是因为接受审查、验收的单位没有购买负有安全生产监督管理职责的部门指定品牌或者指定生产、销售单位的产品，而不予审查批准或验收通过的，应责令审批部门依法予以批准或验收通过；对于在审查、验收中收取的费用，应当责令立即退还给接受审查、验收的单位。情节严重的，对直接负责的主管人员和其他直接责任人员依法给予行政处分。

《公务员法》规定，对于国家公务员的行政处分包括警告、记过、记大过、降级、撤职、开除六种。具体给予哪种行政处分，可根据行为人的情节轻重，按照干部管理权限，由有关机关做出。“情节严重”包括在审查、验收中多次要求接受审查、验收的单位购买其指定品牌或者指定的生产、销售单位的安全设备、器材或者其他产品的；在审查、验收中多次收取费用，且数额较大、社会影响较大等。“直接负责的主管人员”是指在单位违法行为中负有直接领导责任的人员，包括违法行为的决策人、事后对单位违法行为予以认可和支持的领导人员，以及由于疏于管理或放任，因而对单位违法行为负有不可推卸的责任的领导人员。而“其他直接责任人员”是指直接实施单位违法行为的人员。

3. 关于中介机构出具虚假证明

《安全生产法》第八十九条规定，承担安全评价、认证、检测、检验工作的机构，出具虚假证明的，应当按以下规定追究其行政责任：①没收违法所得。即由《安全生产法》规定的行政执法机关将承担安全评价、认证、检测、检验工作的机构由于出具虚假证明文件而获得的财产上的非法利益强制无偿收归国有。这属于行政处罚中的一种较为严厉的处罚。②处以罚款。即由《安全生产法》规定的行政执法机关对有本条所列违法行为的机构、人员给予强制其在一定期限内缴纳一定数量货币的处罚。承担安全评价、认证、检测、检验工作的机构，出具虚假证明，违法所得在10万元以上的，并处违法所得2倍以上5倍以下的罚款；没有违法所得或者违法所得不足10万元的，单处或者并处10万元以上20万元以下的罚款；对其直接负责的主管人员和其他直接责任人员处2万元以上5万元以下的罚款。③对有上述违法行为的机构，撤销其相应的资格。这是一种资格罚，即由有关部门撤销其所取得的安全评价、认证、检测、检验的资格。

承担安全评价、认证、检测、检验工作的机构作为提供技术服务的机构，应当遵守职业道德和执业准则，本着客观、公正的原则，如实地出具安全评价报告，做出认证、检测、检验的结论、证明。“出具虚假证明”是指出具内容与实际情况严重不符的安全评价报告、认证结论或者有关检测、检验数据。作为承担技术服务职能的机构，如果出具有关安全生产的虚假的证明文件，会对安全生产构成很大威胁，甚至会因此导致重大生产安全事故。因此，对承担安全评价、认证、检测、检验工作的机构出具虚假证明的，应当依法追究其法律责任。

4. 关于生产经营单位不依法保证必需的安全投入

《安全生产法》规定，生产经营单位应当具备的安全生产条件所必需的资金投入，由生产经营单位的决策机构、主要负责人或者个人经营的投资人予以保证，并对由于安全生产所必需的资金投入不足导致的后果承担责任。保障安全生产，必须要有一定的投入，包括安全设施的建造、维护，安全设备的配备、维护、保养、更新以及对从业人员的培训等。这些是保障安全生产必不可少的资金条件。缺乏保障安全生产所必需的资金投入，直接的后果是使生产经营单位不具备安全生产条件，严重的则可能导致生产安全事故。

生产经营单位的决策机构、主要负责人、个人经营的投资人，由于不依法保证安全生产所必需的投入，而导致生产经营单位不具备安全生产条件的，根据《安全生产法》第九十条的规定，首先应由负责安全生产监督管理的部门责令生产经营单位的决策机构、主要负责人、个人经营的投资人在规定的期限内纠正违法行为，提供生产经营单位应当具备的安全生产条件所必需的资金。对逾期未改正的，给予以下处罚：①责令停产停业整顿。如果违法行为人在规定的期限内仍然不改正的，责令生产经营单位停产停业整顿。责令停产停业是指行政执法机关对违反行政管理秩序的企业事业单位，依法在一定期限内暂停其从事有关生产经营活动权利的行政处罚。②导致发生生产安全事故，尚不够刑事处罚的，对生产经营单位的主要负责人给予撤职处分，对个人经营的投资人处2万元以上20万元以下的罚款。

5. 关于生产经营单位主要负责人未履行安全生产管理职责

《安全生产法》第九十一条的规定，对于生产经营单位的主要负责人不履行《安全生产法》规定的安全生产管理职责的，首先应由行政执法机关责令其限期改正，即责令其在规定的期限内，依照《安全生产法》的规定履行其应尽的安全生产管理职责。对逾期未改正的，即在规定的期限内，生产经营单位的主要负责人仍然没有按照规定纠正违法行为，履行其应尽职责的，为了保证安全生产，要责令生产经营单位停止生产经营活动，进行整顿。直到生产经营单位的主要负责人按照规定履行了法定职责，才能恢复生产经营活动，并处2万元以上5万元以下的罚款。

生产经营单位的主要负责人未履行《安全生产法》规定的安全生产管理职责，导致发生生产安全事故，尚不够刑事处罚的，对生产经营单位主要负责人给予撤职处分，并在5年内不得担任任何生产经营单位的主要负责人，自受处分之日起开始计算。

《安全生产法》第九十二条规定，生产经营单位的主要负责人未履行《安全生产法》规定的安全生产管理职责，导致发生生产安全事故的，由安全生产监督管理部门依照下列规定处以罚款：

（1）发生一般事故的，处上一年年收入30%的罚款。

（2）发生较大事故的，处上一年年收入40%的罚款。

（3）发生重大事故的，处上一年年收入60%的罚款。

（4）发生特别重大事故的，处上一年年收入80%的罚款。

6. 关于安全管理机构设置人员配备及人员培训、事故隐患记录及通报

生产经营单位有下列行为之一的，责令限期改正，可以处5万元以下的罚款；逾期未改正的，责令停产停业整顿，并处5万元以上10万元以下的罚款，对其直接负责的主管人员和其他直接责任人员处1万元以上2万元以下的罚款：

（1）未按照规定设置安全生产管理机构或者配备安全生产管理人员的。

（2）危险物品的生产、经营、储存单位以及矿山、金属冶炼、建筑施工、道路运输单位的主要负责人和安全生产管理人员未按照规定经考核合格的。

（3）未按照规定对从业人员、被派遣劳动者、实习学生进行安全生产教育和培训，或者未按照规定如实告知有关的安全生产事项的。

（4）未如实记录安全生产教育和培训情况的。

（5）未将事故隐患排查治理情况如实记录或者未向从业人员通报的。

（6）未按照规定制定生产安全事故应急救援预案或者未定期组织演练的。

（7）特种作业人员未按照规定经专门的安全作业培训并取得相应资格，上岗作业的。

7. 关于建设项目及安全设施、设备违反规定

《安全生产法》规定，生产经营单位新建、改建、扩建工程项目的安全设施，必须与主体工程同时设计、同时施工、同时投入生产和使用。矿山建设项目或者用于生产、储存、装卸危险物品的建设项目的安全设施设计应当按照国家有关规定报经有关部门审查；矿山建设项目或者用于生产、储存、装卸危险物品的建设项目的施工单位必须按照批准的安全设施设计施工，以保证安全设施的工程质量。在建设项目竣工投入生产或者使用前，必须依照有关法律、行政法规的规定对安全设施进行验收；验收合格后，方可投入生产和使用。这些都是保证安全生产的前期预防措施。生产经营单位应当在有较大危险因素的生产经营场所和有关设施、设备上，设置明显的安全警示标志，履行警示告知义务。

对于安全设备的设计、制造、安装、使用、检测、维修、改造和报废，应当符合国家标准或者行业标准的要求。对安全设备还必须进行经常性的维护、保养，并定期检测，以保证正常运转。维护、保养、检测还应当做好记录。为从业人员提供的劳动防护用品必须符合国家标准。这是保证从业人员的安全所必需的。生产经营单位使用的涉及生命安全、危险性较大的特种设备，以及危险物品的容器、运输工具，必须按照国家有关规定，由专业生产单位生产，并经取得专业资质的检测、检验机构检测、检验合格，取得安全使用证或者安全标志，方可投入使用。生产经营单位不得使用国家明令淘汰、禁止使用的危及生产安全的工艺、设备。如果生产经营单位违反了以上规定，就要依法承担相应的行政责任。

《安全生产法》第九十五条的规定，生产经营单位有下列行为之一的，责令停止建设或者停产停业整顿，限期改正；逾期未改正的，处50万元以上100万元以下的罚款，对其直接负责的主管人员和其他直接责任人员处2万元以上5万元以下的罚款：①未按照规定对矿山、金属冶炼建设项目或者用于生产、储存、装卸危险物品的建设项目进行安全评价的；②矿山、金属冶炼建设项目或者用于生产、储存、装卸危险物品的建设项目没有安全设施设计或者安全设施设计未按照规定报经有关部门审查同意的；③矿山、金属冶炼建设项目或者用于生产、储存、装卸危险物品的建设项目的施工单位未按照批准的安全设施设计施工的；④矿山、金属冶炼建设项目或者用于生产、储存危险物品的建设项目竣工投入生产或者使用前，安全设施未经验收合格的。

《安全生产法》第九十六条规定，生产经营单位有下列行为之一的，责令限期改正，可以处5万元以下的罚款；逾期未改正的，处5万元以上20万元以下的罚款，对其直接负责的主管人员和其他直接责任人员处1万元以上2万元以下的罚款；情节严重的，责令停产停业整顿：①未在有较大危险因素的生产经营场所和有关设施、设备上设置明显的安全警示标志的；②安全设备的安装、使用、检测、改造和报废不符合国家标准或者行业标准的；③未对安全设备进行经常性维护、保养和定期检测的；④未为从业人员提供符合国家标准或者行业标准的劳动防护用品的；⑤危险物品的容器、运输工具，以及涉及人身安全、危险性较大的海洋石油开采特种设备和矿山井下特种设备未经具有专业资质的机构检测、检验合格，取得安全使用证或者安全标志，投入使用的；⑥使用应当淘汰的危及生产安全的工艺、设备的。

8. 关于擅自从事危险物品生产经营活动

《安全生产法》第九十八条规定，生产经营单位有下列行为之一的，责令限期改正，可以处10万元以下的罚款；逾期未改正的，责令停产停业整顿，并处10万元以上20万元以下的罚款，对其直接负责的主管人员和其他直接责任人员处2万元以上5万元以下的罚款：①生产、经营、运输、储存、使用危险物品或者处置废弃危险物品，未建立专门安全管理制度、未采取可靠的安全措施的；②对重大危险源未登记建档，或者未进行评估、监控，或者未制定应急预案的；③进行爆破、吊装以及国务院安全生产监督管理部门会同国务院有关部门规定的其他危险作业，未安排专门人员进行现场安全管理的；④未建立事故隐患排查治理制度的。

9. 关于生产经营单位事故隐患排查、治理

《安全生产法》第九十九条规定，生产经营单位未采取措施消除事故隐患的，责令立即消除或者限期消除；生产经营单位拒不执行的，责令停产停业整顿，并处10万元以上50万元以下的罚款，对其直接负责的主管人员和其他直接责任人员处2万元以上5万元以下的罚款。

10. 关于生产经营单位出租、发包行为

生产经营单位将生产经营项目、场所、设备发包或者出租给不具备安全生产条件或者相应资质的单位或者个人的，责令限期改正，没收违法所得；违法所得10万元以上的，并处违法所得2倍以上5倍以下的罚款；没有违法所得或者违法所得不足10万元的，单处或者并处10万元以上20万元以下的罚款；对其直接负责的主管人员和其他直接责任人员处1万元以上2万元以下的罚款。

生产经营单位未与承包单位、承租单位签订专门的安全生产管理协议或者未在承包合同、租赁合同中明确各自的安全生产管理职责，或者未对承包单位、承租单位的安全生产统一协调、管理的，责令限期改正，可以处5万元以下的罚款，对其直接负责的主管人员和其他直接责任人员可以处1万元以下的罚款；逾期未改正的，责令停产停业整顿。

11. 关于两个以上生产经营单位的安全协调

两个以上生产经营单位在同一作业区域内进行可能危及对方安全生产的生产经营活动，未签订安全生产管理协议或者未指定专职安全生产管理人员进行安全检查与协调的，责令限期改正，可以处5万元以下的罚款，对其直接负责的主管人员和其他直接责任人员可以处1万元以下的罚款；逾期未改正的，责令停产停业。

12. 关于生产经营单位与从业人员订立非法安全责任协议

《安全生产法》规定，生产经营单位不得以任何形式与从业人员订立协议，免除或者减轻其对从业人员因生产安全事故伤亡依法应承担的责任。这是针对当前在采矿业、建筑业中，一些生产经营单位强迫劳动者与其订立“生死合同”，一旦发生人身伤亡事故，只给受害人或其家属很有限的补偿，就不再承担任何责任的情况，法律对此做了禁止性的规定。

生产经营单位违反这一规定，与从业人员签订协议，免除或者减轻因发生生产安全事故造成从业人员伤亡依法应当承担的责任的，按照《安全生产法》第一百零三条的规定，该协议属于违法协议，从签订之日起即为无效。同时，对于生产经营单位与从业人员订立免除或者减轻生产经营单位对于从业人员因生产安全事故造成伤亡应承担的责任的协议的，属于严重侵犯从业人员合法权益的违法行为，除签订的有关协议无效以外，还应当承担相应的法律责任。按照《安全生产法》第一百零三条的规定，应由有关行政执法机关对生产经营单位的主要负责人、个人经营的投资人根据违法行为的情节，处2万元以上10万元以下的罚款。

13. 关于生产经营单位的从业人员违反安全作业规定

《安全生产法》第五十四条规定，从业人员在作业过程中，应当严格遵守本单位的安全生产规章制度和操作规程，服从管理，正确佩戴和使用劳动防护用品。这是法律对从业人员规定的义务，也是保障安全生产的一个必要条件，从业人员必须遵守，违反了这项义务，就要依法承担相应的责任。

《安全生产法》第一百零四条的规定，对于从业人员违反有关规章制度和操作规程的，应当按照以下几个方面进行处理：①由生产经营单位给予批评教育。即由生产经营单位对该从业人员违反规章制度和操作规程的行为进行批评，同时对其进行有关安全生产方面知识的教育。②依照有关规章制度给予处分。规章制度包括企业依法制定的内部奖惩制度。

具体给予哪种处分，可根据从业人员违反规章制度行为的情节决定。

14. 关于生产经营单位在事故抢险、调查、报告中的作为

《安全生产法》规定，生产经营单位发生重大生产安全事故时，单位的主要负责人应当立即组织抢救；在事故调查处理期间，不得擅离职守。生产经营单位发生生产安全事故后，事故现场有关人员应当立即报告本单位负责人。单位负责人接到事故报告后，应当迅速采取有效措施，组织抢救，防止事故扩大，减少人员伤亡和财产损失，并按照国家有关规定立即如实报告当地负有安全生产监督管理职责的部门，不得隐瞒不报、谎报或者迟报，不得故意破坏事故现场、毁灭有关证据。作为生产经营单位的主要负责人，在发生生产安全事故时，有义务按照法律规定尽力组织抢救，使损失降到最低；并及时、如实地向有关部门报告，使有关部门能够尽快知悉事故情况，并采取必要的措施。违反法律规定，必须承担相应的法律责任。

《安全生产法》第一百零六条规定，生产经营单位的主要负责人在本单位发生生产安全事故时，不立即组织抢救或者在事故调查处理期间擅离职守或者逃匿以及对生产安全事故隐瞒不报、谎报或者迟报的，给予降级、撤职的处分，并由安全生产监督管理部门处上一年年收入60%~100%的罚款；对逃匿的处15日以下拘留；构成犯罪的，依照《刑法》有关规定追究刑事责任。

降级、撤职处分：根据1994年原国家经贸委、原国家经济体制改革委员会、原劳动部联合发布的《国有企业厂长（经理）奖惩办法》的规定，对于国有企业的厂长（经理）的行政处罚包括降级、撤职、辞退或者解聘。具体给予降级、撤职哪一种处分，则根据行为人的违法情节决定。

15. 关于地方人民政府、安全监管部门的事故报告

《安全生产法》第八十一条规定，负有安全生产监督管理职责的部门和有关地方人民政府对事故情况不得隐瞒不报、谎报或者迟报。

违反上述规定，《安全生产法》第一百零七条规定，对直接负责的主管人员和其他直接责任人员依法给予行政处分。本条规定的处罚对象是地方人民政府和负有安全生产监督管理职责的部门的直接负责的主管人员和其他直接责任人员。根据《公务员法》的规定，对于国家公务员的行政处分包括：警告、记过、记大过、降级、撤职、开除六种。具体给予哪种行政处分，则根据违法行为人违法行为的情节，按照干部管理权限，由有关机关决定。

16. 关于生产经营单位的安全生产条件总体要求

按照《安全生产法》的规定，生产经营单位应当具备《安全生产法》和有关法律、行政法规和国家标准或者行业标准规定的安全生产条件；不具备安全生产条件的，不得从事生产经营活动。这是生产经营单位从事生产经营活动必须具备的前提条件。

《安全生产法》对生产经营单位的安全生产条件有若干规定，例如，要求生产经营单位新建、改建、扩建工程项目的安全设施必须与主体工程同时设计、同时施工、同时投入生产和使用；生产经营单位应当在有较大危险因素的生产经营场所和有关设施、设备上，设置明显的安全警示标志；安全设备的安装、使用、检测、改造和报废，应当符合国家标准或者行业标准等。依照《安全生产法》的有关规定，对于生产经营单位违反有关安全生产的法律、法规和国家标准或者行业标准，不具备安全生产条件的，应由有关行政执法机关责令限期改正；逾期未改正的，给予责令停止建设或者停产停业整顿等行政处罚。

《安全生产法》第一百零八条规定，生产经营单位经停产停业整顿仍不具备安全生产条件的，予以关闭；有关部门应当依法吊销其有关证照。

吊销有关证照是指有关行政执法机关依法取消生产经营单位从事生产经营活动的合法凭证，包括吊销营业执照、吊销采矿许可证、吊销危险化学品生产许可证、吊销危险化学品经营许可证等。吊销营业执照是指工商行政管理部门取消企业和个体工商户经工商行政管理部门核准登记后获得的从事生产经营活动的合法凭证；吊销采矿许可证是指由矿产资源主管部门取消有违法行为的单位所取得的许可开采矿产资源的合法凭证，取消其采矿的资格。

4.6.3　民事责任

生产经营单位发生生产安全事故造成人员伤亡、他人财产损失的，应当依法承担赔偿责任；拒不承担或者其负责人逃匿的，由人民法院依法强制执行。生产安全事故的责任人未依法承担赔偿责任的，经人民法院依法采取执行措施后，仍不能对受害人给予足额赔偿的，应当继续履行赔偿义务；受害人发现责任人有其他财产的，可以随时请求人民法院执行。

承担安全评价、认证、检测、检验工作的机构，出具虚假证明，给他人造成损害的，与生产经营单位承担连带赔偿责任。

4.7　事故应急救援和调查处理制度

受生产力发展水平的制约，我国在短时期内还难以完全杜绝生产安全事故。安全生产工作的近期目标是遏制重大、特大事故，预防和减少一般事故。因此，做好事故应急救援和调查处理工作必不可少并且非常重要，这是各级人民政府及其负有安全生产监督管理职责的部门和生产经营单位义不容辞的法定职责。《安全生产法》确立的事故应急救援和调查处理制度，对事故发生前应急救援的准备和事故发生后调查处理的组织分别进行了规范，体现了重在预防的指导思想。事故应急和处理制度主要包括事故应急预案的制定、事故应急体系的建立、高危生产经营单位的应急救援、事故报告、重大事故的应急抢救、调查处理的原则、事故责任的追究、事故统计和公布等内容。

生产安全事故具有突发性和破坏性。许多事故案例证明，大部分事故发生前都存在着事故隐患，显露出一定的征兆和苗头。凡事预则立，不预则废。对事故救援必须改变没有应急救援预案和组织保证的被动局面，应当采取积极主动的措施以应急需。根据已经发生的重大、特大事故的经验教训，针对本地区和本单位可能发生的重大、特大事故制定相应的应急救援预案，建立健全严密、高效的救援组织体系，对于发生重大事故，尤其是那些危害性大、破坏严重的特大事故时的现场救援和人员抢救，具有未雨绸缪的作用，可以减少事故带来的人员伤害和财产损失。近年来，由于对可能发生的重大、特大事故没有任何预见和应急预案、救援体系，一些地方和生产经营单位发生重大、特大事故时，政府和有关部门束手无策或者措手不及，指挥混乱，各部门配合不力，因而不能及时、有效地维持事故现场秩序、防止事故扩大、抢救和医治受伤人员，结果延误了救援时机，扩大了人员伤亡和财产损失，代价惨重。这些血的教训，我们应当记取。正是基于这样的思路，《安全生产法》突破了重视事后调查处理忽视事前应急准备的旧模式，将应急救援纳入事故调查处理制度之中，这对保护人民群众生命和财产安全具有重要意义。

4.7.1 地方政府应急救援工作职责

各级人民政府全面负责领导安全生产工作，在各类重大、特大事故的应急救援工作中处于组织指挥的核心地位。

《安全生产法》第七十六条规定，国家加强生产安全事故应急能力建设，在重点行业、领域建立应急救援基地和应急救援队伍，鼓励生产经营单位和其他社会力量建立应急救援队伍，配备相应的应急救援装备和物资，提高应急救援的专业化水平。国务院安全生产监督管理部门建立全国统一的生产安全事故应急救援信息系统，国务院有关部门建立健全相关行业、领域的生产安全事故应急救援信息系统。

《安全生产法》第七十七条规定，县级以上地方各级人民政府应当组织有关部门制定本行政区域内生产安全事故应急救援预案，建立应急救援体系。

《安全生产法》第八十二条规定，有关地方人民政府和负有安全生产监督管理职责的部门的负责人接到生产安全事故报告后，应当按照生产安全事故应急救援预案的要求立即赶到事故现场，组织事故抢救。

参与事故抢救的部门和单位应当服从统一指挥，加强协同联动，采取有效的应急救援措施，并根据事故救援的需要采取警戒、疏散等措施，防止事故扩大和次生灾害的发生，减少人员伤亡和财产损失。

事故抢救过程中应当采取必要措施，避免或者减少对环境造成的危害。

4.7.2 生产经营单位生产安全事故的应急救援

在工、矿、商、贸生产经营单位中，重大、特大事故发生最多、危险性最大、损失最严重的通常是那些从事危险物品生产、经营、储存和矿山开采、建筑施工的生产经营单位，即所谓的“高危生产经营单位”。

《安全生产法》第七十八条规定，生产经营单位应当制定本单位生产安全事故应急救援预案，与所在地县级以上地方人民政府组织制定的生产安全事故应急救援预案相衔接，并定期组织演练。

《安全生产法》第七十九条规定，危险物品的生产、经营、储存单位以及矿山、金属冶炼、城市轨道交通运营、建筑施工单位应当建立应急救援组织；生产经营规模较小的，可以不建立应急救援组织，但应当指定兼职的应急救援人员。危险物品的生产、经营、储存、运输单位以及矿山、金属冶炼、城市轨道交通运营、建筑施工单位应当配备必要的应急救援器材、设备和物资，并进行经常性维护、保养，保证正常运转。

《安全生产法》第八十条规定，单位负责人接到事故报告后，应当迅速采取有效措施，组织抢救，防止事故扩大，减少人员伤亡和财产损失，并按照国家有关规定立即如实报告当地负有安全生产监督管理职责的部门，不得隐瞒不报、谎报或者迟报，不得故意破坏事故现场、毁灭有关证据。

4.7.3 生产安全事故报告和处置的规定

迅速、及时、准确地报告发生生产安全事故，是生产经营单位和各级地方人民政府及其负有安全生产监督管理职责的部门的法定义务和责任。只有这样，才能尽快组织救援，防止扩大事故，挽回或者减少人员和财产损失。

《安全生产法》第八十条规定，生产经营单位发生生产安全事故后，事故现场有关人员应当立即报告本单位负责人。单位负责人接到事故报告后，按照国家有关规定立即如实报告当地负有安全生产监督管理职责的部门。

《安全生产法》第八十一条规定，负有安全生产监督管理职责的部门接到事故报告后，应当立即按照国家有关规定上报事故情况。负有安全生产监督管理职责的部门和有关地方人民政府对事故情况不得隐瞒不报、谎报或者迟报。

4.7.4　生产安全事故调查处理的规定

1. 事故调查处理的原则

鉴于法律授权国务院制定专门的事故调查处理行政法规，所以，《安全生产法》没有对事故报告和调查处理做出详细的规定。但是法律确定了事故调查处理的原则，即应当按照科学严谨、依法依规、实事求是、注重实效的原则，及时、准确地查清事故原因，查明事故性质和责任，总结事故教训，提出整改措施，并对事故责任者提出处理意见。针对事故调查处理工作存在的地方保护、避重就轻、逃脱责任等突出问题，《安全生产法》第八十五条同时规定，任何单位和个人不得阻挠和干涉对事故的依法调查处理。

2. 事故责任的追究

正确地确定事故有关人员的责任并依法追究，是总结事故教训和惩治有关责任人的重要措施。《安全生产法》第八十四条规定："生产经营单位发生生产安全事故，经调查确定为责任事故的，除了应当查明事故单位的责任并依法予以追究外，还应当查明对安全生产的有关事项负有审查批准和监督职责的行政部门的责任，对有失职、渎职行为的，依照本法第八十七条的规定追究法律责任。"本条规定的责任主体包括生产经营单位的主要负责人、个人经营的投资人和负有安全生产监督管理职责的部门的工作人员。如果违反法律规定应予追究责任的，将要受到法律的制裁。

3. 事故统计和公布

加强对事故的统计分析和事故发生及其调查处理情况的公布，是强化社会监督、总结事故教训、改进安全生产工作的重要手段。为此，《安全生产法》第八十六条规定，县级以上地方各级人民政府安全生产监督管理部门应当定期统计分析本行政区域内发生生产安全事故的情况，并定期向社会公布。按照这条规定，凡是发生生产安全事故的单位及各有关部门，都应当依照有关事故报告、统计分析的规定，及时、准确地向当地安全生产监管部门报告，由县级以上地方人民政府安全生产监管部门逐级进行汇总、统计和分析，定期通过公共传媒予以公布。

复习思考题

1.《安全生产法》的立法有什么意义？

2. 生产经营单位应如何实现安全生产？

3. 生产经营单位的主要负责人对本单位的安全生产负有哪些职责？不履行这些职责应承担的法律后果有哪些？

4. 安全生产管理机构和安全生产管理人员的安全生产管理职责有哪些？

5. 企业如何制定与落实安全生产责任制？
6. 生产经营单位如何落实事故隐患排查与治理的主体责任？
7. 什么是重大危险源？生产经营单位重大危险源的管理有哪些要求？
8. 什么是安全设施？对建设项目安全设施有哪些要求？
9. 从业人员享有哪些获得安全生产保障的具体权利？应当履行哪些安全生产的义务？
10. 负有安全生产监督管理职责的部门在安全生产监督检查与行政执法中享有哪些权利？
11. 国家在应急救援能力建设中应着重做好哪些工作？
12. 生产经营单位主要负责人在本单位发生生产安全事故后的义务是什么？
13. 工伤保险与安全生产责任险的区别是什么？

第5章

安全生产法律体系

5.1 安全生产法律体系概述

5.1.1 安全生产法律体系的概念和特征

安全生产法律体系是指我国全部现行的、不同的安全生产法律规范形成的有机联系的统一整体。具有中国特色的安全生产法律体系正在构建之中。这个体系具有以下三个特点：

（1）法律规范的调整对象和阶级意志具有统一性。

（2）法律规范的内容和形式具有多样性。

（3）法律规范的相互关系具有系统性。

安全生产法律体系是由母系统与若干个子系统共同组成的。从具体法律规范上看，它是单个的；从法律体系上看，各个法律规范又是母系统不可分割的组成部分。安全生产法律规范的层级、内容和形式虽然有所不同，但是它们之间存在着相互依存、相互联系、相互衔接、相互协调的辩证统一关系。

5.1.2 安全生产法律体系的基本框架

1. 安全生产法律

法律是安全生产法律体系中的上位法，居于整个体系的最高层级，其法律地位和效力高于行政法规、地方性法规、部门规章、地方政府规章等下位法。国家现行的有关安全生产的专门法律有《安全生产法》《消防法》《道路交通安全法》《海上交通安全法》《矿山安全法》；与安全生产相关的法律主要有《劳动法》《工会法》《矿产资源法》《铁路法》《中华人民共和国公路法》《民用航空法》《中华人民共和国港口法》《建筑法》《煤炭法》《电力法》等。

2. 安全生产法规

安全生产法规分为行政法规和地方性法规。

（1）行政法规。安全生产行政法规的法律地位和法律效力低于有关安全生产的法律，高于地方性安全生产法规、地方政府安全生产规章等下位法。

（2）地方性法规。地方性安全生产法规的法律地位和法律效力低于有关安全生产的法律、行政法规，高于地方政府安全生产规章。经济特区安全生产法规和民族自治地方安全生产法规的法律地位和法律效力与地方性安全生产法规相同。

3. 安全生产规章

安全生产规章分为部门规章和地方政府规章。

（1）部门规章。国务院有关部门依照安全生产法律、行政法规的授权，制定、发布的安全生产规章的法律地位和法律效力低于法律、行政法规，高于地方政府规章。

（2）地方政府规章。地方政府安全生产规章是最低层级的安全生产立法，其法律地位和法律效力低于其他上位法，不得与上位法相抵触。

4. 法定安全生产标准

我国没有技术法规的正式用语且未将其纳入法律体系的范畴，但是国家制定的许多安全生产立法却将安全生产标准作为生产经营单位必须执行的技术规范而载入法律，安全生产标准法律化是我国安全生产立法的重要趋势。安全生产标准一旦成为法律规定必须执行的技术规范，它就具有了法律上的地位和效力。执行安全生产标准是生产经营单位的法定义务，违反法定安全生产标准的要求，同样要承担法律责任。因此，将法定安全生产标准纳入安全生产法律体系范畴来认识，有助于构建完善的安全生产法律体系。法定安全生产标准分为国家标准和行业标准，两者对生产经营单位的安全生产具有同样的约束力。法定安全生产标准主要是指强制性安全生产标准。

（1）国家标准。安全生产国家标准是指国家标准化行政主管部门依照《标准化法》制定的在全国范围内适用的安全生产技术规范。

（2）行业标准。安全生产行业标准是指国务院有关部门和直属机构依照《标准化法》制定的在安全生产领域内适用的安全生产技术规范。安全生产行业标准对同一安全生产事项的技术要求，可以高于安全生产国家标准但不得与其相抵触。

安全生产标准的范围包括矿山安全、劳动防护用品、危险化学品安全管理、烟花爆竹安全管理和其他工矿商贸安全生产规程等。安全生产标准分为强制性标准和推荐性标准。安全生产标准内容涉及需要强制执行的安全生产条件、安全管理等的为强制性标准；其他为推荐性标准。

下列事项应当制定相应的安全生产标准：

1）劳动防护用品和矿山安全仪器仪表的品种、规格、质量、等级及劳动防护用品的设计、生产、检验、包装、储存、运输、使用的安全要求。

2）为实施矿山、危险化学品、烟花爆竹安全管理而规定的有关技术术语、符号、代号、代码、文件格式、制图方法等通用技术语言和安全技术要求。

3）生产、经营、储存、运输、使用、检测、检验、废弃等方面的安全技术要求。

4）工矿商贸安全生产规程。

5）生产经营单位的安全生产条件。

6）应急救援的规则、规程、标准等技术规范。

7）安全评价、评估、培训考核的标准、通则、导则、规则等技术规范。

8）安全中介机构的服务规范与规则、标准。

9）安全生产监督管理和煤矿安全监察工作的有关技术要求。

10）法律、行政法规规定的其他安全技术要求。

5.1.3 安全生产法的法律渊源与法律效力

法律形式是指享有不同立法权限的国家机关创制的、具有不同法律效力的法律规范的外在形式。法学中又把法律形式称为法律渊源。

我国的法律形式主要有宪法、法律、行政法规、地方性法规、民族自治地方的自治条例和单行条例、特别行政区的法律及国际条约。

法律的渊源就是指法律的表现形式，按照制定法律的部门的不同，将各种法律、法规从法律地位上或法律效力上划分为不同的类别。我国安全生产法的主要法律渊源包括《宪法》、安全生产法律、安全生产行政法规、安全生产部门规章、地方性安全生产法规和地方安全生产规章、我国批准的有关安全生产的国际条约等。

安全生产法对事的适用范围，就是指安全生产法对哪些社会关系、哪些社会活动发生法律效力。依照《安全生产法》第二条的规定，该法适用于在中华人民共和国领域内从事生产经营活动的单位的安全生产。《安全生产法》只调整、规范生产经营活动的安全生产，而不适用于国防安全、社会治安管理，不适用于环境保护、人事管理等活动。《安全生产法》将对事的适用范围严格限定在生产经营领域的安全生产。

《安全生产法》是安全生产方面的基本法，消防安全法和道路交通安全法、铁路交通安全法、水上交通安全法、民用航空安全法是安全生产法的特别法。有关法律、行政法规对消防安全和道路交通安全、铁路交通安全、水上交通安全、民用航空安全另有规定的，适用其规定。如果没有规定的，适用《安全生产法》的相关规定。

5.2 安全生产标准

5.2.1 安全生产标准概述

1. 安全生产标准的概念

标准是指为在一定的范围内获得最佳秩序，对活动或其结果共同的和重复使用的规则、导则或特性的文件，是对重复性事物和概念所做的统一规定。它以科学、技术和实践经验的综合成果为基础，经有关方面协调一致，由主管机构批准，以特定的形式发布，作为共同遵守的准则和依据。

标准是为生产、建设、科研、设计、施工服务的，具有一定的权威性和约束性。标准化是指为在一定范围内获得最佳秩序，对实际的或潜在的问题制定共同的和重复使用的规则的活动。标准化的方针是统一、协调、简化和择优。标准化的意义在于改进产品、过程和服务的适用性，防止贸易壁垒，并促进技术合作。制定标准是标准化工作的前提，实施标准是标准化工作的目的，监督标准的实施是标准化工作的手段。

安全生产标准是指由国家制定和修订并颁布的有关安全生产方面统一的技术、管理、方法等要求。

安全生产标准与其他行业标准之间应当协调、统一。安全生产行业标准实施后需要上升为国家标准的，应当及时上升为国家标准。安全生产行业标准在相应的国家标准实施后，即行废止。

2. 安全生产标准的内容与名称

安全生产标准的内容是对设计、施工、制造、检测、检验等技术事项做出一系列统一规定的，应将标准化对象的名称与规范、规则连在一起作为安全生产标准的名称。

安全生产标准的内容是对工艺、操作、安装、鉴定、管理等具体安全技术要求和实施程序做出统一规定的，应将标准化对象的名称与安全规程或者规程连在一起作为安全生产标准的名称。

安全生产标准的内容是对某一具体设备、装置、防护用品的安全要求做出规定或者对其试验方法、检测检验规则、标志、包装、运输、储存等方面提出要求的，应将标准化对象的名称与安全技术条件或者技术条件连在一起作为安全生产标准的名称。

安全生产标准的内容仅包括部分技术特征的，应将标准化对象和标准所叙述的技术特征作为安全生产标准的名称。安全生产标准的内容是全面叙述标准化对象的，应将标准化对象作为安全生产标准的名称。安全生产标准的内容是通用性规定的，应将标准化对象及其技术特征与导则、通则连在一起作为安全生产标准的名称。安全生产标准的内容是对生产经营单位的安全生产条件做出规定的，应将标准化对象与安全生产条件连在一起作为安全生产标准的名称。

3. 安全生产标准的起草和审查

安全生产标准起草单位应当制订标准工作计划，成立标准起草小组，并确定专门人员负责标准的起草工作。标准工作计划和标准起草小组名单应当报组织标准计划实施的部门备案。安全生产标准起草单位应当按照标准完成计划提出安全生产标准征求意见稿，并广泛征求有关单位和专家的意见。对于有关单位和专家提出的意见，安全生产标准起草单位应予采纳；不予采纳的，应当说明理由。意见处理结果应当按照标准化有关规定编制意见汇总处理表。

安全生产标准起草单位应当根据意见处理结果对安全生产标准征求意见稿进行修改，形成安全生产标准送审稿，送组织标准计划实施的部门或者全国专业标准化技术委员会审查。安全生产标准送审时，应当附有标准送审稿、标准编制说明、意见汇总处理表和其他有关附件。

4. 安全生产标准的发布和备案

安全生产标准由对安全生产标准制定和修订工作实施管理的部门统一编号、发布。安全生产标准的编号由安全生产标准代号、标准顺序号及年号组成。安全生产行业标准代号为AQ。

安全生产标准应当在发布后30日内依法报国务院标准化行政主管部门备案，安全生产标准由指定的出版社统一出版、发行。安全生产标准实施后，应当进行复审。复审周期不超过5年。复审不合格的，应当及时进行修订或者废止。

5.2.2 安全生产标准的种类

安全系统工程有关事故形成的理论认为，事故是由人、物、环境、管理四要素引起的，事故预防应从影响系统的四个因素，即人、物、环境、管理出发进行综合治理，劳动安全卫生应用标准都用来防止事故和职业病的发生，因此它必须包含针对人的不安全行为、物的不安全状态、环境因素、管理因素四方面的标准。根据这个原理，安全生产标准分为基础标准、管理标准、技术标准、方法标准和产品标准五类。

1. 基础标准

基础标准主要是指在安全生产领域的不同范围内，对普遍的、广泛通用的共性认识所做的统一规定，是在一定范围内作为制定其他安全标准的依据和共同遵守的准则。其内容包括制定安全标准所必须遵循的基本原则、要求、术语、符号；各项应用标准、综合标准赖以制定的技术规定；物质的危险性和有害性的基本规定；材料的安全基本性质以及基本检测方法等。

2. 管理标准

管理标准是指通过计划、组织、控制、监督、检查、评价与考核等管理活动的内容、程序、方式，使生产过程中人、物、环境各个因素处于安全受控状态，直接服务于生产经营科学管理的准则和规定。

安全生产方面的管理标准主要包括安全教育、培训和考核等标准，重大事故隐患评价方法及分级等标准，事故统计、分析等标准，安全系统工程标准，人机工程标准以及有关激励与惩处标准等。

3. 技术标准

技术标准是指对于生产过程中的设计、施工、操作、安装等具体技术要求及实施程序中设立的必须符合一定安全要求以及能达到此要求的实施技术和规范的总称。

这类标准有金属非金属矿山安全规程、石油化工企业设计防火规范、烟花爆竹工厂设计安全规范、烟花爆竹劳动安全技术规程、民用爆炸物品工厂设计安全规范、建筑设计防火规范等。

4. 方法标准

方法标准是指对各项生产过程中技术活动的方法所做出的规定。

安全生产方面的方法标准主要包括两类。一类是以试验、检查、分析、抽样、统计、计算、测定、作业等方法为对象制定的标准。例如，试验方法、检查方法、分析计法、测定方法、抽样方法、设计规范、计算方法、工艺规程、作业指导书、生产方法、操作方法等。另一类是为合理生产优质产品，并在生产、作业、试验、业务处理等方面为提高效率而制定的标准。这类标准有安全帽测试方法、防护服装机械性能材料抗刺穿性及动态撕裂性的试验方法、安全评价通则、安全预评价导则、安全验收评价导则、安全现状评价导则等。

5. 产品标准

产品标准是对某一具体安全设备、装置和防护用品及其试验方法、检测检验规则、标志、包装、运输、储存等方面所做的技术规定。它是在一定时期和一定范围内具有约束力的技术准则，是产品生产、检验、验收、使用、维护和洽谈贸易的重要技术依据，对于保障安全、提高生产和使用效益具有重要意义。产品标准的主要内容包括：①产品的适用范围；②产品的品种、规格和结构形式；③产品的主要性能；④产品的试验、检验方法和验收规则；⑤产品的包装、储存和运输等方面的要求。

这类标准主要是对某类产品及其安全要求做出的规定，如煤矿安全监控系统、煤矿用隔离式自救器等。

5.2.3 安全生产标准的制定

1. 一般规定

安全生产标准的范围包括矿山安全、劳动防护用品、危险化学品安全管理、烟花爆竹安全管理和其他工矿商贸安全生产规程等。

国家安监总局、国家标准化管理委员会（以下简称国家标准委）对全国安全生产标准工作实施监督管理，并鼓励有关政府机构、生产经营单位、全国专业标准化技术委员会、行业协会、科学研究机构、学术团体、学校等单位和个人依法从事安全生产标准工作。

安全生产标准起草单位应于每年12月15日前向国家安监总局、国家标准委提出下年度制定和修订安全生产标准的项目建议。

安全生产标准的项目建议应当包括下列内容：

（1）制定或者修订的必要性。

（2）相关国家标准或者行业标准的情况。

（3）标准的主要内容。

（4）完成时限。

（5）其他有关情况。

国家安监总局、国家标准委对安全生产标准起草单位提出的安全生产标准的项目建议进行审查，确定年度安全生产标准工作计划，并组织实施。

2. 安全生产标准制定和修订工作细则

（1）制定机构的规定。安全生产标准包括安全生产方面的国家标准（GB）和行业标准（AQ）。国家安监总局、国家标准委对安全生产标准制定和修订工作实施管理。全国安全生产标准化技术委员会（以下简称安标委）负责安全生产标准制定和修订工作。安标委的煤矿安全、非煤矿山安全、化学品安全、烟花爆竹安全、粉尘防爆、涂装作业、防尘防毒等分技术委员会（以下简称分标委）负责其职责范围内的安全生产标准制定和修订工作。

（2）立项和计划。国家安监总局根据安全生产工作的需要，组织制定安全生产标准工作规划和年度计划。国家标准计划项目由国家标准委下达和公布，行业标准计划项目由国家安监总局下达和公布。

具备下列条件之一的，企业、科研院所、协会、学会、中介机构等单位可以申请安全生产标准的立项：

1）符合国家现行有关安全生产法律法规和标准化工作规定的。

2）在安全生产标准范围之内的。

3）市场和企业急需，符合国家产业政策，对提高安全生产水平有促进作用的。

4）对安全生产专项整治有推动作用的。

5）规范安全生产监管监察和行政执法的。

6）规范安全生产行政许可和市场准入的。

安全生产标准的项目建议应当包括下列内容：

1）制定或者修订的必要性。

2）相关国家标准或者行业标准的情况。

3）标准的主要内容。

4）完成时限。

5）其他有关情况。

（3）起草。安标委及分标委应当根据国家标准委、国家安监总局下达的标准计划，组织计划的实施，指导和督促标准起草单位开展标准的制定或修订工作。

经安标委及分标委确认的标准起草单位应当制订标准工作计划，成立标准起草小组，并确定专门人员负责标准的起草工作。标准工作计划和标准起草小组名单应当报安标委或分标委备案。

标准编写的层次结构（章、条、款、项）、格式、用语、公式、表格和字体，应当遵循《标准化工作导则》（GB/T 1.1—2009）的规定。

标准起草单位应当按照计划，在调查研究、试验验证的基础上，提出标准征求意见稿、编写说明及有关附件，其内容一般包括：

1）工作简况，包括任务来源、协作单位、主要工作过程、标准主要起草人及其所做的工作等。

2）标准编制原则和确定标准主要内容（如技术指标、参数、公式、性能要求、试验方法、检验规则等）的论据（包括试验、统计数据）。修订标准的，应增列新旧标准水平的对比。

3）主要试验（或验证）的分析、综述报告，技术经济论证，预期的经济效果。

4）采用国际标准和国外先进标准的程度，以及与国际、国外同类标准水平的对比情况，或与测试的国外样品、样机的有关数据对比情况。

5）与现行有关法律、法规和标准的关系。

6）重大分歧意见的处理经过和依据。

7）标准作为强制性标准或推荐性标准的建议。

8）贯彻标准的要求和措施建议（包括组织措施、技术措施、过渡办法等内容）。

9）废止现行有关标准的建议。

10）其他应予说明的事项。

5.3 安全生产法律法规和标准简介

5.3.1 安全生产通用法律法规和标准

5.3.1.1 安全生产通用法律

1.《安全生产法》

《安全生产法》是我国安全生产法律法规的核心，该法于2002年6月29日经第九届全国人大常委会第二十八次会议审议通过，并于同年11月1日施行。2014年8月31日第十二届全国人大常委会第十次会议通过了《全国人民代表大会常务委员会关于修改〈中华人民共和国安全生产法〉的决定》，自2014年12月1日起施行。新修订的《安全生产法》根据我国安全生产面临的新形势，对进一步加强安全生产工作提出了更高的要求，企业应当根据最新修订的《安全生产法》规定，进一步加强安全生产管理，提高安全生产保障水平。

全国人大常委会2014年修订的《安全生产法》对旧法进行了五十多项修改，最新版本的《安全生产法》共包括114条，充实和完善了从业人员的安全生产的权利和义务、生产经营单位的安全生产保障、安全生产的监督管理等内容。新《安全生产法》对于企业认真贯彻落实习近平总书记关于安全生产工作一系列重要指示精神，依法强化安全生产管理、进一步落实生产经营单位主体责任提出了新的要求，解决了我国企业安全生产面临的现实问题和发展要求，具有重要指导意义。

2.《劳动合同法》

《劳动合同法》由第十届全国人大常委会第二十八次会议于2007年6月29日通过，自2008年1月1日起施行。2012年12月28日第十一届全国人大常委会第三十次会议对《劳动合同法》进行了修订。《劳动合同法》是调整劳动关系以及与劳动关系有密切联系的其他关系的法律规范。

《劳动合同法》是依据《宪法》中有关劳动者基本权利和义务的规定制定的，主要宗旨是保护劳动者的合法权益，同时也考虑了劳动者与用人单位双方的权利与义务的对等。例如，在规定职工可以辞职的同时，也规定用人单位可以依法辞退职工，从而保证了劳动者的择业自主权和用人单位的用人自主权。《劳动合同法》规定工会可以代表职工与企业就劳动报酬、工作时间、休息休假、劳动安全卫生、保险福利等事项，在平等协商的基础上订立集体合同。《劳动合同法》以基本法律的形式第一次明确了工时休假制度，使《宪法》规定的劳动者这一基本权利得到具体确认。同时，该法确立了最低工资保障制度，规定了工资支付的基本原则。另外，该法还明确了国家确定职业分类，制定职业技能标准，实行职业资格证明制度，实施职业技能考核鉴定，为我国建立职业技能开发体系、提高我国劳动者整体素质，提供了法律依据和保障。此外，《劳动合同法》肯定了社会保险制度改革的成果，对基本保险、企业补充保险和个人储蓄性保险分别做了原则规定；对社会保险基金经办机构和监督机构的职责制定了法律规范，同时规定了用人单位和劳动者缴纳社会保险费的义务和法律责任。

《劳动合同法》的主要内容包括总则、劳动合同的订立、劳动合同的履行和变更、劳动合同的解除和终止、特别规定、监督检查、法律责任、附则。现行《劳动合同法》既坚持了《劳动法》确立的劳动合同制度的基本框架，包括双向选择的用人机制，劳动关系双方有权依法约定各自的权利和义务，依法规范劳动合同的订立、履行、变更、解除和终止等；同时又对《劳动法》确立的劳动合同制度做出了较大修改，使之进一步完善。

2012年修改的《劳动合同法》仅对第五十七、六十三、六十六、九十二条四个条款进行了修改，重在严格规范劳务派遣用工，保障被派遣劳动者的合法权益。此次修改，就是要使劳务派遣回归其作为劳动用工补充形式的定位，把派遣用工数量控制在合理范围内。

第五十七条的修改，针对《劳动合同法》实施以来，由于劳务派遣单位准入门槛低，承担责任能力差，被派遣劳动者的合法权益受到侵害后，难以获得有效赔偿。为促使劳务派遣单位依法经营，本次修改规定经营劳务派遣业务应当向劳动行政部门依法办理行政许可，并对取得许可的条件做了具体规定。

第六十三条的修改，细化了同工同酬的适用范围和操作标准。和修改前相比，不再仅限于原则上的定性，而是进一步明确了同工同酬的具体含义为“相同的劳动报酬分配办法”，而非机械理解为同一个岗位必须为同一标准劳动报酬金额，解决了实施中的认识歧义。

第六十六条的修改是最引人瞩目的，也是本次修改的核心条款。普遍认为该条中对原条文中“三性”的具体定义是解决目前劳务派遣滥用的重要利器。

第九十二条的修改，提高了对劳务派遣单位违法行为的处罚力度，健全了相对科学的处罚办法和标准。通过和违法所得相结合，进行重罚。此外，从单纯处罚劳务派遣单位，还增加对用工单位的处罚。事实上，现实中劳务派遣用工的滥用，劳务派遣单位并不起决定性作用，而是取决于用工单位的现实需求。本次修改，将用工单位列入处罚对象，势必将对劳务派遣滥用起到一定的遏制作用。

3. 《消防法》

《消防法》由第十一届全国人大常委会第五次会议于2008年10月28日修订通过，自2009年5月1日起施行。其具体内容如下：

《消防法》第五条规定，任何单位和个人都有维护消防安全、保护消防设施、预防火灾、报告火警的义务。任何单位和成年人都有参加有组织的灭火工作的义务。

《消防法》第二十二条规定，生产、储存、装卸易燃易爆危险品的工厂、仓库和专用车站、码头的设置，应当符合消防技术标准。易燃易爆气体和液体的充装站、供应站、调压站，应当设置在符合消防安全要求的位置，并符合防火防爆要求。已经设置的生产、储存、装卸易燃易爆危险品的工厂、仓库和专用车站、码头，易燃易爆气体和液体的充装站、供应站、调压站，不再符合前述规定的，地方人民政府应当组织、协调有关部门、单位限期解决，消除安全隐患。

《消防法》第四十四条规定，任何人发现火灾都应当立即报警。任何单位、个人都应当无偿为报警提供便利，不得阻拦报警。严禁谎报火警。

人员密集场所发生火灾，该场所的现场工作人员应当立即组织、引导在场人员疏散。

任何单位发生火灾，必须立即组织力量扑救。邻近单位应当给予支援。消防队接到火警，必须立即赶赴火灾现场，救助遇险人员，排除险情，扑灭火灾。

5.3.1.2 安全生产通用行政法规

1. 《国务院关于特大安全事故行政责任追究的规定》

《国务院关于特大安全事故行政责任追究的规定》自2001年4月21日起施行。

《国务院关于特大安全事故行政责任追究的规定》第二条规定，地方人民政府主要领导人和政府有关部门正职负责人对下列特大安全事故的防范、发生，依照法律、行政法规和该规定的规定有失职、渎职情形或者负有领导责任的，依照该规定给予行政处分；构成玩忽职守罪或者其他罪的，依法追究刑事责任：

（1）特大火灾事故。

（2）特大交通安全事故。

（3）特大建筑质量安全事故。

（4）民用爆炸物品和化学危险品特大安全事故。

（5）煤矿和其他矿山特大安全事故。

（6）锅炉、压力容器、压力管道和特种设备特大安全事故。

（7）其他特大安全事故。

地方人民政府和政府有关部门对特大安全事故的防范、发生直接负责的主管人员和其他直接责任人员，比照该规定给予行政处分；构成玩忽职守罪或者其他罪的，依法追究刑事责任。

特大安全事故肇事单位和个人的刑事处罚、行政处罚和民事责任，依照有关法律、法规和规章的规定执行。

负责行政审批的政府部门或者机构违反前述规定，对发现或者举报的未依法取得批准而擅自从事有关活动的，不予查封、取缔、不依法给予行政处罚，工商行政管理部门不予吊销营业执照的，根据情节轻重，对部门或者机构的正职负责人，给予降级或者撤职的行政处分；构成受贿罪、玩忽职守罪或者其他罪的，依法追究刑事责任。

2.《安全生产许可证条例》

《安全生产许可证条例》于2004年1月7日经国务院第34次常务会议通过，2004年1月13日公布，自公布之日起实施。2014年7月29日，国务院第54次常务会议对其进行了修订。其具体内容如下：

（1）立法目的及适用范围。《安全生产许可证条例》是在我国安全生产形势依然严峻的情况下，在国务院领导的高度重视和直接关怀下适时出台的。其基本立法目的是为了严格规范安全生产条件，进一步加强安全生产监督管理，防止和减少生产安全事故。主要是对矿山企业、建筑施工企业和非煤矿山、烟花爆竹、民用爆炸物品生产企业实行安全生产许可制度。未取得安全生产许可证的相关企业，不得从事生产活动。该条例对安全生产许可证的颁发管理机关也做了规定，非煤矿山安全生产由安全生产监督管理部门监督管理。

（2）企业取得安全生产许可证应当具备的安全生产条件。该条例关于取得安全生产许可证应当具备的条件的规定是和安全生产的现行法律、法规相衔接的，主要是安全生产工作实践经验的总结，全面、具体、明确，具有较强的可操作性。具体来讲，企业取得安全生产许可证应具备下列条件：

1）建立、健全安全生产责任制，制定完备的安全生产规章制度和操作规程。

2）安全投入符合安全生产要求。

3）设置安全生产管理机构，配备专职安全生产管理人员。

4）主要负责人和安全生产管理人员经考核合格。

5）特种作业人员经有关业务主管部门考核合格，取得特种作业操作资格证书。

6）从业人员经安全生产教育和培训合格。

7）依法参加工伤保险，为从业人员缴纳保险费。

8）厂房、作业场所和安全设施、设备、工艺符合有关安全生产法律、法规、标准和规程的要求。

9）有职业危害防治措施，并为从业人员配备符合国家标准或者行业标准的劳动防护用品。

10）依法进行安全评价。

11）有重大危险源检测、评估、监控措施和应急预案。

12）有生产安全事故应急救援预案、应急救援组织或者应急救援人员，配备必要的应急救援器材、设备。

13）法律、法规规定的其他条件。

违反该条例规定，未取得安全生产许可证擅自进行生产的，责令停止生产，没收违法所得，并处10万元以上50万元以下的罚款；造成重大事故或者其他严重后果，构成犯罪的，依法追究刑事责任。

3.《安全生产违法行为行政处罚办法》

《安全生产违法行为行政处罚办法》于2007年11月9日经国家安监总局局长办公会议审议通过，自2008年1月1日起施行。2015年4月2日经国家安监总局令第77号修正。自2015年5月1日起施行。

《安全生产违法行为行政处罚办法》分为总则，行政处罚的种类、管辖，行政处罚的程序，行政处罚的适用，行政处罚的执行和备案，附则，共6章69条。主要内容如下：

（1）第一章总则，规定了其目的是为了制裁安全生产违法行为，规范安全生产行政处罚工作，授权县级以上人民政府安全生产监督管理部门对生产经营单位及其有关人员在生产经营活动中违反有关安全生产的法律、行政法规、部门规章、国家标准、行业标准和规程的违法行为（以下统称安全生产违法行为）实施行政处罚。煤矿安全监察机构依照该办法和煤矿安全监察行政处罚办法，对煤矿、煤矿安全生产中介机构等生产经营单位及其有关人员的安全生产违法行为实施行政处罚。

总则还规定，对安全生产违法行为实施行政处罚，应当遵循公平、公正、公开的原则。安全生产监督管理部门或者煤矿安全监察机构（以下统称安全监管监察部门）及其行政执法人员实施行政处罚，必须以事实为依据。行政处罚应当与安全生产违法行为的事实、性质、情节以及社会危害程度相当。生产经营单位及其有关人员对安全监管监察部门给予的行政处罚，依法享有陈述权、申辩权和听证权；对行政处罚不服的，有权依法申请行政复议或者提起行政诉讼；因违法给予行政处罚受到损害的，有权依法申请国家赔偿。

（2）第二章行政处罚的种类、管辖，规定了安全生产违法行为行政处罚的种类有：①警告；②罚款；③没收违法所得、没收非法开采的煤炭产品、采掘设备；④责令停产停业整顿、责令停产停业、责令停止建设、责令停止施工；⑤暂扣或者吊销有关许可证，暂停或者撤销有关执业资格、岗位证书；⑥关闭；⑦拘留；⑧安全生产法律、行政法规规定的其他行政处罚。县级以上安全监管监察部门应当按照该章的规定，在各自的职责范围内对安全生产违法行为行政处罚行使管辖权。

（3）第三章行政处罚的程序，规定了行政处罚的程序包括简易程序、一般程序、听证程序，并对各程序的适用条件进行了详细规定。

（4）第四章行政处罚的适用，主要规定了安全生产违法行为行政处罚的适用。

5.3.1.3　安全生产的相关标准

安全生产标准是抓好安全生产工作的重要技术管理规范，也是保障安全设施、设备、仪器、仪表、器材有效运行的可靠手段，还是政府开展依法行政和履行安全生产监管监察职责的技术依据，更是防止和减少生产安全事故，促进安全生产稳定好转的重要保障。

1. 安全生产标准的种类

（1）国家标准，代码为GB。

（2）行业标准，与安全生产相关的行业标准包括原来的行业标准，如MT、LD、YJ，新的标准代码为AQ。AQ行业标准的范围包括除矿用电气设备以外的矿山安全、劳动防护用品、危险化学品安全管理、烟花爆竹安全管理和工矿商贸安全生产规程等。

2. 主要通用技术标准

目前我国已颁布并正有效实施的主要通用技术标准有：

（1）《危险货物包装标志》（GB 190—2009）。
（2）《职业性接触毒物危害程度分级》（GBZ 230—2010）。
（3）《危险货物分类和品名编号》（GB 6944—2012）。
（4）《危险货物命名原则》（GB/T 7694—2008）。
（5）《危险货物品名表》（GB 12268—2012）。
（6）《危险货物运输包装通用技术条件》（GB 12463—2009）。
（7）《化学品分类和危险性公示　通则》（GB 13690—2009）。
（8）《危险货物运输包装类别划分方法》（GB/T 15098—2008）。

3. 针对危险物品的安全管理标准或规程

针对危险性较大、使用比较普遍的危险物品的生产、使用、运输或包装物等，我国还制定了具体的安全管理标准或规程，如以下几种：

（1）《氢气使用安全技术规程》（GB 4962—2008）。
（2）《工业企业煤气安全规程》（GB 6222—2005）。
（3）《液化气体铁道罐车》（GB/T 10478—2006）。
（4）《氯气安全规程》（GB 11984—2008）。
（5）《道路运输危险货物车辆标志》（GB 13392—2005）。
（6）《溶解乙炔气瓶充装规定》（GB 13591—2009）。

4. 其他危险物品行业管理标准

不同部门、行业根据管理的需要也制定了相应的危险物品行业管理标准，如以下几种：

（1）《汽车运输危险货物规则》（JT 617—2004）。
（2）《汽车运输、装卸危险货物作业规程》（JT 618—2004）。

5. AQ 行业标准

我国 AQ 行业标准每年颁布一次，如以下几种：

（1）《煤矿建设项目安全核准基本要求》（AQ 1049—2008）。
（2）《保护层开采技术规范》（AQ 1050—2008）。
（3）《煤矿职业安全卫生个体防护用品配备标准》（AQ 1051—2008）。
（4）《煤矿建设项目安全设施设计审查和竣工验收规范》（AQ 1055—2008）。
（5）《金属非金属地下矿山通风安全技术规范》（AQ 2013—2008）。
（6）《耐火材料生产安全规程》（AQ 2023—2008）。

5.3.2 安全生产专门法律法规和标准

5.3.2.1 煤矿安全生产法律法规

1. 专门性法律法规

我国煤矿安全生产专门性法律法规有《煤炭法》《乡镇煤矿管理条例》《煤矿安全监察条例》《煤矿用爆破器材管理规定》等。这种分类接近于把法律做一般法与特别法的分类，其意义在于，煤矿安全生产中所要求的守法、执法和司法中的法并不单指遵守、执行和适用规范煤矿安全生产的专门性法律法规，也包括规范所有主体安全生产的综合性法律法规。

2. 实体性法律法规

它是直接确定法律关系主体权利和义务的产生、变更、消灭的法律法规。煤矿安全生产实体性法律法规包括《矿山安全法》等。

3. 程序性法律法规

煤矿安全生产程序性法律法规包括《安全生产行政复议规定》等。这种分类的意义在于，对于立法机关而言，不仅要重视制定煤矿安全生产实体法，还要关注制定煤矿安全生产程序法，以通过健全的程序保障法律关系主体的权利得到行使和救济，义务得到履行和承担。

4. 煤炭行业标准

煤炭行业标准主要有：

(1)《矿井通风阻力测定方法》(MT/T 440—2008)。

(2)《烟煤粘结指数测定仪通用技术条件》(MT/T 226—2005)。

(3)《煤矿用防爆灯具》(MT 221—2005)。

(4)《选煤厂破碎设备工艺效果评定方法》(MT/T 2—2005)。

(5)《煤矿用乳化液泵站　过滤器技术条件》(MT/T 188.4—2000)。

(6)《刮板输送机紧固件　非金属嵌件六角锁紧螺母》(MT/T 187.8—1991)。

(7)《煤用筛分设备型号编制方法》(MT/T 154.9—1996)。

5.3.2.2　非煤矿山安全生产法律、法规与标准

主要的非煤矿山安全生产法律、法规包括《矿山安全法》《非煤矿矿山企业安全生产许可证实施办法》等。

现行的非煤矿山安全生产标准大致可以分为以下三类：①与非煤矿山规划、勘查、设计、开采、施工、验收、评估、测试、化验、包装、存放、运输、选冶、救援等生产活动安全相关的方法和技术规范类；②与生产活动中使用的设备、设施、机具、配件、原料、仪器、防护用具等相关的产品安全技术规格类；③与非煤矿山安全生产涉及的概念、符号、结构要素、型号编定、程序编码、作业环境、卫生条件、管理要求等相关的基础标准类。

我国非煤矿山安全生产标准主要有：

(1)《选矿安全规程》(GB 18152—2000)。

(2)《金属非金属矿山安全规程》(GB 16423—2006)。

(3)《尾矿库安全技术规程》(AQ 2006—2005)。

(4)《炼铁安全规程》(AQ 2002—2004)。

(5)《地质勘探安全规程》(AQ 2004—2005)。

5.3.2.3　危险化学品安全生产法律、法规与标准

我国目前没有专门的危险化学品行业法律。危险化学品主要的法规包括《危险化学品安全管理条例》《工作场所安全使用化学品规定》《危险化学品生产企业安全生产许可证实施办法》等。

我国危险化学品安全生产标准主要有：

(1)《危险化学品　爆炸品名词术语》(GB/T 21535—2008)。

(2)《危险化学品鱼类急性毒性分级试验方法》(GB/T 21281—2007)。

(3)《危险化学品包装液压试验方法》(GB/T 21279—2007)。

(4)《危险化学品重大危险源辨识》(GB 18218—2014)。

(5)《化学品安全标签编写规定》(GB 15258—2009)。

5.3.2.4 烟花爆竹安全生产法律、法规与标准

我国烟花爆竹安全生产法律、法规主要有《中华人民共和国治安管理处罚法》《烟花爆竹企业安全生产标准化评审办法》《烟花爆竹生产企业安全生产许可证实施办法》《出口烟花爆竹检验管理办法》《出口烟花爆竹生产企业登记细则》《出口烟花爆竹生产企业登记代码标记编写规定》等。

主要的烟花爆竹国家标准有：

(1)《烟花爆竹 黑火药爆竹（爆竹类产品）》(GB 21552—2008)。

(2)《烟花爆竹 火箭（升空类产品）》(GB 21553—2008)。

(3)《烟花爆竹 双响（升空类产品）》(GB 21555—2008)。

(4)《烟花爆竹作业安全技术规程》(GB 11652—2012)。

(5)《烟花爆竹工程设计安全规范》(GB 50161—2009)。

(6)《烟花爆竹　安全与质量》(GB 10631—2013)。

5.3.2.5 建筑安全生产法律、法规与标准

我国建筑安全生产法律、法规主要有《建筑法》《建设工程安全生产管理条例》《建筑施工企业安全生产管理机构设置及专职安全生产管理人员配备办法》《危险性较大工程安全专项施工方案编制及专家论证审查办法》《建设项目职业病危害分类管理办法》《建筑施工企业主要负责人、项目负责人和专职安全生产管理人员安全生产管理规定》《建筑施工企业安全生产许可证管理规定》《建设项目职业病危害评价规范》。

我国建筑安全生产标准主要有《建筑设计防火规范》(GB 50016—2014) 等。

5.3.2.6 民用爆炸物品安全生产法律、法规与标准

我国民用爆炸物品安全生产法律、法规主要有《民用爆炸物品安全管理条例》《民用爆破器材目录》《民用爆炸物品安全生产许可实施办法》《民用爆破器材安全评价导则》。

我国民用爆炸物品安全生产标准主要有：

(1)《民用爆破器材工程设计安全规范》(GB 50089—2007)。

(2)《民用爆破器材企业安全管理规程》(WJ 9049—2005)。

(3)《爆破安全规程》(GB 6722—2014)。

(4)《地下及覆土火药炸药仓库设计安全规范》(GB 50154—2009)。

5.4 国际公约

自20世纪80年代以来，经济全球化的趋势日益明显，各国之间的交流日益频繁。特别是随着国际贸易和跨国投资的增长，资金、劳动、技术与商品等生产要素已经成为全球性的资源，并且在全球范围内进行合理化配置。越来越多的企业到国外投资，使用外国劳动力进行生产，并且将产品出口到世界各地。一方面，为了与日益变化的国际和国内经济条件相适应，各国在劳动法制方面都采取了内容与程度不尽相同的改革措施。另一方面，在国际劳工组织的努力下，国际劳工标准的推广取得了显著成就，批准基本国际劳工组织公约的国家越来越多。全球化不仅带来更为深化的全球经济组合，而且深深地影响了国与国之间的社会和劳动条件，伴随着全球化的进程，劳动法领域已经出现了全球化的趋势。

当前，我国经济社会发展进入了一个新的重要历史时期，其主要特征表现为经济持续快

速发展，增长模式和发展模式面临双重转换，社会主义市场经济体制框架初步确立。但是，在发展过程中，各种社会问题、环境问题、经济发展自身的问题等层出不穷，有些甚至日益突出。市场化过程中出现的劳资双方力量对比严重失衡，劳动者面临的贫困、失业和社会排斥等劳动权益保护问题就是突出表现之一。日益复杂的劳资关系和日益激化的劳资矛盾，给我国社会的稳定和经济社会的可持续发展埋下了严重隐患。我国必须正视和面对这些问题，并积极寻找解决问题的办法，建立和谐稳定劳动关系的长效机制。有鉴于此，有必要将视角放在国际公约的框架下，一方面认真审视我国履行已签署批准的有关安全生产权益的国际公约义务的情况，另一方面借鉴立法水平相对较高的国际公约中关于安全生产权益保护的劳动标准，努力推动我国安全生产权益保护机制的完善。

5.4.1　国际劳工标准

国际劳工标准是以公约和建议书的形式由国际劳工大会通过的。国际职业安全卫生标准是国际劳工标准中涉及职业安全卫生方面的标准。

国际劳工组织将职业安全卫生标准（公约和建议书）分为以下五类：

1. 一般规定标准

一般规定标准是用来指导成员国为了达到安全卫生的工作环境，保证工人的福利与尊严而制定的方针和措施，一般指政策指导性的标准。

（1）1985年《职业卫生设施公约》（第161号公约）。

（2）1985年《职业卫生设施建议书》（第171号建议书）。

（3）1981年《职业安全和卫生及工作环境公约》（第155号公约）。

（4）1981年《职业安全和卫生及工作环境建议书》（第164号建议书）。

（5）1964年《工伤事故津贴建议书》（第121号建议书）。

（6）1961年《工人住房建议书》（第115号建议书）。

（7）1956年《工人福利设施建议书》（第102号建议书）。

（8）1953年《在工作场所保护工人健康建议书》（第97号建议书）。

（9）1925年《（事故赔偿）平等待遇公约》（第19号公约）。

2. 特殊行业的预防标准

特殊行业的预防标准是针对某些行业，如建筑业、矿业、农业、商业和办公室及码头等制定的预防标准。

（1）1996年《家庭工作公约》（第177号公约）。

（2）1995年《矿山安全与卫生公约》（第176号公约）。

（3）1995年《矿山安全与卫生建议书》（第183号建议书）。

（4）1988年《建筑业安全和卫生公约》（第167号公约）。

（5）1988年《建筑业安全和卫生建议书》（第175号建议书）。

（6）1979年《码头作业职业安全和卫生公约》（第152号公约）。

（7）1979年《码头作业职业安全和卫生建议书》（第160号建议书）。

（8）1964年《商业和办事处所卫生公约》（第120号公约）。

（9）1964年《商业和办事处所卫生建议书》（第120号建议书）。

（10）1935年《（妇女）井下作业公约》（第45号公约）。

3. 特殊危害的预防标准

特殊危害的预防标准是针对特殊物质（白铅、辐射、苯、石棉和化学品）或工作环境中的特殊危害而制定的预防标准。

（1）1993年《预防重大工业事故公约》（第174号公约）。
（2）1993年《预防重大工业事故建议书》（第181号建议书）。
（3）1990年《作业场所安全使用化学品公约》（第170号公约）。
（4）1990年《作业场所安全使用化学品建议书》（第177号建议书）。
（5）1986年《安全使用石棉公约》（第162号公约）。
（6）1986年《安全使用石棉建议书》（第172号建议书）。
（7）1977年《工作环境（空气污染、噪声和振动）公约》（第148号公约）。
（8）1977年《工作环境（空气污染、噪声和振动）建议书》（第156号建议书）。
（9）1974年《职业癌公约》（第139号公约）。
（10）1974年《职业癌建议书》（第147号建议书）。
（11）1973年《苯公约》（第136号公约）。
（12）1963年《机器防护公约》（第119号公约）。
（13）1960年《辐射防护公约》（第115号公约）。
（14）1960年《辐射防护建议书》（第114号建议书）。
（15）1921年《（油漆）白铅公约》（第13号公约）。

4. 劳动监察标准

劳动监察标准内容涉及劳动监察工作。

（1）1969年《（农业）劳动监察公约》（第129号公约）。
（2）1969年《（农业）劳动监察建议书》（第133号建议书）。
（3）1947年《（工商业）劳动监察公约》（第81号公约）。
（4）1947年《（工商业）劳动监察建议书》（第81号建议书）。
（5）1947年《（采矿和运输业）劳动监察建议书》（第82号建议书）。
（6）1926年《（海员）劳动监察建议书》（第28号建议书）。

5. 保护措施标准

保护措施标准是针对未成年人体格检查、生育保护、搬运最大负重量而制定的保护措施。

（1）2000年《保护生育公约（修订）》（第183号公约）。
（2）1990年《夜间工作公约》（第171号公约）。
（3）1990年《夜间工作建议书》（第178号建议书）。
（4）1975年《移民工人公约（补充条款）》（第143号公约）。
（5）1973年《最低年龄公约》（第138号公约）。
（6）1967年《最大负重量公约》（第127号公约）。
（7）1967年《最大负重量建议书》（第128号建议书）。
（8）1965年《未成年人（井下作业）体格检查公约》（第124号公约）。
（9）1965年《未成年人（井下作业）就业建议书》（第125号建议书）。
（10）1952年《保护生育公约（修订）》（第103号公约）。

(11) 1948年《(工业)未成年人夜间工作公约(修订)》(第90号公约)。

(12) 1946年《未成年人就业体格检查(工业)公约》(第77号公约)。

(13) 1946年《未成年人就业体格检查(非工业)公约》(第78号公约)。

(14) 1946年《未成年人就业体格检查建议书》(第79号建议书)。

(15) 1946年《未成年人(非工业)就业夜间工作公约》(第79号公约)。

(16) 1946年《未成年人(非工业)就业夜间工作建议书》(第80号建议书)。

(17) 1932年《(码头工人)事故防护公约(修订)》(第32号公约)。

(18) 1919年《保护生育公约》(第3号公约)。

5.4.2 国际劳工标准在我国的发展

国际劳工标准是国际劳工组织在各国工作的基石。

国际劳工标准首先起源于理事会对普遍需求的回应，然后散发给三方成员进行讨论。有关建议再连续交由两届国际劳工大会讨论，并同时在两届大会之间由国际劳工局将建议再提交给各国政府、工人组织和雇主组织，征求他们的修改意见和建议。最后，准备一份公约草案供讨论通过。公约和建议书须由参加大会的2/3的代表表决赞成才能通过。

截止到2013年年底，国际劳工组织共通过了189个公约，其中8个被确认为“核心公约”。1998年6月在日内瓦召开的第86届国际劳工大会通过了《工作中的基本原则和权利宣言》，涉及结社自由、歧视、强迫劳动和童工几个方面。

1. 国际劳工标准工作在我国的行动目标

(1) 促进和实现国际劳工组织通过的《工作中的基本原则和权利宣言》。

(2) 为批准和实施国际劳工组织公约，包括核心公约和优先公约，提供技术咨询和技术援助。

(3) 开展信息和教育活动，提高人们对(各类)国际劳工标准的认识。

(4) 加强劳动监察制度的能力，从而更有效地实施国际劳工标准并考虑有关的劳动监察公约。

2. 我国已经批准的国际劳工组织公约

我国已经批准的25个国际劳工组织公约见表5-1。

表5-1　我国已批准的国际劳工组织公约

公约号	通过时间	公约名称	批准时间
第7号	1920年	(海上)最低年龄公约	1936年12月2日
第11号	1921年	(农业)结社权利公约	1934年4月27日
第14号	1921年	(工业)每周休息公约	1934年5月17日
第15号	1921年	(扒炭工和司炉工)最低年龄公约	1936年12月2日
第16号	1921年	(海上)青年人体检公约	1936年12月2日
第19号	1925年	(事故赔偿)平等待遇公约	1934年4月27日
第22号	1926年	海员协议条款公约	1936年12月2日
第23号	1926年	海员遣返公约	1936年12月2日
第26号	1928年	最低工资确认机制公约	1930年5月5日
第27号	1929年	(船运包裹)标明重量公约	1931年6月24日
第32号	1932年	(码头工人)事故防护公约(修订)	1935年11月30日
第45号	1935年	(妇女)井下作业公约	1936年12月2日

（续）

公约号	通过时间	公 约 名 称	批准时间
第59号	1937年	（工业）最低年龄公约（修订）	1940年2月21日
第80号	1946年	最后条款修订公约	1947年8月4日
第100号	1951年	同工同酬公约	1990年11月2日
第144号	1976年	三方协商促进履行国际劳工标准公约	1990年11月2日
第159号	1983年	（残疾人）职业康复和就业公约	1988年2月2日
第170号	1990年	作业场所安全使用化学品公约	1995年1月11日
第122号	1964年	就业政策公约	1997年12月17日
第138号	1973年	准予就业最低年龄公约	1999年4月28日
第150号	1978年	劳动行政管理公约	2002年3月7日
第167号	1988年	建筑业安全和卫生公约	2002年3月7日
第182号	1999年	禁止和立即行动消除最恶劣形式的童工劳动公约	2002年8月8日
第111号	1958年	消除就业和职业歧视公约	2006年1月12日
第155号	1981年	职业安全和卫生及工作环境公约	2006年10月31日

5.4.3 我国已经签署的国际劳工组织公约简介

5.4.3.1 1988年《建筑业安全和卫生公约》（第167号公约）

1. 一般规定

（1）国家法律或条例应要求雇主和独立劳动者负有提供安全和卫生的工作场所并遵守规定的安全和卫生措施的一般责任。

（2）凡两个或几个雇主同时在同一建筑工地从事活动时，他们有义务相互合作，以及与参与此项建筑工程的其他任何人员，包括工程所有人或其代表合作，以遵守规定的安全和卫生措施。

（3）协调建筑工地安全和卫生措施的最终责任应由主承包商或主要负责施工的其他人员承担。

（4）为保证雇主和工人有组织的合作以促进建筑工地的安全和卫生所应采取的措施，应由国家法律或条例或由主管当局加以规定。这些措施应包括：

1）设立拥有规定的权利和义务的代表雇主和工人的安全和卫生委员会。

2）选举或任命拥有规定的权利和义务的工人安全代表。

3）由雇主任命有足够资格和经验的人员来促进安全和卫生工作。

4）对安全代表和安全委员会委员进行培训。

（5）负责建筑项目的设计和计划工作的人员，应根据国家法律、条例和惯例考虑建筑工人的安全和健康。

（6）建筑设备、工具、防护设备和其他类似设备的设计应考虑到工程生理学原理。

2. 预防和保护措施

（1）建筑工程应按下列方式进行计划、准备和实施：

1）对工作场所可能出现的危险迅速加以防止。

2）操作过程中避免过重或多余的姿势及动作。

3）劳动组织上要考虑工人的安全和健康。

4）使用从安全和卫生角度看属适当的材料和产品。

5）采用保护工人免遭化学、物理和生物介质有害影响的工作方法。

（2）国家法律或条例应规定，建筑工地预定的规模、工期和特点必须向主管当局报告。

（3）工人应有权利和义务在工作场所就他们掌管的设备与工作方法，对促进劳动安全并对所采用的可能影响安全和健康的工序发表意见。

3. 工作场所的安全

（1）应在建筑工地规划和实施整洁措施，其中包括：

1）材料和设备的妥善存放。

2）每隔适当时间清除废弃物与垃圾。

（2）在其他办法不能保护工人避免从高处坠落的地方：

1）应安装并保持适当的安全网或安全挡布。

2）应提供并使用适当的安全带。

（3）雇主应为工人提供适当方法，使其能使用个人防护用具，并应保证其使用得当。防护用具和防护服应符合主管当局制定的标准，并尽可能考虑到工程生理学原理。

5.4.3.2　1935年《（妇女）井下作业公约》（第45号公约）

经国际劳工局理事会召集，于1935年6月4日在日内瓦举行国际劳工大会第19届会议。经决定采纳该届会议第二项关于妇女在各类矿山井下作业的若干提议，同时确定这些提议应采取国际公约的形式，于1935年6月21日通过该公约。

该公约所称“矿山”一词，是指从事井下开采矿物的任何公私企业。

该公约规定任何妇女，不论其年龄如何，一概不得受雇从事矿山井下作业。

国家法律或条例可规定下列人员不受上述规定的限制：

（1）任管理职务，而非从事体力劳动的妇女。

（2）从事卫生及社会服务工作的妇女。

（3）学习期间被允许在矿山井下接受职业培训的妇女。

（4）偶然进入矿山井下，从事非体力劳动的任何其他妇女。

该公约的生效日期为1937年5月30日。

5.4.3.3　1976年《三方协商促进履行国际劳工标准公约》（第144号公约）

1990年9月7日，第七届全国人大常委会第十五次会议决定批准国际劳工组织1976年第60届大会通过的《三方协商促进履行国际劳工标准公约》。

该公约所规定程序的目的是就下列事项进行协商：

（1）政府对国际劳工大会议程项目调查表的答复和政府对供大会讨论的拟议文本的意见。

（2）根据国际劳工组织章程第19条向主管机关或各主管机关提交公约和建议书时所提出的建议。

（3）经过适当时间间隔后对未批准的公约和尚未使之生效的建议书的再审查，以考虑可采取何种措施促进其实施以及考虑如属适宜，采取何种措施促进其批准。

（4）根据国际劳工组织章程第22条向国际劳工局提交的报告的有关问题。

（5）关于对已批准公约的解约建议。

为保证充分考虑上述事项，应每隔根据协议确定的适当时间进行协商，且至少每年一次。

5.4.3.4 《作业场所安全使用化学品公约》(第170号公约)

国际劳工组织于1990年6月26日在日内瓦举行的第17届会议上，制定并通过了《作业场所安全使用化学品公约》，也称为《1990年化学品公约》（以下简称《170号国际公约》)。我国是国际劳工组织成员国，经1994年10月27日第八届全国人大第十次会议批准，我国承认并实施该公约。《170号国际公约》的宗旨是要求政府主管当局、雇主组织、工人组织，共同协商努力，采取措施，保护员工免受化学品危害的影响，有助于保护公众和环境。该公约分七部分共27条：第一部分为范围和定义；第二部分为总则；第三部分为分类及有关措施；第四部分为雇主的责任；第五部分为工人的义务；第六部分为工人及代表的权利；第七部分为出口国的责任。

在该公约中，所谓作业场所，是指化学品生产、搬运、储存、运输、废弃、设备维护的所有场所。《170号国际公约》强调三方合作。

1. 政府主管当局的责任

(1) 与雇主组织和工人组织协商，制定政策并定期检查。

(2) 当发现问题时有权禁止或限制使用某种化学品。

(3) 建立适当的制度或专门标准，确定化学品危险特性，评价分类；提出“标志”或“标签”要求。

(4) 制定安全使用说明书（CSDS）的编制标准。

2. 雇主的责任

(1) 对化学品进行分类。

(2) 对化学品进行标志或加贴标签；使用前采取安全措施。

(3) 提供安全使用说明书，在作业现场编制“使用须知”(周知卡)。

(4) 保证工人接触化学品的程度符合主管当局的规定。

(5) 对工人接触程度评估，并有监测、记录（健康监护)。

(6) 采取措施将危险、危害降到最低程度。

(7) 当措施达不到要求时，免费提供个体防护用具。

(8) 提供急救设施。

(9) 制定应急处理预案。

(10) 处置废物应依照法律、法规规定。

(11) 对工人进行培训并提供资料、作业须知等。

(12) 与工人及其代表合作。

3. 工人的义务

(1) 与雇主密切合作，遵章守纪。

(2) 采取合理步骤对可能产生的危害加以消除或降低。

4. 工人的权利

(1) 有权了解化学品的特性、危害性、预防措施、培训程序。

(2) 当有充分理由判断安全与健康受到威胁时，可以脱离危险区，并不受不公正待遇。

5. 出口国的责任

当本国由于安全和卫生方面原因，对某种化学品部分或全部禁止使用时，应及时将事实和原因通报给进口国。

复习思考题

1. 安全生产法律体系的概念和特征是什么?
2. 安全生产法律体系的基本内容有哪些?
3. 安全生产标准包括哪几个方面的基本内容?
4. 安全生产法律法规和标准包括哪几个层次?
5. 安全生产通用法律法规和标准与安全生产专门法律法规和标准的区别与联系是什么?
6. 国际劳工组织将职业安全卫生标准(公约和建议书)分为哪几类?

第6章

安全生产监督管理

6.1 安全生产监督管理概述

强有力的监察与监督措施是安全生产法制得以落实的基本手段，否则，法律法规将仅仅是一纸空文。早期的安全生产立法，由于没有负责监督检查的机构和人员，或没有对违反法律法规的惩罚办法，而难以真正执行。进入20世纪，特别是后半叶，世界各国的“安全卫生立法”都极为重视安全生产的监察与监管职能。我国改革开放以来，特别是《安全生产法》颁布实施以来，安全生产的监察监管理论和实践得到了前所未有的快速发展。

我国对安全生产实施的监督管理体制是全方位、多层次的，其中，国家监督管理是搞好安全生产的重要保证，企业负责制度的建立是搞好安全生产的主体，群众参与、社会监督、舆论监督是搞好安全生产的推动力量。各类监督管理性质不同，内容各有侧重、功能上实现互补，其特点可以概括为以下六点：

（1）规则使其不能。即通过完善的立法，制定严格的技术规范，明确什么事情能做，什么事情不能做。

（2）教育使其不违。即通过宣传、教育、培训等一切安全文化手段使从业人员自觉做到不违章生产、不违章指挥、不违反法律法规。

（3）监督使其不易。即通过有效的、完善的、全面的监管机制，把事故消除在萌芽状态。

（4）严惩使其不敢。即通过建立、健全严格的事故责任追究制度，对责任事故的肇事者，实施严格的民事、行政、刑事追究和经济处罚。

（5）明赏使其不怠。即通过建立、健全安全生产方面的奖励制度，发挥各方面的积极性，使安全生产隐患降到最低。

（6）信息使其不误。即通过建立完善的安全生产信息系统，使安全生产的新技术、新观点、新理念、新政策等快速有效地传递到每一个企业、每一个从业人员。

6.2 安全生产的国家监督管理

安全生产的国家监督管理是指国家行政机关及其专门设立的负责安全生产监督管理的部

门，依照有关安全生产的法律、法规和规章，对生产经营单位的安全生产工作实施的计划、组织、协调、指挥、控制、监督、检查等一系列监督管理活动。

6.2.1　安全生产国家监督管理体制的形成

我国国家安全生产监督管理体制经历了曲折的发展变化过程。新中国成立前夕，1949年9月，第一届中国人民政治协商会议通过的《共同纲领》明确规定："实行工矿检查制度，以改进工矿的安全和卫生设备。"新中国一成立，中央人民政府就设立了劳动部，在劳动部下设劳动保护司；地方各级人民政府的劳动部门也相应设立了劳动保护处、科、股。在政府产业部门内也相继设立了专管劳动保护和安全生产工作的机构。

按照1950年原政务院批准的《中央人民政府劳动部试行组织条例》和《省、市劳动局暂行组织通则》的规定，各级劳动部门自建立伊始，即担负起了监督、指导各产业部门的劳动保护和安全生产工作。同时，对工矿企业的劳动保护和安全生产工作实施监督管理。1956年，国务院在发布"三大规程"的决议中进一步指出："对劳动保护和安全生产工作，各级劳动部门必须加强经常性的监督检查工作。"应该说，在这一时期，我国的国家安全生产监督管理体制尚处在初创阶段，但其发展态势是相当不错的。

令人可惜的是，在随后的"大跃进"和"文化大革命"中，劳动部门机构被精简合并，劳动保护和安全生产工作受到严重挫折。

党的十一届三中全会以后，劳动保护和安全生产工作得以恢复和加强。1982年，国务院发布了《矿山安全条例》《矿山安全监察条例》和《锅炉压力容器安全监察暂行条例》。各级劳动部门在原设劳动保护机构的基础上，又增设了矿山安全监察机构和锅炉压力容器安全监察机构。1983年，国务院又批准原劳动人事部、原国家经济委员会、中华全国总工会《关于加强安全生产和劳动安全监察工作的报告》，要求"劳动部门要尽快建立、健全劳动安全监察制度，加强安全监察机构，充实安全监察干部、监督检查生产部门和企业对各项安全法规的执行情况，认真履行职责，充分发挥应有的监察作用。"1992年11月7日，颁布《矿山安全法》，使劳动部门对矿山安全生产的监察工作首次具有了法律基础。

1998年，国务院进行了前所未有的大幅度机构改革，将由原劳动部承担的安全生产综合管理、职业安全监察、矿山安全监察等职能交由原国家经贸委承担，在原国家经贸委下新设立安全生产局，统一管理上述工作；将由原劳动部承担的职业卫生监察，包括矿山卫生监察职能，交由原卫生部承担；将由原劳动部承担的锅炉压力容器安全监察职能，交由原国家质量技术监督局承担；新组建的劳动和社会保障部（现为人力资源和社会保障部）仍承担劳动保护工作中的女职工和未成年工特殊保护，工作时间和休息休假以及与劳动保护工作密切相关的工伤保险、劳动保护争议与仲裁等职能。

1999年，国务院又增设国家煤矿安全监察局，承担改革后由原国家经贸委安全生产局负责的煤矿安全监察职能。

2000年12月，国务院决定在原国家经贸委安全生产局基础上设立原国家安全生产监督管理局，与国家煤矿安全监察局合署办公，属于"一个机构，两块牌子"。涉及煤矿安全监察方面的工作，仍以国家煤矿安全监察局的名义实施，煤矿安全监察工作的体制不变。

2005年年初，原国家安全生产监督管理局改组为国家安监总局。国家安监总局是国务院主管安全生产综合监督管理的直属机构，也是国务院安全生产委员会的办事机构。

6.2.2 安全生产国家监督管理体制及其基本特征

6.2.2.1 安全生产的国家监督管理体制

《安全生产法》第九条及《国务院关于特大安全事故行政责任追究的规定》第六条对安全生产监督管理体制做了明确规定。

国务院负责安全生产监督管理的部门对全国安全生产工作实施综合监督管理；县级以上地方各级人民政府负责安全生产监督管理的部门，对本行政区域内安全生产工作实施综合监督管理。国务院有关部门依法在各自的职责范围内对有关的安全生产工作实施监督管理；县级以上地方各级人民政府有关部门依法在各自的职责范围内对有关的安全生产工作实施监督管理。

国务院负责安全生产监督管理的部门是指国家安监总局。国家安监总局是国务院的正部级直属机构，依照法律和国务院批准的“三定”方案确定的职责，对全国安全生产工作实施综合监督管理。

县级以上地方各级人民政府负责安全生产监督管理的部门是指这些地方政府任命设立或者授权负责本行政区域内安全生产综合监督管理的部门，其中绝大多数为安全生产监督管理局。

国务院有关部门和县级以上地方各级人民政府有关部门是指国务院负责专项安全生产监督管理的部门和县级以上地方人民政府负责专项安全生产监督管理的部门。国务院有关部门是指公安部、交通运输部、住房和城乡建设部、工业和信息化部、中国民用航空局和国家质量监督检验检疫总局等国务院的部、委和其他有关机构。国务院有关部门依照法律、行政法规和国务院批准的“三定”方案的规定，负责有关行业、领域的专项安全生产监督管理工作，如公安部负责消防安全、道路交通安全的监督管理工作，交通运输部负责道路建设和运输企业安全、水上安全的监督管理工作，住房和城乡建设部负责建筑施工安全的监督管理工作，工业和信息化部负责民用爆炸物品生产、销售的安全监督管理工作，中国民用航空局负责民用航空安全的监督管理工作，国家质量监督检验检疫总局负责特种设备安全的监督管理工作等。县级以上地方各级人民政府有关部门是指本级人民政府负责消防、道路交通、水上交通、建设、质检等专项安全生产监督管理工作的部门。地方人民政府有关部门依照法律、法规和本级人民政府的授权，负责本行政区域内的专项安全生产监督管理工作，并接受同级人民政府安全生产综合监督管理部门的指导和监督。

安全生产的综合监督管理与专项监督管理的有效结合实现了监督管理的法律化、制度化。综合监督管理负责解决各行各业安全生产工作中存在的普遍性、共性的问题，专项监督管理负责解决某一方面或者行业安全生产工作中的特殊性、个性的问题。安全生产综合监督管理部门对安全生产专项监督管理部门的工作进行协调、指导和监督，不取代有关部门实施安全生产监督管理的具体工作。安全生产监督管理部门与有关部门的职责互不交叉、互不代替，应当各司其职，齐抓共管。

6.2.2.2 基本特征

（1）具有监督的权威性。法律确定国务院和地方人民政府有关部门及负责安全生产的监督管理部门，依法对生产经营单位的安全生产工作进行监督管理，这些部门是代表国家行使监督职权的，执行的是国家意志，这种代表国家进行监督的权威性是其他各种监督所不具备的。

（2）具有监督的强制性。这种法定的监督，不管被监督管理的生产经营单位是否愿意，都是必须接受的，没有妥协的余地。安全生产监督管理部门对被监督管理的对象的违法或违规行为，可以依照法定程序做相应处罚或者依法提交或建议司法、纪检等机关依法惩办。所以，这种监督管理是以国家强制力为保障的。

（3）具有监督的普遍约束性。这是指在安全生产监督管理机关管辖领域的范围内，在固定场所从事生产、经营的单位，都必须接受安全生产监督管理。国务院有关部门及负责安全生产监督管理的部门负责全国的安全生产工作，统一监督调度管理，县级以上地方人民政府有关部门及负责安全生产监督管理的部门负责本辖区内的安全生产监督管理工作。

（4）具有特殊的行政执法地位。国家安全生产监督管理机构的设置原则、领导体制、职责权限和监督管理人员的任免等都是由法律规范所确定的，与被监管对象没有上下级关系，其监督管理活动，是从国家的整体利益出发，向人民和人民政府负责，不受部门和行业的干扰和限制，具有较强的公正性。

6.2.3　国家安监总局的机构设置和主要职责

6.2.3.1　机构设置

国家安监总局主要设9个职能机构。

（1）办公厅（国际合作司、财务司）。组织协调机关办公，拟订和监督执行机关的各项工作规则和制度；承担机关文秘、政务信息、保密、档案、提案、信访和行政事务等方面的工作；研究承办机关及所属单位管理体制、机构编制工作；承担机关和所属单位财务、经费、国有资产管理和审计工作；组织开展与外国政府、国际组织及民间组织安全生产方面的国际交流与合作；承担有关外事管理工作。

（2）政策法规司。政策法规司组织起草安全生产方面的法律和行政法规；组织研究拟订工矿商贸行业及有关综合性安全生产规章、规程和工矿商贸安全生产标准；承办安全生产方面的行政复议，指导安全生产系统的法制建设，监督执法行为；组织研究安全生产重大政策；组织起草重要文件、重要会议报告；承担全国安全生产信息发布工作；组织、指导安全生产新闻和宣传教育工作。

（3）规划科技司。规划科技司组织研究拟订安全生产发展规划和科技规划；组织、指导和协调安全生产重大科学技术研究、技术示范及安全生产科研成果鉴定和技术推广工作；负责安全生产信息化建设工作；按照投资管理权限负责相应的固定资产投资项目管理；负责国家安全生产专家组工作；负责劳动防护用品和安全标志的监督管理工作；实施对工矿商贸生产经营单位安全生产条件和有关设备（特种设备除外）进行检测检验、安全评价、安全培训、安全咨询等社会中介机构的资质管理，并进行监督检查。

（4）安全生产协调司（国家安全生产监察专员办公室、职业安全监督管理司）。安全生产协调司承担国务院安全生产委员会办公室日常工作。分析和预测全国安全生产形势；联系国务院有关部门和各省、自治区、直辖市的安全生产工作，及时掌握重要情况和重大事项；组织、协调全国性的安全生产大检查、专项督查和安全生产专项整治工作；负责组织特别重大事故调查处理工作；负责国家安全生产监察专员日常管理工作；承担综合监督管理煤矿安全监察的日常工作；负责作业场所（煤矿作业场所除外）职业卫生的监督检查工作，组织查处职业危害事故和有关违法行为。

（5）安全生产应急救援办公室。研究起草安全生产应急救援的相关法律、法规和有关规章、规程、标准；组织安全生产应急救援预案的编制和安全生产应急救援体系建设；组织指挥安全生产应急救援演习；统一指挥、协调特别重大安全生产事故应急救援工作；分析预测特别重大事故风险，及时发布预警信息。

（6）监督管理一司（海洋石油作业安全办公室）。依法监督检查非煤矿山、石油、冶金、有色、建材、地质等行业的工矿商贸生产经营单位贯彻执行安全生产法律、法规情况及其安全生产条件、设备设施安全情况；组织相关的大型建设项目安全设施设计审查和竣工验收；负责非煤矿矿山企业安全生产许可证的颁发和管理工作；指导和监督相关的安全评估工作；参与相关行业特别重大事故的调查处理，并监督事故查处的落实情况；指导、协调或参与相关的事故应急救援工作；承担海上石油安全生产的综合监督管理工作。

（7）监督管理二司。依法监督检查机械、轻工、纺织、烟草、贸易行业的工矿商贸生产经营单位贯彻执行安全生产法律、法规的情况及其安全生产条件、设备设施安全情况；指导、监督相关的安全评估工作；组织相关的大型建设项目安全设施设计审查和竣工验收；指导、协调和监督公路、水运、铁路、民航、建筑、水利、电力、邮政、电信、林业、军工、旅游等行业的安全生产工作；参与调查处理相关的特别重大事故，并监督事故查处的落实情况；指导、协调或参与相关的事故应急救援工作。

（8）危险化学品安全监督管理司。综合监督管理危险化学品安全生产工作；依法负责危险化学品生产和储存企业设立及其改建和扩建的安全审查，危险化学品包装物和容器专业生产企业的安全审查和定点、危险化学品经营许可证的发放，国内危险化学品登记工作并监督检查。负责烟花爆竹生产经营单位的安全生产监督管理。依法监督检查化工（含石油化工）、医药和烟花爆竹行业生产经营单位贯彻执行安全生产法律、法规情况及其安全生产条件、设备设施安全情况；组织查处不具备安全生产基本条件的生产经营单位；组织相关的大型建设项目安全设施的设计审查和竣工验收；负责危险化学品、烟花爆竹生产经营单位安全生产许可证的颁发和管理工作；指导和监督相关的安全评估工作；参与调查处理相关的特别重大事故，并监督事故查处的落实情况；指导、协调或参与相关的事故应急救援工作。

（9）人事培训司。承担局机关和直属单位干部管理及人事、劳动工资和职称管理工作；组织实施注册安全工程师执业资格考试及注册管理工作；指导全国安全生产培训工作，负责本系统安全生产监督管理人员的安全培训和考核；依法组织、指导和监督特种作业人员（煤矿特种作业人员、特种设备作业人员除外）和工矿商贸生产经营单位主要经营管理者、安全生产管理人员的安全资格（煤矿矿长安全资格除外）考核工作；监督检查工矿商贸生产经营单位安全培训工作。

6.2.3.2　主要职责

（1）承担国务院安全生产委员会办公室的工作。具体职责有：①研究提出安全生产重大方针政策和重要措施的建议；②监督检查、指导协调国务院有关部门和各省、自治区、直辖市人民政府的安全生产工作；③组织国务院安全生产大检查和专项督查；④参与研究有关部门在产业政策、资金投入、科技发展等工作中涉及安全生产的相关工作；⑤负责组织国务院特别重大事故调查处理和办理结案工作；⑥组织协调特别重大事故应急救援工作；⑦指导协调全国安全生产行政执法工作；⑧承办国务院安全生产委员会召开的会议和重要活动，督促检查国务院安全生产委员会会议决定事项的贯彻落实情况。

（2）综合监督管理全国安全生产工作。组织起草安全生产方面的综合性法律和行政法规，制定发布工矿商贸行业及有关综合性安全生产规章，研究拟订安全生产方针政策和工矿商贸安全生产标准、规程，并组织实施；负责职责范围内非煤矿矿山企业和危险化学品、烟花爆竹生产企业安全生产许可证的颁发和管理工作。

（3）依法行使国家安全生产综合监督管理职权。按照分级、属地原则，指导、协调和监督有关部门安全生产监督管理工作，对地方安全生产监督管理部门进行业务指导；制定全国安全生产发展规划；定期分析和预测全国安全生产形势，研究、协调和解决安全生产中的重大问题。

（4）负责发布全国安全生产信息，综合管理全国生产安全伤亡事故调度统计和安全生产行政执法分析工作；依法组织、协调特大和特别重大事故的调查处理工作，并监督事故查处的落实情况；组织、指挥和协调安全生产应急救援工作。

（5）负责综合监督管理危险化学品和烟花爆竹安全生产工作。

（6）指导、协调全国和各省、自治区、直辖市安全生产检测检验工作；组织实施对工矿商贸生产经营单位安全生产条件和有关设备（特种设备除外）进行检测检验、安全评价、安全培训、安全咨询等社会中介组织的资质管理工作，并进行监督检查。

（7）组织、指导全国和各省、自治区、直辖市安全生产宣传教育工作，负责安全生产监督管理人员的安全培训、考核工作，依法组织、指导并监督特种作业人员（煤矿特种作业人员、特种设备作业人员除外）的考核工作和工矿商贸生产经营单位主要经营管理者、安全生产管理人员的安全资格（煤矿矿长安全资格除外）考核工作；监督检查工矿商贸生产经营单位的安全培训工作。

（8）负责监督管理中央管理的工矿商贸生产经营单位安全生产工作，依法监督工矿商贸生产经营单位贯彻执行安全生产法律、法规情况及其安全生产条件和有关设备（特种设备除外）、材料、劳动防护用品的安全生产管理工作。

（9）依法监督检查职责范围内新建、改建、扩建工程项目的安全设施与主体工程同时设计、同时施工、同时投产使用的情况；依法监督检查工矿商贸生产经营单位作业场所（煤矿作业场所除外）的职业卫生情况，负责职业卫生安全许可证的颁发管理工作；监督检查重大危险源监控、重大事故隐患的整改工作，依法查处不具备安全生产条件的工矿商贸生产经营单位。

（10）组织拟订安全生产科技规划，组织、指导和协调相关部门和单位开展安全生产重大科学技术研究和技术示范工作。

（11）组织实施注册安全工程师执业资格制度，监督和指导注册安全工程师执业资格考试和注册工作。

（12）组织开展与外国政府、国际组织及民间组织间的安全生产方面的国际交流与合作。

（13）根据国务院规定，同时管理国家煤矿安全监察局并综合监督管理煤矿安全监察工作。

（14）承办国务院、国务院安全生产委员会交办的其他事项。

6.2.4 县级以上地方各级人民政府

6.2.4.1 执法主体

县级以上地方各级人民政府，包括省、自治区、直辖市人民政府，市（地、州）人民政府和县（市、区）人民政府。把组织安全生产检查的责任落在县级以上地方各级人民政府，既体现了安全生产主要由地方人民政府负责的原则，也符合我国各级人民政府行政管理权限划分的实际情况，在操作上较为可行，有利于安全生产检查工作的落实。

应当说明的是，根据国务院（中央人民政府）所担负的职责以及乡镇人民政府的实际情况，《安全生产法》没有规定国务院和乡镇人民政府组织进行安全生产检查，但这并不意味着他们在安全生产监督管理中没有责任，也不意味着他们不可以组织进行有关安全生产检查。

6.2.4.2 职责

通常情况下，对生产经营单位的安全生产检查，应当由政府有关部门依照有关法律、法规、规章的规定，在各自的职责范围内分别或者联合进行。政府的职责主要是加强对安全生产工作的领导，支持、督促各有关部门依法履行安全生产监督管理职责，对安全生产监督管理中存在的重大问题及时予以协调、解决。

为了切实加强安全生产监督检查，保障安全生产，应当赋予县级以上地方各级人民政府在安全生产监督检查中相应的责任。这也是“安全生产，政府有责”的具体体现和要求。因此，县级以上地方各级人民政府在安全生产监督管理中的一个重要职责，就是根据本行政区域内的安全生产状况，组织有关部门对容易发生重大生产安全事故的生产经营单位进行严格检查，并及时处理发现的事故隐患。

6.2.4.3 检查的形式和重点

县级以上地方各级人民政府组织进行的安全生产检查，和其有关部门在各自职责范围内进行的经常性的监督检查不完全相同。地方各级人民政府对本行政区域内的行政工作负有全面的责任，工作头绪多，任务繁重。如果要求所有的日常性安全生产检查都由政府负责组织进行，不仅做不到，而且也会使有关职能部门的作用不能充分发挥。因此，县级以上地方各级人民政府组织的检查，不是一种日常性的检查。

县级以上地方各级人民政府组织进行的安全生产检查应侧重于以下两种情况：

1. 行政区域内的安全生产状况

县级以上地方各级人民政府要从总体上切实了解、掌握本行政区域内的安全生产状况，并根据安全生产状况决定组织检查的次数、规模、范围以及参加检查的部门等。判断安全生产的状况，可以考虑以下几个因素：

（1）本地区生产经营单位的性质等客观情况，如危险性较大的生产经营单位（矿山、建筑施工、危险物品生产与储存等单位）所占的比例等。

（2）本地区生产经营单位安全生产保障的实际情况，包括安全生产管理制度，安全设施、设备、器材的保障情况，从业人员的教育培训情况等。

（3）近期内生产安全事故发生的情况，包括事故发生的频度以及事故的性质等。

（4）时间等其他因素，如国际劳动节、国庆节、春节等公共假期，以及是否举办大型群众性活动等。

2. 发生重大生产安全事故的可能性

县级以上地方各级人民政府应当在调查研究的基础上，确定本行政区域内哪些生产经营单位是容易发生重大生产安全事故的单位。容易发生重大生产安全事故的单位，既包括其性质上比较危险的单位，如矿山，建筑施工单位，危险品的生产、储存、经营单位等，也包括一旦发生事故将造成重大人身伤亡或者财产损失的其他单位，还包括安全生产保障存在重大问题的生产经营单位。

6.2.4.4　检查工作的组织

县级以上地方各级人民政府的职责是组织有关部门进行检查，而不是直接参与检查，政府主要是发挥组织作用。具体的检查工作，仍应由各负责安全生产监督管理职责的有关部门按照职责分工具体进行，如消防安全检查由公安消防机构具体负责，建筑质量安全检查由建筑行政部门具体负责，煤矿安全检查则由煤矿安全监察机构具体负责等。这也体现了既统一行动，又明确分工的原则，有利于检查取得更好的效果。

6.2.4.5　发现问题及时处理

及时处理事故隐患，对防止生产安全事故的发生具有极其重要的意义，也是安全生产监督检查的最重要的目的。县级以上地方各级人民政府在组织安全生产检查时，对发现的事故隐患必须处理，不能不了了之；事故隐患没有得到处理的，不能放过。同时，处理事故隐患必须及时，不能拖延。不少生产安全事故的发生，都与事故隐患未得到及时处理有关。处理隐患的主要办法有：对能够立即排除的隐患，应当责令立即排除；不能立即排除的，要责令限期排除，并可以根据具体情况，责令暂时停产停业、停止使用或者更换、修复相关设备、器材等；情况紧急的，还可以责令从危险区域内撤出作业人员。

6.3　群众参与与社会监督

安全生产是一项十分复杂的系统工程。从主体上说，涉及各行各业众多的生产经营单位，点多面广；从内容上说，既有物质条件方面的因素，又有管理方面和人的素质方面的因素，内容繁多。因此，做好安全生产监督管理工作，不仅需要政府以及负有安全生产监督管理职责的部门依法履行监督管理职责，加强监督管理，还要有企业的主体责任，同时还必须充分鼓励和调动社会各方面力量对安全生产工作进行监督的积极性，群防群治，才有可能真正建立起经常性的、有效的、完善的监督机制。因此，《安全生产法》除了明确规定了县级以上地方各级人民政府和负有安全生产监督管理职责的部门对安全生产进行监督管理外，还规定了有关社会力量对安全生产工作的监督，包括社会公众的监督、中介机构的监督、基层群众自治性组织的监督和新闻媒体的监督。相对于政府和负有安全生产监督管理职责的部门的监督，各种社会力量的监督可以称之为“安全生产的社会监督”，社会力量的广泛参与推动了安全生产监督管理的良性发展。

6.3.1　单位和个人的监督

《安全生产法》规定，任何单位和个人对事故隐患或者安全违法行为，有权向负有安全生产监督管理职责的部门报告或者举报。同时对报告重大事故隐患或者举报安全生产违法行为的有功人员，给予奖励。

6.3.1.1　报告和举报

单位和个人有权向负有安全生产监督管理职责的部门报告、举报的事项包括两类。

1. 事故隐患

由于事故隐患具有隐蔽性、危险性、形态多样性等特征，规定任何单位和个人有权向负有安全生产监督管理职责的部门报告事故隐患，有利于及时发现更多的，特别是较为隐蔽的事故隐患，便于有关部门及时采取适当措施，消除隐患，防止生产安全事故发生，保障生产安全。

2. 安全生产违法行为

报告、举报的安全生产违法行为既包括生产经营单位及其有关人员的安全生产违法行为，如不建立、健全安全生产责任制度，不投入保障安全生产条件所必需的资金，不对从业人员进行安全生产教育和培训，违章指挥，违章操作等；也包括政府、有关部门及其工作人员的安全生产违法行为，如不严格按照法定的安全生产条件对涉及安全生产的事项进行审查，不对生产经营单位进行严格的安全生产检查等。安全生产违法行为同样对安全生产具有直接的威胁，法律赋予单位和个人对安全生产违法行为以举报的权利，是对生产经营单位及其有关人员以及政府、有关部门及其工作人员的有效监督，也有利于及时纠正安全生产违法行为，消除安全违法行为造成的后果，避免因此导致生产安全事故，保障安全生产。

在实践中，要特别重视生产经营单位内部有关管理人员和从业人员的报告和举报。因为他们处在安全生产管理和生产经营活动的第一线，对本单位的安全生产情况有切身的体会和了解，他们的报告和举报具有重要的价值。同时，也要重视其他单位和个人的报告和举报。他们通常与被报告、举报单位没有直接经济利益，能摆脱生产经营单位有关人员在立场上的局限性，往往能提供一些重要的、有价值的线索。报告、举报的内容应当真实，不得谎报事故隐患和安全生产违法行为，不得诬告、陷害有关单位和人员。对有谎报、诬告、陷害行为的，将依法追究民事责任、行政责任乃至刑事责任。但是，在实践中要注意错报与谎报、诬告、陷害的区别，以鼓励单位和个人充分行使报告事故隐患和举报安全生产违法行为的权利。

任何单位和个人对事故隐患和安全生产违法行为有权向负有安全生产监督管理职责的部门报告和举报，这是一项法定的权利，任何单位和个人不能予以剥夺，也不能阻挠、妨碍这项权利的行使，更不能对报告事故隐患或者举报安全生产违法行为的单位和个人予以打击、报复。对于打击、报复有关单位和人员的，依法追究其行政责任和刑事责任。

6.3.1.2　奖励

在依法赋予单位和个人报告生产安全事故隐患和举报安全生产违法行为的同时，为了调动单位和个人报告事故隐患、举报安全生产违法行为的积极性，《安全生产法》第七十三条规定："县级以上各级人民政府及其有关部门对报告重大事故隐患或者举报安全生产违法行为的有功人员，给予奖励。具体奖励办法由国务院安全生产监督管理部门会同国务院财政部门制定。"

在实际工作中，落实有关奖励的规定，需要注意以下几个问题：

（1）必须是报告"重大事故隐患"，才能依法受到奖励。所谓"重大事故隐患"，是指那些具有较大的现实危险性，如不及时排除就会导致重大生产安全事故的隐患。

（2）如何掌握"有功人员"的标准，在实践中应当根据具体情况进行判断。一般来说，那些报告了重大事故隐患，从而使重大生产安全事故得以避免，或者报告了安全生产违法行为，使严重安全生产违法行为受到查处，预防了安全事故的发生，或者多次举报重大事故隐患或安全生产违法行为并经查实的，这样的报告人员或者举报人员，就可以认定为“有功人员”。

6.3.2　安全生产中介服务机构的监督

《安全生产法》第六十九条规定，承担安全评价、认证、检测、检验的机构应当具备国家规定的资质条件，并对其做出的安全评价、认证、检测、检验的结果负责。这是对有关安全生产中介服务机构的原则要求。

6.3.2.1　中介服务机构及其在监督管理中的作用

安全评价、认证、检测、检验是安全生产工作的重要环节。安全评价是指对生产经营单位的有关安全生产条件是否符合有关法律、法规和国家标准或者行业标准所提出的综合性意见。安全认证是指根据生产经营单位申请，由有关机构对其安全生产条件是否达到一定的要求进行的证明，并发给其证书或者标志。安全检验、检测主要是指通过一定的技术手段，对与安全生产有关的设施、设备的质量、性能或者某些物质的成分、含量等指标、参数所进行的验证、测量等。在安全生产工作中，安全评价、认证、检测、检验发挥着越来越重要的作用。安全评价、认证、检测、检验报告（证明）是生产经营单位进行安全生产管理以及负责安全生产监督管理的部门履行安全生产监督管理职责的重要依据。一些法律、法规还要求生产经营单位必须进行相应的安全评价、认证、检测、检验。例如，根据《危险化学品安全管理条例》的规定，设立危险化学品生产、储存企业应当向有关主管部门提出申请，并提供一系列文件，其中包括安全评价报告。该条例还规定，生产、储存、使用剧毒化学品的单位，应当对本单位的生产、储存装置每年进行一次安全评价；生产、储存、使用其他危险化学品的单位，应当对本单位的生产、储存装置每两年进行一次安全评价。

承担安全评价、认证、检测、检验的机构属于服务性的中介机构，其主要职责是接受有关生产经营单位或者负有安全生产监督管理职责的部门的委托，进行相应的安全评价、认证、检测、检验等技术服务工作。随着政府职能的转变，中介机构安全评价、认证、检测、检验的结果已经成为生产经营单位安全生产管理以及负有安全生产监督管理的部门进行监督检查的重要参考，甚至是其对有关安全生产问题进行审批、决策的重要依据。因此，安全评价、认证、检测、检验对安全生产工作是一种技术上的监督，也是安全生产监督管理工作的重要组成部分。

6.3.2.2　对中介服务机构的要求

1. 资质要求

承担安全评价、认证、检测、检验的机构必须具备相应的资质条件，如具有相应的专业技术人员；具备相应的合格的检验、检测设备、器材；具有严格、健全的内部业务管理制度等。

在实践中，一些不具备资质条件的中介机构为了谋取经济利益，置人民群众的生命和财产安全于不顾，进行所谓的“安全评价”“认证”“检测”“检验”活动，给安全生产造成严重隐患，已有不少血的教训。因此，承担安全评价、认证、检测、检验的机构必须具备相应的资质条件。否则，不得开展安全评价、认证、检测、检验业务。根据有关法律、法规、规章规定承担安全生产中介服务机构管理的部门要认真履行职责，切实加强对中介机构市场的监督管理，保证安全生产中介服务机构具备国家规定的资质条件。

2. 客观公正要求

为了规范承担安全生产中介服务机构的业务行为，促使其认真履行职责，必须明确、强化其责任。因此，承担安全评价、认证、检测、检验的机构应当对其做出的安全评价、认证、检测、检验的结果负责。

在实践中，一些承担安全评价、认证、检测、检验的机构不负责任，随意出具有关证明和报告，有的甚至和委托单位相勾结，故意出具虚假不实的证明和报告。这些行为，干扰了生产经营单位的安全生产管理，影响负有安全生产管理职责的部门依法履行监督管理职责，对安全生产具有直接的威胁。因此，承担安全评价、认证、检测、检验的机构应当保证其做出的安全评价、认证、检测、检验结果的客观性、真实性、公正性。故意出具虚假证明或者出具的证明不具备客观性、真实性、公正性，并因其做出的安全评价、认证、检测、检验结果而导致生产安全事故，构成犯罪的，依照《刑法》有关提供虚假证明文件罪或者其他有关规定追究刑事责任；不构成犯罪的，应依法予以行政处罚，撤销其相应的资格；给他人造成损害的，依法承担赔偿责任。

6.3.3 基层群众性组织的监督

《安全生产法》第七十二条规定："居民委员会、村民委员会发现其所在区域内的生产经营单位存在事故隐患或者安全生产违法行为时，应当向当地人民政府或者有关部门报告。"这是对基层群众性自治组织的安全生产监督职责的规定。

居民委员会、村民委员会所在区域生产经营单位的生产安全问题，是事关全体居民（村民）生命和财产安全等重大切身利益的大事。因此，居民委员会、村民委员会对此加强监督是其自身职责的必然要求。同时，在监督生产经营单位的安全生产工作方面，居民委员会、村民委员会也有一定的便利条件。此外，很多事故发生率较高的乡镇企业是由农村集体经济组织举办的，发挥好村民委员会的监督作用，是降低生产安全事故发生率的一项有效措施。因此，《安全生产法》规定要求居民委员会、村民委员会发现所在区域内的生产经营单位存在事故隐患或者安全生产违法行为时，有义务向当地人民政府或者有关部门报告。

在实际工作中适用上述规定时，应当充分考虑居民委员会和村民委员会的主要职责和实际情况，注意以下几个方面：

（1）居民委员会、村民委员会只负有报告已发现的事故隐患或者安全生产违法行为的义务。对于未发现的事故隐患或者安全生产违法行为，居民委员会、村民委员会不负有责任。

（2）居民委员会、村民委员会只对其所在区域内的生产经营单位存在的事故隐患或者安全生产违法行为负有报告义务。对于其所在区域外的生产经营单位存在的事故隐患或者安全生产违法行为，居民委员会、村民委员会有权向负有安全生产监督管理职责的部门报告或者举报，但不承担必须报告的义务。

（3）根据居民委员会组织法和村民委员会组织法的规定，居民委员会可以先向不设区的市、市辖区的人民政府或者它的派出机关报告，村民委员会可以先向乡、民族乡、镇的人民政府报告，也可以向当地负有安全生产监督管理职责的部门报告。

6.3.4 新闻媒体的监督作用

《安全生产法》第七十四条规定："新闻、出版、广播、电影、电视等单位有进行安全生产公益宣传教育的义务，有对违反安全生产法律、法规的行为进行舆论监督的权利。"这是对新闻媒体等宣传舆论单位的安全生产宣传教育义务和监督安全生产违法行为的权利的规定。

宣传教育以及舆论监督，对安全生产工作有特殊重要的意义。通过安全生产宣传教育，可以普及安全生产知识，传播先进的安全生产管理经验，提高社会公众的安全生产意识。舆论监督更是有着十分特殊而重要的作用，通过舆论监督，可以增强生产经营单位及其有关人员、政府、有关部门及其工作人员的责任心，促使他们加强安全生产管理。

落实《安全生产法》的规定，新闻、出版、广播、电影、电视等单位应当主动进行安全生产宣传教育，不得因经济利益或者其他原因拒绝这方面的工作。对有关人民政府及其有关部门提出的安全生产宣传任务，新闻、出版、广播、电影、电视等单位不能推脱，而应当积极配合，认真完成。安全生产宣传教育的内容应当以有关安全生产的法律、法规，有关安全生产技术知识，典型的安全生产案例等为主。宣传教育要坚持正确的导向，弘扬正确的、合法的做法，批判错误的、违法的行为，引导人们正确处理经济效益与社会效益的关系，树立正确的安全生产观念。安全生产宣传教育工作要紧密配合国家安全生产管理工作的整体部署，围绕现阶段的工作重点展开，为法律、政策的贯彻执行营造良好的氛围。

新闻、出版、广播、电影、电视等单位的舆论监督透明度高、传播面广、影响力大，对违反安全生产法律、法规的单位和个人有特殊的威慑作用，是一种有效的监督方式。因此，法律赋予它们以舆论监督的权利。任何单位和个人不得阻挠、干预对安全生产违法行为进行正常的舆论监督。在实践中需要注意的是，对安全生产违法行为进行曝光，必须有充分的事实依据，不能捕风捉影，以避免造成不良影响。

6.4 监察机关的监督保障

从性质上说，监察机关的监察是"对监督者的监督"，因此监察机关的监督保障是安全生产监督管理中不可缺少的环节。《行政监察法》第二条规定："监察机关是人民政府行使监察职能的机关，依照本法对国家行政机关及其公务员和国家行政机关任命的其他人员实施监察。"负有安全生产监督管理职责的部门属于行政机关，其工作人员是国家公务员，因此，他们应当属于监察机关的监察对象。为了加强对负有安全生产监督管理职责的部门及其工作人员履行安全生产监督管理职责的监督，《安全生产法》第六十八条规定："监察机关依照行政监察法的规定，对负有安全生产监督管理职责的部门及其工作人员履行安全生产监督管理职责实施监察。"

6.4.1 监察机关的管辖权划分及主要职责

根据《行政监察法》关于监察机关管辖范围的规定，负有安全生产监督管理职责的国务院有关部门及其工作人员，由国务院监察机关负责实施监察；县级以上地方各级人民政府负有安全生产监督管理职责的部门及其工作人员，由本级人民政府监察机关负责实施监察。

监察机关依法对负有安全生产监督管理职责的部门及其工作人员履行安全生产监督管理职责实施监察，主要履行下列职责：

（1）检查负有安全生产监督管理职责的部门在遵守和执行法律、法规和人民政府的决定、命令中的问题，如是否严格依法对涉及安全生产的事项进行审查批准和验收通过，是否严格依法对生产经营单位的安全生产状况进行检查，对检查中发现的安全生产违法行为和事故隐患是否及时依法处理，履行安全生产监督管理职责过程中是否有玩忽职守、徇私枉法的行为等。

（2）受理对负有安全生产监督管理职责的部门及其工作人员在履行安全生产监督检查职责时违反行政纪律行为的控告、检举。违反行政纪律的行为包括接受被检查单位安排的宴请及其他娱乐活动，索取、接受被检查单位的财物，在被检查单位报销有关费用，为自己和亲友在被检查单位谋取其他不正当利益等。负有安全生产监督管理职责的部门及其工作人员在履行安全生产监督检查职责时，有违反行政纪律行为的，任何单位和个人都有权控告、检举，监察机关应当受理有关控告、检举。

（3）调查处理负有安全生产监督管理职责的部门及其工作人员违反行政纪律的行为。监察机关依照《行政监察法》规定的权限和程序，对负有安全生产监督管理职责的部门及其工作人员在履行安全生产监督检查职责时违反行政纪律的行为进行调查，在查明事实的基础上，依法做出处理。

6.4.2 监察机关的权限

监察机关有权要求负有安全生产监督管理职责的部门及其工作人员提供与监察事项有关的文件、资料，进行查阅或者复制；有权要求负有安全生产监督管理职责的部门及其工作人员就监察事项涉及的问题做出说明；有权责令被监察的部门和人员停止违反法律、法规和行政纪律的行为。在调查负有安全生产监督管理职责的部门及其工作人员违反行政纪律的行为时，监察机关可以根据实际情况和需要，采取下列措施：

（1）暂予扣留、封存可以证明违反行政纪律行为的文件、财务账目及其他有关的材料。

（2）责令案件涉嫌单位和人员在调查期间不得变卖、转移与案件有关的财物。

（3）责令有违反行政纪律嫌疑的人员在指定的时间、地点就调查事项涉及的问题做出解释和说明。

（4）建议有关机关暂停有严重违反行政纪律嫌疑的人员执行职务。

监察机关根据检查、调查结果，可以做出监察决定或者提出监察建议。对监察机关做出的监察决定，有关部门和人员应当执行。监察机关依法提出的监察建议，有关部门无正当理由的，应当采纳。

6.4.3 监察机关的监察程序

监察机关对负有安全生产监督管理职责的部门及其工作人员履行监督检查职责实施监察，需要进行检查时，要予以立项，制定检查方案并组织实施，向同级人民政府或者上一级监察机关提出检查情况报告，最后，根据检查结果，做出监察决定或者提出监察建议。

对负有安全生产监督管理职责的部门及其工作人员履行监督检查职责时违反行政纪律的行为进行调查处理，要对需要调查处理的事项进行初步审查；认为有违反行政纪律的事实，需要追究行政纪律责任的，予以立案；立案后，要组织实施调查，收集有关证据，有证据证明违反行政纪律，需要给予行政处分或者做出其他处理的，进行审理后做出监察决定或者提出监察建议。监察机关在对负有安全生产监督管理职责的部门及其工作人员履行监督检查职责实施监察时，发现所调查的事项不属于监察机关职责范围内的，应当移送有权处理的单位处理；涉嫌犯罪的，应当移送司法机关依法处理。

6.5 安全生产许可制度

《安全生产许可证条例》于2004年1月13日经国务院第34次常务会议审议通过，并于公布之日起施行。2014年7月29日公布的《国务院关于修改部分行政法规的决定》对其进行了修订。

6.5.1 立法目的和立法依据的规定

《安全生产许可证条例》第一条规定："为了严格规范安全生产条件，进一步加强安全生产监督管理，防止和减少生产安全事故，根据《中华人民共和国安全生产法》的有关规定，制定本条例。"

目前，在安全生产领域，我国已经制定了一系列法律、法规，其中既有综合性的《安全生产法》，也有其他专门行业的安全生产法律、法规。现行有关安全生产的法律、法规中，已经规定了不少涉及安全生产的审批、许可事项，对生产经营单位应当具备的安全生产条件做出了较为明确的规定，并要求负有安全生产监督管理职责的各级人民政府有关部门严格依法履行职责，加强安全生产监督管理。应该说，现行有关安全生产的法律、法规，对规范安全生产条件，加强安全生产监督管理等是有明确规定的。但是，近年来，我国安全生产的形势依然严峻，重大、特大生产安全事故频繁发生的势头尚未得到根本遏制。究其原因，固然有经济、社会发展水平不高，人们的安全生产意识差等方面的因素，但制度还不够完善、监督管理力度不强也是导致事故频发、安全生产形势严峻的重要因素。

党中央、国务院领导多次明确指示要进一步完善有关制度，采取更加切实有效的措施，加大安全生产监管力度，从源头上防止和减少生产安全事故，确保人民群众生命和财产安全。2003年8月19日，国务院关于研究和加强煤矿安全生产工作有关问题的会议明确提出，"要加快完善煤炭等高危行业的企业生产许可制度，提高准入门槛"。对危险性较大、容易发生生产安全事故的企业实行严格的安全生产许可制度，是防止和减少生产安全事故的一项重要措施。因此，《安全生产许可证条例》的施行，就是在现行有关安全生产的法律、法规已有规定的基础上，再进一步严格地规范安全生产条件。而严格规范安全生产条件，是制定《安全生产许可证条例》的基本目的之一。

实现安全生产，除了必须严格规范安全生产条件外，还需要加大安全生产监管力度。因此，《安全生产许可证条例》的另一个重要立法目的是"进一步加强安全生产监督管理"。这里的重点是要理解"进一步"的含义。应当说，现行有关安全生产的法律、法规对加强安全生产监督管理已有明确要求，并赋予了监督管理部门相应的职责。在安全生产监督管理的实际工作中，负责安全生产综合监督管理的各级安全生产监督管理部门感到，现有监督管理手段还不能完全适应加大安全生产监督管理力度的需要，综合监督管理部门的作用还没有很好地发挥。因此，迫切希望通过实行安全生产许可制度，为负有安全生产监督管理职责的相关部门，特别是安全生产综合监督管理部门增加一个切实有效的监管手段，以满足加大安全生产监管力度的实际需要。

《安全生产许可证条例》是我国安全生产法律体系中一个非常重要的行政法规。条例所确立的安全生产许可制度虽然是一项新的基本制度，但与其他有关安全生产的现行法律、法规仍然是互相衔接的。尤其是该条例与我国安全生产领域的基本法，即《安全生产法》的基本精神是完全一致的，可以说是对《安全生产法》有关规定的具体化。例如，《安全生产法》第十七条规定“生产经营单位应当具备本法和有关法律、行政法规和国家标准或者行业标准规定的安全生产条件；不具备安全生产条件的，不得从事生产经营活动”，而《安全生产许可条例》确立的安全生产许可制度，正是为了切实保证企业具备相应的安全生产条件，实际上是对《安全生产法》上述规定的具体落实。因此，《安全生产法》的有关规定，是《安全生产许可证条例》的直接立法依据。

6.5.2　安全生产许可制度及其适用范围的规定

《安全生产许可证条例》第二条规定，国家对矿山企业、建筑施工企业和危险化学品、烟花爆竹、民用爆炸物品生产企业实行安全生产许可制度。企业未取得安全生产许可证的，不得从事生产活动。

确立安全生产许可制度，是《安全生产许可证条例》的核心内容。因此，该条是整个条例的核心和灵魂，条例的其他条款都是围绕这一条而规定的。该条的含义可以从两个方面去理解：一是安全生产许可制度；二是其适用范围。

国家对矿山企业、建筑施工企业和危险化学品、烟花爆竹、民用爆炸物品生产企业实行安全生产许可制度，是指这五类危险性较大的企业，必须在进行生产前按照《安全生产许可证条例》规定的条件、程序，向有关管理机关申请领取安全生产许可证，凡是没有取得安全生产许可证的，不得从事生产活动，否则，就要承担相应的法律责任。理解安全生产许可制度，应当把握其如下几个特点：

1. 安全生产许可制度是一项专门的、统一的制度

安全生产许可制度是第一个专门针对安全生产条件而设立的许可制度，同时又是一个统一的制度，适用于矿山企业、建筑施工企业和危险化学品、烟花爆竹、民用爆炸物品生产企业等五类企业，和其他只适用于某一类企业的安全生产审批、许可事项不同。

2. 安全生产许可制度是一项带有市场准入性质的制度

企业要进行生产，就必须依法取得安全生产许可证。要取得安全生产许可证，就必须具备相应的安全生产条件。因此，这一制度实质上提高了企业从事生产活动的“门槛”，使不具备相应安全生产条件的企业不能进行生产，从而促使企业进一步规范其安全生产条件，有利于从源头上防止和减少生产安全事故，真正实现安全生产。

3. 安全生产许可制度是一项新的基本制度

对矿山企业、建筑施工企业和危险化学品、烟花爆竹、民用爆炸物品生产企业应当具备的安全生产条件、资质等，现行有关安全生产的法律、行政法规已经规定了相应的审批、许可事项。例如，《煤炭法》第二十二条规定：“煤矿投入生产前，煤矿企业应当依照有关安全生产的法律、行政法规的规定取得安全生产许可证。未取得安全生产许可证的，不得从事煤炭生产。”《建设工程安全生产管理条例》第二十条规定：“施工单位从事建设工程的新建、扩建、改建和拆除等活动，应当具备国家规定的注册资本、专业技术人员、技术装备和安全生产等条件，依法取得相应等级的资质证书，并在其资质等级许可的范围内承揽工程。”《危险化学品安全管理条例》也规定，设立危险化学品生产企业，必须具备一定的安全生产条件，并经省、自治区、直辖市人民政府有关管理部门或者设区的市人民政府有关管理部门批准。这些涉及安全生产的审批、许可事项和《安全生产许可证条例》规定的安全生产许可是有重复、交叉之处的。但是，安全生产许可制度是为了严格规范安全生产条件，进一步加强安全生产监督管理，在现行有关安全生产的法律、法规已有规定的基础上新设立的一项基本制度，不是现行法律、法规已有规定的翻版，同时也并不取代现行法律、法规规定的审批、许可事项。当然，将来修改上述有关安全生产的法律、法规时，可以考虑与安全生产许可制度相衔接，对有关审批、许可事项进行统筹考虑。但是目前，在上述法律、行政法规未做修改之前，安全生产许可制度和现有的这些安全生产审批、许可事项是并行不悖的，都应当认真执行。

关于安全生产许可制度的适用范围，也就是安全生产许可证的发放范围问题，根据《安全生产许可证条例》的规定，安全生产许可证的发放范围是五类企业：矿山企业、建筑施工企业和危险化学品、烟花爆竹、民用爆炸物品生产企业。确定这一范围主要是考虑安全生产许可证的发放应当充分考虑我国目前安全生产的实际状况和各类生产企业的具体特点，突出重点，有较强的针对性，以确保这一制度能够切实发挥作用，解决安全生产工作中面临的突出问题。因此，安全生产许可证的发放范围不宜过大，如果发放的范围过大，就会造成重点不够突出，针对性不强，反而会弱化安全生产许可证的作用。同时，由于各类企业的数量很大，如果不对安全生产许可证的发放范围加以适当限制，就会超出有关监督管理机关的实际监控能力，在操作上也不可行。

需要说明的是，将安全生产许可证的发放范围限定在矿山企业、建筑施工企业和危险化学品、烟花爆竹、民用爆炸物品生产企业，是根据目前我国安全生产的实际情况做出的一种选择，并不是绝对的。将来如果需要，可以根据实际情况，对安全生产许可证的发放范围进行必要的调整。

6.5.3　关于非煤矿矿山企业和危险化学品、烟花爆竹生产企业以及煤矿企业安全生产许可证颁发管理机关的规定

《安全生产许可证条例》第三条规定，国务院安全生产监督管理部门负责中央管理的非煤矿矿山企业和危险化学品、烟花爆竹生产企业安全生产许可证的颁发和管理。

省、自治区、直辖市人民政府安全生产监督管理部门负责上述规定以外的非煤矿矿山企业和危险化学品、烟花爆竹生产企业安全生产许可证的颁发和管理，并接受国务院安全生产监督管理部门的指导和监督。

国家煤矿安全监察机构负责中央管理的煤矿企业安全生产许可证的颁发和管理。

在省、自治区、直辖市设立的煤矿安全监察机构负责上述规定以外的其他煤矿企业安全生产许可证的颁发和管理，并接受国家煤矿安全监察机构的指导和监督。

由于安全生产许可证适用于矿山企业、建筑施工企业和危险化学品、烟花爆竹、民用爆炸物品生产企业等五类企业，根据有关法律、行政法规和国务院关于有关部门职责分工的规

定，这几类企业分别由不同的部门负责对其安全生产进行监督管理。与此相适应，《安全生产许可证条例》对其安全生产许可证的颁发管理机关也分别做了规定。

6.5.4　关于建筑施工企业安全生产许可证颁发管理机关的规定

《安全生产许可证条例》第四条规定：“省、自治区、直辖市人民政府建设主管部门负责建筑施工企业安全生产许可证的颁发和管理，并接受国务院建设主管部门的指导和监督。”

根据国务院有关部门职责分工和相关法律、行政法规的规定，建筑施工企业的安全生产监督管理是由建设主管部门负责的。《建筑法》第六条规定，国务院建设行政主管部门对全国的建筑活动实施统一监督；《建设工程安全生产管理条例》第四十条规定，国务院建设行政主管部门对全国的建设工程安全生产实施监督管理；县级以上地方人民政府建设行政主管部门对本行政区域内的建设工程安全生产实施监督管理。建筑施工企业安全生产许可证的颁发管理，是建筑活动安全生产监督管理工作的重要内容和组成部分，由建设主管部门负责，是符合法律规定以及部门职责分工的。

如前所述的原因，建筑施工企业安全生产许可证的颁发管理也是实行分级管理，并且同样是两级管理，但管理权限的限定更加严格：国务院建设主管部门负责中央管理的建筑施工企业安全生产许可证的颁发管理，其他建筑施工企业安全生产许可证的颁发管理，由省、自治区、直辖市人民政府建设主管部门负责，并接受国务院建设主管部门的指导和监督。

需要说明的是，根据有关法律、行政法规和国务院的有关规定，安全生产监督管理部门是安全生产工作的综合监督管理部门，对所有生产经营单位的安全生产实施综合监督管理。因此，建设主管部门负责建筑施工企业安全生产许可证的颁发管理，是一种专业安全生产管理，需要接受负责安全生产综合监督管理的安全生产监督管理部门的指导、协调和监督，如及时向安全生产监督管理部门通报有关情况、信息等。

6.5.5　关于民用爆炸物品生产企业安全生产许可证颁发管理机关的规定

《安全生产许可证条例》第五条规定，省、自治区、直辖市人民政府民用爆炸物品行业主管部门负责民用爆炸物品生产企业安全生产许可证的颁发和管理，并接受国务院民用爆炸物品行业主管部门的指导和监督。

民用爆炸物品是指非军用的各类炸药、雷管、导火索、导爆索、非电导爆系统、起爆药和爆破剂等。由于这类产品的特殊属性，国家对其生产、储存、销售、运输、购买、使用等，一直采取极为严格的管理措施。虽然这些产品是民用产品，但是在管理上，实际上采取了类似武器弹药等军品管理的严格管理模式。《民用爆炸物品安全管理条例》是为了加强对民用爆炸物品的安全管理，预防爆炸事故发生，保障公民生命、财产安全和公共安全而制定的条例法规；自2006年9月1日起施行。2014年7月29日国务院第54次常务会议《关于修改部分行政法规的决定》对其进行了修正。国家对民用爆炸物品的生产、销售、购买、运输和爆破作业实行许可证制度。未经许可，任何单位或者个人不得生产、销售、购买、运输民用爆炸物品，不得从事爆破作业。严禁转让、出借、转借、抵押、赠送、私藏或者非法持有民用爆炸物品。

目前，由民用爆炸物品行业主管部门负责民用爆炸物品生产、销售的安全监督管理。公安机关负责民用爆炸物品公共安全管理和民用爆炸物品购买、运输、爆破作业的安全监督管理，监控民用爆炸物品流向。安全生产监督、铁路、交通、民用航空主管部门依照法律、行政法规的规定，负责做好民用爆炸物品的有关安全监督管理工作。民用爆炸物品行业主管部门、公安机关、工商行政管理部门按照职责分工，负责组织查处非法生产、销售、购买、储存、运输、邮寄、使用民用爆炸物品的行为。

6.5.6　关于企业取得安全生产许可证应当具备的安全生产条件的规定

《安全生产许可证条例》第六条规定，企业取得安全生产许可证，应当具备下列安全生产条件：

（1）建立、健全安全生产责任制，制定完备的安全生产规章制度和操作规程。

（2）安全投入符合安全生产要求。

（3）设置安全生产管理机构，配备专职安全生产管理人员。

（4）主要负责人和安全生产管理人员经考核合格。

（5）特种作业人员经有关业务主管部门考核合格，取得特种作业操作资格证书。

（6）从业人员经安全生产教育和培训合格。

（7）依法参加工伤保险，为从业人员缴纳保险费。

（8）厂房、作业场所和安全设施、设备、工艺符合有关安全生产法律、法规、标准和规程的要求。

（9）有职业危害防治措施，并为从业人员配备符合国家标准或者行业标准的劳动防护用品。

（10）依法进行安全评价。

（11）有重大危险源检测、评估、监控措施和应急预案。

（12）有生产安全事故应急救援预案、应急救援组织或者应急救援人员，配备必要的应急救援器材、设备。

（13）法律、法规规定的其他条件。

实行安全生产许可制度的根本目的是确保企业投入生产前具备相应的安全生产条件，从源头上防止和减少生产安全事故。

因此，企业取得安全生产许可证应当具备的安全生产条件，是安全生产许可制度的核心内容，直接关系到这一制度能否切实有效，能否真正保障企业安全生产。

6.5.7　关于安全生产许可证申领与颁发的具体程序规定

《安全生产许可证条例》第七条规定，企业进行生产前，应当依照《安全生产许可证条例》的规定向安全生产许可证颁发管理机关申请领取安全生产许可证，并提供《安全生产许可证条例》第六条规定的相关文件、资料。安全生产许可证颁发管理机关应当自收到申请之日起45日内审查完毕，经审查符合《安全生产许可证条例》规定的安全生产条件的，颁发安全生产许可证；不符合《安全生产许可证条例》规定的安全生产条件的，不予颁发安全生产许可证，书面通知企业并说明理由。

煤矿企业应当以矿（井）为单位，在申请领取煤炭生产许可证前，依照《安全生产许可证条例》的规定取得安全生产许可证。

1. 明确安全生产许可证申领与颁发管理程序是贯彻实施《行政许可法》的基本要求

《行政许可法》第四条规定，设定和实施行政许可，应当依照法定的权限、范围、条件和程序；第十八条又明确规定，设定行政许可，应当规定行政许可的实施机关、条件、程序、期限。因此，规范行政许可的实施行为，首先应当注意有关行政许可的法律规范，符合《行政许可法》的原则。

2. 申请领取安全生产许可证的具体程序

（1）企业应当在进行生产前申请领取安全生产许可证。安全生产许可是一项带有市场准入性质的制度。设立安全生产许可制度的根本目的，是要在市场准入关口保证企业具备从事生产的必要安全生产条件，从源头上防止和减少生产安全事故。因此，《安全生产许可证条例》把企业申请领取安全生产许可证的环节限定在“企业进行生产前”，这样，安全生产许可证不是企业设立的前置审批，并不影响企业的设立，同时，又能够保证企业在生产前即具备相应的安全生产条件，使不具备安全生产条件的企业不能投入生产，从而保证实现安全生产。

（2）企业必须依法向安全生产许可证颁发管理机关申请领取安全生产许可证。企业具备了《安全生产许可证条例》规定的安全生产条件，只能表明企业具备了从事生产的潜在安全资质，并不表示企业具备从事安全生产的当然资格。企业要将这种潜在的安全资质变为实际安全生产资格，必须依法向安全生产许可证颁发管理机关申请领取安全生产许可证。需要说明的是，企业必须向安全生产许可证颁发管理机关申请领取安全生产许可证，而不能向其他机关申请领取。

（3）企业申请领取安全生产许可证，必须向安全生产许可证颁发管理机关提供相关文件、资料。这些文件、资料主要是证明其符合《安全生产许可证条例》第六条所规定的安全生产条件，主要包括：企业设立登记文件、证照，企业安全生产规章制度及操作规程；安全生产责任制度；安全投入状况证明；安全生产管理机构及安全生产管理人员配备情况；主要负责人和安全生产管理人员的任职资格证书；特种作业人员操作资格证书；工伤保险费缴纳证明；职业危害防治措施；安全评价报告；重大危险源检测、评估、监控措施与应急预案；生产安全事故应急救援预案等。

（4）安全生产许可证颁发管理机关应当依照法律规定的期限完成审查工作。根据《安全生产许可证条例》规定，安全生产许可证颁发管理机关在收到申请人的申请后，应当在45个工作日内审查完毕。

在审查工作中，安全生产许可证颁发管理机关应当注意以下几点：第一，需要对申请材料的实质内容进行核实的，安全生产许可证颁发管理机关应当指派两名以上工作人员进行核查。第二，发现该行政许可事项直接关系他人重大利益的，应当告知该利害关系人。申请人、利害关系人有权进行陈述和申辩。安全生产许可证颁发管理机关应当听取申请人、利害关系人的意见。第三，需要实施检验、检测的，可以在检验、检测合格的设备、设施、产品、物品上加贴标签或者加盖检验、检测印章。

（5）安全生产许可证颁发管理机关应当严格依照法定条件进行审查。安全生产许可证颁发管理机关认真把好审查关，严格按照法定条件进行审查，是保证安全生产许可制度能够切实得以落实的根本保证。这个关口把不严，整个条例的落实就成了一句空话，企业的安全生产也就无法保证。

安全生产许可证颁发管理机关在审查时要非常严格，但又不能刁难企业。经严格审查后，对于符合《安全生产许可证条例》规定的安全生产条件的企业，要及时发给其安全生产许可证，保证其尽快开始生产，这也是行政许可制度的内在要求。为了体现行政许可的规范性，对于不符合安全生产条件的企业，不予许可，但也应当书面通知申请企业，并说明不予许可的理由，便于企业找出差距，予以改进，为再次申请做准备。同时，颁发管理机关还应当告知企业享有依法申请行政复议或者提起行政诉讼的权利。

此外，根据《行政许可法》的要求，安全生产许可证颁发管理机关做出的准予行政许可决定，应当予以公开，公众有权查阅。

6.5.8　关于企业安全生产许可证有效期及其延期手续的规定

《安全生产许可证条例》第九条规定，安全生产许可证的有效期为3年。安全生产许可证有效期满需要延期的，企业应当于期满前3个月向原安全生产许可证颁发管理机关办理延期手续。

企业在安全生产许可证有效期内，严格遵守有关安全生产的法律法规，未发生死亡事故的，安全生产许可证有效期届满时，经原安全生产许可证颁发管理机关同意，不再审查，安全生产许可证有效期延期3年。这一规定主要包括以下三层意思：

（1）安全生产许可证自动延期必须具备一定的条件。根据该条规定，有两个条件：一是企业在安全生产许可证有效期内，严格遵守有关安全生产的法律、法规。二是没有发生死亡事故。严格遵守有关安全生产的法律、法规和没有发生死亡事故这两个条件，必须同时具备。

（2）安全生产许可证自动延期的程序。企业具备了上述两项条件，其安全生产许可证还不能自动延期，必须经原安全生产许可证颁发管理机关同意，不再审查，自动延期3年。安全生产许可证颁发管理机关应当依法加强对申请延期企业的审核把关，根据所掌握的企业基本情况，对申请企业是否具备安全生产许可证自动延期的条件予以慎重考虑。对符合条件的，予以同意，不再重新审查企业的安全生产条件。对不符合条件的企业，安全生产许可证颁发管理机关不得同意其自动延期，而必须认真审核其安全生产条件，做出是否准予延期的决定，以真正实现奖优罚劣的目的。

（3）安全生产许可证自动延期的时限为3年，和原安全生产许可证的有效期相同。

6.5.9　关于安全生产许可证颁发管理机关档案管理和向社会公布有关信息的基本要求的规定

《安全生产许可证条例》第十条规定，安全生产许可证颁发管理机关应当建立、健全安全生产许可证档案管理制度，并定期向社会公布企业取得安全生产许可证的情况。

1. 安全生产许可证颁发管理机关应当建立、健全安全生产许可证的档案管理制度

档案管理是安全生产许可证管理的一项重要内容。档案管理的主要目的，是保证安全生产许可证管理的基本情况有据可查。要求安全生产许可证颁发管理机关建立、健全档案管理制度，有利于规范安全生产许可证的颁发管理行为，促进颁发管理机关的工作人员增强责任心，认真依法履行职责，也为评价安全生产许可证颁发管理工作、总结颁发管理的经验、监督检查有关工作人员是否依法履行职责、追究渎职者的法律责任等提供最直接的依据。同时，加强档案管理，也是定期向社会公布有关企业取得安全生产许可证的情况的基础。

建立、健全安全生产许可证档案管理制度，包括以下内容：

（1）建立、健全归档制度。需要归档的主要内容包括：①安全生产许可证颁发情况，包括申请企业的基本情况，如名称、地址、经营范围等；申请日期；主要申请材料；本机关经办审查人员姓名；批准日期；安全生产许可证编号等。②安全生产许可证监督检查情况，包括被检查企业名称、检查人员姓名、检查时间、检查内容、发现的问题及其处理情况等。③安全生产许可证延期审查情况，其内容和颁发情况相似。

在具体归档方式上，既可以采用纸质材料，也可以采用电子档案，还可以两者相结合。

（2）加强对已归档材料的管理。安全生产许可证档案管理不是一个静态过程，而是动态的、系统的过程，贯穿于整个安全生产许可证管理过程的始终。安全生产许可证颁发管理机关既要对档案材料的日常管理流程、管理方式、管理责任予以明确，也要强化日常监督检查机制，对有关人员履行档案管理职责的情况实施监督检查，发现问题，应当立即予以纠正和处理。同时，要严格责任追究制度。对造成安全生产许可证档案缺失，或是擅自制作假档案、擅自篡改档案等行为，应当予以相应的处分直至追究其法律责任。

2. 安全生产许可证颁发管理机关应定期向社会公布企业取得安全生产许可证的情况

行政许可实施机关定期向社会公布行政许可的有关情况，是落实公众知情权的重要措施，也是《行政许可法》的明确要求。根据《行政许可法》的规定，对行政机关公开的准予行政许可的决定，社会公众均有权查阅。行政机关应当创造条件，保障公众的查阅权，而不得设置任何限制性条件阻挠公众行使查阅权。当然，涉及国家秘密、商业秘密和个人隐私的内容除外。

根据上述要求，安全生产许可证颁发管理机关应定期向社会公布企业取得安全生产许可证的情况。首先，向社会公布情况应当是定期的、制度性的。有关颁发管理机关可以根据实际情况确定公布情况的时间间隔，但不能随心所欲，想公布就公布，不想公布就不公布。其次，公布的内容，应当包括企业取得安全生产许可证的所有基本情况，包括取得安全生产许可证的企业的数量、企业的名称、经营范围、取得安全生产许可证的时间等。

6.5.10 关于企业取得安全生产许可证后应当履行的义务以及安全生产许可证颁发管理机关应当承担的职责的规定

《安全生产许可证条例》第十四条规定，企业取得安全生产许可证后，不得降低安全生产条件，并应当加强日常安全生产管理，接受安全生产许可证颁发管理机关的监督检查。安全生产许可证颁发管理机关应当加强对取得安全生产许可证的企业的监督检查，发现其不再具备《安全生产许可证条例》规定的安全生产条件的，应当暂扣或者吊销安全生产许可证。

《安全生产许可证条例》要求取得安全生产许可证的企业，在持续延伸的生产过程中必须努力保持企业能够始终具备法定的安全生产条件，不得降低安全生产条件。这就要求企业必须加强自身日常的安全管理，及时发现、纠正和弥补在安全生产条件方面存在的欠缺，并应当接受安全生产许可证颁发管理机关的监督检查。与此同时，安全生产许可证颁发管理机关也不能“重审批轻监管”，颁发了安全生产许可证后必须加强对取得安全生产许可证的企业的监督检查，发现其不再具备《安全生产许可证条例》规定的安全生产条件的，应当暂扣或者吊销其安全生产许可证。

基于此，该条对企业取得安全生产许可证后应当履行的义务以及安全生产许可证颁发管理机关应当承担的职责做出了明确规定。

1. 企业取得安全生产许可证后应当履行的义务

（1）不得降低安全生产条件。《安全生产许可证条例》规定的取得安全生产许可证应当具备的条件，是保证企业安全生产所应当达到的最基本的条件，也可以说是保证企业职工生命安全所必须达到的条件。而且，安全生产应当贯彻企业生产活动的始终。任何时候，安全生产条件都不能降低。只要安全生产条件降低了，企业发生安全生产事故的可能就会大大增加。因此，企业应当端正态度，认真对待，不能仅仅为了领证而领证。在领取安全生产许可证后，仍然应当时刻注意保持安全生产条件，而不得降低安全生产条件。只有这样，才能确保企业在任何时候都能实现安全生产。特别是目前，由于我国尚处于社会主义初级阶段，生产力水平还比较低，安全生产的基础比较薄弱，一些企业从业人员素质较低，安全生产意识淡薄，自我保护能力差，在这种情况下，更有必要要求企业必须具备并时刻保持安全生产条件。

（2）应当加强日常安全生产管理。领取了安全生产许可证后，企业的安全生产也并不能自然实现。如果不加强日常安全生产管理，仍然不能保障安全生产。因此，取得安全生产许可证的企业还必须要发挥人的主观能动性，加强安全生产管理，建立、健全企业的安全生产责任制，制定和完善安全生产的规章制度和操作规程，保证企业持续的安全生产投入，企业负责人经常督促检查安全生产工作并及时消除生产安全事故隐患，对从业人员进行必要的培训，增强企业所有人员的安全生产意识。

（3）应当接受安全生产许可证颁发管理机关的监督检查。安全生产许可证颁发管理机关依法履行监督检查职责，是代表国家执行公务的行为，具有强制性。依照《安全生产许可证条例》规定，取得安全生产许可证的企业必须接受依法进行的监督检查，并提供相应的便利条件，积极予以配合。这是企业的一项法定义务。在实践中，有些企业不愿意接受有关部门的监督检查，有的甚至阻挠、妨碍依法进行的监督检查，不仅妨碍了有关监督检查人员依法履行公务，也不利于企业及时发现安全生产工作中存在的问题，改善和提高安全生产管理工作。

2. 安全生产许可证颁发管理机关应当承担的职责

（1）应当加强对取得安全生产许可证的企业的监督检查。安全生产许可证，是安全生产许可证颁发管理机关对企业是否具备《安全生产许可证条例》规定的安全生产条件的许可，这种许可是安全生产许可证颁发管理机关的一项权力，相应地，根据“谁审批，谁监督，谁负责”的行政审批的基本原则，安全生产许可证颁发管理机关对取得安全生产许可证的企业必须加强监督检查。同时，这也是《行政许可法》的原则要求。《行政许可法》第十条第二款规定：“行政机关应当对公民、法人或者其他组织从事行政许可事项的活动实施有效监督。”据此，安全生产许可证颁发管理机关应当加强对取得安全生产许可证的企业的监督检查。

（2）发现企业不再具备《安全生产许可证条例》规定的安全生产条件的，必须及时予以处理。处理的方式有两种：一是暂扣企业的安全生产许可证；二是吊销企业的安全生产许可证。前者主要适用于那些虽不再具备《安全生产许可证条例》规定的安全生产条件，但问题不是很严重，经过增加一些投入或者采取一些措施，可以在一段时间内重新达到《安全生产许可证条例》规定的安全生产条件的企业；后者主要适用于那些监督检查时已完全不再具备《安全生产许可证条例》规定的安全生产条件，且不可能经过整改重新达到《安全生产许可证条例》规定的安全生产条件的企业。无论是何种处理，在暂扣安全生产许可证期间或者吊销安全生产许可证后，企业都不得继续从事生产活动。

6.5.11 关于对违反《安全生产许可证条例》规定行为的举报制度的规定

安全生产涉及各行各业，直接关系到广大人民群众的切身利益。因此，任何单位或者个人对违反《安全生产许可证条例》规定的行为，有权向安全生产许可证颁发管理机关或者监察机关等有关机关举报。

这一规定包含以下三层含义：

（1）任何单位和个人都有权举报。为了对违反《安全生产许可证条例》规定的行为进行更有效的监督、制裁和处理，应当尽可能广泛地发动各种社会力量。因此，《安全生产许可证条例》明确规定，任何单位和个人都有权对违反《安全生产许可证条例》规定的行为进行举报。这也是对《宪法》和有关法律规定的公民检举权利的具体落实。在实践中，应当特别重视有关安全生产监督管理部门、企业内部的安全生产管理人员和从业人员的举报。因为他们处在安全生产监督管理和生产活动的第一线，对本机关、企业的情况有切实的体会和了解，他们的举报具有重要价值。还应当注意的是分清错报与谎报和诬告、陷害的区别，以鼓励单位和个人举报的积极性。

（2）举报的内容是违反《安全生产许可证条例》规定的行为。违反《安全生产许可证条例》规定的行为主要包括两大类：一是，企业违反《安全生产许可证条例》规定的行为。例如，企业未取得安全生产许可证擅自从事矿山、建筑及危险化学品、烟花爆竹、民用爆炸物品生产的行为；企业安全生产许可证有效期满不办理延期手续的行为；企业转让、冒用安全生产许可证或者使用伪造的安全生产许可证的行为；企业取得安全生产许可证后，不重视日常安全生产管理，导致安全生产条件降低，存在安全隐患，不再具备《安全生产许可证条例》规定的取得安全生产许可证的条件的情况等。二是，安全生产许可证颁发管理机关及其工作人员违反《安全生产许可证条例》规定的行为。例如，对申请领取安全生产许可证的企业是否具备《安全生产许可证条例》规定的安全生产条件不严格依法进行审查，将安全生产许可证颁发给不具备安全生产条件的企业的行为；对取得安全生产许可证的企业不加强监督检查，发现其不再具备《安全生产许可证条例》规定的安全生产条件的，不暂扣或者吊销其安全生产许可证的行为；发现企业未依法取得安全生产许可证擅自从事生产活动，不依法处理的行为；接到违反《安全生产许可证条例》规定行为的举报，不及时处理的行为；在安全生产许可证颁发、管理和监督检查工作中，索取或者接受企业的财物，谋取其他利益的行为等。

（3）受理举报的机关是安全生产许可证颁发管理机关、监察机关等有关部门。安全生产许可证颁发管理机关依法负责安全生产许可证的颁发、管理以及对企业的监督检查，因此，对企业以及其他人员违反《安全生产许可证条例》规定的行为，由其受理举报是顺理成章的。监察机关是人民政府行使监察职责的机关，依法对国家行政机关、国家公务员和国家行政机关任命的其他人员实施监察。因此，对安全生产许可证颁发管理机关工作人员违反

《安全生产许可证条例》规定的行为的举报，应当由监察机关受理。受理举报的机关接到单位和个人的举报后，应当认真进行调查处理。如果举报的事项不属于本部门处理的事项，则应当尽快移送有处理权限的机关进行处理。安全生产许可证颁发管理机关、监察机关对接到的举报，不得置之不理或者敷衍了事，更不能利用职务之便，对举报人进行打击报复。

6.5.12 关于安全生产许可证颁发管理机关工作人员在履行安全生产许可证的颁发管理职责中的违法行为应当承担的法律责任的规定

《安全生产许可证条例》第十八条规定，安全生产许可证颁发管理机关工作人员有下列行为之一的，给予降级或者撤职的行政处分；构成犯罪的，依法追究刑事责任：

（1）向不符合《安全生产许可证条例》规定的安全生产条件的企业颁发安全生产许可证的。

（2）发现企业未依法取得安全生产许可证擅自从事生产活动，不依法处理的。

（3）发现取得安全生产许可证的企业不再具备《安全生产许可证条例》规定的安全生产条件，不依法处理的。

（4）接到对违反《安全生产许可证条例》规定行为的举报后，不及时处理的。

（5）在安全生产许可证颁发、管理和监督检查工作中，索取或者接受企业的财物，或者谋取其他利益的。

6.5.13 关于违反《安全生产许可证条例》规定，非法进行生产应当承担的法律责任的规定

（1）未取得安全生产许可证擅自进行生产的，责令停止生产，没收违法所得，并处10万元以上50万元以下的罚款；造成重大事故或者其他严重后果，构成犯罪的，依法追究刑事责任。

（2）安全生产许可证有效期满未办理延期手续，继续进行生产的，责令停止生产，限期补办延期手续，没收违法所得，并处5万元以上10万元以下的罚款；逾期仍不办理延期手续，继续进行生产的，依照《安全生产许可证条例》第十九条的规定处罚。

（3）违反《安全生产许可证条例》规定，转让安全生产许可证的，没收违法所得，处10万元以上50万元以下的罚款，并吊销其安全生产许可证；构成犯罪的，依法追究刑事责任；接受转让的，依照《安全生产许可证条例》第十九条的规定处罚。

冒用安全生产许可证或者使用伪造的安全生产许可证的，依照《安全生产许可证条例》第十九条的规定处罚。

复习思考题

1. 什么是安全生产的国家监督管理？
2. 简述我国安全生产国家监督体制及其基本特征。
3. 群众参与社会监督有哪些渠道？
4. 监察机关的监察程序有哪些？

第7章

煤矿安全监察

7.1 我国煤矿安全监察概述

我国煤矿安全监察制度是在新中国成立后逐步建立并发展起来的，在其复杂曲折的发展过程中，既有一些惨痛的教训，又有一些成熟的经验。

新中国成立后，我国煤矿安全监察机关发生多次变动或调整，每次变动或调整都与当时的政治、经济和社会形势的变化紧密相关。这些变动的内容，从时间上可大体划分为五个阶段。

7.1.1 监察制度的形成

1. 第一阶段：新中国成立之初~1970 年，煤矿安全监察工作由原劳动部负责

新中国成立后，党和政府就开始重视劳动者的安全保护。1949 年 11 月，成立原中央人民政府劳动部，其内部设置劳动保护司，负责全国的劳动安全保护的管理工作。原劳动部的主要任务之一就是：监督指导关于劳动的法律、法规与条例的实施，监督一切企业遵守有关劳动法律、法规的情况，检查厂矿、企业安全卫生设备状况。同时，各企业也都设置相应的安全科（处），负责企业自身的安全监督工作。

2. 第二阶段：1970~1974 年，原劳动部并入原国家计划委员会

1970 年，原劳动部被撤销，在原国家计划委员会（现为国家发展和改革委员会）内设劳动保护局，原劳动部人员减缩，劳动安全监管的职能削弱，在五年调整期间制定的一系列劳动保护管理的政策规定遭到破坏，同时矿山企业的安全机构被撤销，安全生产的管理和法制建设瘫痪。

3. 第三阶段：1975~1981 年，成立国家劳动总局

国家为了加强劳动保护管理工作，于 1975 年 9 月将劳动保护管理工作从原国家计划委员会中分出，成立国家劳动总局，其内设劳动保护司和矿山安全监察局。从此，将矿山安全从劳动保护局的工作中分出，单独成立矿山安全监察局，煤矿安全生产管理开始走向规范化管理。

4. 第四阶段：1982~1998 年，建立起正常的矿山安全管理监察机制

改革开放以后，我国的经济体制、政治体制改革有序进行。1982 年 5 月成立原劳动人事部，煤矿安全监察工作由其中的矿山安全监察局承担，1985年1月成立全国安全生产委员会，承担安全监察、事故调查、安全生产宣传教育等统筹、协调、指导工作。

1988年4月，国务院重组劳动部，设置基本不变。1993年6月，撤销全国安全生产委员会，在原劳动部内设置矿山安全卫生监察局。

5. 第五阶段：1998年至今，成立国家安全监察机构——国家煤矿安全监察局

1998年6月，国家安全生产和安全监察职能划归原国家经贸委，组建了安全生产局，下设综合处、监察一处、监察二处和政策法规处。1999年12月，根据中共十五大报告关于加强执法监管部门的精神，从煤矿安全监察工作的实际出发，借鉴国外的成功经验，在实行政企分开的基础上，按照精简、统一和效能的原则，成立原国家经贸委管理的负责煤矿安全监察的国家煤矿安全监察局，与原国家煤炭工业局属于“一个机构、两块牌子”，作为负责煤矿安全监察的行政执法机关承担由国家经贸委负责的煤矿安全监察职能，在体制上逐步从分级管理向垂直管理转变。2003年3月，第十届全国人大第一次会议通过政府机构改革方案，调整国家安全生产监督管理体制，将原国家经贸委管理的安全生产监督管理局改为国务院直属机构，和国家煤矿安全监察局属“一个机构、两块牌子”（其中，国家煤矿安全监察局继续实行垂直管理体制），负责安全生产的综合监督管理和对煤矿的安全监察。其工作由新的国家安全生产监督管理局承担。

2005年年初国务院决定，把原国家安全生产监督管理局升格为国家安监总局，同时专设由总局管理的国家煤矿安全监察局，提高监察的权威性，强化煤矿安全监察执法。

7.1.2 煤矿安全监察行政法律制度

煤矿安全监察是国家确立的重要法律制度，为了规范煤矿安全监察机关及其煤矿安全监察员的行政执法行为，有效开展行政执法的工作，做到公正、公开，依法监察、依法行政，国家制定并颁布了一系列的法规、规章。

新中国成立初期，煤矿安全监察立法还处于空白，直到第一个“五年计划”时期，煤炭工业主管部门才根据国家的有关行政法规，相应制定了《技术安全检查条例》《技术安全监察机构工作暂行条例》《煤矿和油母页岩矿保安规程》《救护队试行规程》和《矿井自然发火预防和处理试行规程》，为今后相关煤矿安全监察立法工作奠定了基础。

20世纪50年代末的“大跃进”时期，许多行之有效的规章制度被废除了，《保安规程》被简化得只剩下48条，总工程师责任制也被取消了。1961年，党中央通过认真总结“大跃进”的深刻教训，制定了“调整、巩固、充实、提高”的八字方针，全国各煤矿以此为契机，在调整时期认真贯彻执行“八字方针”，把安全生产列为调整重点，修订补充了安全生产规章制度。但“文化大革命”开始后，安全生产规章制度被视为“管、卡、压、罚”，再次遭到批判。煤矿安全工作陷入无法可依、无人管理的状态。

党的十一届三中全会以后，经过拨乱反正，全党工作重心逐渐转移到经济建设上来，煤矿安全监察工作也走上了新的发展道路。1980年9月，原煤炭工业部发出了《建立健全安全监察机构，强化安全监察工作》的第1号安全指令，以后又针对性地陆续发出第2~10号安全指令。1982年国务院颁布了《矿山安全条例》和《矿山安全监察条例》，使煤矿安全管理和监察工作逐步走向规范化、制度化。1987年底，原煤炭工业部在强化专职安全监察机关的同时，又制定了《中华人民共和国煤炭工业部安全监督工作规程》。

1992年11月经第七届全国人大常委会审议通过，1993年5月开始实施的《矿山安全法》（2009年8月27日第十一届全国人大常委会第十次会议对其进行了修正），是各类矿山从事安全生产的基本法律，也是我国煤矿安全生产的基本法律，因此，《矿山安全法》的出台，是煤矿安全立法的重要标志。

1996年8月经第八届全国人大常委会通过，并于同年12月起实施的《煤炭法》（2013年6月29日第十二届全国人大常委会第三次会议对其进行了修正）是我国的第一部煤炭法，也是我国法制建设的一项重要成果。这部法律为煤炭的生产、经营活动确立了基本规范，是煤炭行业沿着法制轨道发展的一个重要标志，对煤矿行业安全生产具有重要的意义。

2000年，国务院对煤矿安全监察体制进行了重大改革，成立了国家煤矿安全监察局。此后，为把监察工作纳入依法行政的轨道上来，国家煤矿安全监察局把建立健全相关法律体系作为重要的基础工作来抓。经过几年努力，先后就煤矿安全监察问题发布了一系列法规文件。2000年6月19日以煤安监字〔2000〕第10号文件，发布了《煤矿职工伤亡事故报告和调查处理暂行规定》；特别是在2000年12月29日分别以煤安政法字〔2000〕第50号和51号文件，发布了《煤矿安全监察行政处罚暂行办法》和《煤矿安全监察员管理暂行办法》；2001年2月19日以煤安政法字〔2001〕第14号文件发布了《煤矿建设项目安全设施监察规定》；2001年3月26日，以煤安监政法字〔2001〕第23号文件发布了《煤矿安全监察行政复议暂行规定》2001年4月27日，以煤安监政法字〔2001〕第35号文件发布了《煤矿安全监察程序暂行规定》（于2007年11月废止）另外，各省级监察局和分局（办事处）也在法律、法规的框架下，根据实际需要，制定了一些相应的规章制度。为规范煤矿安全监察工作，形成完善的安全监察行政执法机制，创造了有利条件，对煤矿安全监察法制建设做出了重要贡献。

2003年，国家煤矿安全监察局加快煤矿安全生产法制体系建设，连续公布多项部门规章和行政规范性文件，如2003年3月31日的《关于印发〈安全评价通则〉的通知》，5月19日的《安全生产违法行为行政处罚办法》（2007年11月9日修订，自2008年1月1日起施行），6月13日的《煤矿安全监察员管理办法》，7月2日的《煤矿安全监察行政处罚办法》，7月4日的《煤矿安全生产基本条件规定》《煤矿建设项目安全设施监察规定》和7月14日的《煤矿安全监察罚款管理办法》等。

2000年11月颁布，12月1日起施行的《煤矿安全监察条例》成为我国煤矿安全监察工作进入法制轨道的重要标志。这是贯彻“依法治国，建设社会主义法治国家”治国方略的重大举措，是建立健全有中国特色的煤矿安全监察体制的重要法律保障，是对煤矿安全监察立法空白的填补，是促进煤矿安全工作好转的重要手段，充分体现了党和国家对煤矿安全监察工作和广大职工的重视与关心。《煤矿安全监察条例》是各级煤矿安全监察机关和煤矿安全监察人员依法行政的主要法规；是规范煤矿安全监察工作，保障煤矿安全，保护国家财产及煤矿职工人身健康安全的法律依据；是搞好煤矿安全管理和安全监察工作的法律武器。2013年7月，国务院令第638号将《煤矿安全监察条例》第三十七条、第四十三条中的“煤炭生产许可证”修改为“安全生产许可证”更加突出了安全管理的重要性。

2005年9月3日，为了把预防煤矿生产安全事故进一步纳入法制化轨道，及时发现并排除煤矿安全生产隐患，落实煤矿安全生产责任，保障职工的生命安全和煤矿的安全生产，国务院第446号令公布了《国务院关于预防煤矿生产安全事故的特别规定》，对预防煤矿生产安全事故的发生建立更加严格的制度，实行更加严厉的措施。

7.2 煤矿安全监察制度

7.2.1 煤矿安全监察员制度

煤矿安全监察员是直接从事煤矿安全监察行政执法的国家公务员。煤矿安全监察员制度是指国家和地区煤矿安全监察机关对其所属的煤矿安全监察员的录用、任职、培训、考核、奖惩、违法违纪责任追究等一系列活动的管理制度。

为加强和规范煤矿安全监察员管理工作，保障煤矿安全监察员依法行政，国家煤矿安全监察局于2000年12月根据《国家公务员暂行条例》和《煤矿安全监察条例》及有关规定制定了《煤矿安全监察员管理暂行办法》。2003年6月13日发布《煤矿安全监察员管理办法》(2015年3月23日国家安监总局局长办公会议对其进行了修订，自2015年7月1日起施行)。该办法对煤矿安全监察员管理机关、任职条件及程序、工作职责和纪律、培训、奖惩、责任追究等内容，做了明确规定。

7.2.2 煤矿建设项目安全设施监察制度

煤矿建设项目安全设施监察制度是指煤矿安全监察机关为了规范煤矿建设项目安全设施设计审查和竣工验收工作，保障煤矿安全生产，根据有关法律、法规、规定和标准，对新建、改扩建和国有重点技术改造工程煤矿的安全生产设施进行统一的设计审查和竣工达标验收的制度。

煤矿安全设施达到国家规定的标准，是保障煤矿安全生产的基本前提之一，建立健全煤矿安全设施审查与竣工验收制度，有助于在全国统一设计、验收标准和程序，防止设计、验收上的随意性。

煤矿在编制煤矿建设项目的可行性研究报告或开采方案时，必须对其安全条件进行论证，在煤矿建设项目初步设计阶段，必须按规定编制安全专篇，包括安全条件的论证、安全设施的设计等内容。煤矿建设项目安全设施设计必须符合工程建设的强制性标准、煤矿安全规程和行业技术规范。

煤矿建设项目的安全设施必须和主体工程同时设计、同时施工、同时投入生产和使用。

煤矿建设项目安全设施监察制度包括以下内容：

(1) 设计审查与竣工验收的行政主体。煤矿建设项目安全设施设计审查与竣工验收的行政主体是国家煤矿安全监察机关和地区煤矿安全监察机关。

根据《煤矿建设项目安全设施监察规定》(2015年修订)第六条，煤矿建设项目安全设施的设计审查，由煤矿安全监察机关按照设计或者新增的生产能力，实行分级负责。设计或者新增的生产能力在300万t/年(含)以上的井工煤矿建设项目和1000万t/年及以上的露天煤矿建设项目，由国家煤矿安全监察局负责设计审查；设计或者新增的生产能力在300万t/年以下的井工煤矿建设项目和1000万t/年以下的露天煤矿建设项目，由省级煤矿安全监察局负责设计审查。未设立煤矿安全监察机关的省、自治区，由省、自治区人民政府指定的负责煤矿安全监察工作的部门负责《煤矿建设项目安全设施监察规定》第六条第二项规定的设计审查。

（2）安全评价。煤矿建设项目的安全评价包括安全预评价和安全验收评价。煤矿建设项目在可行性研究阶段，应当进行安全预评价；在投入生产或者使用前，应当进行安全验收评价。煤矿建设项目的安全评价应由具有国家规定资质的安全中介机构承担。承担煤矿建设项目安全评价的安全中介机构对其做出的安全评价结果负责。煤矿企业应与承担煤矿建设项目安全评价的安全中介机构签订书面委托合同，明确双方各自的权利和义务。承担煤矿建设项目安全评价的安全中介机构，应当按照规定的标准和程序进行评价，提出评价报告。

煤矿建设项目安全预评价报告应当包括以下内容：

1）主要危险、有害因素和危害程度以及对公共安全影响的定性、定量评价。

2）预防和控制的可能性评价。

3）建设项目可能造成职业危害的评价。

4）安全对策措施、安全设施设计原则。

5）预评价结论。

6）其他需要说明的事项。

煤矿建设项目安全验收评价报告应当包括以下内容：

1）安全设施符合法律、法规、标准和规程规定以及设计文件的评价。

2）安全设施在生产或使用中的有效性评价。

3）职业危害防治措施的有效性评价。

4）建设项目的整体安全性评价。

5）存在的安全问题和解决问题的建议。

6）验收评价结论。

7）有关试运转期间的技术资料、现场检测、检验数据和统计分析资料。

8）其他需要说明的事项。

（3）设计审查。煤矿建设项目的安全设施设计应经煤矿安全监察机构审查同意；未经审查同意的，不得施工。煤矿建设项目的安全设施设计，应由具有相应资质的设计单位承担。设计单位对安全设施设计负责。煤矿建设项目的安全设施设计应当包括煤矿水、火、瓦斯、煤尘、顶板等主要灾害的防治措施，所确定的设施、设备、器材等应当符合国家标准和行业标准。煤矿建设项目的安全设施设计审查前，煤矿企业应当按照《煤矿建设项目安全设施监察规定》第六条的规定，向煤矿安全监察机构提出书面申请。

申请煤矿建设项目的安全设施设计审查，应当提交下列资料：

1）安全设施设计审查申请报告及申请表。

2）建设项目审批、核准或者备案的文件。

3）采矿许可证或者矿区范围批准文件。

4）安全预评价报告书。

5）初步设计及安全专篇。

6）其他需要说明的材料。

煤矿安全监察机构接到审查申请后，应当对上报资料进行审查。有下列情形之一的，为设计审查不合格：

1）安全设施设计未由具备相应资质的设计单位承担的。

2）煤矿水、火、瓦斯、煤尘、顶板等主要灾害防治措施不符合规定的。

3）安全设施设计不符合工程建设强制性标准、煤矿安全规程和行业技术规范的。

4）所确定的设施、设备、器材不符合国家标准和行业标准的。

5）不符合国家煤矿安全监察局规定的其他条件的。

煤矿安全监察机构审查煤矿建设项目的安全设施设计，应当自收到审查申请起30日内审查完毕。经审查同意的，应当以文件形式批复；不同意的，应当提出审查意见，并以书面形式答复。煤矿企业对已批准的煤矿建设项目安全设施设计需做重大变更的，应经原审查机构审查同意。

（4）施工和联合试运转。煤矿建设项目的安全设施应由具有相应资质的施工单位承担。施工单位应当按照批准的安全设施设计施工，并对安全设施的工程质量负责。施工单位在施工期间，发现煤矿建设项目的安全设施设计不合理或者存在重大事故隐患时，应当立即停止施工，并报告煤矿企业。煤矿企业需对安全设施设计做重大变更的，应当按照《煤矿建设项目安全设施监察规定》第二十二条的规定重新审查。煤矿安全监察机构对煤矿建设工程安全设施的施工情况进行监察。煤矿建设项目在竣工完成后，应当在正式投入生产或使用前进行联合试运转。联合试运转的时间一般为1~6个月，有特殊情况需要延长的，总时长不得超过12个月。煤矿建设项目联合试运转，应按规定经有关主管部门批准。煤矿建设项目联合试运转期间，煤矿企业应当制定可靠的安全措施，做好现场检测、检验，收集有关数据，并编制联合试运转报告。煤矿建设项目联合试运转正常后，应当进行安全验收评价。

（5）竣工验收。煤矿建设项目的安全设施和安全条件验收应当由煤矿建设单位负责组织；未经验收合格的，不得投入生产和使用。煤矿建设单位实行多级管理的，应当由具体负责建设项目施工建设单位的上一级具有法人资格的公司（单位）负责组织验收。

煤矿安全监察机构接到验收申请后，应当对上报资料进行审查并组织现场验收。有下列情形之一的，为验收不合格：

1）安全设施和安全条件不符合设计要求，或未通过工程质量认证的。

2）安全设施和安全条件不能满足正常生产和使用的。

3）未按规定建立安全生产管理机构和配备安全生产管理人员的。

4）矿长和特种作业人员不具备相应资格的。

5）不符合国家煤矿安全监察局规定的其他条件的。

（6）违反煤矿建设项目安全设施监察制度的处罚。违反《煤矿建设项目安全设施监察规定》的，由煤矿安全监察机构或者省、自治区人民政府指定的负责煤矿安全监察工作的部门依照《安全生产法》及有关法律、行政法规的规定予以行政处罚；构成犯罪的，依照《刑法》有关规定追究刑事责任。

7.2.3 煤矿安全生产监督检查制度

煤矿安全生产监督检查制度是指为了及时发现和排除煤矿安全事故隐患，督促煤矿企业依法安全生产，防止煤矿安全事故发生，由煤矿安全监察机关采取一定的方法，依法对煤矿企业贯彻执行煤矿安全生产法律、法规等情况进行监督检查的制度。

在煤炭生产过程中，由于生产环境、劳动条件、机器设备、防范设施、工艺流程、使用工具、工人的安全意识及操作行为等原因，都会产生不安全的因素。这些危险因素，通称为“事故隐患”，如不及时发现并消除就有可能酿成重大伤亡事故。为此，煤矿安全监察机关要通过对煤矿的监督检查，及时发现这些事故隐患，采取适当的整改措施消除这些事故隐患，避免安全事故的发生。

7.2.4 煤矿安全生产事故调查处理制度

煤矿安全生产事故调查处理制度是指为了查明事故原因，吸取事故教训，在煤矿企业发生事故后，迅速组织事故调查组，通过现场勘察、取证、模拟、分析等手段找出事故原因、分清事故责任，提出存在的问题和防范措施，并对伤亡者给予应有待遇和对责任者以相应处理的法律制度的总称。它包括煤矿安全伤亡事故调查处理制度、伤亡事故的汇报制度、抢救制度、批复制度等。

《煤矿生产安全事故报告和调查处理规定》对煤矿安全事故的调查做了以下明确规定：

(1) 根据事故造成的人员伤亡或者直接经济损失，煤矿事故分为以下等级：

1) 特别重大事故，是指造成30人以上死亡，或者100人以上重伤（包括急性工业中毒，下同），或者1亿元以上直接经济损失的事故。

2) 重大事故，是指造成10人以上30人以下死亡，或者50人以上100人以下重伤，或者5000万元以上1亿元以下直接经济损失的事故。

3) 较大事故，是指造成3人以上10人以下死亡，或者10人以上50人以下重伤，或者1000万元以上5000万元以下直接经济损失的事故。

4) 一般事故，是指造成3人以下死亡，或者10人以下重伤，或者1000万元以下直接经济损失的事故。

上述所称的“以上”包括本数，所称的“以下”不包括本数。

(2) 特别重大事故由国务院组织事故调查组进行调查，或者根据国务院授权，由国家安监总局组织国务院事故调查组进行调查。重大事故由省级煤矿安全监察机构组织事故调查组进行调查。较大事故由煤矿安全监察分局组织事故调查组进行调查。一般事故中造成人员死亡的，由煤矿安全监察分局组织事故调查组进行调查；没有造成人员死亡的，煤矿安全监察分局可以委托地方人民政府负责煤矿安全生产监督管理的部门或者事故发生单位组织事故调查组进行调查。

(3) 上级煤矿安全监察机构认为必要时，可以调查由下级煤矿安全监察机构负责调查的煤矿事故。

(4) 因伤亡人数变化导致事故等级发生变化的事故，依照规定应当由上级煤矿安全监察机构调查的，上级煤矿安全监察机构可以另行组织事故调查组进行调查。

(5) 特别重大事故由国务院或者经国务院授权由国家安监总局、国家煤矿安全监察局、监察部等有关部门、中华全国总工会和事故发生地省级人民政府派员组成国务院事故调查组，并邀请最高人民检察院派员参加。特别重大事故以下等级的事故，根据事故的具体情况，由煤矿安全监察机构、有关地方人民政府及其安全生产监督管理部门、负责煤矿安全生产监督管理的部门、行业主管部门、监察机关、公安机关以及工会派人组成事故调查组，并应当邀请人民检察院派人参加。事故调查组可以聘请有关专家参与调查。

(6) 重大、较大和一般事故的事故调查组组长由负责煤矿事故调查的煤矿安全监察机构负责人担任。委托调查的一般事故，事故调查组组长由煤矿安全监察机构商事故发生地人民政府确定。

7.2.5 煤矿安全监察行政处罚制度

煤矿安全监察行政处罚制度是指煤矿安全监察机关为达到对违反安全生产的法律、法规的煤炭生产经营企业的惩戒，促使其不再违犯，有效实施对煤矿企业的安全生产管理，维护公民人身、财产安全，依法对尚未构成犯罪的违法煤炭企业及其有关责任人的违法行为给予相应的行政制裁的一种行政处理制度。其特征是：

（1）煤矿安全监察行政处罚的主体是国家煤矿安全监察机关、地区煤矿安全监察机关和基层煤矿安全监察办事处。实施处罚必须依据法定权限。

（2）煤矿安全监察行政处罚的依据是《煤炭法》《安全生产法》《矿山安全法》《行政处罚法》《煤矿安全监察条例》《国务院关于预防煤矿生产安全事故的特别规定》及其他有关煤矿安全的法律、法规及安全生产国家标准、安全生产行业标准、煤矿安全规程和行为技术规范等。

（3）煤矿安全监察行政处罚的前提是煤炭生产经营企业有违反有关煤矿安全的法律、法规、规程、标准，并经煤矿安全监察机关查证属实，依《行政处罚法》《煤矿安全监察行政处罚办法》等法律、法规应当受到行政处罚的行为。

（4）煤矿安全监察行政处罚的对象是具有违法行为的煤矿企业和有关的违法责任人。

（5）煤矿安全监察行政处罚的目的是保证有关煤矿安全的法律、法规、规章、规程、标准的贯彻实施，有效实施对煤矿安全工作的管理，保护国家财产安全、公民财产和人身安全，对违法者予以惩戒和教育，使其以后不再违犯。

处罚的方式包括警告、罚款、责令停止生产、停产整顿、吊销证照及煤矿安全法规规定的其他行政处罚。

煤矿安全监察行政处罚的管辖，按属地原则确定，即由煤矿安全监察机关的业务管辖范围由地区煤矿安全监察机关和煤矿安全监察办事处管辖。对于特别重大的，在全国有重大影响的处罚事项，国家煤矿安全机构认为应由其直接管辖的煤矿安全违法行为的行政处罚，则由国家煤矿安全监察机关管辖。

当管辖权发生争议时，由争议双方的共同上级煤矿安全监察机关指定管辖。

对举报的煤矿安全违法行为，煤矿安全监察机关应当及时受理并认真审查，发现不属于自己管辖的，应及时送交有管辖权的煤矿安全监察机关管辖处罚。

7.2.6 煤矿安全程度评价制度

煤矿安全程度评价是指从技术、经济、社会的角度，对拟建的煤矿项目和正在生产的煤矿的安全情况进行综合评价，发现并提出问题以及防治对策和措施，为煤炭安全生产的决策和管理提供科学依据。

煤矿安全程度评价制度是指承担煤矿安全评价工作的机构在煤矿安全生产领域内，事先对煤矿建设和生产项目的安全情况或危险因素进行调查、预测、认定和评定，对建设和生产中的安全生产问题提出防治对策和措施，为煤矿建设和生产项目的决策提供科学依据的制度。煤矿安全程度评价制度是从煤炭安全生产的角度决定煤炭开发建设活动和煤炭生产活动能否进行和如何进行的具有强制性的法律制度。其主要包括从事煤矿安全程度评价、评估、检测、检验、咨询服务等安全中介机构和煤矿安全专业技术人员的法律地位、任务和责任等内容。

《安全生产法》等法律、法规对安全生产的生产条件、生产设备等做了规定，如完善生产条件、安全生产设备必须符合国家标准或者行业标准，还有新建项目的“三同时”制度，不具备安全生产条件的，不得从事生产经营活动。一个新开发的煤矿和正在生产的煤矿是否具备安全生产的条件，这都需要由安全评价机构依一定的技术和程序进行科学评价，通过论证分析才能认定是否达到安全生产的条件。所以，为保证安全生产，预防事故的发生，建立煤矿安全程度评价制度是十分必要的。

7.2.7　煤矿安全事故隐患监控治理责任追究制度

煤矿安全事故隐患监控治理责任追究制度是指对煤矿安全事故隐患负有监控治理责任的机关及其工作人员，本应对事故隐患进行有效监控并采取必要措施予以治理或消除，但由于其故意或过失而没有对事故隐患进行有效监控并采取必要措施予以治理或消除，从而酿成事故，造成严重后果的，对该负有监控治理责任的机关及人员予以责任追究的制度。

所谓事故隐患，是指煤炭生产经营单位在生产设施、设备及生产安全管理制度、管理活动等方面存在的可能引发安全事故的各种自然或人为的因素。事故隐患既包含人的不安全行为，也包含物和工作环境的不安全状态以及管理方面的缺陷等，如一些煤矿为减少生产成本而压缩必要的安全投入，安全防护用品、设备、设施达不到安全生产的要求，矿工的安全技术不达标，安全管理制度和行为不到位等。事故隐患一般具有隐蔽性、危险性、形态多样性等特征。

7.2.8　煤矿安全生产条件审查制度

煤矿安全生产条件审查制度是指煤矿安全监察机关通过煤矿建设工程安全设施施工、竣工情况的检查验收活动，对煤矿应当具有的保障安全生产、预防事故和职业危害的安全设施等基本条件进行审查的制度。

所谓安全生产条件，是指在煤矿建设和生产过程中，与生产相适应的各个系统、生产作业环境、生产设备和设施以及相应的管理组织、责任制度、技术措施等，应当能符合国家的安全生产法律、法规的要求，满足生产过程的安全需要，不会或不能导致人员伤害和财产损失等事故发生。具备安全生产条件是预防和减少煤矿安全事故的前提。

煤矿安全生产条件审查的主体是各级煤矿安全监察机关。

7.2.9　煤矿安全生产监督管理和煤矿安全监察责任制度

煤矿安全生产监督管理和煤矿安全监察责任制度是指根据煤矿安全生产的法律、法规建立起来的，以各级人民政府及煤矿安全监察机关为责任人的，对煤矿安全生产层层具体负责及对煤矿安全监察具体负责的制度。

煤矿安全生产监督管理责任主体是县级以上人民政府。煤矿安全监察责任主体是国家煤矿安全监察机关、地区煤矿安全监察机关和煤矿安全监察办事处。

根据《安全生产法》第八、九条的规定，国务院和县级以上地方各级人民政府应当加强对安全生产工作的领导，支持、督促各有关部门依法履行安全生产监督管理职责建立健全安全生产工作协调机制，及时协调、解决安全生产监督管理中存在的重大问题。县级以上地方各级人民政府安全生产监督管理部门依照《安全生产法》，对本行政区域内安全生产工作实施综合监督管理。

要加强对煤矿安全生产工作的领导，必须明确各地方人民政府一把手是本地区煤矿安全生产工作的第一责任人，必须对本地区煤矿安全生产工作负总责，做到守土有责，确保一方煤矿安全。

7.3 煤矿安全监察法律制度

煤矿安全监察法律制度属于行政法范畴，所以行政法的一些特征在该种法律制度中有明显的体现。但煤矿安全监察法律制度是一门特殊的部门行政法，又有其特殊性。

（1）煤矿安全监察法律制度在形式上是分散制定的，没有统一的监察法典。尽管国务院于2000年11月公布《煤矿安全监察条例》（2013年7月18日修订），作为国家对煤矿安全监察法律制度的重要依据，但该条例并不是煤矿安全监察法律制度的全部，而仅是其一部分，所有适用于调整煤矿安全监察法律关系的法律、法规、规章和制度等，共同组成煤矿安全法律制度的完整体系。对于这些法律、法规、规章等，煤矿安全监察主体在行政执法时都要遵守，也都是其行政执法的依据。

（2）煤矿安全监察法律制度的规定常常集实体规范与程序规范于一身。在同一个煤矿安全监察的法规、规章或其他规范性文件中，对煤矿安全监察主体职权的授予、运行及产生的后果等内部的规定往往是紧密相连的。煤矿安全监察行为是一种“行政管理”行政行为，是煤矿安全监察主体对煤矿企业的行政执法活动。由于行政行为本身的特点所决定，在规定监察主体职权时，必须同时规定其行使职权的程序，以防止职权的违法或不当行使，同时也能提高监察的效率。在煤矿安全监察执法实践中，由于监察主体的业务素质、法律意识及其他因素的影响，有时只注重实体规范而忽视程序上的规定，致使执法行为违法的现象时有发生，影响了执法的质量和效果。所以，注重程序性规范，严格依法定程序行使监察职权，是煤矿安全监察行政执法实践中需要十分注意的问题。

7.3.1 煤矿安全监察法律制度的调整对象

煤矿安全监察法律制度是调整煤矿安全监察权的取得、行使以及对其监督过程中发生的各类社会关系的法律规范。它着重调整煤矿安全监察机关与煤炭生产经营企业之间的安全监督关系，和煤矿安全监察机关与其内部工作人员之间的关系，以及行政相对人对煤矿安全监察机关及其监察人员的监督关系。所以，煤矿安全监察法律制度的调整对象可分三类。

1. 煤矿安全监察主体与煤炭生产经营者之间的关系

煤矿安全监察主体为国家专门设立的煤矿安全监察机关。《煤矿安全监察条例》第二条规定：“国家对煤矿安全实行监察制度。国务院决定设立的煤矿安全监察机构按照国务院规定的职责，依照本条例的规定对煤矿实施安全监察。”第八条规定：“本条例所称煤矿安全监察机构，是指国家煤矿安全监察机构和在省、自治区、直辖市设立的煤矿安全监察机构及其在大中型矿区设立的煤矿安全监察办事处。”

煤矿安全监察主体与煤炭生产经营者之间的关系，经过煤矿安全监察法律规范的调整，就形成了煤矿安全监察法律关系。它具有一般行政法律关系的特点，即：

（1）主体的恒定性与不可转化性。

（2）意志单方性与权利义务不对等性。

（3）权力与权利的结合性。

（4）主体和内容的法定性。

（5）救济性。

2. 煤矿安全监察主体与其内部工作人员的关系

即各级煤矿安全监察机关与其煤矿安全监察员之间的管理关系。《煤矿安全监察条例》第十、十九、四十八条都对这种关系进行了具体规定。

3. 行政法制监督关系

这种关系是指公民、法人或有关组织对煤矿安全监察机关、煤矿安全监察员的行政执法行为的监督关系。《煤矿安全监察条例》第七条规定，煤矿安全监察机关及其安全监察人员应当依法履行安全监察职责。任何单位和个人对煤矿安全监察机关及其煤矿安全监察人员的违法违纪行为，有权向上级煤矿安全监察机关或者有关机关检举和控告。

7.3.2 煤矿安全监察法律制度的分类

煤矿安全监察法律制度属于部门行政法，有其相对独立的规范体系，根据不同的标准可以做不同的分类。

1. 从制定主体的地位和规范的效力角度划分

（1）国家立法机关制定的有关煤矿安全监察的法律。如《安全生产法》《矿山安全法》《煤炭法》《行政处罚法》《劳动法》《矿产资源法》等，这类法律规范的法律效力最高。

（2）国务院制定的有关煤矿安全监察的行政法规。如《煤矿安全监察条例》《国务院关于特大安全事故行政责任追究的规定》《乡镇煤矿管理条例》《行政执法机关移送涉嫌犯罪案件的规定》等。

（3）煤矿安全监察主管部门制定的有关规章和规定。如《安全生产违法行为行政处罚办法》《煤矿安全监察员管理办法》《煤矿安全监察行政处罚办法》《煤矿安全生产基本条件规定》《煤矿建设项目安全设施监察规定》《煤矿安全监察罚款管理办法》《乡镇煤矿管理条例实施办法》《乡镇集体煤矿防治发生重大瓦斯煤尘事故的规定》《关于国有煤矿防治重大瓦斯煤尘事故的规定》等。

（4）地方国家权力机关和地方人民政府制定的有关煤矿安全监察的地方性法规、行政规章。以山西省为例，就有如《山西省实施〈中华人民共和国矿山安全法〉办法》《山西省煤炭管理条例》《山西省矿产资源管理条例》等。

（5）地区煤矿安全监察部门及其他机关制定的有关实施细则、办法、标准等。如《山西省煤矿职工伤亡事故报告和调查处理实施细则》《关于规范煤矿安全监察行政执法工作程序的通知》《关于规范煤矿安全监察行政处罚的通知》《山西煤矿安全监察工作报告制度》《山西省煤矿安全质量标准检查验收办法（试行）》《企业职工伤亡事故经济损失统计标准》等。

2. 从煤矿安全监察法律制度体系角度划分

（1）煤矿安全监察员制度。

（2）煤矿建设工程安全设施设计审查和验收制度。

（3）煤矿安全生产监督检查制度。

(4) 煤矿事故调查处理制度。

(5) 煤矿安全监察信息与档案管理制度。

(6) 煤矿安全监察机关和人员监督约束制度。

(7) 煤矿安全监察行政处罚制度。

(8) 执法报告、执法统计和执法分析制度。

(9) 煤矿安全程度评价制度。

(10) 煤矿事故隐患监控治理责任追究制度。

(11) 煤矿安全条件审查制度。

(12) 煤矿安全监察行政执法责任制。

7.4 国家煤矿安全监察局

1999年12月30日，国务院批准《煤矿安全监察管理体制改革实施方案》，决定成立国家煤矿安全监察局。2000年1月10日，国家煤矿安全监察局正式挂牌。《煤矿安全监察管理体制改革实施方案》中明确国家煤矿安全监察局是国家经贸委管理的负责煤矿安全监察的行政执法机构，承担现由国家经贸委负责的煤矿安全监察职能。2003年3月依照第十届全国人大第一次会议通过的政府机构改革方案，将国家安全生产监督管理局（国家煤矿安全监察局）调整为国务院直属的国家局（副部级）。2005年，国家安全生产监督管理局升格为国家安监总局，为国务院直属机构（正部级），而国家煤矿安全监察局成为由国家安监总局实行部门管理的国家局（副部级），表明了国家对安全生产监督管理工作特别是煤矿安全监察行政执法工作的高度重视，明确安全监察机关是行政执法机构，有利于依法加强对煤矿安全工作的监管，实现“依法治矿”的要求和目标。

国家煤矿安全监察局下设综合司、安全监察司、事故调查司、科技装备司及行业安全基础管理指导司，其具体职责如下：

1. 综合司

(1) 组织协调机关办公，拟定工作规则和工作制度，组织或参与会议筹备，负责有关重要会议决定事项和重大工作部署的督促落实工作。

(2) 承担公文管理、政务信息和机要保密工作，调查研究和参与起草有关政策措施及重要文件、报告。

(3) 负责编报本级机关专项业务经费预算和专项资金审核及监督。

(4) 研究提出机关人事任免建议，参与省级煤矿安全监察机构领导班子考核工作。

(5) 承担或协调机关行政事务相关工作。

(6) 提出机关外事安排建议参与煤矿安全相关外事工作。

(7) 承办局领导交办的其他事项。

2. 安全监察司

(1) 研究和参与起草煤矿安全生产、煤矿安全监察有关的法律法规，拟订有关规章、规程、标准和命令。

(2) 负责检查指导地方人民政府煤矿安全监督管理工作。对地方贯彻落实煤矿安全生产法律法规、标准，关闭不具备安全生产条件的矿井，煤矿安全监督检查执法，煤矿安全生产专项整治、事故隐患整改及复查，煤矿事故责任人的责任追究落实等情况进行监督检查，并向有关地方人民政府及其有关部门提出意见和建议。

（3）依法监察煤矿企业贯彻执行安全生产法律、法规和方针政策情况。

（4）依法监察煤矿企业安全生产条件、设备设施安全和有关人员安全资格持证情况，依法查处不具备安全生产条件的煤矿。

（5）按照职责范围，监督检查煤矿企业建设项目安全设施“三同时”情况，依法组织煤矿建设工程安全设施的设计审查和竣工验收。

（6）负责煤矿安全生产许可证的颁发管理，指导和监督煤矿安全评估工作。

（7）依法监督检查中央管理的煤矿企业集团公司（总公司）和为煤矿服务的煤矿矿井建设施工、煤炭洗选等企业的安全生产工作。

（8）承办局领导交办的其他事项。

3. 事故调查司

（1）依法组织或参与煤矿重大、特大和特别重大事故的调查处理，并监督事故查处的落实情况。

（2）负责煤矿安全生产方面的行政复议，监督执法行为。

（3）研究和参与起草煤矿企业作业场所职业卫生监督检查、职业危害事故和有关行政处罚的法规、标准。

（4）依法监察煤矿作业场所职业卫生以及煤矿企业劳动防护用品的使用情况，负责全国煤矿事故与职业危害的统计分析。

（5）指导协调或参与煤矿事故应急救援工作。

（6）负责煤矿企业主要负责人、安全管理人员的安全资格、煤矿特种作业人员（含煤矿矿井使用的特种设备作业人员）的培训发证工作。

（7）负责国家煤矿安全监察专员的日常管理工作。

（8）承办局领导交办的其他事项。

4. 科技装备司

（1）组织研究和参与起草煤矿安全生产、煤矿安全监察有关法律法规，拟定煤矿安全生产规章、规程、标准和命令。

（2）组织研究拟定煤矿安全生产发展规划。

（3）指导和组织制定或拟订煤炭行业规范和标准工作。

（4）组织煤矿安全生产科研及科技成果推广工作；制定淘汰煤矿落后技术和装备目录；指导煤矿安全检测检验、安全评价、安全培训、安全咨询等社会中介机构开展相关业务。

（5）协调全国煤矿安全技术装备保障工作，组织对煤矿使用的设备、材料、仪器仪表的安全监察工作。

（6）承担对国有重点煤矿安全技术改造和瓦斯综合治理与利用项目的审核工作。

（7）承担煤矿瓦斯治理有关工作。

（8）承办局领导交办的其他事项。

5. 行业安全基础管理指导司

（1）指导煤矿企业安全基础管理、安全质量标准化工作。

（2）指导和监督煤矿企业建立并落实安全隐患排查、报告和治理制度。

（3）指导和监督地方煤炭行业管理部门开展煤矿生产能力核定工作。

（4）依法监督检查中央管理的煤矿企业集团公司（总公司）和为煤矿服务的煤矿矿井建设施工、煤炭洗选等企业的安全生产工作。

（5）负责煤矿企业主要负责人、安全管理人员的安全资格、煤矿特种作业人员（含煤矿矿井使用的特种设备作业人员）的培训发证工作。

（6）指导和管理煤矿矿长资格证颁发工作。

（7）承办局领导交办的其他事项。

复习思考题

1. 什么是煤矿安全监察制度？
2. 煤矿建设项目安全设施监察制度的主要内容有哪些？
3. 煤矿安全监察行政处罚制度的主要内容是什么？
4. 煤矿安全监察法律制度的调整对象有哪些？
5. 煤矿安全监察法律制度可分为几类？

第8章

8

中外煤矿安全监察法律制度比较

8.1 国外安全监察法律制度概述

完善的安全监察立法，是预防和控制安全事故发生的法制前提，所以各国对安全监察立法都十分重视。在国外，安全监察立法通常是与职业安全与健康立法融为一体的，尤其是在安全生产立法的早期，并没有对安全监察进行单独立法，而是以职业安全立法的形式出现的，随着立法的发展与成熟，独立的安全监察机关的设立，专门调整安全监察关系的法律才逐步出现。

8.1.1 国外安全监察法律制度的特点

1. 有明确的立法目标体系

安全目标，既包括防止生产过程中发生的人员伤亡，又包括避免劳动中的职业病危害和财产的损失。因此，安全监察立法就围绕这些目标进行。例如，1993年国际劳工组织颁布的《预防重大工业事故公约》及各国的工业安全法律、法规，就是主要以控制伤亡事故为目标的法律、法规，如各国的职业卫生法及有关的卫生标准、规程等。

2. 建立了完整的立法层次体系

既有世界范围内的安全生产法律法规标准，如ISO标准；又有地区范围内的法律法规，如欧盟、亚太地区等及各国的国家安全生产法律、法规。

3. 在法律、法规的强制性和具体执行方面的特点

（1）各国政府都明确规定安全健康法律、法规是强制性的，必须严格遵守和实施。

（2）安全健康立法的指导思想是防范工作场所的危害和危险，因此法律、法规都明确规定雇主为其雇员提供安全、健康的作业环境与条件。

（3）在通常情况下，为强化法律、法规的可操作性，除了强制性的法律、法规的规定外，还颁布一些配套的技术标准，明确规定各方的责任与义务，以便于监察人员进行安全监察时的准确操作和判断。

8.1.2 国外安全监察关系各方的权责

1. 安全与健康监察管理部门的权限

（1）可以命令雇主或安全负责人回答有关问题和提交相应的资料。

（2）安全监察人员不仅有权在任何工作时间进入生产场所、工作室检查和审查业务资料，还有权检查生产设施、劳动工具和人体防护装备，调查了解工艺和工作过程，进行测量，尤其是确定危害健康因素并调查工作事故和因工作生病或受到伤害的原因。有权要求雇主或雇主指定的人陪同检查。在非工作时间，工作场所又在住宅中时，监察人员为了避免危及公共安全和秩序的紧急事故可以不经雇主允许实施上述检查措施。

（3）雇主必须在规定时间内报告基本情况。包括：①企业名称和地址；②雇主的姓名和地址；③企业所归属的经济部门；④雇员人数、性别、年龄和国籍。

（4）可发布具体命令。包括：①雇主、安全负责人或职工为履行自己的义务采取何种措施；②雇主和安全负责人为消除危及员工生命和健康的特种危险采取何种措施；③如果危险不能拖延，监察部门可规定执行命令的期限，如果在规定期限内没有执行上述命令或没有马上执行可以执行的命令，可以勒令企业停产等。

（5）应为雇主保守商业秘密。监察人员只能在法定情况下或诉讼时，或在为了执行任务，保护受保险人和保护环境时，向事故保险机构或有关当局透露商业秘密。

2. 雇主的职责

（1）基本职责。必须采取必要保护措施，保障雇员的安全和健康；必须审查措施的有效性和合适性；根据工种和员工数量考虑成立适当的安全机构和准备必要手段，所发生的费用不得分摊在雇员身上。

（2）采取保护措施时应遵循的原则。包括：①安排工作时尽量避免危及生命和健康的危险，将危害降至最低限度；②消除危害根源；③采取措施时应考虑各种因素对雇员进行安全与教育培训；④为预防可能的危险，必须限定雇员的工作时间和人数；⑤禁止使用对雇员有特殊危害的设备或方法，否则要经安全监察机构批准；⑥对存在某些特别危害的生产设施，投产前必须根据监察部门的指示进行专业检测后方能进行。

（3）必须认真保管好相关资料。

（4）要依据能力安排雇员工作。

（5）雇主间要建立合作防范事故机制。

（6）必须制定事故救援措施。

（7）必须定期对从业人员进行体检。

3. 雇员的权利和义务

（1）权利。具体包括：①有权就所有危及安全和健康的问题向雇主建议；②如果雇主不采取措施或采取措施不够，可直接向有关监察部门投诉，雇主不得刁难。

（2）义务。具体包括：①遵守职业安全与健康标准的规定，关心职业安全与健康，严格按规定要求进行操作、施工；②按规定使用机器、设备、工具、材料、运输工具和其他工作方法及安全仪器和防护装置；③支持雇主做好安全工作，发现危险和故障及时报告。

4. 安全监察机关及其监察人员的权力

（1）可随时对企业进行安全与健康监察。

（2）如遭到拒绝时，可由警方或其他强制机关派人陪同强行进入。

（3）为便于开展调查工作，有权携带调查所需要的材料和设施，并有权要求被调查企业雇主在指定的时间内保持被调查场所的原状，不得变动。

（4）有权测量、照相、记录和对可疑物进行取样，并查询有关文件及复制各种登记、记录或任何文件。

（5）有权要求有关人员做口头诉述或写出书面材料。

（6）有权排除或拆除被认为对安全与健康构成危险的物质。

（7）当监察人员发现企业违反安全与健康法律、法规时，可根据违法的性质，采取下述方法来实施监察行动，使其得到改进：①口头或书面通知或者警告；②发改进通知，对违法较严重的，监察人员将签发改进通知，责令雇主采取有效的改进措施；③发禁止通知，如果存在严重危及人身伤亡的危险，监察人员可发出禁止通知，要求立即停止工作，在采取补救行动之前不得恢复；④起诉，在有些情况下，如果雇主拒不执行监察人员签发的命令，监察人员将提起诉讼。例如，英国规定，对不履行改进或禁止通知的，法院将处以20000英镑的罚款或监禁6个月，或者两项并罚。

8.1.3　国外安全监察程序

由于各国立法传统、立法技术与法制的成熟程度等具体因素不同，各国的安全监察程序也各不相同，但比较各国安全监察程序的立法规定后，可以发现这些规定还是有一些内容是相通的。在一般情况下，各国安全监察程序是这样的：监察机构一般是有计划地对企业的安全健康状况进行监督检查，通常对企业按一定的原则进行评估，依不同的情况进行分类，然后重点检查。例如，美国的《职业安全与健康法》确定了“重点监察检查顺序原则”，将有紧迫危险的企业排在重点监察检查的首位。在监察检查之前，不得通知被监察企业，透露消息者以违法论。监察人员进入被监察企业，应出示证件，供雇主或其代表确认。在具体进行监察前，要召开雇主或其代表、工会代表、工人等参加的预备会，由监察人员说明监察原因和意图，提出检查路线，然后由各方代表陪同监察。检查过程中发现违法情况要做好记录，并告知陪同人。检查完毕后召开总结会，会上由监察人员对监察情况进行介绍，指出不安全、不健康、违反标准的地方，并提出自己的建议，说明有可能因此发出传票，并告知雇主有权申诉。会上监察人员、雇主、雇员代表可自由辩论，但监察人员不能指出将做出什么样的处罚，只能提出拟请上级签发的“改进通知书”或“禁止通知书”的具体意见，有待于地区办事处主任在接到报告后签发相应的处罚命令或传票。

监察结束后，如果企业接到“改进通知书”或“禁止通知书”，则应按其办理，否则将依法惩处。如果不服，则可在法定期限内向法庭或仲裁机构提出申诉。雇主如拒不执行，监察部门也有权提出申诉，由法庭终审或裁定。

8.1.4　国外安全生产法律责任追究制度的主要特征

世界上职业安全卫生法制相对完善的国家或地区，目前大多构建了有效的法律责任追究制度，确立起比较完善的职业安全生产和安全卫生法规体系。

（1）国外对安全生产法律责任主体通常都做了明确规定。例如，英国的《劳动安全卫生法》明确规定雇主的安全生产主体责任，对其应承担的职业安全卫生义务，在监察执法全过程设定违法行为的相应责任。澳大利亚的《劳动安全卫生法》明确将雇主第一预防责任规定为法律的基本原则之一。在该法共14章276条中，有60个条文区分不同违法行为，设置了明确、具体的法律责任，包括安全卫生义务人违法责任，工作场所进入许可违法责任，事故报告违法责任，法律授权违法责任，安全协商、代表和参与违法责任，歧视、暴力和误导行为法律责任，违反执行措施法律责任，违反诉讼程序法律责任等。

（2）国外安全生产立法经验显示，适时加大处罚力度是推进安全生产工作的迫切需要。英国1974年的《劳动安全卫生法》最初规定的处罚内容相对简单，额度也比较低，罚金最高不超过400英镑（约合人民币4000元）。为加强对不守法的制裁力度，其后数次进行调整。1998年以来，不断有公众和政治压力呼吁加大对职业安全卫生违法行为的执法力度，施以更高数额的罚金和更为严厉的监禁，增加法人和个人的责任；政府也多次建议增设法人杀人犯罪罪名。2008年，英国通过的《安全卫生罪刑法》对先前规定的法律责任进行全面修订，加大有关违法行为处罚力度，对于违法行为，地方法院最高可处2万英镑（约合人民币20万元）罚款，6个月监禁；在刑事法庭最高可处2年监禁和没有上限的罚金。

美国《职业安全卫生法》最初规定的民事处罚上限为1万美元。1990年《综合预算协调法》通过后，美国将这一违法行为的最大罚金额修订为7万美元。2011年，澳大利亚的《劳动安全卫生法》实施了非常严厉的处罚，对于违反安全健康义务规定，构成重大过失一级责任的，对个人最高处30万澳元罚金、5年监禁或者并罚，对从事生产经营的个人或单位负责人最高处60万澳元罚金、5年监禁或并罚，对法人则最高处300万澳元罚金处罚。

新加坡的《工作场所安全卫生法》针对各类违法事件，规定了通用的处罚上限。个人最高处20万新元处罚，最高关押2年，任何一项或两者并罚。法人机构最高处罚50万新元。第二次或屡次违反同一法规，因此造成他人死亡的，个人罚款40万新元，法人机构罚款100万新元，最高关押两年，任何一项或两者并罚。

（3）国外一般都比较重视对安全生产的监管。例如，英国的《劳动安全卫生法》规定，任何人违反该法规定的管理要求、监察员发布的命令、任何整改通知、禁止命令等，即属违法犯罪。该法第37条同时对法人团体做出专门规定。2007年通过的《法人杀人罪法》首次规定，任何公司或组织如果因管理方面存在重大过失而导致人员死亡事故的，可能被裁定构成法人杀人罪，这是英国立法史上的重大突破。美国的《职业安全卫生法》虽规定法律责任承担主体是雇主，但该法同时规定，监察机构在认定民事罚款时，应当充分考虑雇主所在企业规模、违法行为性质严重程度、雇主诚信档案、先前违法记录等情形，实际上对违法主体也做了相应区分。澳大利亚的《劳动安全卫生法》对法律责任主体的规定分类清楚，在多数法律责任条款中，区分个人和法人分别进行规定。例如，该法第99条规定，从事生产经营的主体违反监察员发布的即时整改指令的，对于个人处5万澳元罚款，对法人则处25万澳元罚款。该法第31条进一步区分为三类情况加以处罚，不遵守法定职业健康安全义务的，对个人处5万澳元罚款，对从事生产经营的个人或者单位负责人处10万澳元罚款，对法人则处50万澳元罚款。新加坡2006年的《工作场所安全卫生法》针对各类违法事件，区分个人、法人机构设置法律责任，对违规工人责任也予以单独规定。

相比较而言，我国安全生产法律责任形式过于单一，对刑事责任的规定仅限于“构成犯罪的，依照刑法有关规定追究刑事责任”的抽象规定。在制裁安全生产违法行为方面，法律除了设定一定的经济罚、资格罚外，手段非常有限。在刑事责任方面，2006年修订《刑法》有关安全生产的条款内容比较有限，仅限于事故类的相关罪名。对于生产经营活动尚未造成事故的重大违法行为构成犯罪没有明确规定，对安全生产违法犯罪行为的危害性及危害后果的认识仍带有局限性。显然，我们目前安全生产法律责任制度还缺少“牙齿”，法律上的禁令还缺少应有的威慑力，致使实践中容易被“不出事就是安全”的片面生产观念所误导。这种法律制度设计上的滞后，必须在借鉴国外经验基础上认真及时加以扭转。

现在，国际上大多数国家已根据职业安全卫生的要求制定了不少法律、条例，形成了较为完整的安全卫生法律法规体系。除此以外，国际组织也纷纷通过国际公约、地区性法律等方式，对雇员的安全与健康加以保护，在任何情况下都不能以人的安全与健康为代价获取利益已成为国际社会的基本共识和实际做法。

8.2 国外主要工业国家煤矿安全监察制度简介

8.2.1 美国煤矿安全监察法律制度

美国是世界上主要的产煤大国之一，每年煤炭产量达10亿t左右。然而近几十年美国煤矿每年事故死亡人数仅有30人左右，所以，美国煤矿安全监察法律制度很值得我们去研究，其成功经验也非常值得我们去借鉴。

美国煤炭生产历史上，安全事故曾经也十分严重，如1907年，全国煤矿事故死亡曾高达3242人，如今煤矿安全事故已得到有效控制，成为全美国最安全的行业。取得如此显著的效果，是美国健全煤矿安全法律、法规，严格执行安全法规，煤矿开采技术进步和加强煤矿安全管理等多方面因素的综合反映。

8.2.1.1 完善的煤矿安全与健康法规体系

1891年，美国国会通过第一个有关矿山安全的法案。1952年国会赋予矿业局享有煤矿安全监察的权力，1969年国会修订更为严格的法规《联邦煤矿健康与安全法》。1977年国会又通过了新修订的《联邦矿山安全与健康法》（以下简称《矿山法》），将煤矿、金属矿和非金属矿纳入统一的法规。有关煤矿安全的法律还有美国《联邦法典》第30卷（矿山资源卷）、《煤矿安全监察秩序》和《职业安全与卫生法》。

1.《矿山法》

《矿山法》是美国联邦政府在全国矿山安全与健康实行监督管理的最高法律，于1977年11月由卡特总统签署颁发，1978年3月9日生效，沿用至今。该法要求，矿山的每一个经营者和每一个矿工遵守该法规定的健康与安全标准。根据该法，设立矿山安全与健康监察局（以下简称矿山监察局），隶属劳工部，由总统任命一名劳工部副部长兼任局长，同时设立联邦矿山安全与健康复审委员会，其主席由总统任命，受理对矿山监察局执法处罚有异议时提出的法律诉讼。另外，还设立矿山安全研究会和矿山健康研究会，其理事长分别由内政部部长和卫生、教育和福利部部长任命，其主要职责是提出矿山安全与健康研究方面的建议，并向矿山监察局局长提出修改矿山安全与健康标准的建议。

有关《矿山法》的主要内容，在其开章处就重申了国会的几点声明：

（1）煤矿和其他矿山至关重要的是其最珍贵的资源——矿工的健康与安全。

（2）必须采取更有效的手段和措施来改进全国煤矿和其他矿山的工作条件，以防止人身伤亡事故和职业病的发生。

（3）矿山的经营者应对避免矿山出现不安全和有害健康的工作条件和作业负有主要责任。其中，第Ⅱ章——《法定健康标准》，规定工作后呼吸性粉尘浓度标准为2mg/m^3，这在全世界是最严格的，同时对体检、凿岩粉尘、含石英粉尘标准和噪声标准都做了严格规定。第Ⅲ章——《井工煤矿法定安全标准》，涉及顶板支护、通风、电气设备、供电系统、防火、放炮和炸药、提升和运人、通信及其他有关规定。第Ⅳ、Ⅴ章还对抚恤金、安全科研及经费的提供等做了详细规定。

2.《联邦法典》第30卷“矿产资源卷”

《联邦法典》“矿产资源卷”是美国劳工部于1998年根据《矿山法》制定并与之配套实施的矿山安全与健康法规和标准，每年可以根据实际需要提出和修订矿山安全与健康强制性标准，并每年进行修订出版，即经两院批准，每年由矿山监察局修订出版一次。其主要内容有：官方标志；采矿用品的测试、评价与审批；档案与其他管理；教育与培训；矿山事故、工伤、职业病、雇工和生产；金属矿与非金属矿的安全与健康；煤矿的安全与健康；惩罚；违法分类以及井工煤矿和露天煤矿的强制性健康标准；粉尘采样器等。

3.《煤矿安全监察程序》

1995年9月，美国矿山监察局制定了《煤矿安全监察程序》。1996年进行了修订，增加了粉尘取样程序。1997年又进行了修订，增加了高架道路加设护栏程序和顶板锚杆布置等内容。

《煤矿安全监察程序》规定了美国进行煤矿安全与健康监察时所必须遵循的工作程序。

8.2.1.2 健全的煤矿安全与健康监察机构

1. 美国煤矿安全与健康监察机构设置沿革

1910年美国国会批准成立矿业局，主要负责矿山资源开发、矿山安全与健康研究计划和安全管理。1941年国会赋予矿业局矿山监察权，1973年成立矿山监察与安全管理局，隶属内政部，1978年更名为矿山监察局，划归劳工部，由劳工部副部长兼任局长。

2. 矿山监察局机构设置

矿山监察局有编制2317人，设8个司（室），包括煤矿监察司（下设11个地区监察处和65个现场办事处）、金属与非金属监察司（下设6个地区监察处）、技术保障司、标准法规司、行政处罚管理司、教育政策发展司、计划与信息资源司、局办公室。

3. 矿山监察局工作战略目标

（1）每一年度矿山事故死亡人数控制目标为前5年每年事故死亡人数的平均数。

（2）矿山工伤事故率低于前5年平均数。

（3）将煤尘超标率、石英粉尘超标率、噪声超标率每一年度均降低5%。

4. 关于地区监察处

矿山监察局在全国设11个地区监察处，一般设监察部、技术部、工程项目部、特别调查部和办公室。每个地区又设若干个现场办事处，按专业分组，配备监察员和专业技术人员。

5. 成立联邦矿山安全与健康复审委员会

根据《矿山法》成立联邦矿山安全与健康复审委员会，由5名委员组成，由总统直接任命，是独立机构，不隶属劳工部，有法官和工作人员共54人。受理对矿山监察处罚决定、传票或命令有争议的上诉并进行复审和判决。

8.2.1.3 美国煤矿安全监察程序

1. 监察与技术调查程序

监察与技术调查类似，主要区别是煤矿监察时可以不事先通知，而技术调查则要做预先安排，并指定具体调查区域。

《煤矿安全监察程序》对监察和技术调查步骤提出了明确要求：

（1）准备工作。在进行煤矿监察或调查前，要审阅有关文件和安全状况报告，准备必要的装备和材料。

（2）监察和调查工作。召开有矿主及矿工代表参加的预备会议，当发生矿主试图拖延或拒绝监察人员的监察或调查时，或当监察员遭受攻击或骚扰时，监察员可以依法采取相应的法律行为。

（3）总结会议。监察或调查结束时，要在该煤矿举行总结会议，讨论监察结果，指出存在的违法问题和改进措施。

（4）诉讼程序。当矿主对监察人员做的处罚决定有异议时，可以对美国矿山监察局提起诉讼。

2. 不同作业类型的监察和调查

根据作业类型不同，监察和调查目标类型包括新建井工煤矿、新建露天煤矿及煤矿的地区设施、正在施工的井筒、报废煤矿恢复生产、生产煤矿、建筑工地和爆破作业等。该程序对各种类型的监察和调查提出了具体要求，包括监察的重点部位及瓦斯、粉尘和噪声指标等。

3. 取样和数据采集

取样和数据采集主要包括 CH_4、CO_2、C_2H_6、SO_2、H_2S、NO_2 和粉尘。采集这些数据指标可以确定是否超标，是进行处罚的重要依据。

4. 监察传票和命令的下达

监察传票要写明所发现的违反安全法规的违法事实，并写明处罚的法律依据。

5. 监察表格、编码系统和信息管理

美国矿山监察局制定了全国统一的煤矿监察、技术调查和监察传票等表格，并建立了一套编码系统，按不同类型和等级进行编码和分类。所有表格均标准化，并以软件形式保存在丹佛安全与健康技术中心信息部计算机系统中，需要时可随时索取，同时有关监察和调查报告要复送该中心存档和供分析用。

6. 监察员日志

监察员到煤矿监察或调查时，必须认真填写监察员日志（监察笔录）。详细记录所检查的区域、当班情况，所发现的问题和处理意见，包括发出期限和处罚传票。监察员日志和传票采用统一标准格式。

8.2.1.4 美国煤矿事故调查及处理

1. 主要内容

美国《矿山法》《联邦法典》对煤矿事故的调查和处理的规定是十分严格的。矿山发生事故，必须报告矿山监察局或其下属的地区监察处。一般死亡事故由2名矿山安全监察员赴现场调查。发生多人死亡的重大事故时，则必须由矿山监察局的监察人员会同地方政府、工会等单位组织的专家成立专门的调查委员会进行深入认真的调查分析，对负有责任的矿主及有关人员提出处理惩罚意见，直至起诉。

2. 事故分类和事故报告制度

美国一般将煤矿事故分成：①死亡事故和非死亡事故；②单人死亡事故或多人死亡事

故；③按发生的事故性质分类，具体包括电气事故、塌陷事故、作业场所冒顶事故、火灾事故、压力容器爆炸事故等21类事故。一旦矿井发生事故，矿主必须立即报告地区监察处。地区监察处处长在接到事故报告后，应立即决定是否要进行事故调查，并将决定通知煤矿。如果决定要进行调查，则必须在24日内开始工作。

3. 事故调查程序

美国《煤矿事故调查程序》对事故的调查方法做出了十分明确的规定，具体内容包括调查的目的、调查组的组成、职责划分、调查组织计划、资料和证据的收集等详细内容。

发生3人以下死亡事故时，由地区监察处处长负责组织调查。发生3人以上伤亡事故时，由煤矿监察司司长负责组织调查。调查组由技术专家和煤矿监察业务部门的领导组成，必要时，可以聘请律师协会的律师参加。当发生事故时，技术保障司要根据监察司的要求，配合提供救援设备及其他技术支持。《事故调查报告》有统一的标准格式，按要求记录调查结果，调查报告经组织调查的部门领导签字后成为正式法律文件。

4. 事故处理程序

有关煤矿事故处理的具体事宜在《违法处置条例》有明确规定，具体步骤包括：事故的责任划分、刑事诉讼、行政处罚、事故责任人的处理。违章行政罚款有严格的规定标准，罚分最高分为100分，最高罚款额为55万美元，有多项违规的可以并罚。对重大事故责任者的罚款由行政罚款管理司评估，并可追加刑事责任。对重大死亡事故责任者的起诉由联邦司法部的检察官担任诉讼人，大陪审团一般由21~23人组成。1992年12月，曾有南山煤炭公司3号煤矿发生瓦斯爆炸事故，造成8人死亡，经调查认定为责任事故，南山煤炭公司被处以罚款200万美元，主要责任人被追究刑事责任。

8.2.1.5　*美国煤矿救护*

1. 主要内容

1908年美国建立了第一个煤矿救护站，即匹兹堡煤矿救护站。到1915年，美国煤矿救护工作已初具规模，有一百七十多家煤炭公司建立了自己的救护队。美国在13个州建立了78个煤矿救护队，还有76个煤矿救护站。矿山救护队装备包括事故位置探测系统、通信设备和自救器等。救护队的经费来源有多种渠道，除所服务煤炭公司提供外，还有部分经费来源于矿山救护基金、政府拨款和社会捐助等。

2. 矿山救护程序

矿山救护程序包括接到事故报告时应立即采取的紧急处置事故程序，成立紧急指挥部，进行救灾部署。美国矿山监察局制定的《救灾程序》明确规定，接到通知书后，第一个到达矿山的矿山监察局的工作人员应进行下列工作：

（1）发布适当的撤离命令，以保证矿工的健康和安全。

（2）了解事故状况，与救护队联系和做好救护准备工作。

（3）与井下矿工保持联系的人员必须知道矿工是否熟悉紧急避灾路线和紧急撤离程序。

（4）建议公司经理派人对地面主扇进行检查。

（5）把紧急情况通知与井下有联系的煤矿经理，并向他们发布口头撤离命令。

（6）建议公司经理根据需要让救护队、医务人员和医院处于待命状态。

（7）上述地面工作完成后，在安全的情况下，进行井下救护、监控灭火和矿山恢复工作，了解更多的井下情况和事故原因。

8.2.1.6 美国煤矿安全技术培训

1. 主要内容

美国煤矿安全技术培训的主要内容为安全技术培训管理机构、矿山健康与安全学院、矿山监察员和矿山工作人员技术培训计划。美国矿山监察局负责技术培训的部门是教育、政策与发展司，其下设有3个培训机构，即国家矿山健康与安全学院，在东部和西部地区各设一个现场培训服务中心，每年培训经费大约为1000万美元。

2. 培训的重要性

美国20世纪70年代前后的事故调查报告和安全手册显示，85%的事故是因工作人员的“不安全行为”所致，仅15%的事故产生于不安全的环境和设备。基于此，美国《联邦法典》“矿产资源卷”第48部分“矿工的培训与再培训”对采矿业人员的培训做出详细规定。在该法典中培训部分所指的矿工是在矿山工作的人员，包括经营者，所有这些人员在上岗之前都要接受培训，而且上岗以后，每年也要接受再培训。在《矿山法》第104条（g）款中规定，如果发现在煤矿或其他矿山工作的矿工未按要求得到安全培训，则劳工部副部长或授权代表必须签发命令，要求该矿工立即从该煤矿其他矿山撤出并禁止进入该矿，直到劳工部副部长的授权代表认为该矿工已受到法律规定的培训为止。各矿山必须按照美国法律，制订矿工培训计划，安排培训课程并保存培训资格证明文件。

3. 国家矿山健康与安全学院

该学院是美国7所国家学院之一，其使命是通过教育和培训来减少矿山事故和改善矿工健康条件，其培训对象是矿山安全监察员和采矿公司选派的人员。专业设置有安全管理、安全与健康技术、矿山抢险和通风专业，并配备有矿山模拟实验室等教学设施。

4. 现场培训服务

1999年6月15日，美国主管矿山健康与安全的劳工部副部长视察国家矿山健康与安全学院，启动一项新的教育方案——现场培训服务。现场培训服务方案旨在最佳地利用矿山监察局的各种资源，帮助各地区的矿山实施安全与健康培训计划，达到预防事故的目的。此后，现场培训服务专家在全国煤矿、金属矿与非金属矿工作，密切同矿山管理人员、矿工和培训教员合作研究改进安全与健康的培训方式，利用教育和培训委员会的培训资源，最大可能地满足每个矿山的特殊需求。

8.2.1.7 美国煤矿安全技术保障体系

1. 主要内容

美国煤矿安全技术保障体系的主要内容为煤矿安全技术管理和技术开发机构，认证体系和安全新技术应用。

2. 矿山监察局下设技术保障司

技术保障司的任务是提供技术支持，帮助矿山监察局和采矿工业部门解决安全和健康技术问题。该司为现场调查、实验室研究和分析提供支持和指导，帮助解决具体问题。该司还负责矿用设备和材料安全，同时拥有紧急情况处理能力，包括在事故调查时提供现场分析和决策支持。

3. 匹兹堡安全与健康研究中心

该中心向矿山监察局提供技术支持，主要研究领域包括防尘、通风、顶板控制、机械和电气安全、废料排放、噪声和有毒物质的检测和研究。但一般不搞应用技术开发，这类研究业务由国家职业安全与健康研究院负责。此外，还为矿山监察局矿山事故紧急救护时，提供技术支持和救护设备。

4. 国家职业安全与健康研究院

1970年成立，有雇员1100人。矿山安全与健康研究原由矿业局负责。1996年矿业局撤销后，其研究机构和技术开发业务并入国家职业安全与健康研究院。该研究院除获得联邦政府科研拨款外，还制订了全国职业安全与健康研究计划（NORA），吸收了500家公司、机构和个人提供的资助和委托项目资金。

5. 认证中心

认证中心负责采矿设备和材料安全认证工作，设有电气部、机械部、工程与测试部和质量管理部。美国《联邦法典》“矿产资源卷”对认证标准、技术要求和认证申请程序做了明确规定。

6. 科研经费

2000年联邦政府拨给矿山监察局的财政预算为2.28亿美元，其中给认证中心每年约600万美元，给匹兹堡安全与健康研究中心约900万美元。联邦政府向疾病控制和预防中心提供资金支持，1998年为25亿美元，1999年为29亿美元，2000年财政年度预算为31亿美元，较1999年增加2亿美元。其中2.12亿美元用于职业安全与健康研究院，较1999年增加1200万美元。

8.2.2 日本煤矿安全监察法律制度

日本煤矿事故发生率逐年下降，自1985年以来没有发生过一起一次死亡3人以上的重大煤矿事故。但煤矿仍然有火灾、水灾和其他事故发生。如2000年，日本共发生煤矿事故34次，仅有2人死亡，29人受伤。2000年2月，日本池岛煤矿发生一次火灾，尽管这次事故使煤矿遭到严重破坏，但没有出现一人伤亡。这说明在日本，政府在促进煤炭生产企业的生产技术改进的同时，对安全技术改进和对矿工安全和健康也十分重视，其完善的煤矿安全监察制度在这些成绩中功不可没。

8.2.2.1 完善的煤矿安全与健康法律体系

1911年，日本制定了《工厂法》，1916年开始实施。日本是世界上最早制定以保护工人安全为目的的监察制度的国家，随着《工厂法》的实施，安全监察制度也建立起来。

1931年日本大规模侵略我国东北后，军需的扩大刺激了工业急速发展，伤亡事故猛增，此时，日本颁布了第一部直接涉及安全健康的综合法规《工厂危害预防及安全规则》。1938年，日本进入全面侵华战争和太平洋战争的全国战时体制，工业生产围绕战时需要运转，劳动保护法规被搁置，安全健康监察机构成为摆设。

第二次世界大战结束，日本厚生省于1946年着手起草劳动法规，以保护劳动者为目的的综合之法《劳动基准法》于1947年4月颁布。该法第五章为“安全与健康”，包括防止伤亡事故、安全装置、性能检查、禁止制造有害物、安全健康教育、健康检查、其他等内容，后来又规定了实施细则。

20世纪60年代日本进入工业生产事故多、伤亡大的时期，为加强劳动保护，降低伤亡事故，1964年日本颁布了《工业事故预防组织法》。随着日本经济高速发展，《劳动基准法》难以适应生产需要，劳动省于1969年成立劳动基准法研究会，对客观实际进行专业性法制调查，劳动省接到研究会的报告后进行综合研究，研究结果就成为新的法制。1971年8月，将新法制以“劳动安全健康法的制定”为题发表，后经中央劳动基准审议会的审议和内阁法制局的审查，新的《劳动安全卫生法》于1972年6月以法制形式公布，从而形成了一个以《劳动安全卫生法》为中心，大批法令规则、标准等为辅的完整的劳动安全健康立法体系。《劳动安全卫生法》重审了《劳动基准法》的监督官制度，还增加了产业安全专门官、劳动健康专门官和劳动健康指导医制度，使监察部门的工作迈进了一大步。该立法体系还包括《劳动基准法》《矿山法》《尘肺法》《作业环境测定法》等，还有《劳动安全卫生法施行令》《作业环境测定法施行令》等政令。劳动省令有《劳动安全健康规则》《粉尘危害防止规则》《安全监察机构等授权的规则》《机器与设备检测规则》《劳动安全与健康咨询规则》等。

8.2.2.2 健全的安全监察监督机构

日本自1916年于农商务省商工局成立工厂一科，设工厂监督官和候补工厂监督官，由于监督官数量少，由地方监察部门代替监督官开展监督工厂安全的工作。1938年成立厚生省，安全健康监察工作由厚生省劳动局监督课取代内务省社会局统管。日本全面侵华后，这种监察机构变得空有其名。

战后日本调整了行政监督管理体制。根据《劳动安全卫生法》的规定，一是劳动大臣直接监察管理；二是劳动省所属劳动基准局局长或都道府县劳动基准局局长、都道府县辖区劳动基准监督署署长，署内设产业安全专门官和劳动健康专门官，对企业进行直接监察管理。

日本煤矿安全监察体制实行中央垂直管理体制，矿山劳动安全健康监督归经济产业省管辖，具体负责《矿山法》监督实施的部门是经济产业省资源能源司的核能与工业安定局的矿山安全监督部。在重点产煤的省、都、道、府设置由经济产业省派出的矿山安全监督部，在重点矿区则由当地的矿山安全监督部派往安全监督署。

地方矿山安全监督部（署）负责煤矿安全监督监察，防止矿工受到伤害，预防煤矿事故的发生，还负责煤炭资源的合理开发及对矿山监督员的培训工作。矿山安全监督部的长官任命由经济产业省负责。

煤矿安全监督署一般每月到矿检查一次，安全监督部每两个月在矿区安全监督署的陪同下到矿检查一次，经济产业省一般每年组织一次大型的全国性检查活动，也会随时到矿检查。部署的监察费用全部由中央财政拨出，和驻地政府没有行政关系和财务关系。

8.2.2.3 日本矿山安全监督人员的职权

经济产业省在各矿山安全监督部都设有若干矿务监督官，重大事项都由经济产业省大臣直接决定。

1. 经济产业省大臣的权限

经济产业省大臣根据矿山实际情况，在认为必要时，可禁止在井下使用或设置危险性特别大的机械、器具、火药及其他材料；对于因矿业生产造成危害，损耗矿产资源和设施或具有特别大的危险时，可命令矿权所有者停止矿业生产；命令矿权所有者提出与安全有关的报告。

2. 矿山安全监督局（部）长的主要职权

（1）监督矿山作业中有关保安事项的实施，并可命令矿权者修改上述有关保安事项。

（2）批准特别开采计划（在水底开采，或易引起矿害的采掘），并可提出理由，命令矿权所有者修改计划。

（3）命令矿权所有者修改保安规程的权力。

（4）当矿权所有者违反《矿山法》或根据该法所做的其他规定时，可令其停止生产一年。

（5）在矿业机械、器具、建筑物及其他设施的使用上，在爆破材料、动力和用火及其他作业方法上，违反《矿山法》或根据该法所做的规定时，可命令矿权所有者停止使用、改造、移走该设施，或指定实施方法，或命令矿权所有者采取其他安全措施。

（6）对于矿权所有者越界开采而造成危害，或有此危险时，可令其封闭越界开采的地区，并采取必要的保安措施。

（7）在抢救事故受难人员过程中，命令矿权所有者采取必要的措施。

（8）可命令矿权所有者提出与保安有关的必要报告。

在执行上述第（1）（4）（5）（6）项时，必须先与地方经济产业局局长商量。执行第（1）（2）（4）（5）（6）项，向矿权所有者下达命令时，须事先通知其时间、地点，并向矿权所有者征询意见，但在紧急情况下执行第（5）（6）项时可以例外。

3. 矿务监督官的权限

为执行安全监督任务，矿务监督官可进入矿山及其附属设施，必要时，可检查有关业务、设施、账目、文件及其他物件，向有关人员询问。在有危及保安的紧急情况时，可行使安全监督局（部）长的上述第（5）（7）（8）三项职权。对于违反《矿山法》的罪行，矿山监督官可以行使《刑事诉讼法》规定的司法警察的职权。

8.2.3　澳大利亚煤矿安全监察法律制度

澳大利亚是世界上第四大产煤国，第一大煤炭出口国。煤矿主要集中在新南威尔士州和昆士兰州。目前，澳大利亚的露天煤矿极限开采深为150~500m。露天煤矿规模一般为每年800万~1500万t，矿单井规模一般为每年250万~900万t。澳大利亚煤炭产量近年来逐年增长，煤矿从业人员数量也在增加，其煤矿安全状况一直居世界前列。

澳大利亚的煤矿安全法律制度一直在不断进行修订完善，澳大利亚各州政府从1994年开始尝试逐步将原来以行政命令为主的法律法规修改为以关爱责任和全部由企业自我进行风险管理为主，煤矿安全状况大为改观，2000年后煤矿死亡人数控制在0.03人/Mt以下。为了解决煤矿等相关行业从业人员跨州施工作业时执行的法律法规不一致而带来的相关问题，联邦政府2009年成立了澳大利亚安全工作委员会，专门负责全国职业安全健康立法。

新建立煤矿，业主获得采矿租约后需要州政府的批准，程序较复杂，周期较长。须经过环境评估与可研设计、安全与健康评估建设开工等。另外，煤矿企业主要与土地所有者签订协议或购买所有权。同时煤矿必须建立职业健康与风险管理体系，以确保消除煤矿对工人健康的风险，控制（或降低）煤矿对工人健康的风险，制定控制风险的管理措施，制定安全工作手册，提供足够的安全培训和健康信息。

澳大利亚是联邦制国家，实行联邦、州（领地）、地方政府三级管理，澳大利亚联邦没有一部适用于全国所有作业场所的联邦职业安全与健康法律，各州和领地对本管辖区的职业安全与健康监管负责。澳大利亚1984年颁布了《职业安全健康法》，1994年制定了《矿山安全健康法》，后来虽经过了多次修订，但仍只是较粗放性的条款，各州根据自身情况制定了相应的法律法规，各州因行业不同，安全法规涉及的面也不同，一些州只有安全法规，没有煤矿等专项的法规；而一些州则相反，只有煤矿等相关专项安全法规而没有总的安全法规，具体的法律体系还是以州为主，各州间相互独立。

大多数州的职业安全与健康的立法模式是一般的职业安全与健康法律法规加上采矿业职业安全与健康法。

1. 澳大利亚煤矿安全准入

澳大利亚煤矿实行资格审核和许可制度，依照法规，最高管理层（总经理）必须经过风险评估和矿山立法（安全方面法律）考试，井工煤矿的矿长必须是大学采矿专业毕业且要经过矿业法规考试。

煤矿组织管理架构会、安全与健康代表和安全工作组，安全与健康代表由工会选举产生，有权向煤炭最高安全负责人提出存在的风险并要求整改。

澳大利亚煤矿安全培训抓得扎实有效，对培训的要求注重实际操作技能和安全意识的提高，可有效防范事故的发生。

2. 澳大利亚煤矿安全监管

澳大利亚各州政府设有安全监察局，负责健康与安全法律法规的实施，监督煤矿的安全与健康工作，监察并审计煤矿，评估煤矿对人员的安全风险是否处于可控的水平并提供帮助。

以昆士兰州煤矿安全监管为例，该州于2009年综合了十多个原有部门组建了负责州矿产和能源的政府管理机构，职责包括州矿业的生产和投资、州能源市场的政策性监管。下设矿山安全健康司，负责矿山安全监察职能，共有监察员30名，负责监察全州近40个煤矿。安全监察员不定期对煤矿进行检查，检查采用检查前通知或不通知的灵活形式。另外，澳大利亚政府现有700~800名职业健康安全调查员，在各州进行独立的安全调查。除了安全资格培训外，每周还有一个班的时间专门学习培训，并且经常进行岗位轮换培训，特殊工种必须接受特种作业培训并经考试考核通过方能上岗。提高煤矿安全管理水平。尤其是澳大利亚煤矿安全培训采取的虚拟现实培训模式非常值得学习和借鉴。

澳大利亚煤矿准入涉及的政府部门虽然不多，但每一个环节非常严格，而且为了促进煤矿更好更安全的发展，准入程序也是在逐年增加，标准也越来越严格，对煤矿从业人员也有严格的规定。澳大利亚煤矿全部实行机械化开采，最小单井设计规模为每年250t。澳大利亚近年来加大了淘汰落后产能的力度，努力关闭、淘汰不具备安全生产条件、开采工艺落后、环境污染严重、危害控制程度低等各类煤矿，积极推进机械化改造，努力提高机械化开采水平，进一步提升安全保障能力。

8.2.4 印度煤矿安全监察法律制度

印度煤矿在安全生产监管中是最好的行业之一，年事故伤亡人数整体呈下降趋势。煤矿事故死亡人数从2000年的144人下降到2009年的81人。其中，印度煤炭公司煤矿事故死亡人数为58人，占该国煤矿事故总死亡人数的71%，煤炭百万吨死亡率下降到0.14%。职业病在印度是相当严重的，主要有硅肺病、尘肺病、慢性肺病、石棉导致的癌症、棉纤维吸入性肺炎、杀虫剂中毒和噪声引起的听力丧失等。

8.2.4.1　印度煤矿安全法律法规和安全生产监管及研究机构

印度保护从业人员职业安全健康的主要立法是1948年颁布的《工厂法》和1952年颁布的《矿山法》。1987年修订的《工厂法》增加了职业安全健康章节，提出保护在危险行业中工作的从业人员。危险行业企业必须对雇员进行雇佣前的身体检查和雇佣后的定期身体检查，并定期对工作环境进行监控。《工厂法》由印度劳工部工厂咨询服务与劳动研究总局（DGFASLI）负责监督执行，印度工业卫生实验室对此予以支持。工厂咨询服务与劳动研究总局还负责港口码头和建筑业工作场所的安全健康监察，并在重大事故危害控制方面提供技术咨询和开展事故的调查。印度在全国设有11个港口码头安全监察处。《矿山法》也有类似的规定，但是《矿山法》仅适用于雇佣10名工人以上的企业。《矿山法》由印度劳工部矿山安全管理总局（DGMS）负责监督执行。矿山安全管理总局的主要职能是：①实施矿山安全监察；②对矿山事故开展调查；③发放矿山安全设备认证；④起草矿山安全法律法规；⑤审批建设项目报告和采矿规划；⑥颁发采矿许可证。印度在全国设有21个地区矿山安全监察办事处，实施垂直管理。除了上述两部法律外，还有一些其他的立法用于保护从事特殊行业的工人。这些立法包括1986年颁布的《船坞工人（安全、健康和福利）法》、1996年颁布的《建筑和其他构建物工人法》、1966年颁布的《烟卷和香烟工人（雇佣状况）法》和1968年颁布的《童工（禁止和规定）法》等。

印度职业安全健康研究机构主要有国家职业健康研究所、工业毒性研究中心、中央劳动研究所、卫生和公共健康全印研究所，以及职业及环境健康中心等。

8.2.4.2　防控职业病的国家战略和实施矿山安全监察能力建设计划

在防控职业病方面，印度健康部负责工人的职业健康，劳工部负责预防职业病。印度政府要求各部门之间在预防职业病方面加强密切合作。国家预防和控制职业病发展战略的主要内容包括以下五点：①建立职业安全健康数据统计和信息系统；②确定事故危险源和发展适用技术，控制和消除事故危险源；③实施医疗与环境监督；④建立职业病病例管理体系；⑤增强工人和管理层职业病危害预防意识。2009~2010年，工厂咨询服务与劳动研究总局实施了两项改善职业安全健康的计划：一是增加组建了1个地区劳动研究所；二是为改善职业安全健康状况，预防职业事故和职业病的发生，加强了工厂和港口码头的职业安全健康基础设施建设。

在提升矿山安全生产保障能力方面，印度矿山安全管理总局实施了一项长期发展计划，主要内容涉及以下四个方面：①在科学技术支持方面，覆盖矿山安全生产各个方面，包括职业卫生、顶板控制、矿井通风、煤矿瓦斯、火灾和爆炸、采矿技术、矿山机械、露天矿安全生产、安全标准和安全政策的制定。②在矿山救援方面，增加配备矿山救援设备、对现有救援设备进行检查、开展矿山救援比武、为矿山救援队提供拨款等。③在人力资源开发方面，编制和实施矿山专业技术人员和安全监察人员培训计划。④在建设矿山事故分析和信息数据库方面，采用风险评估和风险管理技术，通过对事故的详细分析，减少矿山事故发生起数；编制标准的安全作业程序（SOP）和安全操作规程（COP）；通过对矿山开采系统和环境的详细调研，确定潜在的事故源；通过计算机数据库处理系统，编制矿山数据采集系统；通过各种报告、技术指导和其他媒体宣传矿山安全信息系统。

8.2.4.3　煤矿安全生产管理

印度煤矿安全生产管理的主要做法有以下六点：①由采矿、机电等专业技术人员代表组成的煤矿安全委员会负责对所在煤矿实施安全检查。检查报告及整改建议呈报地区矿山安全监察办事处。②由工人代表、矿山安全管理总局代表和行政管理人员代表组成的矿区三方安全委员会负责定期对各矿区煤矿实施安全监察。③由工人代表、矿山安全管理总局代表和行政管理人员组成的煤炭子公司三方安全委员会负责检查各煤矿安全措施的落实情况。④由工人代表、公司总裁、子公司总裁、矿山安全管理总局代表和煤炭部代表组成的印度煤炭公司董事会常设安全生产委员会负责定期讨论公司煤矿安全生产状况、制定政策并指导改进煤矿安全标准。⑤全国煤矿安全委员会负责制定煤矿安全政策并检查各煤炭公司煤矿安全状况。⑥召开全国矿山安全大会，全面总结矿山安全情况并对矿山安全标准提出改进建议，采纳的部分吸收在有关法规中。

8.2.4.4 安全生产监察和事故调查处理

1. 工厂安全生产监察

工厂咨询服务与劳动研究总局下设的工业安全监察处负责工厂安全生产监察。工厂安全监察员有权对故意阻碍监察员行使法律赋予的职权或暗中阻碍工人与监察员会面的人员处以最高3个月的有期徒刑，或处以经济罚款，或两者并罚。

2. 矿山安全监察

印度法律规定，任何与矿山开采权有直接或间接利害关系的人员不得委任为矿山安全监察长或安全监察员。新任命的安全监察长或安全监察员必须通过公报方式公布。安全监察员有权向矿长发出安全警告、发布停产整顿直到关闭矿井的命令。根据事故情节，安全监察员有权对有关人员给予取消或吊销专业资格证书1个月至半年的处罚，以及给予经济处罚等。对持有一级和二级矿长证书的矿长，在事故处理时，要求必须由事故调查委员会经研究后形成决议，逐级上报；也可取消其资格证书直至向法院提出起诉、罚款或追究刑事责任。

3. 矿山事故调查处理

印度规定，当矿山发生事故时，矿主或经理必须在规定的时间内向主管机构报告事故情况，并在矿山布告栏上张贴事故上报的副本，并保证事故报告自张贴之日起至少保留14天。主管机构在接到矿山死亡事故报告后的2个月内必须完成事故的调查。在未经矿山安全监察长同意或未经负责事故调查的安全监察员同意的情况下，不得“破坏”或变动事故现场，除非这种“破坏”或变动是为防止事故的进一步恶化，或事故现场调查工作严重影响矿山生产。如果矿山安全监察长或安全监察员未能在事故发生之时起72小时内到现场勘察事故，则可以恢复事故现场的生产。

4. 主要负责人必须前往事故现场

矿山发生重大伤亡事故时，矿山安全管理总局主要负责人必须前往事故现场，调查事故原因；必要时，有权采取适当的法律措施。

5. 设立国家矿山事故调查法庭

国家矿山事故调查法庭负责调查和处理被起诉的矿山一次事故死亡10人以上的重大伤亡事故。国家矿山事故调查法庭完成对重大事故调查和判决后，向印度中央政府提交事故处理报告，说明事故原因及有关情况，并提出颁布新安全法规或安全条例的建议。

8.2.4.5 矿山救援

1985年印度再次修订了《矿山救援条例》，规定所有矿山救援站移交给各煤炭公司。印度共有矿山救援站52个，其中煤矿救援站46个、冶金矿山救援站6个。印度煤炭公司在其子公司设立有独立的矿山救援机构和培训基地。除矿山救援队员外，煤矿还配有经过培训的兼职救援队员。矿山救援队可在半小时内到达事故现场。矿山救援队的救援装备主要采用引进的自给式呼吸器。

8.2.4.6 重大事故灾害控制

在国际劳工组织的指导下，印度于20世纪90年代初完成了国家重大事故危害控制体系的建立。该体系主要由以下三个部分组成：①在国家、地区和邦层面上建立了由相关专家组成的三级控制重大事故危害的多学科管理机构，主要任务包括：对重大事故开展调查；监察有重大事故隐患的危险工作场所；对危险行业开展安全审核；编写安全技术指导和重大事故危害控制培训材料。②组织起草国家控制重大事故危害法律法规。③建立控制重大事故危害计算机数据库，主要内容包括：危险化学品目录、重大事故危害工作场所和重大事故危害控制专家数据、职业安全健康数据、重大事故事件、重大事故危害控制专项培训计划等。

8.2.4.7 职业安全健康科研经费的投入和管理

印度职业安全健康科研经费由国家拨款，印度劳工部负责统一规划使用。尽管该国下拨的经费逐年增加，但仍然难以满足职业安全健康科研项目需求。为解决职业安全健康科研经费来源问题，印度成立了全印职业安全健康基金会，基金由雇主组织、社会安全基金会、各邦政府和中央政府共同提供。在初建阶段，印度政府帮助该基金会在工业部门中建立信任，之后该基金会逐步取得工业部门对其在资金上的全力支持。该基金会由印度中央政府批准的基金管理委员会负责管理。

印度比较注重煤矿安全整改措施的落实，不断提升煤矿安全生产水平。重视并充分发挥煤矿工人代表在安全监察中的作用，成立了煤矿、煤矿区、煤炭子公司三方安全委员会；设立了全国煤矿安全委员会；定期召开全国矿山安全大会，总结全国矿山安全生产现状，讨论并提出矿山安全生产标准。

8.3 中外煤矿安全监察体制比较

8.3.1 中外煤矿安全监察体制概况

煤矿安全监察体制是各国在长期实践的基础上，总结经验、汲取教训建立起来的有关煤矿安全监察的机构设置和管理权限划分等内容的制度，要对这每一项庞大而系统的工程进行比较研究，绝非易事。本节把煤矿安全监察体制分为煤矿安全监察总方针及相关的配套措施、煤矿安全监察的法律体系、煤矿安全监察的主要机构设置及相关职能等三部分，再选取几个有代表性的世界主要产煤国和我国就上述内容加以比较。

1. 各国煤矿安全监察的总方针及相关的配套措施

在我国“安全第一、预防为主、综合治理”是煤矿安全生产的基本方针，也是煤矿安全监察管理工作的基本方针。

其他国家虽不像我国如此明确地提出煤矿安全监察的基本方针，但都在相关法律的立法目的中写明矿工的健康与安全是煤矿的最珍贵资源，煤矿生产的安全与健康，影响着煤矿以及经济的正常发展，要保证每一个劳动者的安全健康，保护人力资源。这实际上就是各国煤矿安全监察工作的根本所在。而与此相关的配套措施大都已形成了具体的法律法规。

2. 各国煤矿安全监察的法律体系

（1）截止到2015年年底，已由我国全国人大及其常委会颁布的关于煤矿安全生产的法律有《矿山安全法》《矿产资源法》《煤炭法》《安全生产法》，已由国务院颁布的关于安全生产的行政法规有《乡镇煤矿管理条例》《国务院关于特大安全事故行政责任追究的规定》《煤矿安全监察条例》，已由国务院主管部委和省（区、直辖市）政府主管部门发布的关于安全生产的行政规章有《煤矿生产安全事故报告和调查处理规定》《煤矿建设项目安全设施监察规定》《安全生产违法行为行政处罚办法》等。此外，由煤炭工业重点省（自治区）、直辖市人大及其常委会结合本地实际情况颁布的关于安全生产的地方性法规也有很多。

（2）美国于1941年颁布了第一部烟煤和褐煤矿井全国性安全法规。1952年正式颁布《联邦煤矿安全法》，1966年该法修订后，适用扩大到露天矿和小煤矿。1969年联邦政府颁布了新的《联邦煤矿健康与安全法》，1977年该法重新修订，名称改为《矿山法》，《联邦法典》中就地下煤矿和露天煤矿与地下煤矿露天部分的强制性安全标准做了明确规定。《2006年煤矿改善与新应急响应法》，规定了有关应急措施、救援等技术法规及标准。美国各主要产煤州如亚利桑那州、弗吉尼亚州都有各州自己关于煤矿安全监察的法律法规。

（3）俄罗斯在煤矿安全监察方面已经形成了一套从中央到地方的较为完备的法律体系。近年来，俄罗斯相继出台了《安全法》《防火安全法》《煤矿安全规程》《俄联邦矿山和工业监察局条例》《矿产资源法》和《危险生产项目的工业安全法》。

（4）波兰20世纪90年代以前在煤矿安全监察的法律体系方面基本上是仿照前苏联的模式。1994年波兰新颁布了《地质采矿法》，该法成为波兰进行煤矿安全监察的主要依据。

（5）1996年6月，南非政府批准颁布《矿山安全与健康法》，于1997年1月15日正式实施。同时，在《矿业法》内规定了有关采矿复田与管理方面内容。

（6）印度于1952年颁布《矿山法》，还颁布了《矿业职业培训条例》。

3. 各国煤矿安全监察的主要机构设置及相关职能

（1）我国于2000年1月设立国家煤矿安全监察局。国家煤矿安全监察局的主要职责包括研究拟定方针、政策，组织起草法律、法规草案，制定规章、规程，拟定安全标准，提出保障规划和目标；组织调查和处理全国的重大、特大煤矿事故与职业危害并负责统计分析；拟定安全标准，组织煤矿建设工程安全设施的设计审查和竣工验收；组织、指导煤炭企业安全生产技术培训工作，监督检查煤矿职业危害的防治工作；组织、指导和协调煤矿救护队及其应急救援工作等。

组建河北、山西、内蒙古、辽宁、重庆等煤炭工业重点省（自治区、直辖市）的地区煤矿安全监察局。地区煤矿安全监察局均为国家煤矿安全监察局的直属机构，实行国家煤矿安全监察局与所在省（自治区、直辖市）政府双重领导、以国家煤矿安全监察局为主的管理体制。由原劳动部等部门负责的煤矿安全监察职能，均由煤矿安全监察局承担。地区煤矿安全监察局为正厅级机构，一般设4~6个处（室）。其主要职责是组织查处煤矿伤亡事故；组织、指导煤矿安全生产培训、职业危害防治、煤矿救护队及其应急救援工作；负责煤矿使用的设备、材料、仪器仪表的安全监察管理工作；查处不符合安全生产标准的煤炭企业等。

国家煤矿安全监察局和地区煤矿安全监察局在大中型矿区设立煤矿安全监察办事处，作为其派出机构。煤矿安全监察办事处为处级机构，名称统一为某地煤矿安全监察办事处。其在地区煤矿安全监察局的领导下，负责划定区域内煤矿安全监察和执法工作。

（2）美国政府 1977 年设立矿山监察局（MSHA），1987 年该局划归劳工部。矿山监察局设有煤矿安全与健康监察司。其主要职责是：对井工煤矿进行一年四次安全大检查和对露天煤矿进行一年两次安全大检查；调查死亡事故和严重非死亡事故；对任何违法行为进行调查取证和做出处理决定；组织矿主召开安全与健康会议；对违法矿主处以罚款；审批煤矿顶板控制和通风设计及培训计划；管理煤矿安全与健康科研计划；培训安全教员和颁发合格证。煤矿安全与健康监察司下设司长办公室、健康处、安全处、技术标准和调研处。

在全国 11 个地区设立煤矿安全监察处和 65 个矿区煤矿安全监察站。各州政府设有与联邦政府相似的机构并结合本地法律法规履行相似的职能，如亚利桑那州矿山监察员办公室、弗吉尼亚州矿山矿物与能源部。

（3）前苏联于 1954 年将其工业安全检察局和矿山监察局合并成立国家采矿技术监察局，1958 年该局被撤销，其职能移交给各加盟共和国委员会和监察机构。1968 年前苏联国家采矿技术监察局又重新成立，1989 年和国家原子能监察机构合并，1990 年 11 月国家采矿技术局又重新独立行使职权。近年来，俄罗斯国家煤矿安全监察体制发生了变化，成立了独立的机构，各联邦政权机构进行了改组。根据 1992 年 11 月 12 日俄罗斯联邦总统令，设立了俄罗斯联邦矿山和工业安全监察局。其在全国各地区设有 47 家分支机构，该机构对煤炭工业的生产安全状况实行国家监督，还负责各种许可证的颁发，确保矿产资源的合理、综合利用。它对煤矿实行监督，但不受煤矿的制约。在各矿区派驻安全监察员，这些监察员有权命令停止作业，甚至封闭矿井。煤炭行业各企业也设有监察机构，负责检查执行安全规程的情况。

（4）波兰政府于 1954 年将负责劳动安全的监察机构从产业部门独立出来，成立最高矿业监察局，直属部长会议领导。现在波兰负责煤矿安全监察的机构是波兰最高矿业监察局，它是中央政府的部级机构，局长和副局长由政府总理任免。其职能部门共有采矿、动力和机械、环境保护与储量规划、劳动保护以及采矿法律研究与欧洲一体化五个司。最高矿业监察局下设 14 个地区监察局和 1 个机电设备检测监察局。整个矿业监察系统，还包括附属的采矿灾害委员会。

最高矿业监察局对包括煤矿在内的所有矿山企业进行监察，内容包括以下几个方面：①劳动和保健；②矿山救护；③矿物资源管理；④矿物开采过程中的环境保护；⑤矿山的建立和关闭。

（5）南非矿山健康与安全监察局是代表政府行使采矿安全和健康的监督和控制职能的管理机构。其职能有：①负责监察采矿企业勘测标准和实行情况，进行开采经济评估和矿产资源情况的评价；②对各地区采矿设备进行监察；③矿山健康与安全监察处负责职业医疗卫生方面的工作；④管理支持和内部控制处主要负责培训采矿业监察员。

（6）印度对煤矿安全实行监察与管理“两条线”制度（即由劳动部矿山安全管理总局与国家矿山事故调查法庭负责矿山安全监察；由煤炭行业、全国工会和矿山安全管理总局的代表组成煤矿安全常设委员会，直属煤炭部领导，组建地区相应机构，各煤矿公司内部设置安全处室，煤矿由矿长或采煤总工程师主管安全生产）。劳工部矿山安全管理总局也是印度矿山安全监察的最高权力机关，其在全国各地下设若干矿山安全分局。印度设有国家矿山事故调查法庭，直属中央政府领导，负责直接调查和处理一次死亡 10 人以上的重大矿山事故。矿山安全管理总局的主要职能有：①在全国矿山强制性实施《矿山法》和安全法规；②对安全管理不善的矿山控制招工指标；③对安全状况不好的矿井，有权停止矿井生产；④矿山单位必须向矿山安全管理总局报告事故死亡和重伤情况；⑤矿山发生重大死亡事故时，总局局长或其委托代表必须前往事故现场，调查事故原因，必要时，有权采取适当的法律措施。

8.3.2 中外煤矿安全监察体制共性与特点比较

通过上面的介绍能够对中外煤矿安全监察体制有一个较为清楚的认识，从中不难发现中外体制中所存在的共性和差别。

1. 共性

中外各国在对煤矿安全生产的关注、煤矿安全监察法制建设和安全监察机构的设置及其职能完善方面有很大的共同之处。

（1）现代社会中，法治作为一种先进的政治文明正在被越来越多的国家所认可和推行，而法治的根本就在于对人基本权利的关怀和保护。任何一个负责任的政府都会充分认识到煤矿安全生产的极端重要性，都能深刻地理解“加强煤矿安全监察就是在促进煤矿安全生产，就是在从根本上实现对包括生命健康权在内的基本人权的保护，就是在推动煤炭工业乃至整个国民经济的发展，保障社会的长治久安”的逻辑关系，并在实践中对煤矿安全监察加以重点关注和支持。

（2）各国都已确立了以本国宪法为指导的，包括法律、法规、部门规章等在内的煤矿安全监察法律体系，在这些法律法规中，都明确了煤矿安全监察部门的权限，规定了煤矿企业雇主组织和管理安全生产的责任和义务；煤矿企业员工进行安全生产的权利和义务以及违规处罚方法。各国都建立了从中央到地方垂直领导的煤矿安全监察机关体系。煤矿安全监察机关履行着相同的基本职能，即煤矿安全生产设施配置达标及验收，煤矿安全生产培训（资格认证），煤矿安全生产资金技术保障，推进信息化，规范标准化作业，实施事故应急救援等在内的制定规程、进行相关技术指导和监督实施的职能和颁发煤矿安全许可证，监督实行煤矿安全生产责任制，定期检查煤矿安全生产（排查事故隐患），追究事故责任，履行劳保与职业病预防及其他监管职能。各国的煤矿企业基本上都设有专门的安全生产领导机构，根据各自企业的实际情况制定并执行安全生产的具体管理办法。

（3）各国都有一支规模不等的专门的监察员队伍，他们被有关法律赋予对煤矿安全实施监察的权力，同时依法承担相应的责任。

大多数国家都利用与煤矿安全生产相关的行业协会、中介组织、专业技术咨询服务机构及维权组织（主要是工会），发挥其在知识、信息及专业技术等方面的优势，为煤矿安全监察机关的工作提供必要的帮助和支持。

2. 差异

中外各国煤矿安全监察体制在很多方面有其共同之处，但在一些具体问题上也存在着差异。

（1）在煤矿安全监察法制方面，我国既有明确的安全生产的总方针及其配套措施，又有较为健全的具体法律体系，其他几个国家大都把抽象的原则转化在具体的法律法规中。我国还没有一部规范煤矿安全监察的法律，已有的法律法规授权给有关机关和人员根据实际需要制定从属性的法规、标准、条例、规程等，无须再经最高立法机关审议以及有关煤矿安全监察部门权限规定等方面有明显的缺陷，而美国等国家在此方面已相当完善。

（2）在安全监察机关的设置上，其他国家基本上实现了煤矿安全监察机关地位的独立和任务的统一，将煤矿与非煤矿合在一起统一进行矿山安全监察。而我国把煤矿安全监察独立出来，国家煤矿安全监察局和国家安监总局是“两块牌子，一套班子”，地区煤矿安全监察局实行以国家局领导为主、国家局与当地政府双重领导的体制。

在职能方面，其他国家非常关注威胁煤矿安全生产和职工生命的由煤矿粉尘造成的尘肺病，已经明确地把安全监察的范围扩展到对煤矿职业病的预防和治理。而我国有关部门对煤矿安全的最新解读尚未完成，对煤矿职业病进行的有效防治有待全面展开。

（3）其他国家的煤矿安全监察员有较高的科学文化水平和专业素质，其在选拔与任用，工作中的权利与义务，物质保障和奖惩等方面有明确而正式的法律依据和完善的制度，我国的煤矿安全监察员队伍建设有待加强，有关法律制度还不完善。美国在煤矿安全监察时较好地发挥中介机构、维权组织和科研机构的作用，形成煤矿安全的社会监察网络；波兰利用巴尔巴拉实验矿井帮助煤矿安全监察部门对每个下井前的矿工进行统一的安全培训；印度对煤矿安全实行监察与管理“两条线”制度以及直属中央政府领导的国家矿山事故调查法庭的设立等都具有其自己的特色。

3. 我国煤矿安全监察体制存在的问题

煤矿安全监察是一项法律行为，对我国煤矿安全监察体制中所存在的问题进行探讨和原因分析就应当从法的角度来进行。如前所述，体制是有关机构设置和管理权限划分等内容的制度，而在现代社会中，体制的内容往往要通过法律来调节和规范，两者都是社会上层建筑的一部分。经济基础决定上层建筑，我国煤矿安全监察执法体制上所存在问题的原因，要先从法与经济基础的关系入手来认识。

（1）经济基础薄弱。“法”是要服务于一定经济基础的，反过来经济基础的强弱也直接影响着“法”的有效实施。

1）在生产力水平方面：法不能离开生产力的发展，始终受到生产力发展水平的影响、促进和制约。我国的煤矿安全生产和监察工作基础较差、开展较晚、起点较低、有关的知识缺乏和技术装备落后，导致了我国在此方面的总体水平与其他主要产煤国家相比落后。

煤矿安全生产和安全监察需要先进的知识和技术，而先进的知识和技术从某种意义上说则需要充足的资金做保证。而我国总体经济实力还不够发达，导致了资金问题成了我国煤矿安全生产总体水平发展的瓶颈之一。

人是生产力中的决定性因素，而我国从事一线工作的煤矿工人的文化素质普遍偏低，一些地区的煤矿（大部分是中小煤矿）一半左右一线矿工的实际文化程度在小学以下，在基层从事煤矿安全监察的工作人员也大部分为中专、技校毕业。要对矿工和安监人员进行严格系统的煤矿安全知识教育，建立一种相关机制在资金上又很难保证。

长期以来，我们对煤矿安全监察缺乏完整的准确的认识，把其范围仅仅局限在对事故的预防和处理上，而把对煤矿安全和职工生命健康长期危害严重的“隐形杀手”——职业病作为附属品，有时也谈及对其的防控，但只停留在口头上，实际的工作少之又少，成效微乎其微。

2）在生产关系方面：新中国成立后我国仿照前苏联的模式在高度集中的计划经济基础上建立了自己的煤矿安全监察体制，计划经济的弊端必然会在煤矿安全监察体制上有所反映。例如，在计划经济时代形成的煤炭系统内部的安全监察体制，多用行政手段去监督监察。煤炭企业走向市场之后已成为独立的法人，再靠行政手段已很难奏效，必须用法律手段去控制、规范企业的行为，只有这样安全监察才能具有权威性和有效性。

（2）依法行政尚不到位。作为依照国家有关法律建立，以自己的名义代表国家行使职权对煤矿安全生产实施监察，并能由其本身对外承担行政法律责任的煤矿安全监察部门是行政主体，其所实施的监察行为是行政执法行为，在对煤矿安全监察的过程中所形成的煤矿安全监察机关及其监察员与监察行政相对人（有关单位和人员）之间的权利义务关系就是煤矿安全监察法律关系，它要由国家法律、法规予以确认和调整。

依法行政的基础在于要有法可依，行政即权力，“没有法律约束的权力最终将导致腐败。”我国煤矿安全监察所依据的法律法规颁布的时间并不长，但其中的条款有的已不合时宜，如在《矿山安全法》及《矿山安全法实施条例》中关于矿山安全监督主体的规定，且其与《煤炭法》中此方面之规定有矛盾之处。我国进行煤矿安全监察执法最好的依据就是《煤矿安全监察条例》，但根据依法行政原则中具体的“法律优越原则”的要求，即法律位阶高于行政法规、行政规章和行政命令，一切行政法规、行政规章和行政命令皆不能与法律相抵触（此原则在我国《立法法》中已有体现）。至于有关部门，地方立法、行政机关所制定、出台的为数众多的规章、法规、文件甚至指示、领导的讲话其中有没有违宪违法的情况存在，有没有把地方主义、本位主义和部门私利也掺杂进去，有没有对煤矿安全监察工作切实从根本上起到推动和促进作用等问题，关系到是否严重破坏了宪法和法律的权威与统一，是否严重阻碍了依法治国进程的推进，需要我们认真地进行思考和检查。

行政执法权不能完全独立地行使。比较世界主要产煤国家可以发现中央政府设立独立的矿山安全卫生监察机构并在全国派出若干区域机构形成垂直领导体制已成为较为普遍的模式，而实践已经并将继续证明这种模式的科学与有效。我国于2000年也建立了国家煤矿安全监察局并实行垂直管理、分级监察的煤矿安全监察机制，但监察效果并不好，原因就在于：

1）机构设置和权力分配不合理，无法保证行政执法的公定力、确定力、拘束力和执行力的有效实现。例如，地区煤矿安全监察局实行以国家局领导为主的国家局与当地政府双重领导，这就为一些部门和地方出于本部门和本地方的私利干扰煤矿安全监察执法工作的开展提供了机会，而一些部门或地方领导、煤矿安全监察执法者对国家有关关闭、整顿小煤矿的规定置若罔闻，甚至参股办小煤矿，充当“保护伞”，干扰了煤矿安全生产的正常秩序。此外，煤矿安全监察机关对本属于职责范围内的职业健康保障和预防职业病发生的工作还没有足够的重视。

2）小煤矿没有有效的安全保障。现有机制运行的效力主要是针对国有煤矿，而对于民营、个体的小煤矿很难发挥有效作用。小煤矿的低成本是依靠原始的生产方式和严重的资源浪费建立起来的，安全上投入少，没有安全保障。地方煤矿多是以个人承包或合伙入股的经营方式，矿主对安全生产不够重视，这就迫切需要一套对各种形式的煤矿都能起有效作用的监察机制。

3）行政权的实际运用是通过公务员来完成的，这就要求公务员要具备较高的思想素质和业务素质。我国煤矿安全监察员在这两方面存在问题的原因主要是：尚未建立起一套科学、完整和严格的煤矿安全监察员选任制度，某些煤矿安全监察员尤其是基层人员文化水平不高；用以提高其业务素质和生活待遇的资金无法全面保障。一些煤矿安全监察员作为国家法律的执行者，法律意识淡薄，没有做到为人民掌权、为人民执法、为人民服务，没有树立起社会本位意识和公共服务观念。

4）在建立社会主义市场经济的过程中特别是在加入WTO后的新形势下，我国的煤矿安全监察工作在一些方面和一些时候仍不符合新要求。原因就在于：思想没有转换，官本位意识依然存在；现代法治理念没有完全树立，行政法治、行政公开和行政效率等原则没有全面贯彻实施；没有完全学会用科学、高效的手段站在宏观的角度实施监管；作为政府部门的煤矿安全监察机关工作中常常是“单打一”，缺乏与有关的行业协会、一些民间中介组织、维权组织和科研机构等的有效沟通与合作，而这一点正是一些较为先进的国家的先进所在。

法治体现民主，民主需要监督。保证依法行政，需要对行政进行监督，而这方面也正是我们所欠缺的。我国目前所拥有的对包括以煤矿安全监察为内容在内的行政行为的监督方式只有行政监督、行政复议和行政诉讼，这些监督方式所适用的对象也仅仅限于行政主体的具体行政行为，而制定出具体行政行为依据的抽象行政行为则不在监督之列，而这些抽象行政行为的衍生物中就有一些行政主体为了一己私利滥用职权造出的违宪、违法、违“原则”的“土政策”，它们阻碍着依法行政进程的推进。

（3）上层建筑中法与文化的关系对煤矿安全监察体制的影响不容忽视。“徒法不足以自行”，煤矿安全监察所需要的不仅仅是用冷冰冰的法律来矫正，更多的是要在相信人、尊重人的前提下，在潜移默化中去引导和教育人们理性的关心和重视煤矿安全生产。而现在我们的煤矿安全监察执法部门对这一问题重视不够，只是为了执法而执法，没有把普法和普及安全常识与之结合，创造煤矿安全生产的氛围。

8.3.3　我国煤矿安全监察体制改革的对策

通过对中外煤矿安全监察体制的比较以及对我国煤矿安全监察体制上存在问题的原因分析，要解决这些问题最根本的还是要大力发展生产力，不断增强我国的综合国力，有了雄厚的物质基础和先进的科学技术，才能从根本上改变我国煤炭工业和煤矿安全生产及落后的面貌，才能从根本上提高煤矿安全监察的水平。基于依法行政的基本原理，具体提出以下几点对策与建议：

1. 更新观念，转变认识

作为行政主体的煤矿安全监察部门要充分认识到社会主义市场经济体制对政府作用和职能的新界定和加入WTO后机制变革对行政法治的新要求，切实更新观念，全面树立依法行政的观念；积极转变职能，真正从微观中超脱出来，坚定地站在宏观的层面上，学习和运用包括信息技术在内的所有现代化管理方法和监察手段，认真履行好自己的职责，力求做到“不越位、不缺位、不错位、不扰民”。把对煤矿安全的认识扩展到整个煤矿职业安全与健康的范围。

2. 完善有关法律制度

（1）最高权力机关要积极学习别国立法经验，参照别国的相关法律，在广泛调查研究的基础上结合我国实际情况，尽快制定出一部全面规范我国煤矿安全监察的法律，其中应特别注意把对职业病的防控作为煤矿安全监察的重要方面。在新法诞生前发布立法解释，对《矿山安全法》和《煤炭法》中与现行体制有矛盾之处予以废除。国家主管部门要根据新的法律相应地制定或修订法规、规章，健全相应的制度。

（2）最高权力机关要行使宪法所赋予的监督权，对国务院所制定或发布的关于煤矿安全监察的行政法规、决定和命令以及省级权力机关制定的有关这方面的地方性法规和决议进行全面审查，对其中与宪法、法律相抵触的要坚决予以撤销。

（3）要尽快制定和颁布我国的行政程序法和关于社会舆论监督的法律。尽快完善关于煤矿安全监察员的法律制度，对于煤矿安全监察员的选任可参照初任法官、检察官、律师的选任办法，先举行任职资格的全国统一考试，再经过一些法定程序逐步选拔进入煤矿安全监察机关。完善《国家赔偿法》及其相应制度，建议在中央财政设立煤矿安全监察专项基金，为煤矿安全监察工作的顺利开展提供资金保障。

（4）要根据新的情况修订煤矿安全监察的总方针的相关配套措施，使其能够更科学、更直观地指导煤矿安全与监察工作。

3. 进一步完善煤矿安全监察执法体制

（1）国家煤矿安全监察局的地位必须独立、权责必须明确。各级机构的职能要严格依照有关法律法规和现代行政法治的基本原则设置和履行。

（2）要充分发挥民间中介组织、科研机构等部门在煤矿安全监察中知识、科技、人才、资金、管理和信息等方面的优势，积极与他们合作。依法正确地发挥工会等维权组织的作用，积极为煤矿企业进行安全生产管理提供指导和帮助，形成以煤矿安全监察部门为核心的企业、科研机构、民间中介组织和维权组织等有关方面广泛参与的煤矿安全监察社会体系。

（3）要充分利用信息技术，发展电子政务，保证监察工作高效开展，实现与各国煤矿安全信息的共享与互通。

4. 加强煤矿安全监察员队伍的建设

煤矿安全监察员队伍的建设对于搞好煤矿安全监察工作至关重要。要严格按照相关法律和关于煤矿安全监察员的选任制度的规定选拔煤矿安全监察员，切实保障和逐步提高煤矿安全监察员的工作和生活待遇。加强煤矿安全监察员的世界观、人生观和价值观的教育，提高其职业道德水平，使其真正树立公仆意识，加强对煤矿安全监察员的社会主义法治教育，用依法行政的理念武装他们的头脑，规范他们的言行，全面提高现有煤矿安全监察人员的专业素质和业务技能，逐步淘汰不合格人员，不断为煤矿安全监察工作注入新的血液，确保煤矿安全监察工作高效、健康运转。

5. 做好普法宣传工作，创造安全文化氛围

（1）煤矿安全监察部门要执法勿忘普法，普法宣传部门要认真行使好的职责，作好定期或不定期的煤矿安全法制宣传、咨询服务和检查工作。法制新闻工作者和大专院校法学专业的学生要扩大法制宣传的广度和深度，增加有关煤矿安全法律、法规的宣传内容，更多地深入矿山一线，运用具体的案例进行宣传教育活动。

（2）把安全理念的定义扩展到整个职业安全与健康工作的开展中，发挥其先导作用，在煤矿企业推广安全价值观、安全理念和安全伦理道德规范。在指导建立煤矿企业安全理念体系的基础上，要加大理念的倡导和督促实施力度，强化员工和监察执法人员对安全理念的理解和认同。通过发挥理念的先导作用，营造一个较为浓厚的安全文化氛围。

（3）煤矿安全监察部门要和企业共同研究解决安全教育入心入脑的问题，注重情感投入，可动员矿工以及安全监察人员的家属参与发挥亲情的感染作用，进行安全生产教育。

复习思考题

1. 国外安全监察法律制度的特点有哪些？
2. 国外安全监察关系中各方的权责是如何界定的？
3. 国外安全监察程序有何特点？
4. 试比较中外煤矿安全监察体制的共性与特点。

第9章

工伤保险和事故损害赔偿

9

9.1 工伤保险制度

9.1.1 工伤保险的概念

工伤是指职工在生产劳动中所发生的或与之相关的人身伤害，包括事故伤残和职业病以及这两种情况造成的死亡。

工伤即职业伤害所造成的直接后果是伤害到职工的生命健康，并由此造成职工及家庭成员的精神痛苦和经济损失，也就是说劳动者的生命健康权、生存权和劳动权利受到影响、损害甚至被剥夺了。劳动者在其单位工作、劳动，必然形成劳动者和用人单位之间相互的劳动关系，用人单位支付劳动者工资，如果在劳动过程中，不幸发生了事故，造成劳动者伤残、死亡或患职业病，则劳动者就自然具有享受工伤保险的权利。劳动者的这种权利是由国家宪法和劳动法给予根本保障的。

工伤保险是指国家和社会为在生产、工作中遭受事故伤害和患职业性疾病的劳动者及其亲属提供医疗救治、生活保障、经济补偿、医疗和职业康复等物质帮助的一种社会保障制度。工伤保险是社会保险制度中的重要组成部分，它还包括与之相联系的职业康复和事故、职业病预防等内容。

9.1.2 工伤保险的基本内容

国家立法强制所有用人单位实行工伤保险。包括国有、集体、私营、乡镇、三资企业和有收入的事业单位，以及有雇工的个体劳动者在内，均须按月向当地工伤保险管理机构缴纳工伤保险费，违者给予法律规定的惩罚。同时，研制出科学化、定量化、通用化的工伤评残等级表，作为国家标准颁布，适用于各类用人单位。所有企业在开业之前必须向劳动部门申请参加工伤保险。流动性企业要接受劳动部门验证。所有企业要在本企业最明显的位置张贴工人在工伤保险方面权益的公告。我国还将工伤保险方面的纠纷处理列入劳动争议、行政诉讼及法院的工作内容。工伤保险实行强制实施的原则是由工伤保险的性质决定的。工伤保险是社会保险的重要组成部分，是政府的一项社会政策，为达到保障以工资收入为主要生活来源的劳动者因工伤残时的基本生活的目的，必须强制实行，而不能靠商业保险的意外伤害自愿投保的办法解决。在国家规定的工伤保险制度提供基本待遇之外，允许企业和职工个人自愿投保人身保险，但不必由工伤保险制度做这方面的限制或规定。世界多数国家也是这样做的。

工伤保险的社会化主要指三个方面，即范围的社会化、资金的社会化和管理的社会化。范围的社会化已由强制实施的原则所规定，资金和管理的社会化主要指由社会公共机构（工伤保险机构）负责调剂使用工伤保险费用资金并协同有关部门负责审核工伤保险待遇享受资格，对工伤保险人员的管理服务工作需要动员社会各方面的力量共同开展。工伤保险实现社会化，对增强制度的保障性、合理使用有限的费用资金、发展生产都是有利的，但它的实现要求社会具备一定的社会化管理体制、组织网络及社会保障意识。

1. 工伤保险的适用范围

我国新修订的《工伤保险条例》规定，职工有下列情形之一的，应当认定为工伤：

（1）在工作时间和工作场所内，因工作原因受到事故伤害的。

（2）工作时间前后在工作场所内，从事与工作有关的预备性或者收尾性工作受到事故伤害的。

（3）在工作时间和工作场所内，因履行工作职责受到暴力等意外伤害的。

（4）患职业病的。

（5）因工外出期间，由于工作原因受到伤害或者发生事故下落不明的。

（6）在上下班途中，受到非本人主要责任的交通事故或者城市轨道交通、客运轮渡、火车事故伤害的。

（7）法律、行政法规规定应当认定为工伤的其他情形。

职工有下列情形之一的，视同工伤：

（1）在工作时间和工作岗位，突发疾病死亡或者在48小时之内经抢救无效死亡的。

（2）在抢险救灾等维护国家利益、公共利益活动中受到伤害的。

（3）职工原在军队服役，因战、因公负伤致残，已取得革命伤残军人证，到用人单位后旧伤复发的。

职工有上述第（1）（2）项情形的，按照该条例的有关规定享受工伤保险待遇；职工有上述第（3）项情形的，按照该条例的有关规定享受除一次性伤残补助金以外的工伤保险待遇。

职工符合以上认定为工伤或视同工伤的规定，但是有下列情形之一的，不得认定为工伤或者视同工伤：

（1）故意犯罪的。

（2）醉酒或者吸毒的。

（3）自残或者自杀的。

2. 工伤事故

工伤保险的适用范围主要包括两大类人员，即工伤事故受伤害者和职业病患者。

工伤事故是指企业职工在企业生产活动所涉及的区域内，由于生产过程中存在的危险因素的影响，突然使人体组织受到损伤或使某些器官失去正常机能，以致负伤人员工作立即中断的一切事故。例如，工人在车间或露天作业时因高温昏倒，在车间内工作被机器挤伤，上下班时在企业内通道被生产用车辆撞伤或因道路不平跌伤等。有些无固定生产区域的工人

（如架线工），其工作地点就是他们的生产区域；还有一些在生活区域工作的职工（如炊事员），他们的工作地点也是生产区域。

职工发生的伤亡事故大体分成以下两类：一类是因工伤亡，即因工作或与工作有关而发生的伤亡；另一类是非因工伤亡。企业职工伤亡事故所统计的是因工伤亡的数字，非因工伤亡不包括在内。在这里应该指出，因工伤亡和非因工伤亡只是为了确定统计范围而划分的，并不涉及劳动保险待遇问题。

根据伤害程度的不同，伤亡事故大体分为轻伤事故、重伤事故、死亡事故和多人事故四类。

（1）轻伤事故，是指一般伤害不太严重，休工在一个工作日或一个工作日以上的事故。

（2）重伤事故。有下列情形之一的，均为重伤事故：

1）经医生诊断为残疾或可能成为残疾的。

2）伤势严重，需要进行较大的手术才能挽救的。

3）人体要害部位的严重灼伤、烫伤或非要害部位的灼伤、烫伤占全身面积的1/3以上。

4）严重骨折（胸骨、脊椎内、锁骨、肩胛骨、腕骨、腿骨和脚骨等因受伤引起骨折）、严重脑震荡等。

5）眼部受伤较重，有失明可能。

6）手部伤害。大拇指轧断一节，食指、中指、无名指、小指任何一只轧断两节或任何两只各轧断一节的。局部肌腱受伤甚剧，引起机能障碍，不能自由伸曲，残疾的。

7）脚部伤害。脚趾轧断三只以上的。局部肌腱受伤甚剧，引起机能障碍，不能行走自如，可能残疾的。

8）内部伤害。内脏损伤，内出血或伤及腹膜等。

凡不在上述范围内的伤害，经医生诊断后，认为受伤较重的，可根据实际情况参考上述各点，由企业行政部门会同工会提出初步意见，报当地劳动部门审查确定。

（3）死亡事故，包括当时死亡或伤后一个月内死亡的事故。

（4）多人事故，是指同时伤亡3人或3人以上的事故。

3. 工伤和职业病的认定与鉴定

企业职工在工作过程中，常常因为各种意外原因而造成个人人身伤害，给个人及家庭造成不同程度的损害，因此，为保障职工的正常劳动权益，劳动部门推行了工伤保险制度。

我国企业在20世纪50年代初即建立了工伤保险制度，对在劳动过程中发生事故伤害和患职业病的职工提供收入补偿和抚恤。1996年，原劳动部根据《劳动法》的有关规定，颁布了《企业职工工伤保险试行办法》，开始按社会保险方式对原有的企业工伤保险制度进行改革。到2014年，全国工伤保险参保人数首次突破2亿人，达到20639万人；工伤保障范围进一步扩大，全年有198万人享受了工伤保险待遇。同时，工伤保障水平进一步提高，28个省份对伤残津贴、供养亲属抚恤金、生活护理费等待遇进行了调整；工伤保险基金抗风险能力进一步增强，市级统筹进一步规范，已有10个省份实现了省级统筹。我国现行的企业工伤保险制度是一种社会保险方式与用人单位责任方式并行的结构。

两种工伤管理方式共同的政策要点如下：

（1）工伤和职业病的认定范围。人力资源和社会保障部统一制定工伤认定范围及相关政策，并与国家卫生和计划生育委员会共同制定职业病认定范围及政策并颁布实施。社会保险经办机构和未参加工伤保险的企业按政策规定执行。

（2）工伤和职业病伤残鉴定制度。劳动能力鉴定委员会具体负责工伤和职业病职工致残程度等级评定工作。各级劳动鉴定委员会由劳动、卫生等行政部门和工会组织的代表共同组成。《劳动能力鉴定　职工工伤与职业病致残等级》（GB/T　16180—2014），将工伤和职业病致残程度分为十个等级，其中，一至四级为全部丧失劳动能力，五至六级为大部分丧失劳动能力，七至十级为部分丧失劳动能力。

9.1.3　国外工伤保险制度

工伤保险制度经过长期的发展和完善，对促进各国改善企业安全和卫生状况起到了重大作用。根据国际社会保障协会（ISSA）的统计，全球大多数国家建立了工伤保险制度。

9.1.3.1　工伤保险的适用范围

国际劳工组织《社会保障最低标准公约》（第102号）对劳动者及其家属享受工伤保险待遇的范围如下：

（1）身体受职业病伤害呈疾病状态者。

（2）因工丧失劳动能力并因此中断工资收入者。

（3）由于永久或暂时失去劳动能力而完全或部分失去工资收入者。

（4）由于供养者因工死亡而失去生活费来源者。

1952年召开的国际劳工大会，确定把三种情况划进职业病的范围。它们是铅中毒、汞中毒和炭疽病感染。1964年召开的国际劳工大会，通过了《职业伤害赔偿公约》（第121号），把职业病的种类扩大到15种，而到1980年被列入的职业病种类已达到29种。事实上，这些是国际劳工组织所列举职业病的最低标准。目前世界上包括我国在内的很多国家，列入职业病范围的疾病已远远超过了公约所列举的范围。

通常国际上对职业病划分采用开放式列表办法和封闭式列表办法两种方式。所谓开放式列表办法，是指一些国家的职业病管理机构可以随时把那些以前虽没有被列入但是完全可以证明是职业环境导致的疾病列入职业病范围。所谓封闭式列表办法，是指只承认过去列入的职业病，对新增加的职业病种类的审核程序极为严格，一般是通过立法才能将新的职业病种类列入。

不论是发达国家还是发展中国家，职业病与工伤事故相比，其支付的钱相对少一些。这并不是由于职业病太少，而是由于目前的医务人员和设备水平对职业病的鉴定手段和条件有限，对于更多、更复杂的职业病的发现，还有待于更先进、更高的科技手段的帮助。因此，在现实中，有些特殊情况一时很难弄清是否属于职业病，社会保险机构或是医疗机构应该保留这类档案，以便日后的研究、查询、鉴定甚至补偿。

9.1.3.2　不同国家工伤保险制度概况

各国的工伤保险计划由于经济、文化、传统等方面的差异，在操作上存在较大差别。

1. 德国工伤保险及保障制度

德国是工伤保险制度的诞生地，其一百多年的制度运行效果也堪称世界各国的表率。早在1884年德国就颁布了《法定事故保险法》，并于1885年10月1日生效。积极发挥工伤保险在事故预防中的作用，工伤保险与事故预防相结合，是德国工伤保险工作的重要经验。

德国1963年颁布的新法律，在机构组织形式方面几乎没有变化，但重点强调了职业康复工作，并按照1957年的公共养老金改革要求，提高了工伤职工的待遇标准。1963年的改革没有改变德国原有工伤保险管理机构的管理模式，仍由行业独立设置的工伤保险机构依据法律和各自的规定实施，但扩大了工伤保险覆盖范围，提高了工伤待遇水平。工伤保险机构财务独立，所有运作都在政府的监督之下进行。

工伤保险覆盖了订立工作、服务或咨询等合同的所有人员。职业病病种由法定形式确定，没有列入职业病病种的疾病如果满足职业病的条件，也可按照职业病进行赔偿。在工伤保险待遇申领、职业康复等方面，工伤保险机构依据政府授权具有相当大的独立性。企业发生工伤后，有义务迅速向工伤保险机构进行报告，受伤职工或家属需要立即申请进行补偿程序。工伤保险机构接到事故报告后进行补偿。受伤职工可以申请医疗保险待遇，接受工伤职工医治的医疗机构得到工伤保险机构的工伤保险认定后，进行必要的医治。在职业康复和再就业方面，工伤职工可以要求劳动力交流机构提供指导和服务。如果出现工伤争议，可以免费向法院起诉。

在2001年生效的德国《社会法案》第九章将伤残康复的目标定义为“致力于减少或消除残疾人自主平等地参与社会的障碍，目的在于为残疾人或有残疾危险的人创造更好的生活”。

在2004年全德国法定工伤保险125.29亿欧元的总支出中，用于工伤赔偿和急救的费用占6.8%，用于工伤预防的费用则达7.1%。此后的10年间，德国工伤保险基金支出结构一直保持了这样的态势：工伤预防费用在基金支出中一直占有最高的比例，高于赔偿和急救费用。之所以将工伤预防置于首要地位，是因为工伤预防可以从根本上减少工伤救治、赔偿和康复的费用，可以减少长期的伤残待遇支付；劳动者也不会因为工伤或职业病退出劳动领域而继续作为工伤保险受保者；保证了工伤保险供款和基金的充足性，达到了制度的良性循环，这是提高制度运行效率的治本之策。由此可见，德国工伤保险对工伤预防的重视，是源于对制度规律和制度根基的深刻认知，是源于对制度本质的把握。

2. 美国工伤保险及保障制度

美国的工伤保险制度在发达国家中起步较晚。直到1908年美国联邦政府才颁布《联邦雇员伤害赔偿法》，随后，该法推动了各州工伤立法的正式实施。该法制定了以下五项基本目标：①保障对象为可能受到工业伤害和职业病伤害的所有雇员；②工伤保险是对由于工伤事故或职业病而致残的工人丧失劳动能力的实质性保障；③提供充足的医疗保健和伤残理疗服务；④鼓励雇主加强安全措施；⑤建立有效的补助金支付服务体系。

此后，美国国会在多次修订《社会保障法》的同时，也对工伤保险制度进行了修订。1956年，对因工致残的条款进行了修订，1984年国会通过了《伤残津贴改革法案》，1996年美国又对工伤保险计划的基本内容做了修改。

美国的工伤保险主要依据联邦政府制定的《社会保障法》执行。但各州、企业也可结合本州、本企业制定相应的规定。例如，盐河水利工程管理局规定，损失在100万美元以下由该局自行处理；损失在100万美元以上的向保险公司买保险，由保险公司赔偿。工伤保险赔偿的项目有：工伤者所有的医疗费；如致残不能工作，则可领取基本工资的95%，直到重新工作；如果致残严重，一直不能工作，则可一直领取。

另外，美国还采取多种形式进行宣传教育工作，通过宣传教育使雇员了解工伤预防和工伤保险的有关法律法规及保险知识，以提高雇员的安全生产和安全操作意识。

据美国社会保险研究所测算，2012年，美国有1.28亿工人（相当于90%的劳动人口）被各类工人补偿保险制度覆盖，各州一般都允许少量雇佣的雇主、农业工人、家庭雇佣人员可以不参加补偿保险。

3. 英国工伤保险及保障制度

1946年英国颁布了《国民工业伤害保险法》，作为当时建立的国民保险相关法律的一部分，与国民健康服务、家庭津贴计划和社会救济等项目构成了英国社会保障保护体系。英国工业伤害保险使雇主对工人的补偿责任变为一种社会责任，并为工伤职工提供社会服务。

英国现行的《工伤保险办法》颁布于1975年。英国工伤保险事务由卫生与社会保障部负责。卫生与社会保障部的地方办事机构负责具体管理工伤保险费用和工伤保险待遇的支付。英国没有单独的工伤保险基金。

在工业事故中，所有在英国就业的具有劳动合同的职工或学徒工必须参加保险。甚至一些难以订立劳动合同的自谋职业者，如出租车、汽车、轮船驾驶员等，也被工伤保险所覆盖。

英国规定只有"由于就业引起的和在就业过程中发生的事故而造成伤亡"的人员才有资格享受工伤保险待遇。然而，由于提供证据的困难，在实际运作上会将"就业过程中的事故"用"由于就业引起的事故"来代替。职工要申请职业病待遇还必须满足两个条件：一是职工由于规定的职业病而造成劳动能力的丧失，职业病病种由主管机构定期增补；二是患病职工必须参加保险，并且所患疾病是由从事具有危害性的职业所引起的。

4. 日本工伤保险及保障制度

日本的《工伤补偿保险法》制定于1947年。这部法律的第一条指出，制定这部法律的目的是"对工人因业务上的事由或因上班造成负伤、生病、残疾或死亡者，予以迅速且公正的保护，实行必要的保险给付。同时，谋求促进这些因业务上的事由或上班而病残的工人重返社会、救援该工人及其遗属、确保工人的劳动条件，以利于工人福利的改善"。日本先后制定颁布了《雇用保险法》《劳动者安全卫生法》《劳动审查官及劳动保险审查会法》《独立行政法人劳动者健康福利法》和有关劳动保险费征收的法律，进一步完善了预防和补偿的法律保障体系。

在日本，工伤保险由政府主管，平时由一个专门的审议会负责处理具体的工伤保险事务，主要是各种保险的支付事务。审议会的委员由劳动大臣任命，其中工人代表、雇主代表和公益代表各占1/3。保险费用则由政府依据《工伤保险费征收法》，向相关的企业主进行征收。另外，根据《工伤补偿保险法》第二十六条，国库也可以在预算范围内补助一部分费用。此外，政府还负责举办各种劳动福利活动。

从1958年至今，工伤保险的主管部门厚生劳动省制定了如何减少工伤的11个五年计划，该计划的基本方针是"最大限度地减少死亡事故，确定中小企业安全卫生工作落实，减少劳动者的精神负担，减少事故受害人群"等。

5. 印度工伤保险及保障制度

印度于1924年实施的《工人补偿法》是一种完全的雇主责任制。印度独立后，1948年开始建立包括工伤保险在内的现代社会保险体系，《雇员国家保险法》也于1952年开始实施。

印度的《雇员国家保险法》覆盖了雇用20人以上的工业企业，采矿业、商业和农业企业不包括在内。受保护的对象包括蓝领、白领和收入低于一定水平的管理人员。该法覆盖范围逐步扩大到其他经济部门，然而，即使是在所覆盖的经济部门，该法也仅仅在工业中心并具有大量参保人员的地区实施。

印度实行雇主责任保险制度。政府处理工伤争议的机构根据《工人补偿法》仅负责处理一次性支付的待遇，如遗属和伤残待遇等。非法定的工伤待遇也可以向该机构申请裁定。如果该机构认定雇主有过失，可以要求雇主支付补偿。如果法院断定雇主有过失，则宣判的罚款将用于支付雇员的待遇。

9.1.4 我国的工伤保险制度

1994年7月5日第八届全国人大常委会第八次会议审议通过了《劳动法》，其中第七十三条规定，劳动者在因工伤残或者患职业病的情况下，依法享受社会保险待遇。这一基本法以国家法律的形式保障了工伤者及其亲属享受工伤保险待遇的权利。

原劳动部于1996年颁布了《企业职工工伤保险试行办法》。这一文件第一次将工伤保险作为单独的保险制度统一组织实施，对沿用了四十多年的企业自我保障的工伤福利制度进行了改革。同时，原劳动部组织制定并由原国家质量技术监督局颁布了《职工工伤与职业病致残程度鉴定》（最新版本为《劳动能力鉴定　职工工伤与职业病致残等级》（GB/T 16180—2014））的国家标准。这两个文件的颁布实施，对工伤保险制度改革具有体制创新和机制转换的意义。通过几年的探索实践，取得了初步成效。一是保障了参保职工的基本权益，受到职工的欢迎。二是分散了企业风险，减轻了企业特别是事故多发企业的负担。三是初步建立了工伤保险预防机制，企业的安全措施得到增强。四是积累了工伤保险制度改革的经验。五是锻炼了队伍，初步建立了一支懂得工伤保险政策、会经办工伤保险业务的专业工作队伍。

2003年4月16日，国务院第五次常务会议讨论并原则通过了《工伤保险条例》。4月27日，温家宝总理签署了第375号国务院令，颁布了《工伤保险条例》。该条例共分8章64条，包括总则、工伤保险基金、工伤认定、劳动能力鉴定、工伤保险待遇、监督管理、法律责任和附则。2010年12月20日我国修订了《工伤保险条例》，新的《工伤保险条例》自2011年1月1日起施行。

《工伤保险条例》出台后，我国工伤保险各项政策措施不断完善，相继出台了《工伤认定办法》《因工死亡职工供养亲属范围规定》《非法用工单位伤亡人员一次性赔偿办法》等一系列政策措施，进一步推进了工伤保险各项工作。

为切实推进农民工的参保工作，2004年6月，原劳动和社会保障部发出了《关于农民工参加工伤保险有关问题的通知》，提出了以下切实有效的政策措施：

（1）优先解决农民工工伤保险问题，对用人单位为农民工先行办理工伤保险的，各地经办机构应予办理。

（2）用人单位注册地与生产经营地不在同一统筹地区的，可在生产经营地为农民工参保。

（3）农民工受到事故伤害或患职业病后，在参保地进行工伤认定、劳动能力鉴定，并按照参保地的规定依法享受工伤保险待遇。

（4）用人单位在注册地和生产经营地均未参加工伤保险的，农民工受到事故伤害或者患职业病后，在生产经营地进行工伤认定、劳动能力鉴定，并按照生产经营地的规定依法由用人单位支付工伤保险待遇。

（5）对跨地区流动就业的农民工，工伤后的长期待遇可试行一次性支付和长期支付两种方式，供农民工选择，实现农民工工伤保险待遇领取便捷化，进一步方便农民工领取和享受工伤待遇。

为进一步做好农民工工伤保险工作，2006年5月，按照国务院5号文件要求，劳动和社会保障部制订并组织实施了以推进矿山、建筑等高风险企业农民工参加工伤保险为主要内容的“平安计划”，提出了实现高风险企业农民工全部参加工伤保险的工作目标。

9.2 事故损害赔偿责任

9.2.1 生产经营单位生产安全事故伤亡赔偿

生产经营单位包括我国境内的各类企事业单位、有雇工的个体工商户。事故受害者（指职工）包括固定工、合同工、临时工、农民工等各种用工。

在生产安全责任事故中，所有重伤以上受害者和死亡者家属都有获得事故单位一次性伤亡赔偿的权利。企业生产安全事故赔偿是指企业发生生产安全责任事故后，事故受害者除应得到工伤保险赔偿外，事故单位还应按照受害者的受伤程度给予受害者和死亡者的家属一次性赔偿。

1. 伤亡事故赔偿原则

（1）过错责任赔偿原则。根据受害者和生产经营单位在事故中的责任大小进行赔偿。

（2）伤害程度原则。根据受害者在事故中受到伤害的程度进行赔偿。

（3）一次性给付赔偿的原则。按生产经营单位所在省、自治区、直辖市统计局公布的上年度职工平均收入为基数计算赔偿数额并一次性给付。

（4）多重赔付同时实施的原则。事故受害者除根据《工伤保险条例》得到工伤保险补偿外，生产经营单位还必须向受到生产安全事故伤害的受害者或家属支付赔偿金。

2. 伤亡事故责任的等级

事故责任按照职工在事故中应承担责任的程度，由小到大依次划分为四级：

一级：职工在事故中没有责任。

二级：职工在事故中负次要责任。

三级：职工在事故中负主要责任。

四级：职工在事故中负完全责任。

3. 伤亡事故赔偿计算办法

（1）伤残赔偿金。按下列公式计算：

$$P_{残}=S_{平}\times N_{赔}\times K_{残}\times K_{责}$$

式中 $P_{残}$——伤残赔偿金；

$S_{平}$——企业所在地上年度职工平均收入；

$K_{残}$——伤残系数，按照《劳动能力鉴定 职工工伤与职业病致残等级》（GB/T 16180—2014）确定工伤等级（见表9-1）；

$N_{赔}$——赔偿年限，基础年限为20年，50岁以上加1岁减1年，最低不少于10年，70岁以上的按5年计算，50岁及以下的按20年计算；

$K_{责}$——受害者责任赔偿系数，按职工在事故中的责任确定（见表9-2）。

表9-1　工伤等级

工伤等级	一	二	三	四	五	六	七	八	九	十
伤残系数 $K_{残}$	1	0.9	0.8	0.7	0.6	0.5	0.4	0.3	0.2	0.1

表9-2　责任等级与赔偿系数

责任等级	一	二	三	四
赔偿系数 $K_{责}$	1	0.7	0.3	0

（2）工亡赔偿金。按下列公式计算：

$$P_{死}=20\times K_{责}\times S_{平}$$

式中　$P_{死}$——工亡赔偿金。即工亡赔偿金的数值为生产经营单位所在地上年度职工平均收入（$S_{平}$）的20倍乘以受害者责任赔偿系数（$K_{责}$的确定办法同上）。

4. 伤亡事故赔偿的期限

（1）伤残赔偿金在工伤认定和劳动能力鉴定后30日内一次性支付。

（2）工亡赔偿金在提交事故调查报告后30日内一次性支付。

（3）职工在生产安全事故或抢险救灾中，下落不明并按常规判断生还可能性不大的，先按工亡赔偿金预付50%。职工被人民法院宣告死亡的，在宣告后30日内支付另外50%的工亡赔偿金。

5. 伤亡赔偿责任的划分与认定

（1）生产安全事故受害者是指与事故单位存在劳动关系（包括事实劳动关系）的各种用工形式、各种用工期限、在生产中受到生产安全事故伤害的人员。

（2）生产经营单位分立、合并、转让的，承继单位应当承担原生产经营单位的伤亡赔偿责任。生产经营单位实行承包经营的，伤亡赔偿责任由发生事故的单位承担。职工被借调期间受到生产安全事故伤害的，伤亡赔偿责任由发生事故的单位承担。企业破产的，在破产清算时优先支付依法应由单位支付的伤亡赔偿费用。

（3）无营业执照或者未经依法登记、备案以及被依法吊销执照或者撤销登记、备案的生产经营单位发生生产安全事故的，由事故单位向受害者或者受害者的直系亲属给予赔偿，赔偿标准为规定的伤亡事故赔偿标准的1.5倍；生产经营单位非法使用童工造成伤残、死亡的，由事故单位向童工或者童工的直系亲属给予赔偿，赔偿标准为成年人伤亡事故赔偿标准的1.5倍。

（4）伤亡职工有下列情况之一者不享受伤亡赔偿权利，事故单位对其不承担赔偿责任：

1）拒不接受劳动能力鉴定的。

2）在生产中突发急性疾病致残或死亡，经证实与生产无关的。

3）在生产中故意自残或自杀的。

6. 伤亡事故赔偿的实施管理

（1）工伤事故发生后，有关部门应按照相关规定，成立事故调查组，负责事故的调查处理和事故处理的确认。劳动关系双方对事故责任问题如发生争议，应按举证责任倒置原则处理，即由生产经营单位承担举证责任，并按照处理劳动争议的有关规定处理。

（2）由县级以上地方各级人民政府劳动保障行政部门负责本行政区域内生产经营单位生产安全事故赔偿工作，同级安全生产监督管理行政部门负责监督检查。

（3）生产经营单位有下列情形之一的，有关部门有权拍卖生产经营单位的财产对受害者给以赔付，并视情节给予5万元以上15万元以下的罚款，情节严重，构成犯罪的，依法追究刑事责任：

1）拒不执行赔偿的。

2）在伤亡事故赔偿中，对受害者采取引诱、威胁等手段，不按规定赔偿的。

3）发生事故后单位负责人或责任人逃匿的。

（4）赔偿经费支出计入生产经营单位经营成本，在税前列支。

9.2.2 事故损害赔偿纠纷的解决方式

《中华人民共和国劳动争议调解仲裁法》（以下简称《劳动争议调解仲裁法》）第四条规定，发生劳动争议，劳动者可以与用人单位协商，也可以请工会或者第三方共同与用人单位协商，达成和解协议。第五条规定，发生劳动争议，当事人不愿协商、协商不成或者达成和解协议后不履行的，可以向调解组织申请调解；不愿调解、调解不成或者达成调解协议后不履行的，可以向劳动争议仲裁委员会申请仲裁；对仲裁裁决不服的，除本法另有规定的外，可以向人民法院提起诉讼。结合《民事案件案由规定》与《劳动争议调解仲裁法》的规定，对于工伤事故损害赔偿纠纷的法律解决方式有以下三类：

第一类：协商方式。

（1）直接协商，劳动者与用人单位协商。

（2）间接协商，请工会或者第三方共同与用人单位协商。

第二类：仲裁方式。

（1）直接仲裁，当事人不愿协商（不愿调解）的，可以向劳动争议仲裁委员会申请仲裁。

（2）间接仲裁，协商不成或者达成和解协议后不履行的（调解不成或者达成调解协议后不履行的），也可再向劳动争议仲裁委员会申请仲裁。

第三类：诉讼方式。

（1）直接诉讼，《劳动争议调解仲裁法》第四、五条规定之外的，即既不协商，也不申请仲裁的，如《民事案件案由规定》第一部分“人格权纠纷”所规定的“工伤事故损害赔偿纠纷”。

（2）间接诉讼，对仲裁裁决不服的，除另有规定的外，可以向人民法院提起诉讼。

《劳动争议调解仲裁法》将“工伤事故损害赔偿”纠纷案件总体归结为劳动争议范围，也可以根据当事人的意愿寻求直接诉讼程序解决，所以其解决途径具有申请调解仲裁和司法诉讼调解裁判的双重性，对于权利人（当事人或受害人）来讲具备可选择性。即当事人可以依据《劳动争议调解仲裁法》和《工伤保险条例》等相关规定寻求调解仲裁，若解决未妥，可再诉讼到人民法院，此时人民法院立案案由为劳动争议纠纷；若当事人不经过调解仲裁，而直接以“人格权纠纷”规定的“工伤事故损害赔偿纠纷”起诉到人民法院，人民法院则应该按照普通民事纠纷受理该案件，不可以未仲裁前置为由拒绝受理当事人的诉讼请求。

最高人民法院将工伤事故损害赔偿纠纷案由纳入一般人格权大案由，是根据当事人请求诉讼赔偿的背景不同而规定的，其目的在于更好的保障劳动者的权益。其主要特点是：

（1）按照“人格权纠纷”规定的“工伤事故损害赔偿纠纷”受理，对于预料难以协商，案件复杂的纠纷来说简捷、快便。如果当事人明显知道与用人单位协商达不到自己的目的要求，则一味适用《劳动争议调解仲裁法》就会影响对受害人实施有效救治，耽误最佳治疗时机等。而直接诉讼的话，诉前和诉后均可以依法强制，对于当事人在时间效率上是可以得到保障的。如果当事人首先协商，协商不成再申请仲裁，仲裁不服后再起诉，生效期间又有“法定期间”限制等，则对于这种“工伤事故损害赔偿”的特殊劳动争议纠纷案件来讲，对受害人是极为不利的。

（2）按照一般民事案件受理工伤事故损害赔偿纠纷与按照劳动争议纠纷受理的同一纠纷，其适用法律、赔偿标准相同。两者均适用《工伤保险条例》等相关规定，也就是说，直接诉讼的与间接诉讼的，对于当事人来讲，直接赔偿所得的利益是一样的。

9.3 煤矿安全生产事故赔偿

煤矿安全生产事故的发生会给职工及其家庭造成很大损失。为了加强煤矿安全监察，落实煤矿企业的安全生产责任，保障事故伤亡人员或者其家属获得赔偿，防止和减少煤矿安全生产事故的发生，国家根据《民法通则》《安全生产法》《煤矿安全监察条例》等有关规定，对事故受害者及其家庭进行赔偿。

9.3.1 工伤保险

事故伤亡人员是指与煤矿企业存在劳动关系（包括事实劳动关系），因煤矿安全事故造成伤亡的从业人员。为了使从业人员权益受到保障，煤矿企业必须依法参加工伤保险，及时为其从业人员缴纳工伤保险费。发生煤矿安全事故后，事故伤亡人员或者其家属除按照《工伤保险条例》及各地有关规定享受工伤保险待遇外，还有权按照规定要求煤矿企业支付一次性赔偿金。

9.3.2 监督管理

煤矿安全监察机构对煤矿安全生产事故伤亡赔偿实施安全监察。煤矿安全监管机构负责煤矿安全生产事故伤亡赔偿的日常监督检查工作。县级以上安全生产监管、劳动保障、监察、公安、卫生等有关部门在各自的职责范围内，对煤矿安全生产事故伤亡赔偿实施监督管理。

9.3.3 赔偿责任

煤矿企业违反安全生产制度，发生煤矿安全生产事故，造成人员伤亡的，应当根据事故伤亡人员受到损害的程度承担赔偿责任。事故伤亡人员受到损害的程度，按照工伤保险规定分为因工致残的十个伤残等级和因工死亡。

煤矿企业对事故伤亡人员或者其家属支付的一次性赔偿金分为伤残赔偿金和工亡赔偿金两种。

一次性伤残赔偿金标准为：以煤矿安全生产事故发生地所在地上年度职工年平均工资为赔偿基数，一级伤残为赔偿基数的10倍，二级伤残为赔偿基数的9倍，三级伤残为赔偿基数的8倍，四级伤残为赔偿基数的7倍，五级伤残为赔偿基数的6倍，六级伤残为赔偿基数的5倍，七级伤残为赔偿基数的4倍，八级伤残为赔偿基数的3倍，九级伤残为赔偿基数的2倍，十级伤残为赔偿基数的1倍。

一次性工亡赔偿金标准为：煤矿安全生产事故发生地所在地上年度职工年平均工资的20倍。

9.3.4 伤亡事故确认

伤残赔偿金在事故确认和工伤认定、劳动能力鉴定后15日内，由煤矿企业一次性支付。工亡赔偿金在事故确认后15日内，由煤矿企业一次性支付。事故伤亡人员在煤矿安全生产事故中下落不明的，在事故确认后30日内，煤矿企业应当预付50%的工亡赔偿金；事故伤亡人员被证实已死亡或者被人民法院宣告死亡的，在证实或者宣告之日起15日内，煤矿企业应当支付另外50%的工亡赔偿金。

9.3.5 法律责任

煤矿企业不按照规定承担赔偿责任的，依法强制执行。

单位或者个人非法从事煤炭开采活动，发生安全生产事故，造成人员伤亡的，按照国家有关非法用工单位伤亡人员一次性赔偿的规定承担赔偿责任。

复习思考题

1. 我国的工伤保险基本内容有哪些？
2. 事故损害赔偿责任如何认定？
3. 事故损害赔偿纠纷的解决方式有哪些？
4. 简述煤矿安全生产事故赔偿的基本内容。

第10章

安全生产行业法律法规

10.1 安全生产行业法律法规概述

矿山、建筑、危险物品的生产、经营、储存、金属冶炼以及道路运输等单位因作业条件复杂、危险因素众多，成为人们认识中的高危行业，《安全生产法》也对这些单位的安全生产保障提出了更高的要求。本章将介绍这些领域安全生产专门的法律法规，特别是对生产经营单位安全生产条件的要求及监管规定，而法律责任及罚则不作为本章介绍的重点。

由于当前的《矿山安全法》多数条款已经过时，不合时宜，修改势在必行，本章将不再介绍《矿山安全法》对矿山安全生产条件的规定，关于矿山安全监察，则在其他章节介绍。因此，本章主要介绍危险化学品、建筑、道路运输、金属冶炼行业几个领域安全生产适用的法律法规的主要内容。

10.2 危险化学品安全生产法规

危险化学品的安全生产涉及危险化学品的生产、经营、运输、储存、使用以及处置废弃危险物品。依据《安全生产法》的有关规定，国务院制定了《危险化学品安全管理条例》，对危险化学品生产经营活动中的安全与监管问题进行了规范，国务院安全生产监督管理部门也制定了相应的部门规章。2015年7月，国家安监总局又根据新的《安全生产法》有关内容，重新修改了涉及危险化学品建设项目监管、危险化学品安全生产许可、经营许可、使用许可、管道运输安全、重大危险源监管的六部部门规章。下面对《危险化学品安全管理条例》（以下简称《危险化学品条例》）中有关危险化学品的监督管理和危险化学品生产、储存、经营、运输、使用方面的安全管理的规定进行简要介绍。

10.2.1 危险化学品的监督管理

《危险化学品条例》所指的危险化学品是具有毒害、腐蚀、爆炸、燃烧、助燃等性质，对人体、设施、环境具有危害的剧毒化学品和其他化学品，具体目录由国务院安全生产监督管理部门会同国务院工业和信息化、公安、环境保护、卫生、质量监督检验检疫、交通运输、铁路、民用航空、农业主管部门，根据化学品危险特性的鉴别和分类标准确定、公布，并适时调整。《危险化学品条例》适用于危险化学品的生产、储存、使用、经营和运输的安全管理，而废弃危险化学品的处置则依照环境保护的法律和有关规定执行。

《安全生产法》规定，危险物品的生产、经营、运输、储存、使用，废弃危险物品的处置都要依照有关规定经有关部门审批，《危险化学品条例》进一步明确了对危险化学品安全生产负有监管职责的部门及其职责范围：

(1) 安全生产监督管理部门负责危险化学品安全监督管理综合工作，组织确定、公布、调整危险化学品目录，对新建、改建、扩建生产、储存危险化学品（包括使用长输管道输送危险化学品）的建设项目进行安全条件审查，核发危险化学品安全生产许可证、危险化学品安全使用许可证和危险化学品经营许可证，并负责危险化学品登记工作。

(2) 公安机关负责危险化学品的公共安全管理，核发剧毒化学品购买许可证、剧毒化学品道路运输通行证，并负责危险化学品运输车辆的道路交通安全管理。

(3) 质量监督检验检疫部门负责核发危险化学品及其包装物、容器（不包括储存危险化学品的固定式大型储罐）生产企业的工业产品生产许可证，并依法对其产品质量实施监督，负责对进出口危险化学品及其包装实施检验。

(4) 环境保护主管部门负责废弃危险化学品处置的监督管理，组织危险化学品的环境危害性鉴定和环境风险程度评估，确定实施重点环境管理的危险化学品，负责危险化学品环境管理登记和新化学物质环境管理登记；依照职责分工调查相关危险化学品环境污染事故和生态破坏事件，负责危险化学品事故现场的应急环境监测。

(5) 交通运输主管部门负责危险化学品道路运输、水路运输的许可以及运输工具的安全管理，对危险化学品水路运输安全实施监督，负责危险化学品道路运输企业、水路运输企业驾驶人员、船员、装卸管理人员、押运人员、申报人员、集装箱装箱现场检查员的资格认定。铁路监管部门负责危险化学品铁路运输及其运输工具的安全管理。民用航空主管部门负责危险化学品航空运输以及航空运输企业及其运输工具的安全管理。

(6) 卫生主管部门负责危险化学品毒性鉴定的管理，负责组织、协调危险化学品事故受伤人员的医疗卫生救援工作。

(7) 工商行政管理部门依据有关部门的许可证件，核发危险化学品生产、储存、经营、运输企业营业执照，查处危险化学品经营企业违法采购危险化学品的行为。

(8) 邮政管理部门负责依法查处寄递危险化学品的行为。

任何单位和个人不得生产、经营、使用国家禁止生产、经营、使用的危险化学品。国家对危险化学品的使用有限制性规定的，任何单位和个人不得违反限制性规定使用危险化学品。

10.2.2　危险化学品的生产、储存安全

1. 危险化学品生产、储存规划

国家对危险化学品的生产、储存实行统筹规划、合理布局。国务院工业和信息化主管部门以及国务院其他有关部门依据各自职责，负责危险化学品生产、储存的行业规划和布局。地方人民政府组织编制城乡规划，规划适当区域专门用于危险化学品的生产、储存。按照工业和信息化部制定的《危险化学品“十二五”发展布局规划》的规定，新建危险化学品生产企业必须设置在化工园区等专业工业园区内。

2. 危险化学品建设项目的选址

危险化学品生产装置或者储存数量构成重大危险源的危险化学品储存设施（运输工具、加油站、加气站除外），与人员密集场所、公共设施、饮用水源、水厂以及水源保护区、重要交通设施、交通通信干线、通信枢纽、农牧渔业保护区、风景名胜区、自然保护区、军事禁区、军事管理区以及法律、行政法规规定的其他场所、设施、区域的距离应当符合国家有关规定。储存数量构成重大危险源的危险化学品储存设施的选址，应当避开地震活动断层和容易发生洪灾、地质灾害的区域。

3. 安全条件审查

新建、改建、扩建生产、储存危险化学品的建设项目应当对建设项目进行安全条件论证，委托具备国家规定的资质条件的机构对建设项目进行安全评价，并将安全条件论证和安全评价的情况报告报安全生产监督管理部门进行安全条件审查。

4. 安全生产许可

危险化学品生产企业进行生产前，应当取得危险化学品安全生产许可证；生产列入国家实行生产许可证制度的工业产品目录的危险化学品的企业，应当取得工业产品生产许可证。

5. 安全技术说明与安全标签

危险化学品生产企业应当提供与其生产的危险化学品相符的化学品安全技术说明书，并在危险化学品包装（包括外包装件）上粘贴或者拴挂与包装内危险化学品相符的化学品安全标签，其内容应当符合国家标准的要求。

6. 危险化学品包装

危险化学品的包装应当符合法律、行政法规、规章的规定以及国家标准、行业标准的要求。危险化学品包装物、容器的材质以及危险化学品包装的型式、规格、方法和单件质量（重量），应当与所包装的危险化学品的性质和用途相适应。

危险化学品包装物、容器经国务院质量监督检验检疫部门认定的检验机构检验合格，方可出厂销售。对重复使用的危险化学品包装物、容器，使用单位在重复使用前应当进行检查。

7. 安全设备、设施

生产、储存危险化学品的单位，应当根据其生产、储存的危险化学品的种类和危险特性，在作业场所设置相应的监测、监控等安全设施、设备，并保证其正常使用。危险化学品作业场所和安全设施、设备上应设置明显的安全警示标志和通信、报警装置。

8. 安全评价

生产、储存危险化学品的企业，应当委托具备国家规定的资质条件的机构，对本企业的安全生产条件每三年进行一次安全评价，提出安全评价报告。安全评价报告的内容应当包括对安全生产条件存在的问题进行整改的方案。

9. 危险化学品储存安全管理

危险化学品应当储存在符合标准的专用仓库内，由专人负责管理，并设置明显的标志；储存方式、方法以及储存数量应当符合国家标准或者国家有关规定；储存危险化学品的单位应当建立危险化学品出入库核查、登记制度，并对其危险化学品专用仓库的安全设施、设备定期进行检测、检验。

10. 剧毒化学品、易制爆化学品安全管理

生产、储存剧毒化学品和易制爆化学品的单位，应当如实记录其生产、储存的剧毒化学品、易制爆危险化学品的数量、流向，设置治安保卫机构，配备专职治安保卫人员，采取必要的安全防范措施，防止丢失或者被盗，发现丢失、被盗的，应当立即向当地公安机关报告。

剧毒化学品以及储存数量构成重大危险源的其他危险化学品，应当在专用仓库内单独存放，并实行双人收发、双人保管制度，按照国家有关规定设置相应的技术防范设施。

对剧毒化学品以及储存数量构成重大危险源的其他危险化学品，储存单位应当将其储存数量、储存地点以及管理人员的情况，报所在地县级人民政府安全生产监督管理部门（在港区内储存的，报港口行政管理部门）和公安机关备案。

11. 废弃危险化学品及生产装置与储存设施的处置

生产、储存危险化学品的单位转产、停产、停业或者解散的，对其生产装置、储存设施以及库存的危险化学品，应当采取有效措施，及时、妥善处置，不得丢弃；处置方案应当报所在地县级人民政府安全生产监督管理部门、工业和信息化主管部门、环境保护主管部门和公安机关备案。

10.2.3 危险化学品的使用安全

使用危险化学品的单位，其使用条件（包括工艺）应当符合法律、行政法规的规定和国家行业标准的要求，并根据所使用危险化学品的种类、危险特性以及使用量和使用方式，建立、健全使用危险化学品的安全管理规章制度和安全操作规程，保证危险化学品的安全使用。

使用危险化学品从事生产并且使用量达到规定数量的化工企业，应当取得危险化学品安全使用许可证。

使用危险化学品的单位在作业场所设置相应的安全设备与安全设施，并设置安全警示标志；使用危险化学品的单位应当采取必要的安全防范措施，防止危险化学品丢失或者被盗；发现丢失或者被盗的，应当立即向当地公安机关报告。

使用危险化学品从事生产的企业应当委托具备国家规定的资质条件的机构，对本企业的安全生产条件每三年进行一次安全评价，提出安全评价报告。

10.2.4 危险化学品的经营安全

1. 经营许可

国家对危险化学品经营实行许可制度。未经许可，任何单位和个人不得经营危险化学品。依法设立的危险化学品生产企业在其厂区范围内销售本企业生产的危险化学品，不需要取得危险化学品经营许可。取得港口经营许可证的港口经营人，在港区内从事危险化学品仓储经营，不需要取得危险化学品经营许可。

2. 经营中的储存规定

危险化学品经营企业储存危险化学品的，应当遵守《危险化学品条例》储存危险化学品的规定。危险化学品商店内只能存放民用小包装的危险化学品。

3. 危险化学品的购销

危险化学品经营企业不得向未经许可从事危险化学品生产、经营活动的企业采购危险化学品，不得经营没有化学品安全技术说明书或者化学品安全标签的危险化学品。

4. 剧毒化学品、易制爆危险化学品采购要求

依法取得危险化学品安全生产许可证、危险化学品安全使用许可证、危险化学品经营许可证的企业，凭相应的许可证件购买剧毒化学品、易制爆危险化学品。民用爆炸物品生产企业凭民用爆炸物品生产许可证购买易制爆危险化学品。其他单位购买剧毒化学品的，应当向所在地县级人民政府公安机关申请取得剧毒化学品购买许可证；购买易制爆危险化学品的，应当持本单位出具的合法用途说明。

个人不得购买剧毒化学品（属于剧毒化学品的农药除外）和易制爆危险化学品。

5. 剧毒化学品、易制爆危险化学品购销信息管理

危险化学品生产企业、经营企业销售剧毒化学品、易制爆危险化学品，应当如实记录购买单位、经办人以及所购买的剧毒化学品、易制爆危险化学品的品种、数量、用途。销售记录以及经办人的身份证明复印件、相关许可证件复印件或者证明文件的保存期限不得少于1年。

剧毒化学品、易制爆危险化学品的销售企业、购买单位应当在销售、购买后5日内，将所销售、购买的剧毒化学品、易制爆危险化学品的品种、数量以及流向信息报所在地县级人民政府公安机关备案，并输入计算机系统。

6. 剧毒化学品、易制爆危险化学品的转让

使用剧毒化学品、易制爆危险化学品的单位不得出借、转让其购买的剧毒化学品、易制爆危险化学品；因转产、停产、搬迁、关闭等确需转让的，应当向具有相关许可证件或者证明文件的单位转让，并在转让后将有关情况及时向所在地县级人民政府公安机关报告。

10.2.5 危险化学品的运输安全

1. 运输主体许可

从事危险化学品道路运输、水路运输的，应当分别依照有关规定，取得危险货物道路运输许可、危险货物水路运输许可，并向工商行政管理部门办理登记手续。危险化学品道路运输企业、水路运输企业应当配备专职安全管理人员。通过道路运输危险化学品的，托运人应当委托依法取得危险货物道路运输许可的企业承运；通过内河运输危险化学品的，托运人应当委托依法取得危险货物水路运输许可的水路运输企业承运。

2. 运输人员资质

危险化学品道路运输企业、水路运输企业的驾驶人员、船员、装卸管理人员、押运人员、申报人员、集装箱装箱现场检查员应当经交通运输主管部门考核合格，取得从业资格。

3. 运输中的安全防护与应急准备

运输危险化学品，应当根据危险化学品的危险特性采取相应的安全防护措施，并配备必要的防护用品和应急救援器材。

用于运输危险化学品的槽罐以及其他容器应当能够防止危险化学品在运输过程中的渗漏、洒漏，溢流和泄压装置应当设置准确、起闭灵活。相关运输人员应当了解所运输的危险化学品的危险特性及其包装物、容器的使用要求和出现危险情况时的应急处置方法。

4. 运输工具安全要求

通过道路运输危险化学品的，应当按照运输车辆的核定载质量装载危险化学品，不得超载。运输车辆应当符合国家标准要求的安全技术条件，并按照国家有关规定定期进行安全技术检验，悬挂或者喷涂符合国家标准要求的警示标志。

5. 运输过程中的安全

通过道路运输危险化学品的，应当配备押运人员，并保证所运输的危险化学品处于押运人员的监控之下。运输危险化学品途中因住宿或者发生影响正常运输的情况，需要较长时间停车的，驾驶人员、押运人员应当采取相应的安全防范措施；运输剧毒化学品或者易制爆危险化学品的，还应当向当地公安机关报告。未经公安机关批准，运输危险化学品的车辆不得进入危险化学品运输车辆限制通行的区域。

6. 剧毒化学品、易制爆危险化学品运输安全

剧毒化学品禁止通过内河封闭水域运输。通过道路运输剧毒化学品的，托运人应当向运输始发地或者目的地县级人民政府公安机关申请剧毒化学品道路运输通行证。剧毒化学品、易制爆危险化学品在道路运输途中丢失、被盗、被抢或者出现流散、泄漏等情况的，驾驶人员、押运人员应当立即采取相应的警示措施和安全措施，并向当地公安机关报告。公安机关接到报告后，应当根据实际情况立即向安全生产监督管理部门、环境保护主管部门、卫生主管部门通报。有关部门应当采取必要的应急处置措施。

7. 水路运输危险化学品的安全管理

（1）运输企业的责任。水路运输企业运输危险化学品的船舶应当取得危险货物适装证书，制定事故应急救援预案，并为运输船舶配备充足、有效的应急救援器材和设备。船舶的所有人或者经营人应当取得船舶污染损害责任保险证书或者财务担保证明，并随船携带证书或证明的副本。

（2）码头、泊位的安全管理。危险化学品运输作业的内河码头、泊位的安全应当符合国家有关安全规范，与饮用水取水口保持国家规定的距离。有关管理单位应当制定码头、泊位危险化学品事故应急预案，并配备充足、有效的应急救援器材和设备。用于危险化学品运输作业的内河码头、泊位经交通运输主管部门验收合格后方可投入使用。

（3）内河港口的安全管理。船舶载运危险化学品进出内河港口，应当将有关事项事先报告海事管理机构；海事管理机构接到报告后，应当在规定的时间内做出是否同意的决定，通知报告人，同时通报港口行政管理部门。在内河港口内进行危险化学品的装卸、过驳作业，应当将有关事项报告港口行政管理部门；港口行政管理部门接到报告后，在规定的时间内做出是否同意的决定，通知报告人，同时通报海事管理机构。

载运危险化学品的船舶在内河航行、装卸或者停泊，应当悬挂专用的警示标志，按照规定显示专用信号，按规定需要引航的，应当申请引航，并遵守有关饮用水水源保护的规定。

8. 危险化学品托运人的义务

危险化学品的托运人应当向承运人说明所托运的危险化学品的种类、数量、危险特性以及发生危险情况的应急处置措施，并对所托运的危险化学品按规定妥善包装，在外包装上设置相应的标志。托运人不得在托运的普通货物中夹带危险化学品，不得将危险化学品匿报或者谎报为普通货物托运。

9. 危险化学品的寄递

任何单位和个人不得交寄危险化学品或者在邮件、快件内夹带危险化学品，不得将危险化学品匿报或者谎报为普通物品交寄。邮政企业、快递企业不得收寄危险化学品。

10. 通过铁路、航空运输危险化学品的安全管理

通过铁路、航空运输危险化学品的安全管理，依照有关铁路、航空运输的法律、行政法规、规章的规定执行。

10.2.6　危险化学品登记

国家实行危险化学品登记制度，为危险化学品安全管理以及危险化学品事故预防和应急救援提供技术、信息支持。危险化学品生产企业、进口企业，应当向国务院安全生产监督管理部门负责危险化学品登记的机构办理危险化学品登记。

对同一企业生产、进口的同一品种的危险化学品，不进行重复登记。危险化学品生产企业、进口企业发现其生产、进口的危险化学品有新的危险特性的，应当及时向危险化学品登记机构办理登记内容变更手续。危险化学品登记机构应当定期向工业和信息化、环境保护、公安、卫生、交通运输、质量监督检验检疫等部门提供危险化学品登记的有关信息和资料。

10.2.7　危险化学品事故应急救援

1. 应急预案要求

县级以上地方人民政府安全生产监督管理部门应当会同工业和信息化、环境保护、公安、卫生、交通运输、质量监督检验检疫等部门，根据本地区实际情况，制定危险化学品事故应急预案，报本级人民政府批准。

危险化学品单位应当制定本单位危险化学品事故应急预案，配备应急救援人员和必要的应急救援器材、设备，并定期组织应急救援演练，将其危险化学品事故应急预案报所在地设区的市级人民政府安全生产监督管理部门备案。

2. 危险化学品事故的报告与救援

发生危险化学品事故，事故单位主要负责人应当立即按照本单位危险化学品应急预案组织救援，并向当地安全生产监督管理部门和环境保护、公安、卫生主管部门报告；道路运输、水路运输过程中发生危险化学品事故的，驾驶人员、船员或者押运人员还应当向事故发生地交通运输主管部门报告。

发生危险化学品事故，有关地方人民政府应当立即组织安全生产监督管理、环境保护、公安、卫生、交通运输等有关部门，按照本地区危险化学品事故应急预案组织实施救援，不得拖延、推诿。

3. 危险化学品事故的应急处置措施

发生危险化学品事故，有关地方人民政府及其有关部门应当采取以下必要的应急处置措施，减少事故损失，防止事故蔓延、扩大：①立即组织营救和救治受害人员，疏散、撤离或者采取其他措施保护危害区域内的其他人员；②迅速控制危害源，测定危险化学品的性质、事故的危害区域及危害程度；③针对事故对人体、动植物、土壤、水源、大气造成的现实危害和可能产生的危害，迅速采取封闭、隔离、洗消等措施；④对危险化学品事故造成的环境污染和生态破坏状况进行监测、评估，并采取相应的环境污染治理和生态修复措施。

危险化学品事故造成环境污染的，由设区的市级以上人民政府环境保护主管部门统一发布有关信息。

除《危险化学品条例》外，国务院还制定了《易制毒化学品管理条例》《民用爆炸物品安全管理条例》《烟花爆竹安全管理条例》《城镇燃气管理条例》《使用有毒物品作业场所劳动保护条例》等不同专门领域的行政法规，相关部门制定了涉及危险化学品建设项目监管，危险化学品的生产、经营、运输、使用、处置废弃物、重大危险源管理、应急救援等各类活动的部门规章，使危险物品的安全管理基本做到有法可依。

10.3 建筑安全法律法规

本节对适用于建筑安全的法律法规主要介绍《建筑法》和《建设工程安全生产管理条例》。《建筑法》是建筑领域的专门法，构架了建筑管理的基本法律制度，包含了对建筑安全的规定；《建设工程安全生产管理条例》则专门针对建设施工过程中相关主体的安全义务进行了规范。

10.3.1 《建筑法》

《建筑法》于1997年11月1日经第八届全国人大常委会第二十八次会议通过，1998年3月1日生效；2011年4月22日第十一届全国人大常委会第二十次会议通过对《建筑法》修改的决定，修改后的《建筑法》于2011年7月1日起生效。

《建筑法》适用于在中华人民共和国境内从事建筑活动，包括各类房屋建筑及其附属设施的建造和与其配套的线路、管道、设备的安装活动，适用于对建筑活动实施监督管理。省、自治区、直辖市人民政府确定的小型房屋建筑工程的建筑活动，参照该法执行；依法核定作为文物保护的纪念建筑物和古建筑等的修缮，依照文物保护的有关法律规定执行；抢险救灾及其他临时性房屋建筑和农民自建低层住宅的建筑活动，不适用《建筑法》。《建筑法》全文共7章85条，分别对建筑许可、建筑工程招投标、建筑工程监理、建筑安全生产管理、建筑工程质量管理、法律责任等方面做了规定。除建筑安全生产管理直接关系建筑施工过程的安全，其他方面也是实现建筑施工安全的基础，本节对以上几个方面做简要介绍。

1. 建筑许可制度

（1）施工许可。建设单位取得施工许可是建筑工程开工的前置条件。建筑工程开工前，建设单位应当按照国家有关规定向工程所在地县级以上人民政府建设行政主管部门申请领取施工许可证，国务院建设行政主管部门确定的限额以下的小型工程和按照国务院有关规定批准开工报告的建筑工程不需要申请领取施工许可证。

建设单位应当自领取施工许可证之日起3个月内开工。因故不能按期开工的，应当向发证机关申请延期；延期以两次为限，每次不超过3个月。既不开工又不申请延期或者超过延期时限的，施工许可证自行废止。在建的建筑工程因故中止施工的，建设单位应当自中止施工之日起1个月内，向发证机关报告，并按照规定做好建筑工程的维护管理工作。建筑工程恢复施工时，应当向发证机关报告；中止施工满1年的工程恢复施工前，建设单位应当报发证机关核验施工许可证。

（2）从业资格。从事建筑活动的建筑施工企业、勘察单位、设计单位和工程监理单位，应满足注册资本、专业技术人员、技术装备等方面的条件要求，并按照其拥有的注册资本、专业技术人员、技术装备和已完成的建筑工程业绩等资质条件经资质审查取得相应等级的资质证书，并在其资质等级许可的范围内从事建筑活动。

2. 建筑工程招投标制度

（1）公开招投标。在建筑工程招投标活动中，应当遵循公开、公正、平等竞争的原则，择优选择承包单位。

建筑工程招标的开标、评标、定标由建设单位依法组织实施，并接受有关行政主管部门的监督。提倡对建筑工程实行总承包，禁止将建筑工程肢解发包。

（2）承包单位的义务。承包建筑工程的单位应当在其资质等级许可的业务范围内承揽工程，禁止建筑施工企业超范围承揽工程，不得用其他建筑施工企业的名义承揽工程，也不得以任何形式允许其他单位或者个人使用本企业的资质证书、营业执照，以本企业的名义承揽工程。禁止承包单位将其承包的全部建筑工程转包给他人，或将其承包的全部建筑工程肢解以后以分包的名义分别转包给他人。建筑工程总承包单位可以将承包工程中的部分工程发包给具有相应资质条件的分包单位；但是，除总承包合同中约定的分包外，必须经建设单位认可。施工总承包的，建筑工程主体结构的施工必须由总承包单位自行完成。

发包单位及其工作人员在建筑工程发包中不得收受贿赂、回扣或者索取其他好处。承包单位及其工作人员不得利用向发包单位及其工作人员行贿、提供回扣或者给予其他好处等不正当手段承揽工程。

3. 建筑工程监理制度

国家推行建筑工程监理制度。建筑工程监理是指具有相应资质的工程监理企业，接受建设单位的委托，承担其项目管理，并代表建设单位对承建单位的建设进行监督管理的专业化服务活动。

工程监理单位应当在其资质等级许可的监理范围内，承担工程监理业务，依照法律、行政法规及有关的技术标准、设计文件和建筑工程承包合同，对承包单位在施工质量、建设工期和建设资金使用等方面，代表建设单位实施监督。工程监理人员认为工程施工不符合工程设计要求、施工技术标准和合同约定的，有权要求建筑施工企业改正。工程监理单位与被监理工程的承包单位以及建筑材料、建筑构配件和设备供应单位不得有隶属关系或者其他利害关系。

4. 建筑安全生产管理制度

建筑工程安全生产管理必须坚持安全第一、预防为主的方针。结合建筑工程活动的特点，《建筑法》明确建筑工程安全管理要建立健全安全生产的责任制度和群防群治制度。

建筑安全生产管理要从源头做起。建筑工程设计应当符合按照国家规定制定的建筑安全规程和技术规范，保证工程的安全性能；施工组织设计应当根据建筑工程的特点制定相应的安全技术措施；对专业性较强的工程项目，应当编制专项安全施工组织设计，并采取安全技术措施。

施工现场安全由建筑施工企业负责，建筑施工企业的法定代表人对本企业的安全生产负责。建筑施工企业应当执行安全生产责任制度，采取有效措施，防止伤亡和其他安全生产事故的发生。建立健全劳动安全生产教育培训制度，未经安全生产教育培训的人员，不得上岗作业。所有作业人员应当遵守有关安全生产的法律、法规和建筑行业安全规章、规程，不得违章指挥或者违章作业，同时享有获得安全生产保障的权利。

建筑施工企业应当在施工现场采取维护安全、防范危险、预防火灾等措施；有条件的，应当对施工现场实行封闭管理。施工现场对毗邻的建筑物、构筑物和特殊作业环境可能造成损害的，建筑施工企业应当采取安全防护措施。建筑施工企业应当采取措施，控制和处理施工现场的各种粉尘、废气、废水、固体废物以及噪声、振动对环境的污染和危害。

装修工程中涉及建筑主体和承重结构变动的，建设单位应当在施工前委托原设计单位或者具有相应资质条件的设计单位提出设计方案；没有设计方案的，不得施工。房屋拆除应当由具备保证安全条件的建筑施工单位承担，由建筑施工单位负责人对安全负责。

施工中发生事故时，建筑施工企业应当采取紧急措施减少人员伤亡和事故损失，并按照国家有关规定及时向有关部门报告。

涉及需要临时占用规划批准范围以外场地的，可能损坏道路、管线、电力、邮电通信等公共设施的，需要临时停水、停电、中断道路交通的，需要进行爆破作业的建筑工程，建设单位应当按照国家有关规定办理申请批准手续。

5. 建筑工程质量管理制度

（1）建筑工程勘察、设计、施工的质量必须符合国家有关建筑工程安全标准的要求；勘察、设计单位必须对其勘察、设计的质量负责，建筑施工企业对工程的施工质量负责。

（2）建设单位不得以任何理由，要求建筑设计单位或者建筑施工企业在工程设计或者施工作业中，违反法律、行政法规和建筑工程质量、安全标准，降低工程质量。建筑设计单位和建筑施工企业对建设单位违反前述规定提出的降低工程质量的要求，应当予以拒绝。

（3）交付竣工验收的建筑工程，必须符合规定的建筑工程质量标准，有完整的工程技术经济资料和经签署的工程保修书，并具备国家规定的其他竣工条件。建筑工程竣工经验收合格后，方可交付使用；未经验收或者验收不合格的，不得交付使用。

（4）建筑工程实行质量保修制度。建筑工程的保修范围应当包括地基基础工程、主体结构工程、屋面防水工程和其他土建工程，以及电气管线、上下水管线的安装工程，供热、供冷系统工程等项目；保修的期限应当按照保证建筑物合理寿命年限内正常使用，维护使用者合法权益的原则确定。

任何单位和个人对建筑工程的质量事故、质量缺陷都有权向建设行政主管部门或者其他有关部门进行检举、控告、投诉。

6. 法律责任

《建筑法》所规定的法律责任明确了以下主体相应违法行为的法律后果：①建设单位违反施工许可、违法发包、要求建筑设计单位或者建筑施工企业违反建筑工程质量、安全标准，降低工程质量的；②工程监理单位与建设单位或者建筑施工企业串通，弄虚作假、降低工程质量以及转让监理业务，建筑设计单位不按照建筑工程质量、安全标准进行设计的；③建筑施工单位未取得资质或超资质承揽工程，违反规定承包、转包工程，在施工中偷工减料，使用不合格的建筑材料或其他危害建筑工程质量的行为，违反建筑安全管理要求，对事故隐患不采取措施予以消除，管理人员违章指挥、强令职工冒险作业，不履行保修义务或者拖延履行保修义务的。

建设单位，建筑设计、施工、监理中的违法行为应承担的行政法律责任形式主要有：①责令立即纠正，责令停止施工，责令停业整顿；②没收违法所得，罚款；③降低资质等级，吊销资质证书。违法行为构成犯罪的，依法追究刑事责任。

10.3.2 《建设工程安全生产管理条例》

《建设工程安全生产管理条例》（以下简称《建设工程条例》）于2003年11月12日国务院第28次常务会议通过，自2004年2月1日起施行。《建设工程条例》对建设单位、勘察单位、设计单位、施工单位、工程监理单位及其他与建设工程安全生产有关的单位保证建设工程安全生产的责任进行了细化，并对建设工程安全生产监督管理与事故的应急救援做了相应的规定。

1. 建设单位的责任

建设单位在申请领取施工许可证时，应当提供建设工程有关安全施工措施的资料；依法批准开工报告的建设工程，将保证安全施工的措施报送有关部门备案；将建设工程安全作业环境及安全施工措施所需费用纳入建设项目工程概算；向施工单位提供施工现场及毗邻区域真实、准确、完整的有关资料；不得对勘察、设计、施工、工程监理等单位提出不符合建设工程安全生产法律、法规和强制性标准规定的要求，不得压缩合同约定的工期；不得明示或者暗示施工单位购买、租赁、使用不符合安全施工要求的安全防护用具、机械设备、施工机具及配件、消防设施和器材。

将拆除工程发包给具有相应资质等级的施工单位。实施爆破作业的，应当遵守国家有关民用爆炸物品管理的规定。

2. 勘察单位的安全责任

勘察单位应当按照法律、法规和工程建设强制性标准进行勘察，提供的勘察文件应当真实、准确，满足建设工程安全生产的需要。在勘察作业时，应当严格执行操作规程，采取措施保证各类管线、设施和周边建筑物、构筑物的安全。

3. 设计单位的安全责任

设计单位应当按照法律、法规和工程建设强制性标准进行设计；在设计中考虑施工安全操作和防护的需要，对涉及施工安全的重点部位和环节在设计文件中注明，并对防范生产安全事故提出指导意见。对采用新结构、新材料、新工艺的建设工程和特殊结构的建设工程，应当在设计中提出保障施工作业人员安全和预防生产安全事故的措施建议。设计单位和注册建筑师等注册执业人员应当对其设计负责。

4. 工程监理单位的安全责任

工程监理单位应当审查施工组织设计中的安全技术措施或者专项施工方案是否符合工程建设强制性标准。在实施监理过程中，发现存在安全事故隐患的，应当要求施工单位整改；情况严重的，应当要求施工单位暂时停止施工，并及时报告建设单位。施工单位拒不整改或者不停止施工的，工程监理单位应当及时向有关主管部门报告。工程监理单位和监理工程师应当按照法律、法规和工程建设强制性标准实施监理，并对建设工程安全生产承担监理责任。

5. 施工单位的安全责任

（1）施工单位的资质。具备国家规定的注册资本、专业技术人员、技术装备和安全生产等条件，依法取得相应等级的资质证书，并在其资质等级许可的范围内承揽工程。

（2）安全措施费用的使用。施工单位对列入建设工程概算的安全作业环境及安全施工措施所需费用，应当用于施工安全防护用具及设施的采购和更新、安全施工措施的落实、安全生产条件的改善，不得挪作他用。

(3) 安全管理一般要求。施工单位应当设立安全生产管理机构，配备专职安全生产管理人员，对安全生产进行现场监督检查，发现并报告安全事故隐患，制止违章指挥、违章操作。施工单位的主要负责人、项目负责人、专职安全生产管理人员、作业人员、特种作业人员经安全生产教育、培训，并考核合格获取相应资格。施工单位应当向作业人员提供安全防护用具和安全防护服装，并书面告知危险岗位的操作规程和违章操作的危害，为施工现场从事危险作业的人员办理意外伤害保险。

(4) 安全技术措施与方案的编制与确认。施工单位应当在施工组织设计中编制安全技术措施和施工现场临时用电方案，对达到一定规模的危险性较大的分部分项工程编制专项施工方案，并附具安全验算结果，经施工单位技术负责人、总监理工程师签字后实施，由专职安全生产管理人员进行现场监督；建设工程施工前，施工单位负责项目管理的技术人员应当对有关安全施工的技术要求向施工作业班组、作业人员做出详细说明，并由双方签字确认。

(5) 施工现场安全保障。其主要包括：①施工单位应当在施工现场危险部位，设置明显的安全警示标志。②根据不同施工阶段和周围环境及季节、气候的变化，在施工现场采取相应的安全施工措施。施工现场暂时停止施工的，施工单位应当做好现场防护。③施工现场的办公、生活区应当与作业区分开设置，并保持安全距离；办公、生活区的选址应当符合安全性要求。职工的膳食、饮水、休息场所等应当符合卫生标准。施工单位不得在尚未竣工的建筑物内设置员工集体宿舍。

(6) 施工过程中的环境管理要求。施工单位对因建设工程施工可能造成损害的毗邻建筑物、构筑物和地下管线等，应当采取专项防护措施；在施工现场采取措施，防止或者减少粉尘、废气等有害因素对人和环境的危害和污染。在城市市区内的建设工程，施工单位应当对施工现场实行封闭围挡。

(7) 消防安全要求。施工单位应当在施工现场建立消防安全责任制度，确定消防安全责任人，制定用火、用电、使用易燃易爆材料等各项消防安全管理制度和操作规程，设置消防通道、消防水源，配备消防设施和灭火器材，并在施工现场入口处设置明显标志。

(8) 施工现场设施设备安全管理要求。施工单位采购、租赁的安全防护用具、机械设备、施工机具及配件，应当具有生产（制造）许可证、产品合格证，并在进入施工现场前进行查验；并由专人管理，定期进行检查、维修和保养，建立相应的资料档案，并按照国家有关规定及时报废。

施工单位在使用施工起重机械和整体提升脚手架、模板等自升式架设设施前，应当组织有关单位进行验收，也可以委托具有相应资质的检验检测机构进行验收；使用承租的机械设备和施工机具及配件的，由施工总承包单位、分包单位、出租单位和安装单位共同进行验收。验收合格的方可使用。验收合格后应向建设行政主管部门或者其他有关部门登记，登记标志应当置于或者附着于该设备的显著位置。

(9) 作业人员安全生产的权利和义务。作业人员有获得安全生产保障的权利和履行安全生产的义务。

(10) 承包单位的主要安全责任。建设工程实行施工总承包的，总承包单位对施工现场的安全生产负总责，并应当自行完成建设工程主体结构的施工。总承包单位依法将建设工程分包给其他单位的，分包合同中应当明确各自的安全生产方面的权利、义务，其中，总承包单位和分包单位对分包工程的安全生产承担连带责任。分包单位应当服从总承包单位的安全生产管理，分包单位不服从管理导致生产安全事故的，由分包单位承担主要责任。

6. 其他有关单位的安全责任

为建设工程提供机械设备和配件的单位应当按照安全施工的要求配备齐全有效的保险、限位等安全设施和装置。出租的机械设备和施工机具及配件，应当具有生产（制造）许可证、产品合格证。

在现场安装、拆卸施工起重机械和升降设施的单位必须由具有相应资质的单位承担；编制拆装方案、制定安全施工措施，并由专业技术人员现场监督；安装完毕后，安装单位应当自检，出具自检合格证明，并向施工单位进行安全使用说明，办理验收手续并签字。

施工起重机械和整体提升脚手架、模板等自升式架设设施的使用达到国家规定的检验检测期限的，必须经具有专业资质的检验检测机构检测。经检测不合格的，不得继续使用。

7. 建设施工安全的监督管理

国务院负责安全生产监督管理的部门对全国建设工程安全生产工作实施综合监督管理。县级以上地方人民政府负责安全生产监督管理的部门对本行政区域内建设工程安全生产工作实施综合监督管理。

国务院建设行政主管部门对全国的建设工程安全生产实施监督管理。国务院交通运输、水利等有关部门按照国务院规定的职责分工，负责有关专业建设工程安全生产的监督管理。县级以上地方人民政府建设行政主管部门对本行政区域内的建设工程安全生产实施监督管理。县级以上地方人民政府交通、水利等有关部门在各自的职责范围内，负责本行政区域内的专业建设工程安全生产的监督管理。

负有建设工程安全生产监督管理职责的部门依法履行安全生产监督管理职责，依法开展行政执法工作。

8. 事故的应急救援与调查处理

（1）事故应急准备。事故应急准备包括地方政府的应急准备和施工单位的应急准备。县级以上地方人民政府建设行政主管部门根据政府要求制定本行政区域内建设工程事故应急救援预案；施工单位应当制定本单位生产安全事故应急救援预案，建立应急救援组织或者配备应急救援人员，配备必要的应急救援器材、设备，并定期组织演练；施工单位对现场易发生重大事故的部位、环节进行监控，制定施工现场生产安全事故应急救援预案。实行施工总承包的，由总承包单位统一组织编制建设工程生产安全事故应急救援预案，工程总承包单位和分包单位按照应急救援预案，各自建立应急救援组织或者配备应急救援人员，配备救援器材、设备，并定期组织演练。

（2）事故的报告。施工单位发生生产安全事故，应当按照国家有关伤亡事故报告和调查处理的规定，及时、如实地向负责安全生产监督管理的部门、建设行政主管部门或者其他有关部门报告。接到报告的部门应当按照国家有关规定，如实上报。实行施工总承包的建设工程，由总承包单位负责上报事故。

（3）事故调查处理与责任追究。建设工程生产安全事故的调查、对事故责任单位和责任人的处罚与处理，按照有关法律、法规的规定执行。

《建设工程条例》对建设行政主管部门或其他有关行政管理部门工作人员在监督管理中

的违法失职行为的法律责任进行了规定，对建设单位、设计单位、勘察单位、施工监理单位、施工单位及其他为建设施工提供服务的有关单位及注册执业人员违反《建设工程条例》的行为应承担的后果也都一一做了规定，明确了各方的法律责任。

10.4 道路运输安全法律法规

道路运输是主要的运输方式之一。道路运输安全，特别是危险物品道路运输安全是安全生产监督管理的重点内容。道路运输安全领域的法律依据主要有《道路交通安全法》《中华人民共和国道路运输条例》（以下简称《道路运输条例》）。《道路交通安全法》规范更广泛意义上的道路交通行为，包括了对从事道路运输的单位其运输车辆驾驶人在道路上的行为的规范，但又不具有特别的针对性，本节主要介绍《道路运输条例》。

《道路运输条例》由国务院于2012年12月9日发布，自2013年1月1日起施行。《道路运输条例》适用于从事道路运输经营及道路运输相关业务，包括道路旅客运输经营（以下简称客运经营）和道路货物运输经营（以下简称货运经营），道路运输相关业务包括站（场）经营、机动车维修经营、机动车驾驶员培训。

10.4.1　道路运输服务与管理的基本准则

从事道路运输经营以及道路运输相关业务的主体，应当依法经营，诚实信用，公平竞争。道路运输管理，应当公平、公正、公开和便民。

10.4.2　客运与货运经营规范

1. 客运经营安全管理

（1）客运经营许可制度。从事客运经营的，应当向相应的道路运输机构提出申请，经审查取得道路运输经营许可证，并持证向工商行政管理机关办理有关登记手续。车辆营运证应随车携带，不得转让、出租。

申请从事客运经营的，应当有与其经营业务相适应并经检测合格的车辆，有符合《道路运输条例》规定条件的驾驶人员，有健全的安全生产管理制度。申请从事班线客运经营的，还应当有明确的线路和站点方案。

从事客运经营的驾驶人员，年龄应不超过60周岁，取得相应的机动车驾驶证，3年内无重大以上交通责任事故记录，经设区的市级道路运输管理机构考试合格。

（2）客运经营者的义务。班线客运经营者取得道路运输经营许可证后，应当向公众连续提供运输服务，不得擅自暂停、终止或者转让班线运输。客运班线的经营期限为4~8年。经营期限届满需要延续客运班线经营许可的，应当重新提出申请。客运经营者需要终止客运经营的，应当在终止前30日内告知原许可机关。

（3）客运中的安全保障。客运经营者应当为旅客提供良好的乘车环境，保持车辆清洁、卫生，并采取必要的措施防止在运输过程中发生侵害旅客人身、财产安全的违法行为。

旅客应当持有效客票乘车，遵守乘车秩序，讲究文明卫生，不得携带国家规定的危险物品及其他禁止携带的物品乘车。

2. 货运经营安全管理

（1）货运经营许可制度。从事危险货物运输经营以外的货运经营的，向县级道路运输管理机构提出申请；从事危险货物运输经营的，向设区的市级道路运输管理机构提出申请。经审查取得道路运输经营许可证及车辆营运证的货运经营者应当持道路运输经营许可证依法向工商行政管理机关办理有关登记手续。车辆营运证应随车携带，不得转让、出租。

从事货运经营的，应当有与其经营业务相适应并经检测合格的车辆；具备符合规定条件的驾驶人员，具备健全的安全生产管理制度，并取得道路运输管理机构的许可。

从事货运经营的驾驶人员，应当取得相应的机动车驾驶证，年龄不超过60周岁，经设区的市级道路运输管理机构考试合格。

申请从事危险货物运输经营的，还应当具备下列条件：①有5辆以上经检测合格的危险货物运输专用车辆、设备；②驾驶人员、装卸管理人员、押运人员经所在地设区的市级人民政府交通主管部门考试合格，取得上岗资格证；③危险货物运输专用车辆配有必要的通信工具；④有健全的安全生产管理制度。

（2）货运经营者的义务。货运经营者不得运输法律、行政法规禁止运输的货物。法律、行政法规规定必须办理有关手续后方可运输的货物，货运经营者应当查验有关手续。

货运经营者应当采取必要措施，防止货物脱落、扬撒等；防止危险货物燃烧、爆炸、辐射、泄漏等。

运输危险货物应当配备必要的押运人员，保证危险货物处于押运人员的监管之下，并悬挂明显的危险货物运输标志。

（3）危险货物托运人的义务。托运危险货物的，应当向货运经营者说明危险货物的品名、性质、应急处置方法等情况，并严格按照国家有关规定包装，设置明显标志。

3. 客运和货运的共同规定

（1）作业人员管理。客运经营者、货运经营者应当加强对从业人员的安全教育、职业道德教育，确保道路运输安全。道路运输从业人员应当遵守道路运输操作规程，不得违章作业。驾驶人员连续驾驶时间不得超过4个小时。

（2）运输车辆管理。生产（改装）客运车辆、货运车辆的企业应当按照国家规定标定车辆的核定人数或者载重量，严禁多标或者少标车辆的核定人数或者载重量。

客运经营者、货运经营者应当使用符合国家规定标准的车辆从事道路运输经营，并加强对车辆的维护和检测，确保车辆符合国家规定的技术标准，不得使用报废的、擅自改装的和其他不符合国家规定的车辆从事道路运输经营。

（3）事故应急管理。客运经营者、货运经营者应当制定有关交通事故、自然灾害以及其他突发事件的道路运输应急预案。发生交通事故、自然灾害以及其他突发事件，客运经营者和货运经营者应当服从县级以上人民政府或者有关部门的统一调度、指挥。

（4）载人、载货要求。道路运输车辆运输旅客的，不得超过核定的人数，不得违反规定载货；运输货物的，不得运输旅客，运输的货物应当符合核定的载重量，严禁超载；载物的长、宽、高不得违反装载要求。

（5）保险要求。客运经营者、危险货物运输经营者应当分别为旅客或者危险货物投保承运人责任险。

10.4.3　道路运输相关业务

从事道路运输站（场）经营的、机动车维修经营的、机动车驾驶员培训的应当向所在地县级道路运输管理机构提出申请，具备《道路运输条例》规定的条件，取得许可的，持许可证明依法向工商行政管理机关办理有关登记手续。

1. 道路运输站（场）经营

（1）从事道路运输站（场）经营应当具备的条件。从事道路运输站（场）经营的，应当有经验收合格的运输站（场），有相应的专业人员和管理人员，有相应的设备、设施，有健全的业务操作规程和安全管理制度。

（2）道路运输站（场）的安全管理。道路运输站（场）经营者应为客、货运经营者及乘客提供相关服务，履行安全管理职责。

道路运输站（场）经营者应当对出站的车辆进行安全检查，禁止无证经营的车辆进站从事经营活动，防止超载车辆或者未经安全检查的车辆出站。按规定的业务操作规程装卸、储存、保管货物。

（3）道路运输站（场）的服务功能。道路运输站（场）经营者应当向旅客和货主提供安全、便捷、优质的服务；保持站（场）卫生、清洁；不得随意改变站（场）用途和服务功能。站（场）经营者无正当理由不得拒绝道路运输车辆进站从事经营活动；并为客运经营者合理安排班次，调度车辆进站、发车，疏导旅客，维持上下车秩序，为旅客提供购票、候车、行李寄存和托运等服务设施，按照车辆核定载客限额售票，并采取措施防止携带危险品的人员进站乘车。

2. 机动车维修经营

从事机动车维修经营，应当具备相应的机动车维修场地，有必要的设备、设施和技术人员，有健全的机动车维修管理制度，有必要的环境保护措施。

机动车维修实行质量保证期制度。机动车维修经营者应当按照国家有关技术规范对机动车进行维修，保证维修质量，不得使用假冒伪劣配件维修机动车；对机动车进行二级维护、总成修理或者整车修理的，应当进行维修质量检验，检验合格的，维修质量检验人员应当签发机动车维修合格证。质量保证期内因维修质量原因造成机动车无法正常使用的，机动车维修经营者应当无偿返修。

机动车维修经营者不得承修已报废的机动车，不得擅自改装机动车。

3. 机动车驾驶员培训

从事机动车驾驶员培训，应当有健全的培训机构和管理制度，有与培训业务相适应的教学人员、管理人员，有必要的教学车辆和其他教学设施、设备、场地。

机动车驾驶员培训机构应当按照国务院交通主管部门规定的教学大纲进行培训，确保培训质量。培训结业的，应当向参加培训的人员颁发培训结业证书。

10.4.4　国际道路运输经营

国际道路运输线路，由中国政府与有关国家政府通过签署双边或者多边道路运输协定来确定，国务院交通主管部门予以公布。从事国际道路运输经营的，应首先取得道路运输经营许可证，且在国内从事道路运输经营满3年，并未发生重大以上道路交通责任事故，向省、自治区、直辖市道路运输管理机构提出申请，得到批准的，持批准文件依法向有关部门办理相关手续。

中国国际道路运输经营者应当在其投入运输车辆的显著位置，标明中国国籍识别标志。外国国际道路运输经营者的车辆在中国境内运输，应当标明本国国籍识别标志，并按照规定的运输线路行驶；不得擅自改变运输线路，不得从事起止地都在中国境内的道路运输经营。外国国际道路运输经营者经国务院交通主管部门批准，可以依法在中国境内设立常驻代表机构。常驻代表机构不得从事经营活动。

10.4.5 道路运输监督执法

县级以上人民政府交通主管部门应当加强对道路运输管理机构实施道路运输管理工作的指导监督。

道路运输管理机构执法队伍工作人员应当接受法制和道路运输管理业务培训、考核。考核不合格的，不得上岗执行职务。道路运输管理机构应当建立健全内部监督制度，对其工作人员执法情况进行监督检查，并接受上级道路运输管理机构的监督及社会和公民的监督。

道路运输管理机构的工作人员应当严格按照职责权限和程序进行监督检查，不得乱设卡、乱收费、乱罚款，实施监督检查时，应当有两名以上人员参加，并向当事人出示执法证件。

道路运输管理机构的工作人员应当重点在道路运输及相关业务经营场所、客货集散地进行监督检查，在公路路口进行监督检查时，不得随意拦截正常行驶的道路运输车辆。道路运输管理机构的工作人员在实施道路运输监督检查过程中，发现车辆超载行为的，应当立即予以制止，并采取相应措施安排旅客改乘或者强制卸货。对没有车辆营运证又无法当场提供其他有效证明的车辆予以暂扣的，应当妥善保管，不得使用，不得收取或者变相收取保管费用。

10.5 金属冶炼行业安全生产条件

新《安全生产法》对金属冶炼单位在安全管理机构设置和安全生产管理人员配备、主要负责人、安全管理人员考核、聘用注册安全工程师、应急救援组织和应急救援人员、安全设施“三同时”及安全设施审查验收方面提出了新的要求，金属冶炼单位安全保障方面有了新的法律依据。此外，国家安监总局2009年颁布了《冶金企业安全生产监督管理规定》，对冶金企业的安全生产保障和监督管理做了具体规定。

《冶金企业安全生产监督管理规定》的适用范围包括从事炼铁、炼钢、轧钢、铁合金生产作业活动和钢铁企业内与主工艺流程配套的辅助工艺环节的安全生产及其监督管理。冶金企业安全生产的监督管理部门是安全生产监督管理部门，冶金企业是安全生产的责任主体，其主要负责人是本单位安全生产第一责任人。

除满足《安全生产法》等法律法规对生产经营单位安全生产条件的一般要求外，《冶金企业安全生产监督管理规定》在安全保障方面，依据冶金企业生产特点，有针对性地对冶金企业安全生产条件做了规定，主要集中在涉及煤气、氧气等危险化学品生产、输送、使用、储存的安全条件规定和职业危害防治和健康监护规定方面。

10.5.1　涉及危险化学品的安全管理要求

冶金企业中从事焦化、氧气及相关气体制备、煤气生产（不包括回收）等危险化学品生产单位应当按照国家有关规定，取得危险化学品生产企业安全生产许可证。

按照有关规定对从事煤气生产、储存、输送、使用、维护检修的人员进行专门的煤气安全基本知识、煤气安全技术、煤气监测方法、煤气中毒紧急救护技术等内容的培训，并经考核合格后，方可安排其上岗作业。冶金企业应当在煤气储罐区等可能发生煤气泄漏、聚集的场所，设置固定式煤气检测报警仪，建立预警系统，悬挂醒目的安全警示牌，并加强通风换气。进入煤气区域作业的人员，应当携带煤气检测报警仪器；在作业前，应当检查作业场所的煤气含量，并采取可靠的安全防护措施，经检查确认煤气含量符合规定后，方可进入作业。氧气系统应当采取可靠的安全措施，防止氧气燃爆事故以及氮气、氩气、珠光砂窒息事故。

冶金企业对涉及煤气、氧气、氢气等危险化学品生产、输送、使用、储存的设施以及油库、电缆隧道（沟）等重点防火部位，应当按照有关规定采取有效、可靠的防火防爆措施。

冶金企业应当根据本单位的安全生产实际状况，科学、合理确定煤气柜容积，合理选择柜址位置，设置安全保护装置，制定煤气柜事故应急预案。

10.5.2　职业危害防治与健康监护

按照国家有关规定，加强职业危害的防治与职业健康监护工作，采取有效措施控制职业危害，保证作业场所的职业卫生条件符合法律、行政法规和国家标准或者行业标准的规定。

计量检测用的放射源应当按照有关规定取得放射物品使用许可证。

冶金企业的会议室、活动室、休息室、更衣室等人员密集场所应当设置在安全地点，不得设置在高温液态金属的吊运影响范围内。

冶金企业内承受重荷载和受高温辐射、热渣喷溅、酸碱腐蚀等危害的建（构）筑物，应当按照有关规定定期进行安全鉴定。

冶金企业从事检修作业前，应当制定相应的安全技术措施及应急预案，并组织落实。对危险性较大的检修作业，其安全技术措施和应急预案应当经本单位负责安全生产管理的机构审查同意。在可能发生火灾、爆炸的区域进行动火作业，应当按照有关规定执行动火审批制度。

复习思考题

1. 对危险化学品的生产经营活动负有监管职责的部门主要有哪些？各自承担哪些监管职责？
2. 对危险化学品生产装置及储存数量构成重大危险源的储存设施在选址上有什么要求？
3. 剧毒化学品及储存数量构成重大危险源的储存有哪些要求？
4. 购买危险化学品需满足哪些要求？
5. 运输危险化学品，对运输单位、运输人员、运输工具有什么要求？

6. 为防止事故的蔓延或危害扩大，危险化学品事故的应急处置工作应当注意哪些？
7. 建筑施工承包单位在安全生产方面有哪些义务？
8. 建筑施工监理单位的职责是什么？
9. 建筑施工单位如何保障施工现场的安全？
10. 从事客运经营的单位应具备哪些条件？
11. 从事货运经营的单位应具备哪些条件？
12. 道路运输管理机构的工作人员如何履行管理职责？

第11章

典型违法事故案例分析

11.1 煤矿违法事故案例分析

11.1.1 黑龙江省龙煤矿业集团股份有限公司鹤岗分公司新兴煤矿“11·21”特别重大煤（岩）与瓦斯突出和瓦斯爆炸事故

2009年11月21日1时37分，黑龙江省龙煤矿业集团股份有限公司（以下简称龙煤股份公司）鹤岗分公司新兴煤矿三水平南二石门15号煤层探煤巷发生煤（岩）与瓦斯突出，突出的瓦斯逆流至二水平，2时19分发生瓦斯爆炸事故，造成108人死亡、133人受伤（其中重伤6人），直接经济损失5614.65万元。调查认定，这起事故是一起责任事故。按照有关规定，对40名事故责任人进行了处理。其中，12名涉嫌犯罪的事故责任人被移送司法机关依法追究刑事责任，28名相关人员受到党纪、行政处分。同时，责成黑龙江省人民政府向国务院做出深刻检查。由黑龙江煤矿安全监察局依法对龙煤股份公司处以400万元罚款。

1. 事故矿井基本情况

龙煤股份公司隶属于黑龙江省龙煤矿业控股集团有限责任公司（成立于2008年4月，是黑龙江省国有资产监督管理委员会管理的大型国有企业，以下简称龙煤控股集团），成立于2009年4月，下辖鸡西、鹤岗、双鸭山、七台河4个分公司。鹤岗分公司由原鹤岗矿务局改制重组而成。

新兴煤矿始采于1917年，2007年核定生产能力145万t/年。该矿采用分列压入式通风，1993年以来，矿井瓦斯等级鉴定（核准）结果一直为高瓦斯矿井，安装有移动瓦斯抽放系统和安全监测监控系统。该矿采用斜井开拓，分三个水平开采。事故前二、三水平同时生产，共有8个采区。

2. 事故发生及抢救过程

2009年11月20日事故发生当班，新兴煤矿井下作业人员528人。11月21日1时40分，新兴煤矿调度室值班员发现矿井安全监控系统终端显示1203掘进工作面等三处瓦斯超限，立即向副矿长谢荣仁、刘宗团和矿长岳超胜报告情况；与此同时，井下三水平多处瓦斯传感器也相继超限报警。1时45分，矿调度室陆续接到鹤岗分公司监控中心监控员的电话和三分瓦斯超限传真。1时50分，矿领导下令调度室值班员通知各采区及相关单位撤出井下人员。2时，谢荣仁指令调度室通知机电科切断三水平电源，并通知驻矿救护大队四中队抢险救灾。2时19分，二水平发生了瓦斯爆炸。事故发生后，新兴煤矿分别向上级公司及有关部门报告了事故及有关情况。

11月21日2时20分，驻矿救护大队四中队救护队员赶到新兴煤矿并入井施救。2时50分，鹤岗分公司成立抢险救灾指挥部，启动事故应急预案。21日18时40分，发现遇难人员58人，救出遇险人员15人。23日5时20分，将搜救发现的103名遇难人员升井，27日16时，最后5名遇难人员找到。至此，108名遇难人员遗体全部找到，抢险救援工作基本结束。

3. 事故原因

直接原因：该矿为高瓦斯矿井，在地质构造复杂的三水平南二石门15号煤层探煤巷，爆破作业诱发煤（岩）与瓦斯突出；突出的瓦斯逆流进入二段钢带机巷，在二水平南大巷与新鲜风流汇合，然后进入二水平卸载巷附近区域，达到瓦斯爆炸界限，卸载巷电机车架线并线夹接头产生电火花引起瓦斯爆炸。

间接原因如下：

（1）新兴煤矿及其上级单位鹤岗分公司、龙煤股份公司拒不执行政府有关部门多次下达的停产指令，违法生产，安全生产管理混乱，安全生产责任制落实不到位。

1）新兴煤矿不执行政府有关部门停产指令，违法违规生产。自2009年以来，黑龙江煤矿安全监察局鹤滨监察分局向新兴煤矿先后5次下达停止生产的监察指令，并暂扣其安全生产许可证，在检查情况通报会上要求新兴煤矿停产。但新兴煤矿对政府有关部门下达的停止生产指令拒不执行，长期违法生产。新兴煤矿瓦斯治理不力，未按照要求建立地面固定瓦斯抽放系统；违反作业规程，在发生突出事故的113工作面掘进施工中未严格执行打超前钻的安全技术措施。事故发生后，新兴煤矿现场指挥应急处置措施不当，未及时切断瓦斯突出搏击的二水平区域电源，造成瓦斯爆炸。

2）鹤岗分公司对政府有关部门多次下达的要求新兴煤矿停止生产的指令未采取措施予以落实，安全生产管理存在重大漏洞，对新兴煤矿长期未按照要求建立地面固定瓦斯抽放系统以及违法作业规程的问题监管不力，安全生产责任制不落实。

黑龙江省煤炭生产安全管理局安全监管责任落实不到位，在向新兴煤矿下达停产整改指令后，未督促企业整改落实到位；黑龙江煤矿安全监察局及鹤滨监察分局在多次向新兴煤矿下达停产整改指令后，未认真督促企业整改落实。

3）龙煤股份公司贯彻执行国家有关煤矿安全生产法律法规不力，没有落实政府有关部门多次要求新兴煤矿停业的指令，未按要求建立健全企业安全生产责任制，队伍管理及安全教育培训存在薄弱环节。

（2）黑龙江省煤炭生产安全管理局贯彻落实国家有关煤矿安全生产法律法规不力，安全监管责任落实不到位，在向新兴煤矿下达停产整改指令后，未督促企业整改落实到位。

（3）黑龙江煤矿安全监察局及鹤滨监察分局贯彻落实国家有关煤矿安全生产法律法规不力，在多次向新兴煤矿下达停产整改指令后，未认真督促企业整改落实。

4. 事故教训及防范措施

这起煤矿特别重大生产安全事故损失惨重、教训深刻、影响恶劣，充分暴露出事故单位在安全生产工作中存在的严重问题，反映出安全生产方针、政策、措施在一些地方和企业没有真正落实，违法生产行为未得到有效遏制。各地区、各部门、各单位要深刻吸取事故教训，进一步增强做好安全生产工作的紧迫感、责任感和使命感，切实改进和加强煤矿安全生产工作，有效防范和坚决遏制重特大事故的发生，努力促进全国安全生产形势的持续稳定好转。

（1）认真落实安全生产主体责任。进一步贯彻落实《国务院关于进一步加强企业安全生产工作的通知》（国发〔2010〕23号）精神，牢固树立安全发展理念，坚定不移地抓好各项政策措施的贯彻落实工作。要在落实企业安全生产主体责任上下功夫，建立健全安全生产责任制度，严格执行政府有关部门的监管监察指令，杜绝违法违规生产经营行为；严格企业安全管理，认真落实领导干部带班下井制度；认真排查治理安全生产隐患，整改措施不落实、隐患不排除不得生产。

（2）全面推进瓦斯治理工作。要严格执行“先抽后采、监测监控、以风定产”的瓦斯治理方针，紧紧抓住采掘布局、通风系统、瓦斯抽采、安全监控、现场管理5个重点环节，健全完善“通风可靠、抽采达标、监控有效、管理到位”的瓦斯综合治理工作体系。煤与瓦斯突出矿井要严格执行《防治煤与瓦斯突出规定》（国家安监总局令第19号，2013年8月29日国家安监总局令第63号对其进行了修改），严格落实“两个四位一体”综合防突措施，健全防突机构，充实防突人员，完善防突制度；在煤层顶、底板掘进巷道时必须探查清楚地质构造及煤层赋存情况，防止误穿突出煤层；揭煤及在断层、破碎带、火成岩侵入等地质构造区域施工时，必须制定有针对性的安全技术措施并严格落实。

（3）加强煤矿技术和基础管理工作，提高灾害应急处置能力。龙煤股份公司要建立健全以总工程师为主体的技术管理责任体系，完善通风瓦斯管理和应急处置的技术规定、标准和措施，针对自身灾害特点编制切实可行的应急救援员，并定期进行演练，加强煤矿干部职工自救与互救知识的培训工作，提高煤矿企业整体应对灾害的能力。要进一步推广使用新技术、新装备，提高矿井防灾抗灾能力；加强对矿井开拓部署、采区设计、巷道布置及采掘接续等方面的管理。要深入开展煤矿安全质量标准化活动，大力推进安全高效矿井建设，推动岗位达标、专业达标、企业达标和煤矿安全示范工程建设。要深入推广“白国周班组管理法”，强化以班组为核心的现场安全管理。大力推进井下安全避险“六大系统”建设，不断提升煤矿安全保障能力。

（4）加强煤矿安全监管监察工作，落实监管责任。地方各级煤矿安全监管部门以及煤矿安全监察机构要求围绕国务院确定的目标要求和主要任务，严格执行国家有关安全生产的法律法规，切实改进监管监察手段和方法，督促企业认真贯彻落实好国家有关法律法规和政策措施，着力解决落实不下去的突出问题，争抢安全监管监察工作实效。依法查处、严厉打击各类非法违法生产经营建设行为。依法加强对国有重点煤矿的监督检查，以查大系统、治大隐患、防大事故为重点，建立隐患排查治理长效机制，建立重大隐患分级挂牌督办制度，实现隐患排查治理工作常态化、规范化、科学化。

11.1.2　神华集团乌海能源有限责任公司骆驼山煤矿“3.1”特别重大透水事故

2010年3月1日7时20分，神华集团乌海能源有限责任公司（以下简称乌海能源公司）骆驼山煤矿发生特别重大透水事故，造成32人死亡，7人受伤，直接经济损失4853万元。

1. 事故单位情况

（1）矿井基本情况。骆驼山煤矿隶属乌海能源公司，地处内蒙古自治区乌海市海勃湾区，属于基建矿井，设计生产能力150万t/年，主要开采煤层为9号、16号煤层，该矿采用斜井—立井混合开拓方式，矿井设计采用综合机械化开采。

事故发生在16号煤层回风大巷掘进工作面。该工作面设计为矩形巷道，宽5.2m，高3.5m，采用炮掘、沿煤层顶板掘进。顶板为砂泥岩、泥岩，底板为泥岩、炭质泥岩，底板下距奥灰岩的距离为34m。

（2）矿井建设情况。骆驼山煤矿于2006年年初开始建设施工。初步设计及安全专篇均由中煤西安设计工程有限公司负责设计和编制，地质勘探工作由内蒙古自治区煤田地质局117勘探队负责。2006年9月，神华集团批复了骆驼山煤矿初步设计，2006年12月，国家煤矿安全监察局批复了安全专篇。

（3）矿井建设组织管理情况。建设单位乌海能源公司为神华集团下属企业，骆驼山煤矿除按照《施工合同》和《工程施工安全协议》的规定对各施工单位进行安全、工程质量监管外，还通过每日早调度会、下午碰头会等方式沟通信息，共同研究解决施工过程中存在的问题。

施工单位：该矿二期、三期工程由中煤第五建设公司第一工程处（以下简称中煤五建一处）和河南郑州矿山建设公司（以下简称河南郑建公司）中标承建。2009年1月和7月，中煤五建一处在未经乌海能源公司同意的情况下，先后两次将部分工程分包给民营企业陕西榆林宏泰建设工程有限公司（以下简称榆林宏泰公司），并将其编为中煤五建一处132队；同时，因河南郑建公司施工速度慢，乌海能源公司在未经神华集团同意的情况下，于2009年5月与陕西煤炭建设公司（以下简称陕西煤建公司）签订合同，将由河南郑建公司负责施工的部分井巷工程转给陕西煤建公司施工。

2. 事故发生及抢救经过

2010年3月1日零点班，共66人入井作业。5时50分，榆林宏泰公司施工队副队长王民良发现在16号煤层回风大巷施工的工作面有一个炮眼突然喷出一股水，喷出距离约4m，持续时间约5秒钟。6时许，王民良向矿值班调度员报告工作面炮眼出水，并向榆林宏泰公司项目部队长岳连孝汇报了工作面出水的情况，岳连孝当即安排王民良排水。6时20分，工作面出现片帮、出水及底鼓等情况。6时25分，王民良又向矿调度室及岳连孝汇报了上述情况，岳连孝仍安排王民良继续排水，矿调度室未做出停工撤人指令。随后，矿山井下当班安检员刘占蒙将此情况又向矿值班调度员张燕斌报告，并建议该工作面断电，但矿调度室未向值班领导报告，也未下达断电指令。6时30分，工作面多处炮眼往外出水，耙斗机后出现底鼓。6时40分，刘占蒙又一次将此情况向调度室汇报，并建议该工作面立即断电。约1分钟后，张燕斌请示调度室主任尚国彪后，告知刘占蒙可以断电，但未下达撤出井下全部人员的指令。7时，施工队切断工作面动力电，但因未接到项目部队长岳连孝撤人指令，施工人员继续排水。7时20分，井下发生透水。但直至7时30分，矿方才通知井下各施工队撤人。透水发生后，共有31人被困井下。

7时50分，骆驼山煤矿向乌海能源公司汇报了事故发生情况。9时13分，乌海能源公司向内蒙古煤矿安全监察局乌海监察分局和神华集团汇报了事故有关情况。有关部门和企业在得到事故发生信息后均主动进行了上报。

事故发生后，有关企业和部门及时成立了事故抢险指挥部，确定了打钻、排水、风度的工作方案，先后调集12台高性能钻机和8台大功率排水泵进行打钻、排水和注浆堵水。截至5月7日5时，井下积水基本排干，被困井下的31名矿工遗体陆续找到，搜救工作结束。本次事故造成32人死亡（其中1人在升井后，抢救无效死亡）。

3. 事故原因及性质

（1）直接原因。骆驼山煤矿16号煤层回风大巷掘进工作面遇煤层下方隐伏陷落柱，在承压水和采动应力作用下，诱发该掘进工作面地板底鼓，承压水突破有限隔水带形成集中过水通道，导致奥陶系灰岩水从煤层底板涌出。

（2）间接原因如下：

1）探放水措施不完善，防治水工作不到位。在发生事故的16号煤层回风大巷掘进过程中，建设单位、施工单位和监理单位均存在探放水措施不完善、防治水工作不到位等问题。

2）应急处置不当，贻误撤人时机。自3月1日5时50分井下发现透水征兆，至7时20分井下大量透水，历时一个半小时，建设单位和施工单位判断错误，应急处置不当。

3）违法分包工程，施工组织混乱。中煤五建一处违反《中华人民共和国招标投标法》（以下简称《招标投标法》）等规定，未经建设单位同意，两次将部分工程违法分包给榆林宏泰公司，并将该公司施工队编为中煤五建一处132队，以掩盖其分包行为。

乌海能源公司违反《招标投标法》《工程建设项目招标范围和规模标准规定》等规定，未经神华集团同意，将本应由中煤五建一处施工的16号煤层部分工程，原本由河南郑建公司施工的9号煤层部分工程转交给陕西煤建公司施工。

辽宁诚信监理公司骆驼山煤矿项目监理部未按照规定对中煤五建一处的违法分包问题予以有效监理。

4）现场施工管理不到位，技术力量薄弱。榆林宏泰公司承担施工任务后，临时组织施工队进场施工，仅派驻1名项目经理负责，对施工队的安全监管有名无实。中煤五建一处也仅派出项目经理、安检员各1名进行现场管理。

5）建设、施工单位安全培训不到位。建设单位和施工单位对施工人员的安全培训教育不够，未严格执行三级安全培训制度，致使施工人员对隐患识别能力差，风险意识淡薄。

6）政府有关部门监管不到位。内蒙古乌海市属地监管责任落实不到位，市煤炭局对骆驼山煤矿探放水措施不完善等问题监管不到位。内蒙古煤矿安全监察局乌海监察分局对骆驼山煤矿探放水措施不完善等问题执行监察有漏洞。

经调查认定，神华集团乌海能源公司骆驼山煤矿“3.1”特别重大透水事故是一起责任事故。

4. 防范措施

（1）认真落实安全生产主体责任。神华集团和中煤能源公司要认真贯彻落实《国务院关于进一步加强企业安全生产工作的通知》，坚持“安全第一、预防为主、综合治理”的方针，牢固树立安全发展的科学理念。全面加强企业安全管理，健全规章制度，完善安全标准，提高企业技术水准，夯实安全生产基础，严格落实《煤矿领导带班下井及安全监督检查规定》，带班领导与工人同时下井、同时升井，强化生产过程中的安全管理，要把企业的发展建立在安全生产有保障的基础上。

（2）加强煤矿防治水工作。煤矿企业的煤矿建设施工单位要认真贯彻落实《煤矿防治水规定》，坚持“预测预报，有疑必探，先探后掘，先治后采”的原则，落实“防、堵、疏、排、截”综合治理措施。

（3）全面落实基建矿井安全管理职责。地方政府要对本地区煤矿建设安全工作负总责；项目建设单位必须落实法定代表人为建设安全第一责任人的责任，要全面负起安全管理职责；建设施工单位要对煤矿建设施工负建设安全主体责任，并严格施工现场安全管理，严禁转包工程和挂靠施工资质；项目监理单位要对煤矿安全施工承担监理责任，要强化责任意识，严格审查安全技术措施，对存在重大隐患的，要立即进行整改；项目设计单位要对其设计负责。

（4）强化基建矿井现场施工组织安全管理。要按照批准的设计要求，科学合理组织施工，坚持正规循环作业，严禁压缩工期，超能力、超定员、超强度组织施工。建设项目施工过程中遇到水文地质类型等发生变化，原设计的开拓方式、开采工艺及首采工作面布局等需要变更的，应立即停止施工，对初步设计的安全设施设计进行修改，报原批准部门重新审批后方可恢复施工。水害严重的矿井，必须优先建立永久防、排水等重要安全设施。

（5）全面提升煤矿安全保障能力。煤矿企业要进一步明确安全避险“六大系统”，建设完善的目标、任务、措施及进度安排。要建立投入保障制度，加大安全投入，从人、财、物等各方面保证建设进度。要根据矿井主要水害类型和可能发生的水害事故，制定水害应急救援预案和现场处置方案，储备足够的抢险排水设备和材料；处置方案应当包括发生水害事故时人员安全撤离的具体措施，每年对应急预案修订完善并进行1次救灾演练。发现矿井有透水征兆时，井下带班领导、班组长和调度人员要立即组织井下撤人，确保人员安全。

11.2 非煤矿山违法事故案例分析

11.2.1 广西壮族自治区南丹县鸿图选矿厂尾矿库“10·18”垮坝事故

1. 事故概况

2000年10月18日上午9时50分，广西壮族自治区南丹县大厂镇鸿图选矿厂尾矿库发生重大垮坝事故，共造成28人死亡，56人受伤，70间房屋不同程度毁坏，直接经济损失为340万元。

2. 选矿厂基本情况

鸿图选矿厂是由姚肇奎和姚仕明共同投资500万元建设的一家私营企业，位于南丹县大厂矿区华锡集团铜坑矿区边缘，于1998年8月开工建设，1999年6月建成投产。选矿厂选矿工艺部分由华锡集团退休工程师刘德和华锡集团车河选厂工程师王万忠共同设计，设计选矿能力为120t/天，但实际日处理量为200t/天。

选矿厂尾矿库没有进行设计，是依照大厂矿区其他尾矿库模式建成的，没有经过有关部门和专家评审。尾矿库修筑方式是利用一条山谷构筑成山谷型上游式尾矿库。事故后验算的库容为27400m^3，实际服务年限仅为1.5年。尾矿库基础坝是用石头砌筑的一道不透水坝，坝顶宽4m，地上部分高2.2m，埋入地下约4m。在工程施工结束后，只是县环保局人员到现场检查一下就同意投入使用了。后期坝采用人工集中放矿筑子坝的冲积法筑建，并按照县环保局提出的筑坝要求筑坝。后期坝总高为9m，坝面水平长度为25.5m，事故前坝高和库容已接近最终闭库数值。尾矿库坝首下方是一条东南走向的上高下低的谷地。建坝时，坝首下方有几户农民住房和铜坑矿基建队的十多间职工宿舍。到了1999年下半年，便陆续有外地民工在坝首下方搭建工棚。选矿厂认为不安全，曾请求政府清除。南丹县和大厂镇政府则多次组织清理，但每次清理后，民工又陆续恢复这些违章建筑。事故发生时坝下仍有五十多间外来民工工棚。

3. 事故经过

2000年10月18日上午9时50分，尾矿库后期坝中部底层首先垮塌，随后整个后期堆积坝全面垮塌，共冲出水和尾砂$14300m^3$，其中水$2700m^3$，尾砂$11600m^3$，库内留存尾砂$13100m^3$。尾砂和库内积水直冲坝首正前方的山坡反弹回来后，再沿坝侧20m宽的山谷向下游冲去，一直冲到离坝首约700m处，其中绝大部分尾矿砂则留在坝首下方的30m范围内。事故将尾矿坝下的34间外来民工工棚和36间铜坑矿基建队的房屋冲垮和毁坏，共造成28人死亡，56人受伤。

4. 事故性质和原因

这是一起由于企业违规建设、违章操作，有关职能部门管理和监督不到位而发生的重大责任事故。

（1）事故的直接原因。由于基础坝不透水，在基础坝与后期堆积坝之间形成一个抗剪能力极低的滑动面。又由于尾矿库长期人为蓄水过多，干滩长度不够，致使坝内尾砂含水饱和、坝面沼泽化，坝体始终处于浸泡状态而得不到固结并最终因承受不住巨大压力而沿基础坝与后期堆积坝之间的滑动面垮塌。

（2）事故的间接原因，包括以下几方面：

1）严重违反基本建设程序，审批把关不严。尾矿库的选址没有进行安全认证；尾矿库也没有进行正规设计，而是由环保部门进行筑坝指导；基础坝建成后未经安全验收即投入使用。

2）企业急功近利，降低安全投入，超量排放尾砂，人为使库内蓄水增多。由于尾矿库库容太小，服务年限短，与选矿处理量严重不配套，造成坝体升高过快，尾砂固结时间缩短。同时由于库容太小，尾矿水澄清距离短，为了达到环保排放要求，库内冒险高位储水，仅留干滩长度4m。

3）由于是综合选矿厂，尾矿砂的平均粒径只有0.07~0.4mm。尾砂粒径过小，导致透水性差，不易固结。

4）业主、从业人员和政府部门监管人员没有经过专业培训，素质低，法律意识、安全意识差，仅凭经验办事。

5）安全生产责任制不落实，安全生产职责不清，监管不力，没有认真把好审批关，没能及时发现隐患。

6）政府行为混乱，对安全生产领导不力，没能及时发现安全生产职责不清问题，对选厂没有实行严格的安全生产审查，对选厂缺乏规划，盲目建设。

5. 事故教训和防范措施

（1）要认真贯彻落实中央领导对安全生产的重要指示精神，坚持“安全第一、预防为主、综合治理”的方针，牢固树立党和人民群众的利益高于一切的思想，坚决纠正片面追求经济发展，忽视安全生产的做法。把安全生产工作真正落到实处，切实保障人民群众的生命财产安全。

（2）由于非公有制经济追求利益最大化的固有特性和无主管部门性质带来的信息和专业技术指导的缺乏，导致其不能按照生产的规律和经济的特点组织生产，而采取短期化的冒险行为，降低安全要求。因此，要加强对非公有制经济的监督，同时加快为非公有制经济安全生产服务的中介组织的发展。

（3）针对尾矿库事故的重大危害性和事故的隐蔽性，要规范和严格尾矿库建设项目安全生产审查机制，把住进入市场前的安全生产关，尽快改变尾矿库项目建设过程中安全生产审查的自由状态，从源头上消除隐患。

（4）规范和整顿选矿业，严格尾矿库的管理。要加强政策引导，结合经济结构调整和矿业秩序整顿，彻底取缔非法和不符合安全生产条件的尾矿库，同时逐步淘汰小型尾矿库，强制发展大型尾矿库进行集中选矿排放。坚决杜绝胡乱审批、盲目建厂现象。

（5）深化改革，建立安全生产依法行政机制。要理顺安全生产监督管理体制，明确政府、职能部门、矿山企业各自应承担的安全生产责任，坚决纠正职能缺位、错位现象，并严格执行行政执法责任追究制。在政府对企业的行业管理责任淡化后，政府对企业的监督责任应当相应加强，更不能出现监管真空。要尽快修订和完善有关安全生产监管方面的法律法规，切实保证安全生产执法行为的严肃、合法、公正和有力。

11.2.2 山西省繁峙县“6·22”矿难

山西省繁峙县义金寨金矿区“6·22”特大爆炸案涉案人员共21人。其中，追究刑事责任的8人，给予党纪、政纪处分的13人，对10名处级干部做出相应处理，其中开除党籍、开除公职的3人，开除党籍的1人，留党察看的1人，撤销党内职务的3人，严重警告的2人。

1. 事故概况

2002年6月22日14时30分，山西省繁峙县义兴寨金矿区0#脉王全全井发生一起特大爆炸事故，造成38人死亡，直接经济损失1000余万元。

2. 事故经过

2002年的山西省繁峙县义兴寨金矿，“6·22”事故中数十具遇难矿工遗体不是被抛于荒郊野外，便是被焚尸灭迹。矿工的遗体没有被矿井的大火烧掉，却被无情的矿方毁尸灭迹。暂居在繁峙县境内的家属为死不瞑目的矿工悲痛欲绝，他们控诉矿难黑幕，控诉那丧尽天良的毁尸灭迹的罪恶。2002年6月22日，一起新中国成立以来罕见的金矿爆炸事故在山西省繁峙县境内发生，事故中明确证实的死亡人数达到38人。

2002年6月22日上午9时许，股东石新泉从繁峙县民爆公司购买岩石乳化炸药150箱，计3.6t。由王全全井民工王志林组织工人将其中的93箱存放在副井一部（中段）平巷炸药库，并违反规定将炸药库放不下的炸药放置到二部、三部平巷。13时30分左右，矿井二部平巷绞车工座位编织袋等物着火；14时30分左右，在一部平巷内的炸药库和盲一立井井口向下26m处相继发生爆炸，燃烧、爆炸产生的大量一氧化碳等有毒有害气体导致38名矿工中毒窒息死亡。事故发生后，矿主隐瞒真相。经群众举报，引起中央高度重视。7月1日，国家安全生产监督管理局副局长王德学亲赴现场组织挖掘，经过15个昼夜的清理，共挖出38具尸体。

3. 事故原因

山西省繁峙县“6·22”矿难涉案人员、繁峙县原县长王彦平涉嫌受贿、滥用职权一案，已由忻州市中级人民法院进行公开审理。王彦平贪婪与腐败的一幕由此揭开。“6·22”矿难发生的第2天，当地政府上报的事故死伤人数为“死二人、伤四人。”后经媒体报道，繁峙县矿难由此才揭开隐瞒不报、隐匿尸体的真相。在法庭上，检察机关指控王彦平在不到半年的时间里利用职务之便，为他人谋取利益，3次收受贿赂25.92万元。矿难发生四天后，王彦平才“退还”此笔款项。这些贿赂中，就有义兴寨金矿矿主殷山的贿赂金20万元；此外，王彦平还收受了繁峙县黄金领导组副组长及繁峙县政府领导组成员韩某以单位名义贿赂的3万元现金。由于非法采金早已存在，山西省有关部门对此曾进行过多次整顿，矿主殷山、杨海龙为了将采金活动合法化，分别向繁峙县县长王彦平、义兴寨金矿矿长杨林河贿送了20万元、10万元，由此获得了义兴寨金矿“委托探矿”的许可，繁峙县有关部门也逐渐放松了对这一金矿的安全管理，终于酿成“6·22”矿难38人殒命的悲剧。

4. 事故教训及意义

十几年前的“6·22”矿难似乎距离我们现在比较久远，但是谁都不会忘记那件事故背后的惨痛教训。据报道，繁峙县的乱挖乱采之风，几成顽症。在过去山西省曾多次进行清理整顿，但风头一过，关闭了的所有乱挖乱采的小矿井，马上又都死灰复燃。如此“你进我退，你来我往”的拉锯大战暗含了几层寓意：一是当地一些部门的日常执法走了形式，执法不严，对违法开采视而不见；二是安全执法中的地方保护主义难辞其咎。有些执法人员把乱挖乱采视为当地的经济命脉，为了为地方经济保驾护航，对于违法现象当然避重就轻、听之任之。最影响执法力度的就是某些执法人员浑水摸鱼，把执法当成了发家致富、权钱交易的好机会，有的甚至成了矿主们私采乱挖、忽视安全生产的挡箭牌和保护伞。“6·22”矿难发生后，王彦平却在干部大会上信誓旦旦地声称“绝对不存在隐瞒不报问题”。繁峙的灾难让世人再一次目睹了贪婪与腐败的罪恶。出于对金钱的疯狂追求，贪婪与腐败结成了对子。贪婪使矿主草菅人命，腐败使恶行得不到惩治。由此可见，严肃整治矿区执法队伍、整顿矿山秩序是遏制贪婪、杜绝腐败的唯一办法，否则游戏式的“捉放曹”执法将难以杜绝，贪婪与腐败互相勾结导演的人间惨剧还有可能上演。

11.3 危险化学品违法事故案例分析

11.3.1 河北克尔化工有限责任公司“2·28”重大爆炸事故

2012年2月28日上午9时4分左右，位于河北省石家庄市赵县工业园区生物产业园内的河北克尔化工有限责任公司（以下简称河北克尔公司）生产硝酸胍的一车间发生重大爆炸事故，造成25人死亡、4人失踪、46人受伤。

事故发生后，国务院安全生产委员会对该起事故的查处实行挂牌督办。

1. 事故企业基本情况

河北克尔公司系民营企业，成立于2005年2月。该公司2009年3月开工建设的年产10 000t噁二嗪、1 500t 2-氯-5-氯甲基吡啶、1 500t西林钠、1 000t N-氰基乙亚胺酸乙酯项目，总投资2.17亿元。一期工程包括一车间（硝酸胍）、二车间（硝基胍）、配电室、动力站

（包括空压站和1台制冷机组）、固体库、一次水池和循环消防水池，设计单位为河北渤海工程设计有限公司（乙级资质），于2010年2月底竣工。河北克尔公司现有职工351人，2010年9月6日取得了危险化学品安全生产许可证。

2. 事故简要经过

河北克尔公司一车间共有8个反应釜，依次为1~8号反应釜。原设计用硝酸铵和尿素为原料，生产工艺是硝酸铵和尿素在反应釜内混合加热熔融，在常压、175~220℃条件下，经8~10小时的反应，间歇生产硝酸胍，原料熔解热由反应釜外夹套内的导热油提供。实际生产过程中，将尿素改用双氰胺为原料并提高了反应温度，反应时间缩短至5~6小时。

事故发生前，一车间有5个反应釜投入生产。2月28日上午8时，该车间当班人员接班时，2个反应釜空釜等待投料，3个反应釜投料生产。8时40分左右，1号反应釜底部放料阀（用导热油伴热）处导热油泄漏着火；9时4分，一车间发生爆炸事故并被夷为平地，造成重大人员伤亡，周边设备、管道严重损坏，厂区遭到严重破坏，周边2km范围内部分居民房屋玻璃被震碎。

3. 事故原因分析

硝酸铵、硝酸胍均属强氧化剂。硝酸铵是国家安监总局公布的首批重点监管的危险化学品，遇火时能助长火势；与可燃物粉末混合，能发生激烈反应而爆炸；受强烈震动或急剧加热时，可发生爆炸。硝酸胍受热、接触明火或受到摩擦、震动、撞击时，可发生爆炸；加热至150℃时，分解并爆炸。

事故直接原因是河北克尔公司一车间的1号反应釜底部放料阀（用导热油伴热）处导热油泄漏着火，造成釜内反应产物硝酸胍和未反应完的硝酸铵局部受热，急剧分解发生爆炸，继而引发存放在周边的硝酸胍和硝酸铵爆炸。

事故的间接原因如下：

（1）安全投入不足，本质安全程度低，工厂布局不合理。装置自动化程度低，反应温度缺乏有效、快捷的控制手段；加料、出料、冷却等作业均需人工操作，现场操作人员多。一车间与二车间厂房均采用框架砖混结构，同向相距约25m布置，且中间建有硫酸储罐。一车间爆炸后波及二车间，造成厂房损毁和重大人员伤亡。

（2）企业安全管理不严格，变更管理处于失控状态。河北克尔公司在没有进行安全风险评估的情况下，擅自改变生产原料、改造导热油系统，将导热油最高控制温度从210℃提高到255℃。

（3）车间管理人员、操作人员专业素质低。包括车间主任在内的绝大部分员工为初中文化水平，对化工生产的特点认识不足、理解不透，处理异常情况能力低，不能适应化工安全生产的需要。

（4）厂区内边生产、边建设。事故企业边生产、边施工建设，厂区作业单位多、人员多，加剧了事故的伤亡程度。

（5）安全隐患排查治理不认真。2011年6月，国家安监总局公布了首批重点监管的危险化学品名录，对重点监管危险化学品的安全措施和应急处置原则提出了明确要求，要求在隐患排查治理工作中将其作为重点进行排查，切实消除安全隐患。但从此次事故的初步调查情况来看，该企业在隐患排查中没有发现生产工艺所固有的安全隐患和变更生产原料、提高导热油最高控制温度等所带来的安全隐患。

4. 防范措施

（1）进一步加强对爆炸性危险化学品的安全监管。地方各级安全监管部门要立即组织对本地区涉及爆炸性危险化学品的生产、储存装置开展专项安全检查，借助专家力量对有关企业的工厂布局、工艺技术路线及装备的安全可靠性、自动化控制水平、人员素质等安全生产条件，进行全面的检查和论证，及时发现各类隐患并限期整改，确保生产安全。要严格涉及爆炸性危险化学品生产、储存企业的安全准入条件，把有关企业纳入重点监管范围。要将受热、遇明火和受到摩擦、震动、撞击时可发生爆炸的危险化学品全部纳入重点监管的危险化学品范围，进一步强化各项安全措施，落实安全监管责任，杜绝事故的发生。

（2）切实加强涉及重点监管危险化学品、重点监管危险化工工艺和危险化学品重大危险源（以下统称“两重点一重大”）企业的安全监管。地方各级安全监管部门要将涉及“两重点一重大”的企业作为重点监管对象，进一步强化监管措施。要尽快全面完成化工企业危险工艺自动化控制系统改造；尽快启动涉及重点监管危险化学品的生产、储存装置和危险化学品重大危险源自动化监控系统改造完善工作，提高装置的自动化控制水平，增强装置的安全可靠性，减少现场操作人员，提高本质安全水平。要督促危险化学品企业切实加强变更管理，严格执行变更审批制度，履行变更程序，进行风险辨识和控制，消除安全隐患，不断提高安全生产水平。

（3）进一步加强危险化学品建设项目安全设计管理，提高本质安全水平。危险化学品建设项目必须由具备相应资质、相应能力的单位负责设计，工厂的布局要科学合理，选择成熟、可靠的生产工艺和设备，装备自动化控制系统；对涉及“两重点一重大”的装置，在设计阶段要按照《化工建设项目安全设计管理导则》（AQ/T 3033—2010）的要求进行危险与可操作性分析（HAZOP），进一步消除设计缺陷，提高装置的本质安全水平。地方各级安全监管部门要严把安全生产条件审查关，对建设项目的工艺设备安全可靠性、周边安全距离以及企业总体布局等安全设计内容进行全面、系统的论证和审查，从源头上消除安全隐患；进一步加强对安全评价机构的监督、检查与指导，确保建设项目各个环节的评价质量，对在评价过程中不负责任、弄虚作假的评价机构要严肃处理，直至取消评价资质。有关企业要避免边生产、边施工建设，确实不能避免的，要采取有效的安全防范措施。

（4）进一步严格从业人员的准入条件，强化培训教育，提高从业人员素质。危险化学品企业要严格操作人员的招录条件，适度提高操作人员的准入门槛，涉及“两重点一重大”的装置，应招录具有高中以上文化程度的操作人员、大专以上的专业管理人员，确保从业人员的基本素质；要持续不断地加强员工培训教育，使其真正掌握作业场所和工作岗位存在的危险因素及防范措施、应急预案和安全管理制度，切实增强安全操作技能。

（5）进一步抓实隐患排查治理工作。地方各级安全监管部门要督促危险化学品企业认真落实《国务院安委会办公室关于认真贯彻落实中央领导同志重要批示精神进一步加强安全生产工作的通知》（安委办明电〔2012〕6号）等要求，深刻吸取事故教训，举一反三，防微杜渐，切实加强危险化学品安全管理，进一步加大安全隐患排查治理力度，持续深入做好隐患排查治理工作，并加强监督检查。对因隐患排查治理工作不认真、走过场而发生事故的企业，要依法依规严肃追究企业主要负责人和有关人员的责任。

11.3.2 江苏省南京市“7·28”地下丙烯管道爆燃事故

2010年7月28日10时11分左右，扬州鸿运建设配套工程有限公司（以下简称鸿运公司）在江苏省南京市栖霞区迈皋桥街道万寿村15号的原南京塑料四厂旧址，平整拆迁土地过程中，挖掘机挖穿了地下丙烯管道，丙烯泄漏后遇到明火发生爆燃。截至7月31日，事故已造成13人死亡、120人住院治疗（重伤14人）。事故还造成周边近两平方公里范围内的三千多户居民住房及部分商店玻璃、门窗不同程度破碎，建筑物外立面受损，少数钢架大棚坍塌。

事故发生后，中央领导同志高度重视，立即做出了重要批示指示。江苏省委省政府和国家安监总局等有关部门及南京市委市政府负责同志及时赶赴现场，指挥组织抢险救援，开展现场处置、伤员救治、事故调查和善后等工作。

1. 事故相关单位基本情况及事故简要经过

这次事故中被挖掘机挖穿的地下丙烯管道于2002年投入使用，途经原南京塑料四厂旧址，公称直径159mm，输送压力2.2MPa，输送距离约5km，用于金陵石化公司码头向南京金陵塑胶化工有限公司（该公司由江苏金浦集团控股）输送原料丙烯。该管道目前属于江苏金浦集团所有。事故发生时，该管道处于停输状态，管道内充满丙烯。

原南京塑料四厂已于2005年停产，所在地块近期正由栖霞区迈皋桥街道办事处进行商业开发利用。鸿运公司议标后对该地块进行场地平整。鸿运公司的小型挖掘机械为了回收地下废弃管道的钢材，7月28日上午9时30分左右，进行作业时挖穿了丙烯管道，造成大量液态丙烯泄漏。现场人员在撤离的同时并报警。10时11分左右，泄漏的丙烯遇到附近餐馆明火引起大面积爆燃。当地消防部门接110转警后，先后共出动36辆消防车和2 000余名消防干警赶到现场，组织救治伤员和现场处置，有关单位将泄漏点两端的阀门关闭。15时许，现场火情得到初步控制。23时左右，被挖穿的丙烯管道两端用盲板隔离。7月29日5时23分，现场明火熄灭。经当地环境保护部门监测，事故未造成环境污染。

2. 事故原因初步分析

经调查分析，初步认定事故发生的主要原因是施工安全管理缺失，鸿运公司组织的施工队伍盲目施工，挖穿地下丙烯管道，造成管道内存有的液态丙烯泄漏，泄漏的丙烯蒸发扩散后，遇到明火引发大范围空间爆炸，同时在管道泄漏点引发大火。

3. 应当深刻吸取的教训和有关工作要求

这起事故伤亡惨重，教训极为深刻。特别是继辽宁省大连中石油国际储运有限公司“7·16”输油管道爆炸火灾事故后，半个月内再次发生涉及危险化学品管道的重大生产安全事故，必须引起各地区、各有关部门和单位的高度重视和警觉。为认真贯彻落实中央领导同志重要批示和《国务院关于进一步加强企业安全生产工作的通知》精神，深刻吸取事故教训，举一反三，切实加强涉及化学品输送管道的安全管理，全面加强危险化学品安全生产工作，有关要求如下：

（1）加强城镇地面开挖施工的安全管理。随着城镇化进程的加快，城镇地面开挖施工作业大量增加。各地要针对城镇地面开挖施工安全作业涉及部门和单位多的特点，进一步明确城镇地面开挖施工作业有关部门和单位的安全管理职责，落实安全监管责任和安全生产责任。施工项目管理单位在组织项目施工前，要认真查阅有关资料，全面摸清项目涉及区域地下管道的分布和走向，制定可靠的保护措施。凡是涉及地下管道的施工项目，开始前施工项目管理单位要召集管道业主、施工和现场安全管理等有关单位，召开安全施工协调会，对安全施工作业职责分工提出明确要求。施工单位要严格按照安全施工要求进行作业，严禁在不明情况下，进行地面开挖作业。管道业主单位要对地下管道情况进行现场交底，并做出明确的标识，必要时在作业现场安排专人监护。规划、建设部门要建立和完善城镇地下管网档案资料，进行城镇规划时要加强对已有地下管道的保护和避让，确保地下化学品管道的安全。

（2）切实加强化学品输送管道的安全生产工作。要加强石油天然气管道的安全管理，各地和各有关单位要按照2010年10月1日起施行的《中华人民共和国石油天然气管道保护法》的各项规定，及时清理管道保护范围内的违章建筑，严防管道占压。管道业主单位要对石油、天然气管道定期进行检测，加强日常巡线，发现隐患及时处置，确保石油、天然气管道及其附属设施的安全运行。

有关企业要立即对所有的化学品输送管道进行一次全面的检查，完善化学品管道标志和警示标识，健全有关资料档案，要落实管理责任，对化学品管道定期检测、检查，发现问题和隐患及时处理。需要政府协调解决的，要及时向当地政府报告。地方各级安委会要明确辖区内化学品输送管道的安全监管工作的牵头部门，立即开展全面排查，摸清辖区内化学品输送管道的有关情况、化学品输送管道穿越公共区域的情况以及公共区域内地下化学品输送管道的情况，特别是要摸清辖区内地下危险化学品输送管道的有关情况，并建立档案。督促有关企业进一步落实业主安全生产责任，切实采取有效措施加强管理。针对地下化学品输送管道普遍存在的违章建筑占压和安全距离不够的问题，要组织开展集中整治，彻底消除隐患，确保化学品输送管道的运行安全。

（3）切实加强高温雷雨季节危险化学品安全管理工作。我国极端天气多，夏季又是危险化学品事故多发时段，各地要针对当前危险化学品安全生产严峻形势，以贯彻落实《国务院关于进一步加强企业安全生产工作的通知》精神为契机，督促企业进一步落实安全生产主体责任。危险化学品企业要以防泄漏、防火灾爆炸为重点，有针对性地持续开展隐患排查，强化夏季“四防”工作（防雷、防汛、防倒塌、防泄漏爆炸），加大对重大危险源的监控，严格执行企业领导干部值班带班制度，全面加强安全生产管理，确保生产安全。地方各级政府有关部门要加大对辖区内有关企业的监督检查力度，督促企业切实采取措施，做好夏季高温雷雨季节的安全生产工作。

（4）切实提高危险化学品事故应急处置能力。地方各级政府有关部门针对辖区内危险化学品企业特点，制定有针对性的应急预案并定期组织开展应急演练，通过演练进一步健全和完善应急预案；建立危险化学品应急专家队伍，加大应急投入，完善应急物资和应急装备储备，提高危险化学品事故应急处置能力。各类危险化学品企业要认真研究分析本单位重大危险源情况，建立健全重大危险源档案，加强对重大危险源的监控和管理，确保安全生产。要严肃认真开展事故调查，严格按照“四不放过”原则，依法依规严肃追究有关事故责任。

11.4 道路运输违法事故案例分析

11.4.1 陕西咸阳“5·15”特别重大道路交通事故

2015年5月15日，陕西省咸阳市淳化县境内发生一起特别重大道路交通事故，造成35人死亡、11人受伤，直接经济损失2 300余万元。

依据《安全生产法》和《生产安全事故报告和调查处理条例》（国务院令第493号）等有关法律法规的规定，2015年5月16日，国务院批准成立了由国家安监总局、公安部、监察部、交通运输部、中华全国总工会、工业和信息化部、国家质量监督检验检疫总局、国家旅游局以及陕西省人民政府等有关部门和单位负责同志参加的国务院陕西咸阳“5·15”特别重大道路交通事故调查组（以下简称事故调查组），开展事故调查工作。事故调查组邀请最高人民检察院派员参加，并聘请了车辆技术、公路工程、交通事故处理等领域的专家参加事故调查工作。

1. 基本情况

（1）事故车辆情况。陕B23938号大型普通客车，车辆品牌型号为京通牌BJK6111A，核载47人、事发时实载46人，登记所有人为梁利峰（男，西安市长安区人）。该车于2003年9月1日出厂，2003年11月3日在北京市公安局公安交通管理局车辆管理所注册登记，使用性质为出租客运。2011年1月20日，梁利峰妻子的侄子袁武辉（男，西安市长安区人）以8万元的价格购得该车，将该车转入陕西省铜川市公安局交警支队车辆管理所，使用性质为出租转非（即由营运转为非营运），强制报废期为2015年11月3日。2014年4月24日，袁武辉以2.8万元的价格将该车转让给现实际车主师东安（男，西安市灞桥区人），私下签订了买卖协议，但未办理正规交易和过户手续。2014年7月，师东安私自为该车更换了发动机总成，为确保车辆通过年检，师东安在2015年5月5日找到非法中介人员刘保社，让其代为办理车辆检验，并支付了500元费用。2012年以来，该车共有7条交通违法记录，均已处理。

经查，该车无道路客运资质，事发时为非法营运。

（2）事故车辆驾驶人情况。王×，男，1971年11月4日出生，于1995年5月23日在河南省确山县初次申领取得机动车驾驶证，1996年11月8日申请转入西安市公安局车辆管理所，准驾车型A1、A2，有效期至2015年6月21日。2013年5月27日，王×在西安市取得道路旅客运输从业资格证，有效期至2019年5月26日。2015年4月22日开始，王×受雇于车主师东安驾驶陕B23938号大客车。

经查，驾驶人相关证照齐全有效，在此次事故中受伤。

（3）事故道路情况。事故路段为咸阳市淳化县淳卜路，该公路系县道三级公路，由淳化县城通往卜家村，全长33.96km，设计速度30km/h，局部四级公路设计速度20km/h。该公路始建于20世纪70年代。2012年，淳化县交通运输局按照咸阳市交通运输局相关文件要求，组织对淳卜路实施了文明示范路改造与养护，主要进行了部分路面封层、路肩硬化、边沟增设、标志标线增设、安保设施安装，以及绿化、管护等。

事故现场位于淳卜路1.45km处，该路段弯道半径为20.0m，纵坡度2.68%，路拱合成坡度5.25%，沥青路面，有效路面宽度9.0m，中央施划有黄色单实线。事故车辆冲出弯道的点位断面外侧为高出路面0.3~0.5m的绿化台，绿化台外侧临崖，路基边缘至崖口面的距离约8.2m。1.44~1.504km处有单砖四层绿化围挡，高0.24m、宽0.11m；1.389~1.44km处设有波形护栏。沿坡道向上，2.395km处卜家村至淳化方向设有“陡坡”警告标志；3.4km处卜家村至淳化方向设有“向右急转弯”警告标志；3.25km处淳化至卜家村方向设有“限速40km/h”的禁令标志和“向右急转弯”“起伏路面”两块警告标志。

经查，事故发生时该路段主要技术指标符合相关标准规范要求。

按照淳卜路2007年改建工程设计文件，1.365~1.460km应设置钢筋混凝土城垛式防撞墙，但施工时未实施，也未通过规定程序进行设计变更。

2. 事故相关单位情况

（1）西安依诺相伴生活馆（以下简称依诺相伴生活馆）。该公司由张海燕（女，甘肃天水人）和张萌（女，陕西咸阳人）合伙开设经营，张海燕为第一负责人，张萌为第二负责人。此前，张海燕在西安市雁塔区注册了陕西依诺汇仁生物科技有限公司，张萌在西安市碑林区注册了西安相伴商贸有限公司，2014年年初两人将两个公司合并，以依诺相伴生活馆的名义进行合作经营，公司营业地址为西安市新城区尚朴路北长巷10号“9+1”酒店7楼。

经查，依诺相伴生活馆自2014年年初开业以来，多次组织客户旅游，旅游的目的主要是为了借机推销保健产品。但是，依诺相伴生活馆并未在西安市新城区注册登记，也没有取得旅行社经营资质，属于非法经营。在本次事故中，依诺相伴生活馆以答谢会的名义组织193名客户前往淳化旅游并推销阿胶产品，每人收取198元，包含吃、住、门票、交通等费用。

（2）铜川鹏瑞交通设施工程有限公司（以下简称鹏瑞公司）。该公司为民营企业，成立于2011年8月25日，法人代表张小平（男，陕西铜川人），实际控制人为公司总经理高琦（男，陕西铜川人）。2015年3月17日，鹏瑞公司获得陕西省质量技术监督局颁发的机动车安全技术检验机构检验资格许可证。2015年3月18日，获得陕西省质量技术监督局颁发的计量认证资质认定证书。2015年4月14日，与铜川市公安局交警支队机动车监管信息平台联网，正式开展机动车安全技术检验业务。

经查，2015年5月5日，事故车辆在鹏瑞公司进行了机动车安全技术性能检验并获得检验合格证明。检验过程中，外检员对发动机等必检项目漏检、少检，未发现事故车辆发动机号与注册登记信息不一致的问题，且第一次驻车制动检验不合格，第二次复检时引车员与车主、非法中介人员弄虚作假，采取拔掉尾灯线踩脚刹的方式通过驻车制动检验。

3. 事故车辆非法营运情况

陕B23938号大客车为“营转非”车辆，转入铜川后未办理道路客运资质，袁武辉一直用该车从事非法包车营运，跑车路线集中在西安市及周边地区。2014年4月，师东安购买了该车，也长期在西安市及周边地区从事非法包车营运。2015年4月20日，陕B23938号大客车因非法营运被西安市临潼区交通运输管理站稽查三队执法人员处以3000元罚款。

经查，目前西安市“营转非”大客车保有量约占陕西省总数的66%。本次事故中，依诺相伴生活馆共租用了4辆大客车，分别为西安籍1辆、铜川籍1辆、咸阳籍2辆，均为“营转非”车辆，不具备道路客运资质。2014年1月1日至2015年5月15日期间，上述4辆大客车在西安市共有1000余次通行记录。

4. 事故发生经过及应急处置情况

（1）事故发生经过。2015年5月14日，事故车辆受雇于依诺相伴生活馆拉客前往淳化县，车费为1900元，包租两天。7时20分左右，事故车辆由陕西省体育场出发后，沿西安市南二环、西二环、快速干道、西三环行驶，由六村堡高速入口进入福银高速、咸旬高速前往淳化县。

5月14日上午9时许，4辆大客车到达仲山森林公园，依诺相伴生活馆随后组织客户前往景区游览。14日下午至15日上午为自由活动，在此期间，依诺相伴生活馆安排了保健产品的相关促销活动。

5月15日15时许，4辆大客车从仲山森林公园出发返回西安，其中由王×驾驶的陕B23938号大客车排在最后一辆。15时27分，当该车行驶至淳卜路1.45km下坡左转弯处时，车辆失控由道路右侧冲出路面，越过路外侧绿化台并向右侧翻滑下落差32m的山崖，车头右前侧撞击地面，头下尾上、右侧车身后部斜靠在崖壁上，造成35人死亡、11人受伤。

（2）应急处置情况。接到事故报告后，淳化县公安交警、消防等部门人员立即行动，于15时35分赶到现场，迅速组织人员施救，并对大客车泄漏燃油进行排放、掩埋、围护，同时架设水枪、干粉灭火器，防止燃爆引发次生事故，对事故车辆采取支顶措施并设置观察哨，防止土崖进一步垮塌和事故车辆下滑，保护伤员和救援人员的安全。陕西省、咸阳市及淳化县党委、政府迅速启动应急预案，有关领导亲临一线组织开展事故救援和前期勘察工作。国家安监总局、公安部、交通运输部负责同志率工作组赶到事故现场，指导事故调查和善后处理工作。17时5分，现场救援工作基本结束。

事故发生后，当地党委、政府成立了“一对一”工作组，认真做好事故伤亡人员家属接待及安抚、遇难者身份确认和赔偿等工作，保持了社会稳定。省、市两级卫生部门和3所伤员收治医院均成立了医疗领导小组和救治专家组，对每位伤者制定专门救治方案，确保伤情得到妥善治疗。

5. 事故原因和性质

（1）直接原因。王×驾驶制动系统技术状况严重不良的大客车，行经下陡坡、连续急弯路段时，因制动力不足造成车速过快，行至发生事故的急弯路段时达到59km/h，在离心力作用下出现侧滑，失控冲出路面翻坠至崖下。

客车坠崖后车头猛烈撞击地面，冲击力造成乘客向前翻倒，由于客车座椅与车身连接强度不足，事故发生时70%的座椅发生脱落，砸压车内乘客，进一步加重了事故伤亡后果。

（2）间接原因如下：

1）鹏瑞公司机动车安全技术性能检验工作管理混乱。鹏瑞公司在申请机动车检验资质时提供的授权签字人学历、职称造假，编造虚假材料骗取资质；公司对发动机等必检项目未提出查验要求，普遍存在漏检、少检现象；安排不具备大客车驾驶资质的引车员进行检验；事故大客车制动系统复检时，检验人员与车主、非法中介人员合谋弄虚作假，导致严重不符合安全技术标准的事故大客车获得检验合格证明。

2）依诺相伴生活馆无照经营，非法组织旅游活动。依诺相伴生活馆长期无照经营，安全制度不健全，在不具备旅游经营业务相关资质的情况下，租赁不具备运营资质的大客车，擅自组织客户开展收费旅游活动。

3）铜川市质量技术监督局对机动车检验机构监督检查不到位。铜川市质量技术监督局对检验机构监督检查规定、标准不熟悉；在鹏瑞公司资质申请时未按照要求对申请备案材料审核；未按照要求加大对检验机构检验过程的监督检查力度；对鹏瑞公司检测项目漏检、少检问题失察；未发现鹏瑞公司引车员不具备相应资质从事大客车引车的问题；未将对检测机构加强监督管理的有关文件转发至鹏瑞公司所在地的铜川市质量技术监督局王益分局。

4）铜川市公安局交警支队履行车辆查验职责不到位。铜川市公安局交警支队车管所对查验员培训教育不到位，对查验员工作监督管理不到位，查验员未按照要求对检验合格证明进行审核，部分查验员资质过期；对检测机构现场抽查、巡回检查不到位，未发现检验机构检测项目漏检、少检问题。铜川市公安局交警支队对车管所培训教育不到位、监督管理不到位的问题失察。

5）西安市工商局新城分局未及时查处依诺相伴生活馆非法经营行为。西安市工商局新城区分局西一路工商所未按照陕西省工商局的统一要求，集中开展查处取缔无照经营综合治理专项行动，未能及时发现依诺相伴生活馆的非法无照经营行为。西安市工商局新城分局对西一路工商所市场监管工作督促检查不到位，对西一路工商所未全面排查无照经营行为的问题失察。

6）西安市旅游部门对旅游市场安全监管不到位。西安市新城区旅游局对于利用旅游手段开展商品促销的非法违规问题认识不到位，未能提前采取有效措施及时发现依诺相伴生活馆的非法旅游经营活动。西安市旅游市场稽查队对新城区旅游局的日常工作督促指导不力，组织开展旅游市场“打非治违”工作不力。

7）西安市交通运输管理处履行查处非法营运大客车工作职责不到位。西安市交通运输管理处稽查支队对各区县运管机构运政稽查队伍的指导协调和监督检查不到位，未有效督促解决城六区运政稽查队伍在查处非法客运车辆方面执行落实困难的问题，对非法营运的大客车查处不力。西安市交通运输管理处组织开展全市道路运输市场“打非治违”工作不力，对稽查支队和各区县运管机构督促指导不到位。

8）西安市临潼区交通运输局执法行为不规范。西安市临潼区运管站未有效建立“查处分离”的执法工作制度，对下属稽查三队执法人员随意降低处罚标准、执法文书填写不规范等问题失察。站领导发现工作人员对事故车辆的行政处罚存在问题后，指使有关人员伪造执法文书。西安市临潼区交通运输局对下属运管站业务指导不到位，未采取有效措施解决执法工作中存在的不到位、不严格、不规范等问题。

9）咸阳市交通运输局违反公路工程质量管理相关规定，对淳卜路改建工程验收及质量监督工作履职不到位。咸阳市交通运输局违规组织淳卜路改建工程验收工作，在设计文件中安全防护设施等工程项目未建设的情况下，出具《淳化县城关至卜家公路改建工程竣工验收鉴定书》。咸阳市交通工程质量监督站对淳卜路改建工程质量监督不到位，未发现建设施工违反设计文件、安全防护设施缺失的问题。

10）咸阳市淳化县交通运输局违反公路工程质量管理相关规定，在事故路段改建过程中未按设计文件设置安全防护设施，“打非治违”工作开展不力。咸阳市淳化县交通运输局作为2007年淳卜路改建工程的建设单位，在项目招投标时未将已批复设计文件中的安全防护设施等项目工程纳入招标范围，也未通过规定程序进行设计变更，在包括安全防护设施等工程项目未按设计施工的情况下申请项目整体竣工验收，造成淳卜路安全防护设施缺失，安全防护能力不足。

淳化县交通运输局运输管理所未落实2014年以来上级多次部署的打击非法营运行动的要求，打击非法营运行为不力，没有发现并查处包括事故大客车在内的非法营运大客车在淳化县境内非法运营的问题。

(3) 事故性质。经调查认定，陕西咸阳“5·15”特别重大道路交通事故是一起生产安全责任事故。

6. 行政处罚及问责建议

(1) 依据《安全生产法》《生产安全事故报告和调查处理条例》等有关法律法规的规定，建议由原发证机关依法吊销鹏瑞公司机动车检验资质。

(2) 建议责成陕西省西安市有关部门依法吊销驾驶人王×的驾驶证及道路运输从业资格证。

(3) 建议责成陕西省人民政府向国务院做出深刻检查，认真吸取事故教训，进一步加强和改进安全生产工作。

(4) 针对铜川市、西安市、咸阳市及陕西省质量技术监督局在该起事故中暴露出对下属单位和部门监督管理不到位的问题，建议陕西省人民政府主要负责同志对上述地方人民政府及部门主要负责同志予以约谈。

7. 事故防范和整改措施

(1) 进一步强化道路交通安全红线意识和责任意识。陕西省人民政府及有关部门要高度重视道路交通安全工作，深刻吸取陕西省近三年来发生两起特别重大道路交通事故的教训，认真贯彻落实党中央、国务院领导同志关于加强道路交通安全工作的一系列重要指示批示精神，进一步强化道路交通安全红线意识和责任意识。要结合陕西省实际情况，将道路交通安全工作纳入经济和社会发展规划，与经济建设和社会发展同部署、同落实、同考核，加强对道路交通安全工作的统筹协调和监督指导。要进一步建立健全道路交通安全责任体系，落实“党政同责、一岗双责、齐抓共管”和“管行业必须管安全，管业务必须管安全，管生产经营必须管安全”的总体要求，加快推进省、市、县、乡（镇）、行政村（居委会）“五级五覆盖”和企业安全生产责任体系“五落实五到位”。要严格道路交通安全工作的责任考核，将其作为有关领导干部实绩考评的重要内容，并将考评结果作为综合考核评价的重要依据。

(2) 下大力气狠抓“营转非”大客车源头安全监管。陕西省人民政府及其有关部门要深入组织开展“营转非”大客车专项排查整治，查清车辆使用情况，纳入重点车辆进行管控。严把“营转非”大客车过户关，对使用达到距报废年限1年以内的大客车，公安部门要按照《机动车强制报废标准规定》(商务部令2012年第12号) 要求，决不允许改变使用性质、转移所有权或者转出登记地所在的地市级行政区域。严把“营转非”大客车运行关，对属于企业及有关单位的“营转非”大客车，公安部门要督促所属单位加强日常安全管理，严禁从事非法营运活动；要在本省“营转非”大客车上喷涂专用标识，提示乘客不要乘坐非法营运的车辆。严把“营转非”大客车淘汰关，陕西省人民政府要出台优惠措施，引导现有“营转非”大客车进行报废，逐步减少存量、消除安全隐患。严把“营转非”大客车源头治理关，陕西省人民政府要组织公安、交通运输等部门尽快研究制定加强客运车辆“营转非”工作管理的政策规定，鼓励道路客运企业将淘汰的客运车辆按规定进行报废，同时严格控制客运车辆转为非营运后的流向，防止此类车辆被个人利用进行非法营运，从源头上堵塞“营转非”车辆的安全隐患和问题。

（3）继续深化安全生产“打非治违”工作。西安市人民政府及其有关部门要深入开展道路交通安全“打非治违”工作，继续保持高压态势，推动强化部门合力。公安、交通运输等部门要结合陕西省旅游出行活动较多的特点，完善查处联动工作机制，积极开展联合执法，严肃查处超速、超员、疲劳驾驶以及无资质非法营运等各类非法违规行为，严禁随意降低非法营运处罚标准，坚决避免处罚失之于软、失之于宽等问题的发生。旅游、工商等部门要加强信息沟通共享，定期开展联合执法检查，进一步加大旅游市场秩序专项整治力度，严厉查处无资质和超范围开展旅游经营业务的非法违法行为。西安市人民政府要全面理顺市交通运输部门与城六区交通运输部门在客运车辆非法违规行为查处方面的职责和权限，进一步完善体制机制，强化客运市场“打非治违”工作成效。

（4）全面提升农村、山区道路的安全水平。咸阳市人民政府及其有关部门要高度重视农村、山区道路的安全防护设施建设，严格落实交通安全设施与道路建设主体工程同时设计、同时施工、同时投入使用的“三同时”制度，交通安全设施验收不合格的不得通车运行。要督促地方人民政府加强组织领导和责任落实，严格执行相关技术标准要求，多方落实工程建设经费，确保配套资金保障到位，按项目批复和设计方案有序组织实施，坚决避免擅自削减项目建设经费、不安排地方配套资金等问题的发生。交通运输部门要全面排查现有农村、山区道路的安全隐患，摸清公路安全隐患底数，建立隐患基础台账，确定治理方案，落实治理资金，加快推进公路安全生命防护工程建设。在公路安全隐患整治到位前，交通运输部门、公安部门应通过多种途径将隐患信息对外进行公布，提前在路面增设警示标志，加大路面巡逻管控力度，严防重特大事故发生。

（5）切实加强机动车安全技术检验工作。铜川市人民政府及其有关部门要采取有效措施，切实加强机动车安全技术检验工作，严把车辆安全技术性能源头关。质量技术监督部门要对辖区机动车检验机构及检验技术人员进行全面集中排查，公司检验资质过期或者技术负责人、质量负责人、报告授权签字人、引车员等不具备条件的，要坚决予以关闭清理，不得继续开展检验工作；要加强对机动车检验机构执行国家机动车安全技术检验标准情况的日常监督检查，督促检验机构和检验人员严格按照流程开展工作，提升机动车检验机构的规范化操作；要加大对监管执法人员的培训考核，强化责任意识、提升监管能力，坚决扭转重许可、轻监管甚至不监管的突出问题。公安部门要通过网络监控、巡回检查、档案复核等方式，严查机动车安全技术检验机构为检验不合格机动车出具检验合格证明、擅自减少检验项目或者降低检验标准等出具虚假检验结果的违法问题。质量技术监督、公安部门要采取联网监察、明察暗访等手段开展联合监督检查，形成工作合力，切实提高监管工作成效。

11.4.2 晋济高速公路山西晋城段岩后隧道“3·1”特别重大道路交通危险化学品燃爆事故

2014年3月1日14时45分许，位于山西省晋城市泽州县的晋济高速公路山西晋城段岩后隧道内，两辆运输甲醇的铰接列车追尾相撞，前车甲醇泄漏起火燃烧，隧道内滞留的另外两辆危险化学品运输车和31辆煤炭运输车等车辆被引燃引爆，造成40人死亡、12人受伤和42辆车烧毁，直接经济损失8197万元。

事故发生后，党中央、国务院高度重视，习近平总书记、李克强总理和马凯副总理、郭声琨国务委员、王勇国务委员等党中央、国务院领导同志做出重要批示，要求尽快核清伤亡人数，查明事故原因，认定事故责任，依法依规严肃处理，并要深刻吸取事故教训，抓紧部署开展各类易燃易爆品运输安全专项整治，查找安全隐患和管理漏洞，坚决杜绝重特大事故发生。同时，派出了国务院安全生产委员会工作组赴现场进行督促指导。

遵照党中央、国务院领导同志的重要批示指示要求，依据《安全生产法》和《生产安全事故报告和调查处理条例》等有关法律法规规定，2014年3月13日，国务院批准成立了由国家安监总局、监察部、公安部、交通运输部、中华全国总工会、山西省人民政府有关负责同志等参加的国务院晋济高速公路山西晋城段岩后隧道“3·1”特别重大道路交通危险化学品燃爆事故调查组（以下简称事故调查组），开展事故调查工作。事故调查组邀请最高人民检察院派员参加，并聘请了国内交通、公安、隧道、车辆、消防、爆炸、化工、特种设备等方面的专家参加事故调查工作。

事故调查组按照“四不放过”和“科学严谨、依法依规、实事求是、注重实效”的原则，通过现场勘验、调查取证、检测鉴定和专家论证，查明了事故发生的经过、原因、人员伤亡和直接经济损失情况，认定了事故性质和责任，提出了对有关责任人和责任单位的处理建议，并针对事故原因及暴露出的突出问题，提出了事故防范措施建议。

11.4.2.1　基本情况

1. 事故车辆驾驶人情况

李建云，晋E23504/晋E2932挂铰接列车驾驶人，山西省泽州县人。1991年12月19日初次领取驾驶证，驾驶证有效期至2015年12月19日，准驾车型代号为A2（大型货车）。2006年5月19日在晋城市交通局初次取得危险货物运输驾驶员从业资格证，从业资格证有效期至2014年10月30日。

牛冲，晋E23504/晋E2932挂铰接列车押运员，山西省高平市人。2012年5月28日在晋城市交通运输局初次取得危险货物运输押运员从业资格证，从业资格证有效期至2018年5月27日。

汤天才，豫HC2923/豫H085J挂铰接列车驾驶人，河南省孟州市人。1988年9月23日初次领取驾驶证，驾驶证有效期至2016年9月23日，准驾车型代号为A2、D（摩托车）。2002年7月5日在焦作市交通局初次取得危险货物运输驾驶员从业资格证，从业资格证有效期至2014年6月6日。

冯国强，豫HC2923/豫H085J挂铰接列车押运员，河南省孟州市人。2012年6月15日在焦作市交通局初次取得危险货物运输押运员从业资格证，从业资格证有效期至2018年6月14日。

2. 事故车辆情况

晋E23504/晋E2932挂铰接列车由半挂牵引车和罐式半挂车组成。半挂牵引车厂牌为斯达-斯太尔牌，准牵引总质量37.6t；罐式半挂车厂牌为雷星牌，最大设计总质量39.8t，核定载重质量30.6t，实际装载29.14t甲醇。半挂牵引车、罐式半挂车于2008年5月27日在晋城市公安局交通警察支队车辆管理所办理注册登记。事发时机动车所有人为晋城市福安达物流有限公司，车辆使用性质为危险化学品运输，检验有效期至2014年5月31日。2008年

6月在晋城市道路运输管理局办理道路运输证。2006年1月24日，国家发展与改革委员会第5号公告《车辆生产企业及产品（第115批）》（以下简称《第115批公告》）记录的装载介质为汽油，出厂检验证书《危险化学品运输汽车罐体委托检验报告》（编号：XJ08-1284）允许装载介质为轻质燃油，发生事故时实际装载甲醇。

豫HC2923/豫H085J挂铰接列车由半挂牵引车和罐式半挂车组成。半挂牵引车厂牌为东风牌，准牵引总质量37.6t；罐式半挂车厂牌为昌骅牌，最大设计总质量40t，核定载重质量32t，实际装载29.66t甲醇。半挂牵引车、罐式半挂车分别于2011年5月31日、2012年5月2日在焦作市公安局交通警察支队车辆管理所办理注册登记，机动车所有人为河南省焦作市孟州市汽车运输有限责任公司，车辆使用性质为危险化学品运输，检验有效期至2014年5月。2012年5月8日在焦作市道路运输管理局办理道路运输证。2010年6月30日，工业和信息化部工产业〔2010〕第107号公告《车辆生产企业及产品（第215批）》（以下简称《第215批公告》）记录的装载介质为二异丙胺，发生事故时实际装载甲醇。罐式半挂车未经质检部门认定的检验机构出厂检验。

3. 事故单位情况

山西省晋城市福安达物流有限公司成立于2010年1月。该公司具有危险货物运输运营资质（2类3项、3类、8类，即毒性气体、易燃液体、腐蚀性物质），道路危险货物运输许可证有效期至2018年1月28日。该公司现有半挂牵引车7辆，罐式半挂车7辆，驾驶员7名，押运员7名，安全管理人员3名（2名为兼职）。其中，肇事车辆晋E23504/晋E2932挂铰接列车于2012年1月17日由山西省汽运集团晋城汽车运输有限公司过户至晋城市福安达物流有限公司。

河南省焦作市孟州市汽车运输有限责任公司为国有股份制企业，隶属于孟州市交通运输局。该公司具有危险货物运输运营资质（2类1项、2类2项、2类3项、3类、4类3项、8类、9类，即气体、易燃液体、遇湿危险物质、腐蚀性物质和杂类危险物质），道路运输经营许可证有效期至2014年8月23日。公司现有危险货物运输车辆426辆，危险货物运输车辆驾驶员426名，押运员426名，管理人员251名。

4. 事故道路情况

事故发生在晋济高速公路（国家高速公路网二连浩特至广州主干线山西晋城段）山西晋城至河南济源方向的岩后隧道内K9+605.305m处。该隧道为左右分离式，事发隧道（右洞）长786.875m，隧道进口段（K9+574.125~K10+265.319m）位于直线上，出口段（K10+265.319~K10+361m）位于半径为835m的平曲线上，隧道纵坡为2.2%。隧道建筑限界为净宽9.75m，限高5m，隧道内轮廓采用半径为5.29m的单心圆曲墙式断面。隧道围岩属二、三、四类，采用复合式衬砌，路面铺装为4cm加6cm改性沥青混凝土。

隧道内设有人行横洞一处（右线里程桩号为K10+000.000m），与隧道左洞相通，长35m，宽2.4m，用于维修、养护和消防救援；人行横洞两端设计可开启的钢质卷闸门，隧道正常运营时关闭。岩后隧道左右洞均采用自然通风；隧道内每50m设置一组消防箱，内置4具手提式灭火器。

距岩后隧道右洞出口3849m、距天井关隧道右洞出口1411m处设有泽州收费站和晋济高速公路煤焦管理站。泽州收费站是晋济高速公路的省际收费站，2008年12月投入使用，出晋方向设有9个收费车道，其中，煤焦车辆专用收费通道5个，其他车道4个（含ETC车道1个），在煤焦车辆专用收费通道与其他收费车道之间设置了隔离设施，煤焦管理站和泽州收费站同时建成投入使用。煤焦管理站在泽州收费站煤焦车辆专用收费通道前设立指挥岗，用于查验和指挥煤焦车辆进入煤焦车辆专用收费通道，在煤焦车辆专用收费通道后设有磅房操作岗、验票岗。

5. 相关涉事单位情况

（1）罐式半挂车生产企业。

1）湖北东特车辆制造有限公司。该公司成立于2004年，位于湖北省荆州市，具有专用货车、专用作业车和通用货车挂车的生产资质。原名湖北程力威专用汽车有限公司，2008年4月公司更为现名。

2）河北昌骅专用汽车有限公司。该公司位于河北省黄骅市，具有自卸车、专用货车（含罐式）、专用作业车、通用货车挂车（含罐式）、特种作业半挂车（油田半挂车）车辆产品的生产资质。

（2）罐式半挂车罐体检验检测机构。

1）山西省锅炉压力容器监督检验研究院。该院成立于2002年11月，属山西省质量技术监督局直属事业单位，现有员工81人，从事锅炉、压力容器、压力管道等特种设备的监督检验、定期检验和委托检验工作，取得了计量认证（有效期至2016年7月24日）、特种设备综合检验机构（甲类）资质（有效期至2015年1月30日）。该院下属的槽车罐车质量安全检验站于2013年4月对晋E2932挂罐式半挂车的罐体进行了检验。

2）河南省正拓罐车检测服务有限公司。该公司成立于2012年5月4日，位于河南省焦作市山阳区。现有员工5人，其中检测人员2人。经营范围包括道路运输液体危险货物罐式车辆（金属常压罐体）的检测。于2013年5月对豫H085J挂罐式半挂车的罐体进行了检测。

（3）晋城高速公路有限责任公司。该公司是晋济高速公路的管理单位，隶属山西省高速公路管理局，主要负责晋阳、晋济、环城高速公路共96km的运营管理工作。公司内设7个科室，下设10个收费站、1个路政大队、1个片区监控中心和3个养护中心。

泽州收费站隶属于晋城高速公路有限责任公司，共有员工64人。该站于2008年12月12日经山西省人民政府批复设站，2008年12月31日正式运营收费。

（4）山西煤炭运销集团晋城有限公司。山西煤炭运销集团有限公司受山西省人民政府委托，承担山西省地方煤炭统一经销、山西省煤炭可持续发展基金交纳查验补征的职责，并对出省煤焦管理站的运行和业务进行全面监管。山西煤炭运销集团晋城有限公司是山西煤炭运销集团有限公司的全资子公司，受集团委托具体管理包括晋济高速公路煤焦管理站在内的7个出省煤焦管理站。晋济高速公路煤焦管理站于2008年8月取得山西省人民政府颁发的山西省设立公路站卡许可证（设站许可证编号：晋证许M字第459号），设站桩号为晋济高速公路K14+350m。

（5）涉事路段交管部门基本情况。事故发生路段属于山西省公安厅交通警察总队高速三支队八大队管辖。八大队民警总人数26人，驻地在山西省晋城市城区。八大队为新建大队，与一大队共用值班室，轮流值守，事发当天为一大队值班。

11.4.2.2　事故发生经过

1. 发生事故前路段交通情况

2月28日17时50分，晋济高速公路全线因降雪相继封闭；3月1日7时10分，解除交通管制措施。

3月1日11时起，事故路段车流量逐渐增加；12时45分，泽州收费站出省方向车辆增多，开始出现通行缓慢的情况；13时，持续出现运煤车辆在右侧车道和应急车道排队等候通行的情况；事发时岩后隧道右侧车道排队等候，左侧车道行驶缓慢。

2. 肇事车辆追尾情况

3月1日14时43分许，由汤天才驾驶、冯国强押运的豫HC2923/豫H085J挂铰接列车（事发时位于前方，以下简称前车），装载29.66t甲醇运往洛阳，在沿晋济高速公路由北向南行驶至岩后隧道右洞入口以北约100m处时，发现右侧车道上有运煤车辆排队等候，遂从右侧车道变道至左侧车道进入岩后隧道，行驶了40余米后，停在皖BTZ110号轻型厢式货车后。

14时45分许，由李建云驾驶、牛冲押运的晋E23504/晋E2932挂铰接列车（事发时位于后方，以下简称后车），装载29.14t甲醇运往河南省博爱县，在沿晋济高速公路由北向南行驶至岩后隧道右洞入口以北约100m处时，看到右侧车道上有运煤车辆排队缓慢通行，但左侧车道内至隧道口前没有车辆，遂从右侧车道变至左侧车道。驶入岩后隧道后，突然发现前方大约5~6m处停有前车。李建云虽采取紧急制动措施，但仍与前车追尾。碰撞致使后车前部与前车尾部铰合在一起，造成前车尾部的防撞设施及卸料管断裂、甲醇泄漏，后车前脸损坏。

3. 岩后隧道内车辆燃烧爆炸情况

两车追尾碰撞后，前车押运员冯国强从右侧车门下车，由车前部绕到车身左侧尾部观察，发现甲醇泄漏。为关闭主卸料管根部球阀，冯国强要求汤天才向前移动车辆。该车向前移动1.18m后停住，汤天才下车走到车身左侧罐体中部时，冯国强发现地面泄漏的甲醇起火燃烧。

甲醇形成流淌火迅速引燃了两辆事故车辆（后车罐体没有泄漏燃烧）和附近的4辆运煤车、货车及面包车，由于事发时受气象和地势影响，隧道内气流由北向南，且隧道南高北低，高差达17.3m，形成“烟囱效应”，甲醇和车辆燃烧产生的高温有毒烟气迅速向隧道内南出口蔓延。经专家计算，第一起火点着火后，8分钟后烟气即可充满整个隧道；起火后10分钟，距离第一起火点184m的5辆运煤车起火燃烧，形成第二起火点；随后距离第二起火点40m的其他车辆也开始燃烧。

发现着火后，后车驾驶员李建云、押运员牛冲从隧道北口跑出，前车驾驶员汤天才、押运员冯国强跑向隧道南口，并警示前方的皖BTZ110、皖BTZ016驾乘人员后方起火。当时隧道内共有87人，部分人员在发现烟、火后驾车或弃车逃生，48人成功逃出（其中1人因伤势过重经抢救无效死亡）。

17时5分许，距离南出口约100m的1辆装载二甲醚的鲁RH0900/鲁RC877挂铰接列车罐体受热超压爆炸解体。

事故导致滞留隧道内的42辆车辆全部烧毁，隧道受损严重。

11.4.2.3 事故应急处置情况

1. 消防部门应急处置情况

3月1日14时50分，晋城消防支队指挥中心接警后，先后调派7个公安消防中队、9个专职消防队共400名官兵、44辆消防车赶赴现场，山西省消防总队调集相邻的长治、临汾两市消防支队共29名官兵、5辆消防车到场增援。

15时15分，城区中队（系责任区中队，距离事发地约13.5km）在高速交警引导下首先到达隧道北口。此时隧道北口有车辆猛烈燃烧，地面形成流淌火；位于下风方向的隧道南口有大量黑色浓烟涌出，浓烟已感到烫手。根据现场情况，由晋城市政府及其有关部门组成的现场指挥部决定全力扑救隧道北口火灾，继续对后车罐体实施冷却，在出口处组织停留人员疏散，并协调环保部门对现场环境及可燃有毒气体进行实时监测。18时许，隧道北口处火灾被彻底扑灭。

3月2日零时10分，现场指挥部决定组成攻坚组从人行横洞进入隧道，分别向隧道南、北两侧梯次进攻灭火。3时30分，后车罐体内甲醇导出转移；9时30分，人行横洞以北隧道内大火被基本扑灭；3月3日18时，隧道内大火被全部扑灭。

2. 高速公路交管部门处置情况

3月1日14时51分，山西省公安厅交警总队高速三支队八大队接警后派出民警分两组分别从该大队驻地和泽州收费站出发向晋济高速济源方向寻找事故地点。由大队驻地出发的2名民警于15时7分在距岩后隧道1km处赶上了被堵在路上的晋城消防支队第一梯队，立即疏导车辆，打开中央防护栏引导消防车逆行抵近岩后隧道北口，并通知由泽州收费站出发的另一组民警折返赶赴岩后隧道南口。八大队各组民警陆续到达现场后，采取现场警戒、交通管制措施，配合消防、卫生部门开辟救援通道，并开展控制肇事车辆司乘人员、登记逃生人员等工作。

16时23分，三支队值班副支队长带领事故科1名民警赶赴现场；17时15分，三支队指挥中心将事故信息上报山西省公安厅交警总队。

3. 晋城高速公路有限责任公司处置情况

3月1日15时5分，晋城高速公路有限责任公司信息监控中心得到事故信息，立即通知路政大队派员上路查看，并利用监控系统对辖区内隧道路段进行巡查。

15时25分，晋城高速公路有限责任公司路政大队有关人员接报后赶赴事故现场，配合当地政府救援力量开展清障、管制、救援等工作。

15时26分，根据高速交警指令，信息监控中心向泽州收费站和临近的收费站下达了封闭指令。

4. 晋城市政府及其有关部门的处置情况

3月1日15时18分、15时41分，晋城市110指挥中心、市公安局分别收到事故报告；15时42分，晋城市政府值班室接到晋城高速公路有限责任公司事故报告；16时19分，晋城市政府值班室向山西省政府值班室电话报告事故情况；16时35分、17时、17时3分，市政府应急办分别接到市消防支队、市公安局和市安全监管局的事故信息报告。

16时45分，晋城市委市政府有关领导同志率领相关部门相继抵达岩后隧道入口，成立了以晋城市常务副市长为总指挥的晋城市现场抢险救援指挥部，调派增援力量并部署有关单位进一步做好现场控制、人员搜救、伤者救治、疏散安置、环境保护、应急保障、善后维稳等有关工作。

此次事故抢险共组织救援力量1000余人，投入各类救援车辆300余台次，紧急调运灭火用水9300余吨，清运煤炭1200余吨，吊装拖运烧毁车辆42辆。

5. 伤亡人员核查情况

事故发生后，山西省公安厅组织开展遇难人员数量和身份核定工作。先后在隧道内搜寻到12具遗骸，并对隧道内清理出的42辆车辆残骸、1000余吨煤炭及其他残留物进行反复筛查，提取检材。在国务院安全生产委员会工作组（事故调查组成立后称为事故调查组）及有关专家的督促指导下，公安机关通过DNA反复检验、人类学骨骼鉴定、收集家属寻亲信息、车辆信息、同车人证明、手机信息验证和大情报系统比对等综合技术手段反复核查，于3月11日，确认这起事故死亡和失踪人数已超过30人，为特别重大事故。截至3月17日，最终确认在这起事故中有40人遇难，并对遇难者身份全部予以确认。

11.4.2.4　事故原因和性质

1. 直接原因

晋E23504/晋E2932挂铰接列车在隧道内追尾豫HC2923/豫H085J挂铰接列车，造成前车甲醇泄漏，后车发生电气短路，引燃周围可燃物，进而引燃泄漏的甲醇。

（1）两车追尾的原因：晋E23504/晋E2932挂铰接列车在进入隧道后，驾驶员未及时发现停在前方的豫HC2932/豫H085J挂铰接列车，距前车仅五六米时才采取制动措施；晋E23504牵引车准牵引总质量（37.6t），小于晋E2932挂罐式半挂车的整备质量与运输甲醇质量之和（38.34t），存在超载行为，影响制动。

经认定，在晋E23504/晋E2932挂铰接列车追尾碰撞豫HC2932/豫H085J挂铰接列车的交通事故中，晋E23504/晋E2932挂铰接列车驾驶员李建云负全部责任。

（2）车辆起火燃烧的原因：追尾造成豫H085J挂半挂车的罐体下方主卸料管与罐体焊缝处撕裂，该罐体未按标准规定安装紧急切断阀，造成甲醇泄漏；晋E23504车发动机舱内高压油泵向后位移，启动机正极多股铜芯线绝缘层破损，导线与输油泵输油管管头空心螺栓发生电气短路，引燃该导线绝缘层及周围可燃物，进而引燃泄漏的甲醇。

2. 间接原因

（1）山西省晋城市福安达物流有限公司安全生产主体责任不落实。企业法定代表人不能有效履行安全生产第一责任人责任；企业应急预案编制和应急演练不符合规定要求；企业没有按照设计充装介质、《第115批公告》批准及机动车辆整车出厂合格证记载的介质要求进行充装；从业人员安全培训教育制度不落实，驾驶员和押运员习惯性违章操作，罐体底部卸料管根部球阀长期处于开启状态。另外，肇事车辆在行车记录仪于2014年1月3日发生故障后，仍然继续从事运营活动，违反了《国务院关于加强道路交通安全工作的意见》（国发〔2012〕30号）的有关规定。

（2）河南省焦作市孟州市汽车运输有限责任公司危险货物运输安全生产的主体责任落实不到位。企业未能吸取2012年包茂高速陕西延安“8·26”特别重大道路交通事故教训，仍然存在“以包代管”问题；没有按照设计充装介质、《第215批公告》批准及机动车辆整车出厂合格证记载的介质要求进行充装；驾驶员和押运员习惯性违章操作，罐体底部卸料管根部球阀长期处于开启状态。

（3）晋济高速公路煤焦管理站违规设置指挥岗加重了车辆拥堵。

1）晋济高速公路煤焦管理站违反设计要求在泽州收费站前设置指挥岗，加重了车辆拥堵。拥堵发生后，未主动协调配合收费站等单位对车辆进行疏导。

2）晋城市公路煤炭有限公司作为晋济高速公路煤焦管理站的上级主管单位，对管理站的监督检查和工作指导不力，未纠正指挥岗长期违规设在泽州收费站前的问题。

（4）湖北东特车辆制造有限公司、河北昌骅专用汽车有限公司生产销售不合格产品。湖北东特车辆制造有限公司生产销售的“晋 E2932 挂”半挂车的罐体未安装紧急切断阀，不符合《道路运输液体危险货物罐式车辆　第 1 部分：金属常压罐体技术要求》（GB 18564. 1—2006）标准的规定，属于不合格产品。河北昌骅专用汽车有限公司生产销售的“豫 H085J 挂”半挂车的罐体和“豫 U8315 挂”半挂车的罐体未安装紧急切断阀，不符合 GB 18564. 1—2006 标准的规定，属于不合格产品。车辆未经过检验机构检验销售出厂，不符合《危险化学品安全管理条例》的规定。

（5）山西省晋城市、泽州县政府及其交通运输管理部门对危险货物道路运输安全监管不力。

1）泽州县道路运输管理所组织开展危险货物道路运输管理和监督检查工作不力，对山西省晋城市福安达物流有限公司存在的行车记录仪终端长时间无法运行、从业人员安全教育培训走形式等问题监管不力、执法不严，督促企业整改安全隐患不到位。晋城市道路运输管理局对危险货物运输安全监管责任、挂牌责任不落实；重审批、轻监管，对山西省晋城市福安达物流有限公司的监督检查不细致，开展安全生产大检查和专项检查工作不深入；对泽州县道路运输管理所履行监管职责督促指导不力。

2）泽州县交通运输管理局对道路运输管理所组织开展危险货物道路运输安全监管工作监督检查不力，对道路运输管理所未认真履行监管职责的问题失察。晋城市交通运输管理局开展危险货物道路运输安全监管工作不到位，在 2013 年山西省组织开展的道路运输安全生产大检查等工作中，未认真组织落实对危险货物运输安全的大检查，指导督促泽州县交通运输管理局履行危险货物运输安全监管职责不到位。

3）泽州县政府对泽州县交通运输管理局开展交通运输行业安全监管工作指导不力，未能有效指导泽州县交通运输管理局认真履行监管职责，未发现和纠正企业违规经营行为。泽州县委未认真贯彻落实“党政同责、一岗双责、齐抓共管”的要求，指导监督县政府和相关职能部门履行安全生产监管责任不到位。

4）晋城市政府贯彻落实国家道路运输安全相关法律法规不到位，对市交通运输管理部门和泽州县政府履行道路运输安全监管职责的情况督促检查不到位。

（6）河南省焦作市交通运输管理部门和孟州市政府及其交通运输管理部门对危险货物道路运输安全监管不到位。

1）孟州市公路运输管理所未认真吸取 2012 年包茂高速陕西延安“8·26”特别重大道路交通事故教训，未能纠正孟州市汽车运输有限责任公司危险货物车辆挂靠经营的问题，对该公司开展从业人员安全教育、隐患排查及应急演练等工作检查指导不到位，督促整改不力。焦作市道路运输管理局对孟州市公路运输管理所业务指导不到位；对危险货物运输企业申请材料办理把关不严，督促检查不到位。

2）孟州市交通运输局未认真吸取 2012 年包茂高速陕西延安“8·26”特别重大道路交

通事故教训，未能纠正孟州市汽车运输有限责任公司危险货物车辆挂靠经营的问题，对孟州市公路运输管理所开展道路运输企业安全生产监督检查工作督促指导不到位；对局属孟州市汽车运输有限责任公司在安全生产管理中存在的问题督促整改不力。焦作市交通运输局对焦作市道路运输管理局在危险货物业务审批、监督检查等工作中存在的问题监督指导不到位；对孟州市交通运输局业务指导不力。

3）孟州市政府对孟州市交通运输局开展交通运输行业安全监管工作指导不力，未能有效指导孟州市交通运输局纠正企业违规经营行为。

（7）山西省高速公路管理部门对高速公路管理和拥堵信息处置不到位。

1）晋城高速公路有限责任公司作为晋济高速公路的运营管理单位，对晋济高速公路煤焦管理站在泽州收费站前方违规设立指挥岗的请求采取默许态度，未予制止；企业应急预案的针对性和可操作性不强，启动标准不明确，培训和演练不到位；信息监控中心发现道路拥堵后，未按应急响应要求及时通知高速交警、煤焦管理站，也未对拥堵情况进行跟踪和处理；泽州收费站未主动向煤焦管理站提出疏导措施建议。

2）山西省高速公路管理局作为山西省高速公路的行业监管部门和晋城高速公路有限责任公司的上级主管部门，履行高速公路安全运营监管职责不到位，对晋城高速公路有限责任公司交通安全运营工作指导督促不力；应急预案的针对性和可操作性不强；所属信息监控中心在接到拥堵信息后未按规定及时报告领导并做好记录，也未做进一步跟踪处理，安全管理制度不规范、落实不到位。

（8）山西省公安高速交警部门履行道路交通安全监管责任不到位。

1）山西省公安高速交警三支队八大队未能预判晋济高速公路解除封闭措施后车辆集中驶入高速公路情况，拥堵情况出现后，对事故路段交通巡查、疏导不力，未积极主动协调泽州收费站、煤焦管理站等相关单位采取有效措施疏导车辆。

2）山西省公安高速交警三支队指导督促八大队开展路面交通巡查、疏导工作不到位，对八大队业务培训教育不到位。

（9）山西省锅炉压力容器监督检验研究院、河南省正拓罐车检测服务有限公司违规出具检验报告。

1）山西省锅炉压力容器监督检验研究院槽车罐车质量安全检验站为晋E2932挂使用罐体出具了“允许使用”的委托检验报告。晋城市福安达物流有限公司晋E2932挂使用罐体未安装紧急切断阀，不符合GB 18564.1—2006标准要求中5.8的规定，属于不合格产品，且改变了充装介质。

2）河南省正拓罐车检测服务有限公司为豫H085J挂使用罐体出具了“允许使用”的年度检验报告。孟州市汽车运输有限责任公司豫H085J挂使用罐体未安装紧急切断阀，且豫H085J挂使用罐体壁厚为4.5mm，不符合GB 18564.1—2006标准要求。

（10）事故暴露的其他问题。此次事故中的危险化学品罐式半挂车实际运输介质均与设计充装介质、公告批准、合格证记载的运输介质不相符。按照GB 18564.1—2006的要求，不同的介质因为化学特性差异，在计算压力、卸料口位置和结构、安全泄放装置的设置要求等方面均存在差异，不按出厂标定介质充装，造成安全隐患。

3. 事故性质

经调查认定，晋济高速公路山西晋城段岩后隧道“3·1”特别重大道路交通危化品燃爆事故是一起生产安全责任事故。

11.4.2.5 对事故有关责任人员及责任单位的处理

1. 对事故责任人员的处理

涉事车辆生产企业及其有关人员的违法违规问题，由公安司法机关进行查处。其他有关人员是否构成犯罪，由司法机关依法独立开展调查处理。

公安司法机关查处并已采取措施的人员中属中共党员或行政监察对象的，待司法机关做出处理后，由当地纪检监察机关或具有管辖权的单位及时给予相应的党纪、政纪处分。

2. 相关行政处罚及问责

（1）依据《安全生产法》《生产安全事故报告和调查处理条例》等有关法律法规的规定，建议责成山西省安全监管局、河南省安全监管局对相关责任企业及其主要负责人处以法定上限的罚款。

（2）依据《道路交通安全法》《中华人民共和国产品质量法》等有关法律法规的规定，由当地质量技术监督部门对公安司法机关立案查处并采取措施的相关车辆生产企业进行处罚。

（3）建议责成山西省人民政府向国务院做出深刻检查，认真总结和吸取经验教训，进一步加强和改进安全生产工作。

11.4.2.6 事故防范和整改措施建议

针对事故暴露出来的问题，为了深刻吸取事故教训，举一反三，有效防范和减少危险化学品道路运输事故的发生，提出以下建议：

1. 要始终坚守保护人民群众生命安全的“红线”

山西、河南两省及其他各地各级人民政府及其有关部门要深刻吸取晋济高速公路山西晋城段岩后隧道“3·1”特别重大道路交通危化品燃爆事故的沉痛教训，认真贯彻落实习近平总书记、李克强总理等中央领导同志关于安全生产工作的一系列重要指示批示精神，牢固树立科学发展、安全发展理念，始终坚守“发展决不能以牺牲人的生命为代价”这条红线，建立健全“党政同责、一岗双责、齐抓共管”的安全生产责任体系，切实采取有效措施，全面加强安全生产工作。要高度重视道路交通尤其是危险化学品道路运输和公路隧道安全工作，进一步明确和落实道路运输企业安全生产主体责任、行业主管部门直接监管责任、安全监管部门综合监管责任和地方政府属地管理责任，充分发挥地方各级道路交通安全工作联席会议、危险化学品安全生产监管联席会议等协调机制的作用，针对事故暴露出的各类突出问题，逐一研究和落实防范措施，切实加强安全生产特别是危险货物道路运输和隧道交通安全工作。

2. 要大力推动危险货物道路运输企业落实安全生产主体责任

山西、河南两省及其他各地各级人民政府及其有关部门要督促各类危险货物道路运输企业切实落实安全生产主体责任，严格执行国家有关法律法规和规章标准，建立健全安全生产责任制、安全管理规章制度并认真贯彻落实，坚决杜绝“包而不管、挂而不管、以包代管、以挂代管”的情况发生；要督促运输企业加强驾驶员、押运员培训、教育和管理工作，建立完善的安全培训、考核制度和录用、淘汰机制，着力提升从业人员的法制意识、安全意识和安全技能，严禁不具备相应资质、安全培训不合格和安全记录不良的人员驾驶危险货物机动车辆；要督促各类危险货物道路运输企业采购合格运输车辆，严格按照规定进行日常检查和定期维护保养，始终保持营运车辆技术状况良好，确保运输车辆安装符合《道路运输车辆卫星定位系统车载终端技术要求》（JT/T 794—2011）的GPS卫星定位装置，并保证车辆监控数据准确、实时、完整地传输。

3. 要切实加大危险货物道路运输安全监管力度

山西、河南两省及其他各地区地方各级人民政府及其有关部门要加大危险货物道路运输安全的监督管理力度。交通运输部门要加强对危险货物道路运输企业的日常安全监管，对安全管理责任不落实、“包而不管”、“以包代管”和存在重大安全隐患以及有挂靠问题且“挂而不管、以挂代管”的危险货物运输企业，要依法限期整改，情节严重的要责令停业整顿。对整改验收不合格的，要依法依规取消其相应资质。同时，要严格驾驶员从业资格管理，及时掌握驾驶员的违章、事故记录及诚信考核、继续教育等情况，对于记分周期内扣满12分的驾驶员，要吊销其从业资格证件，3年内不予重新核发。工业和信息化部门要研究道路运输危险货物车辆警示标志标识的设置，完善相关标准，提高防护等级，督促相关汽车生产厂商在危险货物运输车辆罐体上喷涂符合国家强制性标准要求的警示标志标识。在质量技术监督部门尚未开展危险化学品罐体检验检测专项资质许可以前，由具备危险化学品压力罐车监督检验和定期检验资质的检验检测单位负责危险货物运输车辆罐体的出厂检验和定期检验；质监部门要督促检验检测单位按照相关法规标准对危险货物运输车辆罐体进行严格的检验检测，依据检验检测结果逐台出具检验证书。公安交管部门要加强危险货物运输车辆的道路交通安全管理和驾驶员管理，严格管控危险货物道路运输路线。安全监管部门要加强综合监管，推动有关部门搞好直接监管，促进各项工作落实。地方各级人民政府要督促有关部门认真履行职责，采取“不发通知、不打招呼、不听汇报、不用陪同和接待，直奔基层、直插现场”的方式，对危险货物运输安全开展暗查暗访，深查企业安全管理状况及隐患排查整改情况。对监管工作不到位的地区和部门要进行问责；对于安全隐患严重、发生重特大事故的危险货物道路运输企业要列入“黑名单”并向社会曝光。

4. 要全面排查整治在用危险货物运输车辆加装紧急切断装置

山西、河南两省及其他各地区地方各级人民政府及其有关部门要督促各类危险货物运输企业严格执行GB 18564.1—2006强制性标准要求，逐台核查常压罐式危险货物运输车辆加装紧急切断装置情况。在企业自查的基础上，要组织有关部门对辖区内此类车辆安装情况进行全面摸底排查，集中进行整改。对于2006年11月1日以后出厂的常压罐式危险货物运输车辆，在销售合同或技术确认书中已明确为运输危险货物且没有安装紧急切断装置的，由车辆生产企业免费安装紧急切断装置；在销售合同或技术确认书中没有明确为运输危险货物但实际用于运输危险货物、没有安装紧急切断装置的车辆，或车辆生产企业已倒闭，以及2006年11月1日以前出厂仍在使用的、没有安装紧急切断装置的常压罐式危险货物运输车辆，要由车辆使用单位委托符合条件的车辆生产企业加装紧急切断装置。凡在2014年年底前未加装紧急切断装置的常压罐式危险货物运输车辆，从2015年1月1日起，检验检测单位不予出具相关检验合格证明，交通运输部门取消车辆营运资格，收回危险货物道路运输证。

5. 要进一步加强公路隧道安全管理

山西省及其他各地区地方各级人民政府及其有关部门要结合本地区实际，认真研究制定切实有效的公路隧道安全管理措施，提高公路隧道本质安全度。交通运输部门要完善隧道硬件设施，增设和完善灯光照明、防撞护栏、紧急避险车道和限速、禁止超车交通警示标识和逃生指示标识等隧道安全基础设施，严控车辆进入隧道时的速度；要根据隧道实际情况加装监控视频、声光报警、应急广播、应急按钮等装置，确保紧急状态下隧道内人员能够第一时间获知危险信息，及时避险逃生；要全面排查、评估公路隧道沿线各类检查站、收费站、煤管站等选址对隧道内车辆快速通行的影响，对易造成隧道交通拥堵、导致事故发生的，要立即停用或取消。公安交管部门要完善隧道安全通行措施，提高管控水平，严格管控公路隧道路面通行秩序；要加大对各类道路交通违法违章行为的处罚力度，严查严纠危险货物运输车辆在公路隧道内违法变道、超速超员、疲劳驾驶、驾驶证与准驾车型不符等各类严重交通违法行为。各相关部门要将公路隧道拥堵作为重大险情来应对处置，快速、有效处置隧道车辆拥堵，妥善管理和处置已处在隧道内的危险货物运输车辆，保证人员、车辆安全。地方各级人民政府要督促指导有关部门依法认真履行安全监管责任。

6. 要进一步加强公路隧道和危险货物运输应急管理

山西、河南两省及其他各地区地方各级人民政府及其有关部门要高度重视公路隧道应急管理工作。要针对本地区路网布局、产业特点和可能发生的各类事故，抓紧完善危险货物道路运输事故应急预案和各类公路隧道事故应急处置方案；要下大力气整合危险货物运输企业GPS监控平台、高速公路交通运行监控系统、公安交警交通安全管理系统等信息系统资源，统一和规范地方政府危险货物事故接处警平台，强化应急响应和处置工作，建立责任明晰、运转高效的应急联动机制。当地政府及其有关部门、单位和涉事人员在事故发生第一时间要及时、安全、有力、有序、有效地进行应急处置，并抓紧核清伤亡人数，准确上报和发布事故信息；要针对危险货物运输事故尤其是隧道事故特点，依托相关企业和单位，建立专兼职应急救援队伍，配备专门装备和物资，加强技战术训练，定期进行应急演练；要把事故应急意识和自救互救技能教育培训作为全民素质教育的重要内容，纳入地方各级人民政府及其有关部门的宣传教育和培训工作计划，通过媒体宣传等多种形式，深入持久地开展宣传教育和培训工作，不断提高全民事故防范意识和逃生避险、自救互救技能。

7. 要加强安全保障技术研究和健全完善安全标准规范工作

国家标准化管理部门要进一步修改完善《汽车和挂车后下部防护要求》（GB 11567.2—2001）、《道路运输液体危险货物罐式车辆 第1部分：金属常压罐体技术要求》（GB 18564.1—2006）等有关罐式危险货物运输车辆的技术标准和规范，对罐式危险货物运输车的后下部防护提出专门要求，提高危险货物运输车辆后下部防护装置的强度和性能；针对不同种类罐式危险货物运输车辆主卸料口的合理位置提出通用要求，明确罐式危险货物运输车辆主卸料口及三道安全阀的位置和设置，优化车辆罐体阀门等装置的连接方式，明确罐体出厂检验和定期检验的项目和要求，提升罐式危险货物运输车辆的被动安全性。特别是要以此次隧道事故暴露出的问题为导向，组织有关力量开展隧道安全保障技术研究，修改完善公路隧道相关设计建设标准规范，切实提高公路隧道安全设防等级和本质安全水平。

11.5 烟花爆竹违法事故案例分析

11.5.1 广西壮族自治区合浦县“9·9”重大烟花爆竹爆炸事故

2003年9月9日16时48分左右，广西壮族自治区合浦县和丰出口烟花股份有限公司下属的合浦公馆出口烟花厂发生一起重大烟花爆竹爆炸事故，造成8人死亡、49人受伤（其中重伤13人），直接经济损失152.91万元。

接到事故报告后，北海市、合浦县党委、政府迅速启动当地的重特大事故应急救援预案，及时开展抢救和善后工作，防止了事故的再扩大，确保了社会的稳定。根据自治区领导的指示，自治区安监局、公安厅、乡镇企业局、经贸委等有关部门派员赶赴事故现场，指导当地有关部门开展事故抢救和调查工作。按照自治区领导的指示精神，根据《企业职工伤亡事故报告和处理规定》（现已被《生产安全事故报告和调查处理条例》废止）和《广西壮族自治区企业职工伤亡事故管理办法》（2007年12月25废止），自治区安委会于9月10日 组成了由自治区安监局副局长、北海市政府副市长任组长的合浦县“9·9”重大烟花爆竹爆炸事故联合调查组（以下简称调查组），迅速对该起事故展开全面、深入的调查。调查组通过现场勘察、查阅资料、询问证人等多方取证和科学分析，查明了事故经过、原因和有关责任人的责任。

1. 基本情况

合浦公馆出口烟花厂位于合浦县公馆镇柏山路168号。1983年12月16日，由自治区劳动局批准设立，企业性质为集体企业。1992年9月16日，更名为广西合浦公馆出口烟花厂。该厂经多次扩建，事故前占地面积为3km^2，有8座成品库、9座原料库、42栋生产厂房，拥有员工1724名，持有爆炸物品使用、储存、销售、安全生产许可证和工商营业执照等证照。2002年全厂总产值为1.389亿元，出口产品78万箱。2002年12月4日经自治区人民政府批准，该厂改制为合浦和丰出口烟花股份有限公司。

北海市政府曾于2003年8月15日召开了全市烟花爆竹生产企业立即全面停产整顿的紧急会议并下发停产整顿的紧急通知。接到通知后，2003年8月16日该厂即按北海市政府的要求停产整改。经北海市、合浦县组织有关部门检查验收，于9月2日恢复生产。

2. 事故经过

9月9日下午，有1598名工人进厂工作，其中有2名工人在厂区北部第二工区2栋各由3个单间相连工房组成的烘干室内（以下简称A6、A7）分别进行烘珠前的准备工作。当天下午烘干室A6存放光珠约400kg，烘干室A7存放光珠约700kg。16时48分左右，烘干室A7突然发生爆炸，随即引起附近的烘干室A6、凉珠房A5、光珠仓库A3和A4、谷壳棉子仓A1、珠种仓A2和有药的制料车间发生燃爆或爆炸（该爆炸区域以下简称A区）。送珠种到珠种仓并正在返回制料车间途中的工人邓小芳被当场炸死；正在烘干室A6里工作的工人刘忠越、钟於彬则被烧死；厂外的农民王运生被爆炸抛散物砸伤致死。与此同时，A区爆炸产生的强大冲击波及砖头、石块、木块和烟火等抛散物随即引爆距离A区150m的烘干室、晒珠避雨房和药物中转仓等有药工房（此爆炸区域以下简称B区），致使在B区制珠车间工作的操作工李丽珍、蓝月英2人在逃离中被抛散物砸伤致死。B区爆炸产生的强大冲击波及砖头、石块和木块等抛散物又将距离B区凉珠中转仓217m远的药底中转仓引爆，发生第3次爆炸（该爆炸区域以下简称C区），致使在C区包装车间工作的操作工人吴永芬和在火箭药中转仓工作的朱有均2人在逃离中被抛散物砸伤致死。这次间续的大爆炸，自北向南纵向发生，先后引发3个区域爆炸，共发生了4次爆炸，整个爆炸过程时间约4分钟。由于间续爆炸而产生的强大冲击波及砖头、石块和木块等抛散物，将正在逃离中的部分员工砸伤。同时，造成大部分工房瓦片被掀开或毁坏，厂部办公室及附近民房的玻璃部分被震碎。

经核实，此次爆炸事故共造成3人被当场炸死、烧死，5人（其中1名为厂外人员）被爆炸抛散物砸伤致死，有49人受伤（其中6名为厂外人员）。

3. 原因分析

（1）事故的直接原因。由于温度、湿度等环境气候变化，使烘干室A7内的药珠受潮，药物发生放热反应，引起自燃自爆，这是本次爆炸事故的直接原因。

（2）事故的间接原因。

1）赶任务，超能力生产。该厂因出口订单较多，没有摆正安全与生产和效益的关系，为完成出口订单，存有侥幸心理。不顾自身生产能力而赶任务生产，超能力组织生产致使部分药仓超药量存放、个别工房超药量运作。例如，经相关部门核定，烘干室A7的药物存放量为500kg，但9月9日实际的药物存放量约为700kg；又如该厂2001年新增建的两栋光珠仓（光珠仓库A3和A4），相关部门核定的药物存放量共800kg，而9月9日实际存放的药物达1900kg，为核定量的2倍多。这是造成此次事故扩大的主要原因之一。

2）企业安全生产责任制落实不到位，内部管理混乱。该厂与各车间、班组虽然制定有安全生产责任制，但没有认真贯彻落实，分管生产和安全的领导、部门、车间、班组生产、安全管理工作相互脱节，尤其是生产计划部门只安排生产任务，安全部门不知生产部门安排生产的品种和任务，致使企业生产、安全管理上出现混乱。这是造成此次事故的主要原因之一。

3）企业员工素质低，专业技术人员缺乏。该厂员工对烟花火药易燃易爆的性能缺乏认识，虽经岗前短期培训，但未达到应知应会的要求。该厂的专职安全员和部分生产车间管理人员安全综合素质较差，缺乏专业知识。由于该企业人员素质普遍较差，造成不能对本企业烟花爆竹生产流程的各个重要环节进行有效的安全生产管理。

4）公馆镇政府及有关管理部门对烟花爆竹安全管理业务不熟，监管不力。公馆镇政府及相关管理部门的有关人员虽多次到场进行安全检查，但因缺乏专业知识，未能发现事故隐患，无法对企业进行有效的监督和检查。

4. 事故性质

综合上述，这是一起责任事故。

11.5.2 某私营花炮厂2003年伤亡事故

某花炮厂属私营企业，主要产品有鞭炮和烟花，在全省烟花爆竹企业专项整治期间，该厂从2000年12月开始停产整顿，至2001年4月整顿完毕，经当地公安部门批复，同意该厂恢复生产，并与当地人民政府签订了安全生产责任书。

2002年4月，该厂修建用来搬运原料的卷扬机提升系统，卷扬机提升斗长约60m，垂直高度为三十多米，上工区在半山腰，下工区在卸货停车场，操作平台设在上工区，卷扬机于2002年10月初建成投入使用。该厂委托安全评价机构进行了安全评价，安全评价机构明确指出自制的卷扬机不能使用，如要使用须经有关部门检验鉴定合格。当地公安部门在2002年11月1日对该厂检查中，特别指出卷扬机不得用于运输药料，并提出书面整改意见。法人代表A当场表示，不采用机械方式搬运黑火药，卷扬机只是用来搬运辅助材料，绝不运载带药原料和人，厂里也制定了制度并告知全厂职工违者罚款。A还以书面形式向公安部门做出保证，绝不会用卷扬机来搬运黑火药和人。但事实上，自2002年10月份以来，该厂曾经多次利用卷扬机来搬运过黑火药，A对此视而不见。

2003年2月22日，厂安全负责人B前往某市购买黑火药和烟花材料，当日在该市租用了两辆5t解放牌货车。23日上午，一辆车载4t黑火药和1t高氯酸钾，另一辆装载约7t的烟花材料。B负责押运回厂后，根据副厂长C的指示，B指挥驾驶人将第一辆车先行开至卷扬机下工区，副厂长C指派3名工人去卸货，将车上的高氯酸钾和黑火药卸下装入卷扬机的吊篮提升到上工区。为加快搬运速度，C又去找几辆手推车来运送，当天值班管理人员D也分别指派9名工人到卷扬机上工区去搬运。未经专业培训的D操作卷扬机，两名工人在旁负责卸货，其余7名工人用两辆手推车将货物搬运入库。卷扬机前两次提升上来的是高氯酸钾，在提升期间，卷扬机曾发生吊篮下滑的故障。第三次提升黑火药时，因提升过卷、钢丝绳突然崩断，吊篮坠落至下工区地面，发生爆炸事故，造成8人死亡、2人重伤、20人轻伤。

1. 事故原因分析

这起事故是一起责任事故。

对事故原因的分析可分为事故的直接原因和间接原因。

（1）直接原因：主要是企业采用未经专业检测检验机构检测合格的自制的卷扬机，擅自提升烟花爆竹药料和货物。值班管理人员D未经培训，无证作业，违法违规操作卷扬机提升高氯酸钾和黑火药，并在提升运行过程中已发生了两次吊篮下滑的故障后，没有及时采取检查、修理、停运等措施，而是继续冒险蛮干，违法违章操作，导致了事故的发生。

（2）间接原因：一是企业违反《安全生产法》（2002年版）第二十九条“安全设备的设计、制造、安装、使用、检测、维修、改造和报废，应当符合国家标准或者行业标准。生产经营单位必须对安全设备进行经常性维护、保养，并定期检测，保证正常运转。维护、保养、检测应当做好记录，并由有关人员签字”的规定，在卷扬机安全设备的设计、制造、安装、使用、检测、维修6个环节均没有严格依法履行自己的职责。二是安全管理混乱，制度虚设。在公安部门检查下达书面整改意见后，法人代表A做出书面承诺，制定了制度，但是未能履行承诺和遵守规章制度，三违现象严重。三是违反《安全生产法》（2002年版）第二十三条“生产经营单位的特种作业人员必须按照国家有关规定经专门的安全作业培训，取得特种作业操作资格证书，方可上岗作业”的规定，未履行企业特种作业人员持证上岗制度。四是职工安全意识低，素质差。企业的制度已告知全厂职工，卷扬机绝不允许运载药料和人，但在事故当天二十多名职工对企业的违法违规行为和事故征兆却无一人制止或者提出异议。五是安全监督执法的公安部门未能正确履行监管职责，对安全评价机构提出的自制卷扬机必须通过有关部门检验鉴定合格方可使用的建议，在企业做出书面保证不采用机械方式搬运药料和人的承诺后，就觉得万事大吉，不予检查。

2. 事故有关责任人的问题

（1）企业法人代表A。企业安全生产责任不落实，管理混乱，特别是对卷扬机的设计、制造、安装、使用、检测、维修，特种作业人员的培训没有按照法律法规的规定要求去做，严重违反了国家法律法规和技术标准，A是企业安全生产的第一责任人，对这起事故负有主要领导责任。

（2）厂方安全负责人B。主管企业的安全生产工作，对企业的安全生产管理混乱，没有听取安全评价机构的建议，不向法人代表A提出建议，对企业习惯性违法违规视而不见，制止不力，工作失职，对这起事故负有直接领导责任。

（3）副厂长C。违法违规指挥驾驶人将车开至卷扬机下工区，指派工人违章作业，将车上的高氯酸钾和黑火药卸下装入卷扬机的吊篮提升到上工区，对这起事故负有直接领导责任。

（4）值班管理人员D。违法违规无证作业，发现事故征兆没有及时采取措施，仍冒险蛮干，是这起事故的直接责任者。

（5）公安部门若干人（主管领导、2002年11月1日检查人员、主管人员等）。虽然以书面的形式下达了整改意见，但是对于企业法人代表A的口头和书面的承诺，表示了认可，是在明知企业违法的情况下监督执法不力，对这起事故负有重要的管理责任。

（6）另一辆超载车驾驶人。违规超载运输，对这起事故没有直接的责任关系，但有违法违规的行为，应予处罚。

3. 防范措施

（1）要认真贯彻落实《安全生产法》等法律法规的规定，坚持"安全第一、预防为主、综合治理"的方针，切实解决严格不起来、落实不下去的问题。完善各项规章制度，明确安全生产责任制，形成一级抓一级，一级对一级负责的责任体系。

（2）严格安全设备的设计、制造、安装、使用、检测、维修、改造和报废制度，严格安全设备经常性维护、保养，并定期检测的制度，凡不符合国家标准或者行业标准的安全设备以及国家明令淘汰的设备必须依法停止使用。

（3）加强职工的安全培训教育，提高职工的安全意识，形成自觉抵制违法违章指挥、违法违章作业、违反劳动纪律的行为。要严格特种作业人员专业培训持证上岗制度，不符合规定的，绝不能上岗作业。

（4）加强安全生产的监督执法，依法查处违法违规的行为。行政执法要公正、公平、公开，对法律法规已做出明确规定的，不能网开一面，更不得听信保证，对检查出来的事故隐患要一查到底，跟踪落实情况，直到消除事故隐患为止。

（5）完善重大危险源的监督管理制度，切实开展好重大危险源的普查、登记、分级、建档、监测、监控，以及事故应急预案的建设，做到防范在先，科学决策，强化管理。

11.6 消防安全违法事故案例分析

11.6.1 河南平顶山"5·25"特别重大火灾事故

2015年5月25日19时30分许，河南省平顶山市鲁山县康乐园老年公寓发生特别重大火灾事故，造成39人死亡、6人受伤，过火面积745.8m^2，直接经济损失2 064.5万元。

1. 事故基本情况

（1）事故单位情况。

1）单位概况。康乐园老年公寓位于河南省平顶山市鲁山县琴台街道办事处贾王庄村三里河转盘西南、紧邻南北向鲁平大道，法定代表人范花枝（鲁山县人，女，50岁）。该老年公寓注册资金50万元，为民办养老机构（组织机构代码：06000763-4）。事故发生前有常住老人130人左右、工作人员25人（管理人员7人、护工14人、其他人员4人）。火灾发生时，不能自理区共住有52名老人、4名护工。

2）资质情况。康乐园老年公寓于2010年12月14日取得平顶山市民政局核发的社会福利机构设置批准证书（福机证字第4104230002号），有效期限至2013年12月14日。业务范围主业为养老、托老，兼业为康复、医疗。

2012年11月20日取得鲁山县民政局核发的《民办非企业单位登记证书》（鲁民证字第07001号）。

2014年1月1日取得鲁山县民政局核发的《养老机构设立许可证》（证书编号13410407001），有效期限至2019年3月1日。服务范围为老年人生活照料、康复护理、精神慰藉、文化娱乐等。

（2）主要建筑情况。

1）公寓整体布局。康乐园老年公寓占地面积40亩，建筑物总面积2272m^2，设有不能自理区1个（东西向单排建筑）、半自理区1个、自理区2个（南北向建筑），另有办公室、厨房、餐厅等附属设施。不能自理区建筑为聚苯乙烯夹芯彩钢板房，其他区域建筑均为砖墙、夹芯彩钢板屋顶。所有建筑均为单层。

2）起火建筑。起火建筑长56.5m、宽13.2m，建筑面积745.8m^2，2013年2月建设，当年7月份安排不能自理老人入住。

建筑内功能分区。建筑内设有1.9m宽东西向走廊和3.6m宽南北向走廊，将建筑内部分为四个区域。共有13间各自相对隔离的房间，其中8间分女部（西侧4间）、男部（东侧4间），其余为3间库房、1间监控室、1间更衣间。

起火建筑设有4个安全出口，其中东西向走廊两端各设一个，南北向走廊两端各设一个，均可直通室外。

建筑结构。该建筑主体结构为钢架结构，柱为截面是10.0cm×10.0cm的空心方形钢；墙体为内外白镀锌板中间夹7.0cm厚聚苯乙烯泡沫板（依现场取样，材料燃烧性能经鉴定，氧指数19.0%，属易燃材料），内、外镀锌板厚度均为0.3mm；人字形屋顶面板为外蓝内白镀锌板中间夹7.5mm厚聚苯乙烯泡沫板，外镀锌板厚0.4mm，内镀锌板厚0.3mm；建筑内设有吊顶，吊顶棚面材质为白色塑料扣板（依现场取样，材料燃烧性能经鉴定，氧指数为33.8%，属难燃材料），吊顶骨架为截面是3.0cm×3.0cm的木条。吊顶上方至屋顶空间整体贯通。

电路敷设。起火建筑内共设4个回路。主线由东至西沿东西向走廊的吊顶上方敷设，分南、北区各2个回路，分别供照明、插座、排气扇、冷暖风机和电视机插座。每个房间内均设有照明和电源插座。照明主线线径6.0mm^2，下灯线线径4.0mm^2，开关线线径2.5mm^2，均为铜芯线。

建筑南北外墙各敷设一条4股线径10.0mm^{2}的铝芯电线用作空调专用线。

建设施工。起火建筑由鲁山县通达卷闸门彩钢瓦门店个体老板冯春杰承包施工，并提供夹芯彩钢板材料。经调查，冯春杰及鲁山县通达卷闸门彩钢瓦门店均未取得任何相关工程施工资质。

2. 事故发生经过及应急救援情况

（1）事故发生经过。5月25日19时30分许，康乐园老年公寓不能自理区女护工赵红霞、龚改新在起火建筑西门口外聊天，突然听到西北角屋内传出异常声响，两人迅速进屋，发现建筑内西墙处的立式空调以上墙面及顶棚区域已经着火燃烧。赵红霞立即大声呼喊救火并进入房间拉起西墙侧轮椅上的两位老人往室外跑，再次返回救人时，火势已大，自己被烧伤，龚改新向外呼喊求助。由于大火燃烧迅猛，并产生大量有毒有害烟雾，老人不能自主行动，无法快速自救，导致重大人员伤亡、不能自理区全部烧毁。

（2）单位组织初期火灾扑救和疏散人员情况。不能自理区男护工石胜利、常玉卿，马金德（范花枝的丈夫），消防主管孔繁阳和半自理区女护工石莉等听到呼喊求救后，先后到场施救，从起火建筑内救出13名老人，范花枝组织其他区域人员疏散。在此期间，范花枝、孔繁阳发现起火后先后拨打119电话报警。

（3）消防队接警出动、灭火救援及搜救情况。19时34分04秒，鲁山县消防大队接到报警后，迅速调集大队5辆消防车、20名官兵赶赴现场，19时45分消防车到达现场，起火建筑已处于猛烈燃烧状态，并发生部分坍塌。消防大队指挥员及时通知辖区两个企业专职消防队2辆水罐消防车、14名队员到达火灾现场协助救援。现场成立4个灭火组压制火势、控制蔓延、掩护救人，2个搜救组搜救被困人员。20时10分现场火势得到控制，同时指挥员向平顶山市消防支队指挥中心报告火灾情况。20时20分明火被扑灭。截至5月26日6时10分，指挥部先后组织7次对现场细致搜救，在确认搜救到的人数与有关部门提供现场被困人数相吻合的情况下，结束现场救援。

（4）当地政府应急处置情况。火灾发生后，鲁山县委、县政府立即启动应急响应，组织公安、消防、民政、安全监管、医疗卫生等部门人员全力展开灭火、搜救、善后及维稳工作。医疗卫生部门共调派27辆救护车、14个医疗单位，出动医务人员81人次。

河南省及平顶山市政府接到火灾事故报告后，立即启动应急预案。省委书记郭庚茂、省长谢伏瞻接到报告后，立即做出批示。省长谢伏瞻，副省长李亚、张维宁，平顶山市委、市政府主要负责同志等带领省、市有关部门负责同志赶赴事故现场，成立现场指挥部，组织开展应急救援和伤员救治工作。

（5）医疗救治和善后处理情况。地方党委、政府认真稳妥做好医疗救治、事故伤亡人员家属接待及安抚、遇难者身份确认和赔偿等工作。按照医疗救治、善后安抚两个“一对一”的要求，对遇难者家属、受伤人员及其家属分步骤进行心理疏导，全力开展善后工作，保持社会稳定。

3. 事故原因和性质

（1）直接原因。老年公寓不能自理区西北角房间西墙及其对应吊顶内，给电视机供电的电器线路因接触不良而发热，高温引燃周围的电线绝缘层、聚苯乙烯泡沫、吊顶木龙骨等易燃可燃材料，造成火灾。

造成火势迅速蔓延和重大人员伤亡的主要原因是建筑物大量使用聚苯乙烯夹芯彩钢板（聚苯乙烯夹芯材料燃烧的滴落物具有引燃性），且吊顶空间整体贯通，加剧火势迅速蔓延并猛烈燃烧，导致整体建筑短时间内垮塌损毁；不能自理区老人无自主活动能力，无法及时自救，造成重大人员伤亡。

（2）间接原因。

1）康乐园老年公寓违规建设运营，管理不规范，安全隐患长期存在。

①违法违规建设、运营。康乐园老年公寓发生火灾建筑没有经过规划、立项、设计、审批、验收，使用无资质施工队；违规使用聚苯乙烯夹芯彩钢板、不合格电器电线；未按照国家强制性行业标准《老年人建筑设计规范》（JGJ 122—1999）要求在床头设置呼叫对讲系统，不能自理区配置护工不足。

②日常管理不规范，消防安全防范意识淡薄。康乐园老年公寓日常管理不规范，没有建立相应的消防安全组织和消防制度，没有制定消防应急预案，没有组织员工进行应急演练和消防安全培训教育；员工对消防法律法规不熟悉、不掌握，消防安全知识匮乏。

2）地方民政部门违规审批许可，行业监管不到位。

①鲁山县民政局日常监管不到位，违规审批许可。一是日常安全监管不到位。鲁山县民政局每半年对康乐园老年公寓检查一次，从未发现其使用违规彩钢板扩建经营、安全组织管理缺失等问题。二是违规审批许可。2010 年 11 月，鲁山县民政局在康乐园老年公寓未提供建设、消防、卫生防疫等部门的验收报告和审查意见书原件的情况下，不严格履行审批程序，违规通过了康乐园老年公寓审查，并将该审查材料报送平顶山市民政局。2013 年 12 月，鲁山县民政局未按照相关审批程序和安全排查规定，违规给康乐园老年公寓换发了许可证。

②平顶山市民政局违规批准康乐园老年公寓设置，贯彻落实法规政策不到位。一是违规批准康乐园老年公寓设置。2010 年 12 月，未按照审批程序审查康乐园老年公寓证照原件，违规向其颁发批准证书。二是安全监管工作指导督促不到位。2013 年以来组织开展的多次社会福利机构及养老机构安全检查中，重部署通知，轻检查落实，指导督促不到位，没有发现康乐园老年公寓存在的安全隐患并督促其整改。

③河南省民政厅督促落实法规政策不到位，指导下级安全管理工作不到位。河南省民政厅对平顶山市、鲁山县民政部门长期存在的贯彻落实法规政策不到位、违规批准康乐园老年公寓设置等问题疏于监管。《河南省社会办养老机构管理暂行办法》（豫民文〔2012〕1 号）废止后，未及时出台养老机构护工人员比例要求，未及时落实《民政部关于贯彻落实<养老机构设立许可办法>和<养老机构管理办法>的通知》（民函〔2013〕222 号）提出的“各地要在养老机构人员配比等方面提出细化、量化和具体可行的要求”。《河南省养老机构设立许可管理办法》（豫民〔2013〕7 号）施行后，没有及时有效组织指导下级开展养老机构设立许可工作。

3）地方公安消防部门落实消防法规政策不到位，消防监管不力。

①鲁山县公安局董周派出所落实消防法规政策不到位，消防日常监管不力。没有认真贯彻执行消防安全重点单位界定标准要求，未准确上报康乐园老年公寓相关信息，导致鲁山县公安消防大队将应定为二级消防安全重点单位管理的康乐园老年公寓错定为三级管理。没有认真履行消防日常监管职责，没有扎实开展针对养老院的消防安全专项整治活动，未能及时发现和纠正康乐园老年公寓违规彩钢板建筑物的消防安全隐患。

②鲁山县公安消防大队执行消防法规政策不严格，日常监管有漏洞。一是未严格执行《平顶山市消防安全重点单位界定标准》，错将二级消防安全重点管理单位康乐园老年公寓列为三级管理；对鲁山县公安局董周派出所日常消防监督检查、培训指导不到位。二是对康

乐园老年公寓消防监督检查缺失。自康乐园老年公寓注册以来，鲁山县公安消防大队从未对其进行过检查，对康乐园老年公寓的有关信息掌握不准，底数不清。三是消防安全专项治理行动不扎实，没有及时排查出康乐园老年公寓存在的重大消防安全隐患。

③鲁山县公安局对鲁山县公安消防大队和董周派出所消防安全工作指导督促不到位。一是对辖区内针对养老院开展的消防安全专项治理工作督导不力，流于形式。二是对鲁山县公安消防大队错误划定康乐园老年公寓的消防安全重点单位等级未能及时发现。三是对董周派出所消防安全监管工作疏于指导督促。

④平顶山市公安消防支队指导下级开展工作、督促工作落实不到位。一是未能及时发现并予以纠正鲁山县公安消防大队对康乐园老年公寓监管缺失以及错误划定康乐园老年公寓的消防安全重点单位等级的问题。二是消防监管工作重部署、轻落实。平顶山市消防安全重点单位界定工作，虽下发了《平顶山市消防安全重点单位界定标准》，但对如何申报、怎样界定消防安全重点单位等级以及消防安全重点单位界定登记工作中，没有明确市公安消防支队与派出所、县公安消防大队之间如何无缝对接等要求。2013 年以来多次开展的养老院消防安全专项整治活动目标不具体、检查不彻底。

⑤平顶山市公安局开展消防安全专项行动不力，指导检查消防工作不实。一是对鲁山县公安局开展的针对养老院火灾隐患排查治理工作，指导督促不得力。二是对消防安全重点单位界定工作指导不力。三是对鲁山县公安局及其消防大队开展的消防安全监管工作疏于监督检查。

⑥河南省公安消防总队对下级落实有关消防安全法律法规督促落实不到位。对平顶山市公安消防支队的消防监管工作指导不力，落实公安部《关于进一步加强彩钢板建筑消防安全监督管理的通知》（公消〔2012〕303 号）、“九九”消防平安行动、重大火灾隐患专项整治、清剿火患战役等消防专项检查工作督促落实不到位。

4）地方国土、规划、建设部门执法监督工作不力，履行职责不到位。

①鲁山县国土资源局监督执法不彻底。琴台国土资源所为鲁山县国土资源局垂直管理机构，2013 年，琴台国土资源所巡查发现康乐园老年公寓未经批准违法占用耕地 1066m^2 用于建设彩钢板房，除行政处罚 10660 元的决定得到落实执行外，没有依法采取有效措施继续对非法占地行为予以纠正，导致非法占地建筑最终建成投入使用。鲁山县国土资源局对该所执法监督不到位的问题失察。

②鲁山县城乡规划局落实法规政策不实，督促指导执法监察大队工作不到位。起火建筑自 2013 年开工建设至事故发生，鲁山县城乡规划局执法监察大队未检查并发现其违法建设行为。鲁山县城乡规划局作为执法监察大队的管理部门，对其日常巡查不力、监督不到位的问题未能及时发现和整改，导致规划区内该违法建筑长期存在。

③鲁山县住房和城乡建设局执法检查不到位。起火建筑于 2013 年建设期间，城建监察大队从未发现其违法建设行为，查处违法建设工作有漏洞，检查不到位。鲁山县住房和城乡建设局作为城建监察大队的管理部门，未能及时发现和整改下属单位工作不力的问题。

5）地方政府安全生产属地责任落实不到位。

①鲁山县琴台街道办事处贯彻落实国家有关法规政策不到位，属地监管不力。对康乐园老年公寓的属地监管职责推诿扯皮、失控漏管，没有履行属地监管职责。琴台街道办事处民政所贯彻落实国家有关法律法规不到位，未落实县民政部门对养老机构认真开展安全检查的工作要求。

②鲁山县委、县政府贯彻落实国家民政、公安消防等法规政策不到位，履行安全生产属地监管职责不到位。对养老机构等安全监管工作不重视，未能有效督促指导民政、公安、消防、国土、规划、住建等部门严格履行有关职责，对相关部门执法监督检查不到位、违规行政审批等情况未能及时检查发现并予以纠正，消防安全专项治理工作不深入彻底，对康乐园老年公寓长期存在的事故隐患和安全管理混乱未及时发现并督促整改等问题失察。

③平顶山市政府督促指导下级政府和有关部门贯彻落实国家及河南省民政、公安消防等法规政策不到位，督促指导安全工作不力。在落实国家和河南省民政、公安消防专项检查、工作部署方面不扎实，督促检查不到位，对监管部门专项检查流于形式的问题失察。对养老机构等安全监督管理工作不重视。

（3）事故性质。经调查认定，河南平顶山"5·25"特别重大火灾事故是一起生产安全责任事故。

4. 对事故有关责任人员及责任单位的处理建议

（1）司法机关已采取措施人员31人。

（2）建议给予党纪、政纪处分的人员27人。

（3）其他建议。

河南省政府向国务院做出深刻检查，认真总结和吸取事故教训，进一步加强和改进安全生产工作。

平顶山市委向河南省委做出深刻检查，由河南省纪委对平顶山市委主要负责同志进行诫勉谈话，要求其从"5·25"特别重大事故中吸取深刻教训，在安全生产中落实"党政同责、一岗双责、齐抓共管"的要求，进一步做好相关工作。

河南省政府主要负责同志约谈平顶山市政府主要负责同志，要求其从"5·25"特别重大事故中吸取深刻教训，进一步做好安全生产工作。

对检察机关已立案侦查人员中的中共党员和行政监察对象，建议河南省纪委监察厅跟进掌握情况，待司法机关做出处理后，按照管理权限由有关单位给予相应党纪、政纪处分（含检察机关决定免予起诉人员）。

11.6.2　吉林省长春市宝源丰禽业有限公司"6·3"特别重大火灾爆炸事故

2013年6月3日6时10分许，位于吉林省长春市德惠市的吉林宝源丰禽业有限公司（以下简称宝源丰公司）主厂房发生特别重大火灾爆炸事故，共造成121人死亡、76人受伤，17234m^2主厂房及主厂房内生产设备被损毁，直接经济损失1.82亿元。

11.6.2.1　基本情况

1. 事故单位情况

（1）企业概况。宝源丰公司为个人独资企业，位于德惠市米沙子镇，成立于2008年5月9日，法定代表人贾玉山。该公司资产总额6227万元，经营范围为肉鸡屠宰、分割、速冻、加工及销售，现有员工430人，年生产肉鸡36000t，年均销售收入约3亿元。该企业于2009年10月1日取得德惠市肉品管理委员会办公室核发的畜禽屠宰加工许可证。2012年9月18日取得德惠市畜牧业管理局核发的动物防疫条件合格证。

（2）主厂房建筑情况。

1）主厂房功能分区。主厂房内共有南、中、北三条贯穿东西的主通道，将主厂房划分为四个区域，由北向南依次为冷库、速冻车间、主车间（东侧为一车间、西侧为二车间、中部为预冷池）和附属区（更衣室、卫生间、办公室、配电室、机修车间和化验室等）。

2）主厂房结构情况。主厂房结构为单层门式轻钢框架，屋顶结构为工字钢梁上铺压型板，内表面喷涂聚氨酯泡沫作为保温材料（依现场取样，材料燃烧性能经鉴定，氧指数为22.9%~23.4%）。屋顶下设吊顶，材质为金属面聚苯乙烯夹芯板（依现场取样，材料燃烧性能经鉴定，氧指数为33%），吊顶至屋顶高度为2~3m不等。

主厂房外墙1m以下为砖墙，以上南侧为金属面聚苯乙烯夹芯板，其他为金属面岩棉夹芯板。冷库与速冻车间部分采用实体墙分隔，冷库墙体及其屋面内表面喷涂聚氨酯泡沫作为保温材料（依现场取样，材料燃烧性能经鉴定，氧指数为23.8%），附属区为金属面聚苯乙烯夹芯板，其余区域2m以下为砖墙，以上为金属面岩棉夹芯板。钢柱4m以下部分采用钢丝网抹水泥层保护。

主厂房屋顶在设计中采用岩棉（不燃材料，A级）作保温材料，但实际使用聚氨酯泡沫（燃烧性能为B3级），不符合《建筑设计防火规范》（GB 50016—2006）（现最新版本为GB 50016—2014）不低于B2级的规定；冷库屋顶及墙体使用聚氨酯泡沫作为保温材料（燃烧性能为B3级），不符合《冷库设计规范》（GB 50072—2001）（现最新版本为GB 50072—2010）不低于B1级的规定。

3）主厂房防火分区、安全出口及消防设施情况。主厂房火灾危险性类为丁戊类，建筑耐火等级为二级，主厂房为一个防火分区，符合《建筑设计防火规范》的相关规定。

主厂房主通道东西两侧各设一个安全出口，冷库北侧设置5个安全出口直通室外，附属区南侧外墙设置4个安全出口直通室外，二车间西侧外墙设置一个安全出口直通室外。安全出口设置符合《建筑设计防火规范》的相关规定。事故发生时，南部主通道西侧安全出口和二车间西侧直通室外的安全出口被锁闭，其余安全出口处于正常状态。

主厂房设有室内外消防供水管网和消火栓，主厂房内设有事故应急照明灯、安全出口指示标志和灭火器。企业设有消防泵房和1500m^3消防水池，并设有消防备用电源，符合《建筑设计防火规范》的相关规定。

4）生产工艺流程情况。该工艺流程主要有挂鸡（挂鸡台）、宰杀、脱毛、除腔（一车间，又称脏区）、预冷（预冷池）、分割（二车间，又称净区）、速冻（速冻车间）、包装（纸箱间）、储存（冷库）。

5）厂房内的配电情况。冷库、速冻车间的电气线路由主厂房北部主通道东侧上方引入，架空敷设，分别引入冷库配电柜和速冻车间配电柜。

一车间的电气线路由主厂房南部主通道东侧上方引入，电缆设置在电缆槽内，穿过吊顶，引入一车间配电室。

二车间的电气线路由主厂房南部主通道东侧上方引入，在屋顶工字钢梁上吊装明敷（未采取穿管保护），东西走向，穿过吊顶进入二车间配电室。

主厂房电器线路安装敷设不规范，电缆明敷，二车间存在未使用桥架、槽盒、穿管布线的问题。

（3）氨制冷系统情况。

1）制冷系统基本情况。事故企业使用氨制冷系统，系统主要包括主厂房外东北部的制冷机房内的制冷设备、布置在主厂房内的冷却设备、液氨输送和氨气回收管线。

制冷设备包括10台螺杆式制冷压缩机组、3台15.4m^3的高压贮氨器、10台7m^3的卧式低压循环桶（自北向南分别为1~10号）等。

冷却设备包括冷库、速冻库、预冷池的蒸发排管，螺旋速冻机，风机库和鲜品库的冷风机等。螺旋速冻机和冷风机均有大量铝制部件。

10台卧式低压循环桶通过液氨输送和氨气回收管线，分别向冷库、速冻库、预冷池、螺旋速冻机、风机库和鲜品库供冷，形成相对独立的6个冷却系统。

2）制冷系统受损情况。6个冷却系统中，螺旋速冻机、风机库和鲜品库所在冷却系统的管道无开放性破口，设备中的铝制部件有多处破损、部分烧毁；冷库、速冻库所在冷却系统的管道有23处破损点；预冷池所在冷却系统的管道无开放性破口。

制冷机房中，1号卧式低压循环桶外部包裹的保温层开裂，下方的液氨循环泵开裂，桶内液氨泄漏。机房内未见氨燃烧和化学爆炸迹象，其他设备完好。

事故企业共先后购买液氨45t。事故发生后，共从氨制冷系统中导出液氨30t，据此估算事故中液氨泄漏的最大可能量为15t。

3）制冷系统设计施工情况。制冷系统的设备及管线系事故企业自行购买，在未进行系统工程设计的情况下，由大连雪山冷冻设备制造有限公司出借资质给吕文成完成安装施工。安装完成后，由大连雪山冷冻设备制造有限公司原设计人员郭长勇、大连市化工设计院退休职工张幸祥补充设计图和设计文件，大连市化工设计院办公室主任杨宪伟未经单位批准，擅自加盖大连市化工设计院的出图章。

（4）劳动用工情况。宝源丰公司与120名工人签订了劳动用工合同，并在当地劳动管理部门备案，其余工人没有签订劳动合同。工人养老保险金（社会统筹）上缴不足，部分工人拒绝上缴个人承担的资金。

（5）特种设备管理及作业人员资质情况。宝源丰公司非法取得了特种设备使用登记证，未按规定建立特种设备安全技术档案，未按要求每月定期自查并记录，未在安全检验合格有效期届满前1个月向特种设备检验检测机构提出定期检验要求，未开展特种设备安全教育和培训。公司有8名特种作业人员（其中制冷工4名、电工2名、锅炉工2名）。从赵长江谈话记录及从长春市质量技术监督部门调取赵长江资质证书考试申请材料来看，赵长江的申报表无本人签字、申报事项不实、考卷不是本人所答，其所持资格证书属作假取得。

2. 项目立项、建设及竣工验收等情况

宝源丰公司项目的立项、审批、建设和竣工验收等基本过程是：2007年11月，德惠市发改局批复同意宝源丰公司项目立项。12月，德惠市环保局做环评批复。2008年3月，米沙子镇人民政府审核同意了宝源丰公司的建设项目选址申请。此后，宝源丰公司通过挂牌方式先后取得五宗地块。2008年3月，德惠市建设工程勘察设计有限公司（丙级资质）提交了宝源丰公司车间的岩土工程勘察（详勘）报告。4月，长春市建设工程施工图审查中心出具了宝源丰公司厂房的设计文件审查意见书。5月，宝源丰公司先后与长春建工集团有限公司签订建设工程施工合同（约定的工程内容为土建、钢结构等，开工日期为2008年5月3日，竣工日期为2008年10月30日，合同价款837万元），与铁岭瑞诚建设工程监理有限责任公司签订建设工程委托监理合同（约定此合同自2008年5月16日开始实施，至2009年7月16日完成）。5月，德惠市建设工程质量监督站出具建设工程质量监督书，其中“吉林宝源丰禽业有限公司办公楼、宿舍楼工程项目组织机构”中，项目经理为贾铁金，落款为长春建工集团有限公司。2009年11月，建设、监理、勘察、设计、施工单位出具了宝源丰公司项目的工程竣工验收报告。12月，德惠市公安消防大队出具了建筑工程消防验收意见书，意见为“综合评定该工程消防验收合格”；德惠市环保局出具了环保验收报告；德惠市住建局出具了建设工程竣工备案证，对宝源丰公司工程竣工备案；德惠市米沙子镇人民政府颁发了厂房、冷库的房屋所有权证。

3. 相关单位情况

宝源丰公司的建筑设计单位为纺织工业非织造布技术开发中心（建筑工程设计甲级资质，后改制为辽宁天维纺织研究建筑设计集团有限公司）。

施工单位为长春建工集团有限公司（房屋建筑工程施工总承包特级资质，以下简称长春建工集团），监理单位为铁岭瑞诚建设工程监理有限责任公司（房屋建筑工程监理丙级资质，以下简称瑞诚监理公司）。经调查，上述设计、施工、监理单位均为挂靠借用资质违法办理工程建设手续的单位。实际情况如下：

（1）设计方情况。宝源丰公司项目设计方系辽宁大河重钢工程有限公司总经理贾铁金安排其公司内部无设计资质人员设计，然后挂靠纺织工业非织造布技术开发中心履行相关建设手续。挂名的设计单位未派人参加设计验收等工作，也未收取设计费。

（2）施工方情况。宝源丰公司项目施工方是经贾铁金介绍长春建工集团职工刘升同贾玉山认识，然后由宝源丰公司与长春建工集团签订承包合同，借用长春建工集团资质办理相关手续。项目的土建部分由贾玉山自己组织人员施工，钢构部分由贾铁金负责建设。长春建工集团及刘升收取了管理费。

（3）监理方情况。宝源丰公司项目的监理方系铁岭无业人员张新明，他向贾玉山承揽到宝源丰公司项目监理业务，由瑞诚监理公司和宝源丰公司签订合同，由张新明代表瑞诚监理公司开展监理工作。张新明不具备监理资质、不懂监理业务，并同时代表贾玉山对项目进行技术管理，分别从两家公司领取报酬。

11.6.2.2 事故发生经过、应急救援及善后处理情况

1. 事故发生经过

6月3日5时20分至50分左右，宝源丰公司员工陆续进厂工作（受运输和天气温度的影响，该企业通常于早6时上班），当日计划屠宰加工肉鸡3.79万只，当日在车间现场人数395人（其中一车间113人，二车间192人，挂鸡台20人，冷库70人）。

6时10分左右，部分员工发现一车间女更衣室及附近区域上部有烟、火，主厂房外面也有人发现主厂房南侧中间部位上层窗户最先冒出黑色浓烟。部分较早发现火情人员进行了初期扑救，但火势未得到有效控制。火势逐渐在吊顶内由南向北蔓延，同时向下蔓延到整个附属区，并由附属区向北面的主车间、速冻车间和冷库方向蔓延。燃烧产生的高温导致主厂房西北部的1号冷库和1号螺旋速冻机的液氨输送和氨气回收管线发生物理爆炸，致使该区域上方屋顶卷开，大量氨气泄漏，介入了燃烧，火势蔓延至主厂房的其余区域。

2. 灭火救援及现场处置情况

6时30分57秒，德惠市公安消防大队接到110指挥中心报警后，第一时间调集力量赶赴现场处置。吉林省及长春市人民政府接到报告后，迅速启动了应急预案，省、市党政主要负责同志和其他负责同志立即赶赴现场，组织调动公安、消防、武警、医疗、供水、供电等有关部门和单位参加事故抢险救援和应急处置，先后调集消防官兵800余名、公安干警300

余名、武警官兵800余名、医护人员150余名，出动消防车113辆、医疗救护车54辆，共同参与事故抢险救援和应急处置。在施救过程中，共组织开展了10次现场搜救，抢救被困人员25人，疏散现场及周边群众近3000人，火灾于当日11时被扑灭。

由于制冷车间内的高压贮氨器和卧式低压循环桶中储存有大量液氨，消防部队按照“确保液氨储罐不发生爆炸，坚决防止次生灾害事故发生”的原则，采取喷雾稀释泄漏氨气、水枪冷却贮氨器、破拆主厂房排烟排氨气等技战术措施，并组成攻坚组在宝源丰公司技术人员的配合下成功关闭了相关阀门。

事故中，制冷机房内的1号卧式低压循环桶内液氨泄漏，其余3台高压贮氨器、9台卧式低压循环桶及液氨输送和氨气回收管线内尚存储液氨30t。在国家安全生产应急救援指挥中心有关负责同志及专家的指导下，历经8天昼夜处置，30t液氨全部导出并运送至安全地点。

当地政府对残留现场已解冻、腐烂的2600余吨禽类产品进行了无害化处理，并对事故现场反复消毒杀菌，避免了疫情发生及对土壤、水源造成二次污染。

3. 善后处理情况

当地党委、政府认真做好事故伤亡人员家属接待及安抚、遇难者身份确认和赔偿等工作，共成立121个包保安抚工作组，对121名遇难者家属实行包保帮扶，保持了社会稳定。121名遇难者遗体已全部经DNA比对确认身份，遗体已全部火化，遇难者理赔已全部完成。

事故发生时共有77名受伤人员入院治疗（其中15名为重症），卫生部门成立了一对一的医疗救治小组，国家卫生和计划生育委员会向长春派遣了医疗专家组，共有18名国家级专家、52名省市专家、370名医护人员参与治疗，累计会诊392人次。同时，对遇难者家属、受伤人员及其家属分步骤进行了心理疏导，实施了心理危机干预治疗。77名受伤人员中，除1人因伤势过重经抢救无效死亡外，其他受伤人员均可恢复生活和劳动能力。

11.6.2.3　事故原因和性质

1. 直接原因

宝源丰公司主厂房一车间女更衣室西面和毗连的二车间配电室的上部电气线路短路，引燃周围可燃物。当火势蔓延到氨设备和氨管道区域，燃烧产生的高温导致氨设备和氨管道发生物理爆炸，大量氨气泄漏，介入了燃烧。

造成火势迅速蔓延的主要原因：一是主厂房内大量使用聚氨酯泡沫保温材料和聚苯乙烯夹芯板（聚氨酯泡沫燃点低、燃烧速度极快，聚苯乙烯夹芯板燃烧的滴落物具有引燃性）。二是一车间女更衣室等附属区房间内的衣柜、衣物、办公用具等可燃物较多，且与人员密集的主车间用聚苯乙烯夹芯板分隔。三是吊顶内的空间大部分连通，火灾发生后，火势由南向北迅速蔓延。四是当火势蔓延到氨设备和氨管道区域，燃烧产生的高温导致氨设备和氨管道发生物理爆炸，大量氨气泄漏，介入了燃烧。

造成重大人员伤亡的主要原因：一是起火后，火势从起火部位迅速蔓延，聚氨酯泡沫塑料、聚苯乙烯泡沫塑料等材料大面积燃烧，产生高温有毒烟气，同时伴有泄漏的氨气等毒害物质。二是主厂房内逃生通道复杂，且南部主通道西侧安全出口和二车间西侧直通室外的安全出口被锁闭，火灾发生时人员无法及时逃生。三是主厂房内没有报警装置，部分人员对火灾知情晚，加之最先发现起火的人员没有来得及通知二车间等区域的人员疏散，使一些人丧失了最佳逃生时机。四是宝源丰公司未对员工进行安全培训，未组织应急疏散演练，员工缺乏逃生自救互救知识和能力。

2. 间接原因

（1）宝源丰公司安全生产主体责任根本不落实。

1）企业出资人即法定代表人根本没有以人为本、安全第一的意识，严重违反党的安全生产方针和安全生产法律法规，重生产、重产值、重利益，要钱不要安全，为了企业和自己的利益而无视员工生命。

2）企业厂房建设过程中，为了达到少花钱的目的，未按照原设计施工，违规将保温材料由不燃的岩棉换成易燃的聚氨酯泡沫，导致起火后火势迅速蔓延，产生大量有毒气体，造成大量人员伤亡。

3）企业从未组织开展过安全宣传教育，从未对员工进行过安全知识培训，企业管理人员、从业人员缺乏消防安全常识和扑救初期火灾的能力；虽然制定了事故应急预案，但从未组织开展过应急演练；违规将南部主通道西侧的安全出口和二车间西侧外墙设置的直通室外的安全出口锁闭，使火灾发生后大量人员无法逃生。

4）企业没有建立健全、更没有落实安全生产责任制，虽然制定了一些内部管理制度、安全操作规程，主要是为了应付检查和档案建设需要，没有公布、执行和落实；总经理、厂长、车间班组长不知道有规章制度，更谈不上执行；管理人员招聘后仅在会议上宣布，没有文件任命，日常管理属于随机安排；投产以来没有组织开展过全厂性的安全检查。

5）未逐级明确安全管理责任，没有逐级签订包括消防在内的安全责任书，企业法定代表人、总经理、综合办公室主任及车间、班组负责人都不知道自己的安全职责和责任。

6）企业违规安装布设电气设备及线路，主厂房内电缆明敷，二车间的电线未使用桥架、槽盒，也未穿安全防护管，埋下重大事故隐患。

7）未按照有关规定对重大危险源进行监控，未对存在的重大隐患进行排查整改消除。尤其是2010年发生多起火灾事故后，没有认真吸取教训，加强消防安全工作和彻底整改存在的事故隐患。

（2）公安消防部门履行消防监督管理职责不力。

1）米沙子镇派出所未能认真履行负责全镇消防安全监管工作的职责，发现宝源丰公司符合《吉林省消防安全重点单位界定标准》后，未将宝源丰公司作为二级消防安全重点单位向德惠市公安消防大队上报，未进行盯防和监控；对劳动密集型生产加工企业等人员密集场所监督检查不力，疏于日常消防安全监管，未对该公司进行实地检查，未及时发现其存在的重大事故隐患并下达整改通知书督促整改。尤其是对2010年宝源丰公司多次发生的火灾事故没有会同德惠市消防大队进行认真严肃地查处，致使该企业没有吸取事故教训，加强消防安全管理。事故发生后，与企业有关人员共同对消防检查记录进行作假。

2）德惠市公安消防大队违规将宝源丰公司申请消防设计审核作为备案抽查项目，在没有进行消防设计审核、消防验收的前提下，违法出具建设工程消防验收合格意见书；未发现和督促纠正建设单位擅自更换不符合防火标准的建筑材料的问题；未按照《吉林省消防安全重点单位界定标准》将宝源丰公司列为二级消防安全重点单位，实施重点监控；未指导米沙子镇派出所对宝源丰公司定期进行消防安全教育培训；对2010年宝源丰公司多次发生的火灾事故没有认真严肃地查处，致使该企业没有认真吸取事故教训，加强消防安全工作和对重大事故隐患进行整改消除。

3）德惠市公安局督促指导开展辖区内劳动密集型生产加工企业火灾隐患排查治理工作不力；对消防安全重点单位界定工作不力；对米沙子镇派出所消防安全监督管理工作疏于监管。

4）长春市公安消防支队未能发现和纠正德惠市公安消防大队违规将宝源丰公司建设项目作为备案抽查项目、违法办理消防验收手续等问题；监督指导德惠市公安消防大队开展人员密集场所全覆盖安全监督检查不力；对德惠市公安消防大队失职问题失察。

5）长春市公安局督促指导德惠市开展劳动密集型生产加工企业火灾隐患排查治理工作不得力；对消防安全重点单位界定工作不到位；对德惠市公安局及其消防大队消防安全监督管理工作疏于监督检查。

6）吉林省公安消防总队宣传贯彻《消防法》及《建设工程消防监督管理规定》和《消防监督检查规定》等法律法规不到位；对长春市公安消防支队及其德惠市公安消防大队存在的问题失察；在业务培训、队伍建设、督促干部依法行政方面存在薄弱环节。

7）吉林省公安厅对全省消防安全监督管理工作检查督促不到位，对长春市公安及其消防机构消防监督管理工作失察。

（3）建设部门在工程项目建设中监管严重缺失。

1）米沙子镇建设分局监管人员没有执法资格证件，责任心不强、监管水平低。工作严重失职，放松安全质量监管甚至根本不监管；对宝源丰公司项目工程建设各方责任主体资格审查不严，未能发现和解决该公司项目建设设计、施工、监理挂靠或借用资质等问题；在工程建设中，未能发现并查处宝源丰公司擅自更改建筑设计、更换阻燃材料等问题。

2）德惠市建设工程质量监督站对宝源丰公司工程建设监管工作严重失职。该站没有按照国家规定对宝源丰公司项目工程建设各方责任主体资格进行审查，未能发现和纠正宝源丰公司项目建设设计、施工、监理单位挂靠或借用资质等问题；对宝源丰公司项目检查时，未发现和查处工程监理人员没有资质、监理日志和月报等工程资料不全、建设施工方擅改建筑设计更换建筑材料等问题；对竣工验收环节把关不严，在宝源丰公司项目工程建设资料不全、工程各方质量行为不清的情况下，违规办理竣工验收手续，致使存在重大安全隐患的建筑投入使用；对辖区内工程建设的日常监管不扎实、不落实，现场质量检查不认真、不深入、不全面，监督站负责人工作极不尽责，参与现场检查的次数少，对所负责项目的监管内容和进度不清楚且工作缺乏计划、随意性大。

3）德惠市住建局对宝源丰公司项目工程建设招投标及工程验收等重点环节监督把关不严，导致该项目出现设计、施工、监理单位和人员挂靠或借用资质的问题；对下属的德惠市建设工程质量监督站工作指导、监督、督促、检查不力；对宝源丰公司项目建设的安全质量问题严重失察。

（4）安全监管部门履行安全生产综合监管职责不到位。

1）米沙子镇安监站工作人员对安全生产工作职责不清，日常监管随意，检查记录残缺不全；对宝源丰公司安全生产监督检查流于形式，未对宝源丰公司特殊岗位操作人员资质和工作情况进行检查，未认真督促企业和镇消防部门对消防安全隐患进行深入排查治理；督促镇有关部门落实吉林省、长春市开展防火专项行动工作不力，且发现宝源丰公司没有开展安全生产培训的问题后未认真督促整改。

2）德惠市安全生产监督管理局对特种作业人员持证上岗工作监管缺失；发现宝源丰公

司使用存储液氨后，未对该公司特种作业人员持证上岗情况进行检查和查处；对重大危险源监控工作监管不力；督促指导辖区企业和消防部门落实吉林省、长春市开展防火专项行动和隐患排查治理工作不认真、不扎实；监督指导市属有关部门履行行业安全监管职责工作不到位。

（5）地方政府安全生产监管职责落实不力。

1）米沙子镇人民政府重经济增速、重财政收入、重招商引资，对宝源丰公司建设片面强调“特事特办、多开绿灯”，要“政绩”而忽视安全生产。由镇经贸办同时代管镇食安办和安监站职责，委任的镇安监站站长和工作人员不具备基本的安全生产监管知识，不了解自己的工作职责；对镇政府有关部门履行安全生产和属地监督管理职责的指导和监督检查不力；未按要求认真深入扎实地开展“打非治违”工作，甚至自身违法违规行政，致使宝源丰公司存在大量的违法违规建设行为；不认真落实吉林省、长春市关于开展人员密集场所消防专项整治的部署和要求，部署工作针对性不强，监督检查措施不得力，没有发现和监控该镇存在的多处重大危险源；隐患排查治理工作不认真、不严肃、不彻底，检查安排随意，没有计划、没有记录，发现隐患后没有跟踪整改和回访，使存在的重大事故隐患和严重问题没有得到及时有效的消除和解决。

2）德惠市人民政府没有牢固树立和落实科学发展观与安全发展理念，片面地追求 GDP 增长，片面地强调为招商引资项目“多开绿灯、特事特办”，忽视安全生产。贯彻执行安全生产法律法规和政策规定以及上级的安全生产工作部署要求以及督促企业、基层政府及其有关部门落实安全生产和质量管理责任制、加强安全和质量监管不得力。2012 年以来，在对人员密集场所消防安全专项整治、冬春防火百日会战以及吉林省吉煤集团通化矿业集团公司八宝煤业公司“3·29”特别重大瓦斯爆炸事故和“4·1”重大瓦斯爆炸事故后的安全隐患大排查治理工作中，市政府只是做了安排部署，但没有对层层落实安全生产措施和隐患排查治理的实际情况进行督促检查；安全生产大排查大整改不深入、不全面、不彻底，致使存在盲区死角，未能发现和解决宝源丰公司存在的重大安全隐患问题；开展“打非治违”工作不力，导致宝源丰公司出现严重违法违规建设行为和基层政府及有关部门违法违规行政；将工程建设审批权下放给米沙子镇人民政府和米沙子工业集中区后，未能督促指导其开展相应的安全和建筑施工质量监督检查工作，导致基层安全生产和质量监督管理工作不落实，企业的重大事故隐患得不到及时发现和整改消除。

3）长春市人民政府没有正确处理安全与发展的关系，贯彻落实国家和吉林省安全生产法律法规、政策规定、工作部署要求不认真、不扎实、不得力；对有关部门和地方政府的安全及质量监管工作监督检查不到位，对“打非治违”和隐患排查治理工作要求不严、抓得不实；监督指导长春市属有关部门和德惠市人民政府依法履行安全生产监管职责不到位。

4）吉林省人民政府科学发展观和安全发展理念树立得不牢；贯彻落实国家安全生产法律法规、政策规定、工作部署要求和督促指导有关地区、部门认真履行职责、做好安全生产工作不到位；对全省消防安全工作的领导指导和监督不力。

3. 事故性质

经调查认定，吉林省长春市宝源丰公司“6·3”特别重大火灾爆炸事故是一起生产安全责任事故。

11.6.2.4 对事故有关责任人员及责任单位的处理建议

（1）对有关责任人分别给予刑事、行政和党内处分。

（2）相关处罚及问责建议。

1）依据《安全生产法》《生产安全事故报告和调查处理条例》等相关法律和行政法规规定，建议吉林省人民政府责成吉林省安全生产监督管理局对宝源丰公司给予规定上限的经济处罚。

2）建议吉林省人民政府责成有关部门按照相关法律、法规规定，对宝源丰公司依法予以取缔。

3）建议吉林省人民政府责成有关部门对所涉及的工程项目设计、施工、监理单位的违法违规行为做出行政处罚。

4）建议连同吉林省吉煤集团通化矿业集团公司八宝煤业公司“3·29”特别重大瓦斯爆炸事故，对吉林省人民政府予以通报批评，并责成其向国务院做出深刻检查。

11.7 民用爆炸物品事故案例分析

11.7.1 山东保利民爆济南科技有限公司“5·20”特别重大爆炸事故

2013年5月20日10时51分许，位于山东省章丘市的保利民爆济南科技有限公司乳化震源药柱生产车间发生爆炸事故，造成33人死亡、19人受伤，直接经济损失6600余万元。

11.7.1.1 基本情况

1. 事故企业情况

保利民爆济南科技有限公司（以下简称保利民爆济南公司）始建于1958年，前身为济南四五六厂，2000年8月企业改制为济南四五六有限责任公司，济南市国资委持有66.67%的股权，其余33.33%为职工股权。2006年，济南市国资委将济南四五六有限责任公司66.67%的股权转让给中国新时代集团公司，企业更名为新时代民爆（济南）科技产业有限公司。2011年1月，经国务院批准，国务院国资委将原新时代集团民爆业务划转保利集团。2011年3月，新时代民爆（济南）科技产业有限公司更名为保利民爆济南科技有限公司。

保利民爆济南公司注册资金1200万元，拥有固定资产1.32亿元。截至2013年4月30日，公司资产总额4.12亿元，负债2.22亿元，所有者权益1.9亿元。在岗职工660人，下设综合管理处等14个部门，101（含乳化型震源药柱生产线、乳化炸药生产线）、102、201、设备维修等4个车间和4家产品销售、爆破作业、设备制造子公司。保利集团实际相对控股保利民爆济南公司38%。

保利民爆济南公司于2010年9月获得工业和信息化部颁发的民用爆破物品生产许可证（编号：MB生许证字（098号））。核准年生产能力为膨化硝铵炸药12000t，乳化炸药15000t，震源药柱6500t，地面站混装炸药5000t，共计38500t。

保利民爆济南公司位于山东省章丘市曹范镇的新厂区搬迁工业炸药生产线分两期进行建设。一期工程包括年产15000t胶状乳化炸药生产线和年产12000t膨化硝铵炸药生产线，

2010年7月通过验收并投产；二期工程包括年产6500t震源药柱生产线、年产5000t现场混装工业炸药生产系统、炸药库和硝铵库等，2010年7月开工建设，2012年9月通过验收。

2. 事故生产线情况

（1）项目审批情况。2011年6月和7月，工业和信息化部安全生产司、山东省国防科技工业办公室（以下简称山东省国防科工办）分别以《关于调整保利民爆济南科技有限公司民爆物品生产许可能力的批复》（工信安字〔2011〕57号）、《关于调整保利民爆济南科技有限公司震源药柱生产能力的通知》（鲁科工爆〔2011〕195号），批复同意保利民爆济南公司新增年产3500t的震源药柱生产能力。保利民爆济南公司将该新增震源药柱生产能力设计为乳化型震源药柱，列入工业炸药生产线二期工程一并实施。

（2）项目设计情况。保利民爆济南公司根据上述批复文件，委托具有民用爆破器材工程甲级设计资质的五洲工程设计研究院设计乳化型震源药柱生产线项目。根据五洲工程设计研究院的设计要求，乳化型震源药柱车间（502工房）为局部3层钢筋混凝土框架结构，建筑物长、宽、高分别为50m、15m、11m，建筑面积约2000m^2，装药机设备4台（2用2备），操作定员11人、最大允许定员14人，工房内最大允许存药量2.5t。可生产现场混装乳化基质或乳化型震源药柱（不得同时生产）。生产乳化型震源药柱时，工房只生产装药后的乳化型震源药柱半成品，然后由危险品专用运输车辆运往粉状震源药柱包装工房（407工房），进行乳化型震源药柱的后期加工（压盖、热合、打码、封箱），形成乳化型震源药柱成品。

（3）试生产情况。2011年12月29日，山东省国防科工办根据济南市经济和信息化委员会（以下简称济南市经信委）的申请，对该建设项目组织进行了试生产条件考核。

2012年2月，开始试生产。3月30日，山东省国防科工办以《关于下达保利民爆济南科技有限公司震源药柱和现场混装工业炸药试生产计划的通知》（鲁科工爆〔2012〕73号）下达了许可能力20%的试生产计划（其中乳化型和粉状震源药柱合计1300t）。

2012年6月，试生产的乳化型震源药柱经山东省国防科工办封样送国家民用爆破器材质量监督检验中心检测，其各项性能均达到了《震源药柱》（GB 15563—2005）高爆速震源药柱标准要求，试生产产品稳定可靠，设备运行正常。2012年9月，试生产结束。

（4）竣工验收及投产情况。该项目于2011年3月开工建设，12月建设完成后，分别通过了有关部门的建筑工程、环保设施、消防设施、安全设施、职业卫生、防雷设施等备案或验收。

2012年7月，中国煤炭科学研究总院对该生产线进行了安全验收评价。

2012年9月，受工业和信息化部安全生产司委托，山东省国防科工办在济南主持了工业炸药生产线二期工程建设项目的投产验收会议，专家组同意该项目通过验收，并形成了验收文件（验收产品不包括含有太安起爆件的乳化型震源药柱）。

2012年12月，工业和信息化部安全生产司同意通过对该项目的验收，保利民爆济南公司取得了年产6500t震源药柱和5000t现场混装工业炸药安全生产许可。

3. 震源药柱产品及生产工序情况

（1）震源药柱产品情况。根据设计和验收要求，该生产线主要生产产品为乳化型震源药柱。震源药柱是通过地下爆炸产生地震波的炸药药柱，主要用于地震勘探。乳化型震源药柱是指以乳化炸药为主装炸药的震源药柱，是将胶状乳化炸药经装药机装入塑料壳体，将雷管座装在壳体端口，然后密封而成。

乳化炸药是通过乳化剂的作用，使氧化剂的水溶液微滴均匀地分散在含有空气泡或空心微球等多孔性物质的油相连续介质中，形成的一种油包水型的含水炸药。

保利民爆济南公司生产的乳化炸药主要成分及比例为硝酸铵 71.5%、硝酸钠 7.4%、尿素 1.95%、乳化剂 2.3%、复合蜡 3.95%、水 10.4%、珍珠岩 2.5%。该产品配方符合《工业炸药通用技术条件》（GB 28286—2012）规定。

（2）主要生产工序及设备情况。根据设计，保利民爆济南公司生产的乳化型震源药柱生产工序主要包括破碎、溶（熔）化、乳化、凉药、敏化、装药、热合、包装。具体为：将硝酸铵等破碎到合格粒度后加入定量的水，加温搅拌配制成水相溶液；将油相原料（乳化剂、复合蜡等）按比例加温混拌均匀；将油、水两相溶液按比例混合乳化，乳化后流出的乳化基质经凉药机凉至工艺要求温度后，加入珍珠岩等敏化物质敏化成为胶状乳化炸药；胶状乳化炸药经输送带运至装药机装入圆柱形塑料壳体内，成为震源药柱半成品，将其由危险品专用运输车运至 407 工房进行压盖、热合、打码、封箱。

震源药柱车间（502 工房）自动装药机型号为 RZZY6000，由石家庄晓进机械有限公司制造。2006 年 6 月，该设备通过了南京理工科技化工有限责任公司的专项安全评价（编号：NUST-MBZP-2006-019）。2009 年 9 月，列入《民用爆炸物品专用生产设备目录》。

4. 事发时生产线实际情况

（1）生产产品情况。502 工房一层共有 4 台装药机，由南向北依次编为 1~4 号。爆炸发生时，1、2 号装药机正生产直径 60mm 乳化型震源药柱，3 号装药机未工作。保利民爆济南公司擅自将 4 号装药机用于生产直径 70mm 的 2 号岩石乳化炸药。

（2）生产工序情况。爆炸发生时，502 工房内除工艺规程允许的工序外，保利民爆济南公司又擅自增加 2 号岩石乳化炸药装药、装箱、封箱工序和乳化型震源药柱压盖、热合、拧螺旋套、打码、装箱、封箱工序。

（3）现场人员情况。爆炸发生时，502 工房实有操作人员 34 人（不含监控室 1 人），超出工房定员 20 人。分布为：油水相制备 2 人，制药 1 人，布料管理 1 人，1、2、4 号装药机各 4 人，热合 2 人，拧螺旋套 4 人，装箱封箱 4 人，运料 1 人，机修 1 人，技术员 3 人，质检 1 人，班长 1 人，驾驶人 1 人。

（4）在建包装工房情况。5 月 20 日，502 工房西南侧正在进行乳化型震源药柱包装工房的 503-1 廊道工程施工。爆炸发生时，现场施工人员为 15 人，正在 502 工房西南侧 35m 安全距离范围内（按规定应大于 97.2m）进行 503-1 廊道剪力墙及顶部支模板内绑扎钢筋作业。

11.7.1.2 事故发生经过和应急处置情况

2013 年 5 月 18 日，502 工房分甲（事故发生时当班）、乙两班生产。其中甲班上中班（15：30~24：00），共生产 15 箱（360 根）带双雷管座起爆件（含太安药量 11g）震源药柱、372 箱不带起爆件震源药柱和 229 箱大直径乳化炸药，并产生了带起爆件震源药柱废药（乳化炸药），存放于 502 工房当班储物室内。5 月 19 日，该生产线停产 1 天。

5 月 20 日，甲班上早班（6：00~15：30）。5：30，配料工开始配料；6：10，班前准备完毕且相关设备正常后，开启 1、2 号装药机，开始生产直径 60mm 的不带起爆件震源药柱；8：00，开启 4 号装药机，同时生产直径 70mm 的 2 号岩石乳化炸药。随后，陆续有技术员、检验员等6名相关人员进入车间内工作。9：43~9：46，甲班组长和加料员一起先后从储物间抬了三包废药（经调查核实为该班5月18日的剩余废药）放在敏化机的西侧；9：52~10：47，加料员分7次向敏化工序的搅拌机内加入36铲废药；10：51，该工房突然发生爆炸。

事故造成33人死亡，其中：车间工人30人，车间外施工人员3人；造成19人受伤，其中：车间工人4人，车间外施工人员9人，其他区域受伤6人（含车间监控室值班员1人，周边其他区域人员5人）。

爆炸时502工房总药量为3.7t，参与爆炸药量约2.4t，折算成TNT炸药当量约1.8t。爆炸造成502工房生产线及设备粉碎性破坏，建筑物大部分整体坍塌，周围建筑物破坏范围约为265m。

事故发生后，保利民爆济南公司负责人立即向山东省、济南市民爆行业主管部门及集团公司报告，并请求地方政府救援，随即成立了现场事故救援小组，组织开展人员搜救、疏散撤离和医疗救护等工作。

接到事故报告后，山东省和济南市党委、政府主要负责同志立刻做出批示指示，迅速启动突发事件应急处置预案，省、市有关领导同志率领安全监管、公安、消防、国防科工等相关部门负责同志及时赶往事故现场组织开展抢险救援工作。济南市人民政府组织700余名消防、专业救援人员和60余名医疗救护人员，调集15台（套）大型机械设备、20辆救护车和生命探测仪及搜救犬，迅速赶赴事故现场，紧急开展抢险救援及应急处置工作。

事故发生后2小时内，在抢险救援指挥部领导下，现场救援人员将19名伤员全部救出并及时送往5家医院进行救治。

事故发生后30余小时，通过人工与机械相结合的破解方式分层清理，共搜寻出13具遇难者遗体，事故现场清理处置炸药1t左右。

在国务院有关部门联合工作组的现场指导下，山东省及济南市组织230余名公安、相关专家和工程技术人员及专业救援人员等，对现场废墟进行第二次筛选清理，两次共计收集DNA检材样本1 106份，并全部进行鉴定比对，全部确认了33名遇难人员身份。同时，开展了相关侦破、调查、排查和分析论证工作。通过扎实有效的工作，排除了人为破坏、雷击、装药机热积累和乳化炸药自爆等导致爆炸的可能性。济南市人民政府组织各方成立33个工作组，对遇难者家属进行一对一慰问安抚，迅速开展遇难者家属的接待、心理疏导、赔付等工作，19名伤员得到有效救治，当地社会秩序稳定。

11.7.1.3 事故原因和性质

1. 直接原因

震源药柱废药在回收复用过程中混入了起爆件中的太安，提高了危险感度。太安在4号装药机内受到强力摩擦、挤压、撞击，瞬间发生爆炸，引爆了4号装药机内乳化炸药，从而殉爆了502工房内其他部位炸药。

2. 间接原因

（1）保利民爆济南公司法制和安全意识极其淡薄，安全管理混乱且长期违法违规组织生产。

1）违规改变生产工艺。违反《民用爆炸物品生产、销售企业安全管理规程》（GB 28263—2012）的有关规定，未经论证鉴定、有关单位评价咨询、主管部门备案或批准，擅自在乳化型震源药柱中加装太安起爆件，埋下了安全隐患；起爆件保管、领用、使用、登记和回收管理混乱，使起爆件中的太安混入震源药柱废药；采用回收不合格震源药柱中主装药再利用的生产方式，致使震源药柱起爆件中的太安炸药混入废药后，进入乳化炸药制药环节。

2）违法增加生产品种、超员超量生产。违反《民用爆破器材工程设计安全规范》（GB 50089—2007）、《民用爆炸物品生产、销售企业安全管理规程》（GB 28263—2012）、《民用爆炸物品安全管理条例》等有关规定，擅自将震源药柱压盖（加装含太安炸药的起爆件）、热合、拧螺旋套、装箱、封箱工序移入502工房；擅自增加生产二号岩石乳化炸药品种并增开1台装药机和擅自增加生产线操作工；擅自提高产量，该公司2012年实际生产震源药柱12937t，超过许可能力近一倍。2013年1~4月份已生产4554t，严重超产。事故发生时，502工房现场人员总数达34人，工房总药量为3.7t，远超最大允许定员14人、定量2.5t。

3）违规进行设备维修和基建施工。按照有关规定，炸药在线生产时不能进行设备维修，但502工房在生产作业的同时，对工房内膜热合机进行维修。事故发生时，工房外侧安全距离范围内违规进行包装工房连廊基建施工。

4）弄虚作假规避监管。在有关部门验收考核和到现场检查时弄虚作假，撤人撤设备，形成合法生产假象，验收检查后继续违规生产；在向行业主管部门报送实际产量过程中弄虚作假、编造数据，欺瞒行业主管部门，逃避监管；未按照要求及时连接视频监控系统并上传工房生产作业的实时监控影像。

（2）上级主管单位对安全生产工作不重视，对保利民爆济南公司安全生产监督管理不力。保利集团、保利化工公司、保利民爆集团作为上级主管单位，负有对保利民爆济南公司安全生产管理工作进行指导、监督、检查的职责。但实际运营中，这些单位对保利民爆济南公司安全生产工作疏于指导督促、监督管理不力，安全生产监督检查走过场。2012年以来保利民爆集团和保利集团多次到保利民爆济南公司进行安全生产等工作检查，没有发现并纠正其存在的违法违规生产和内部安全管理混乱问题；对保利民爆济南公司未及时与上级公司连接视频监控系统督促整改不力；组织下属企业开展“打非治违”和隐患排查治理工作不认真、不扎实、不得力。

（3）地方民爆行业主管部门工作不扎实，安全监管不得力。

1）章丘市经济和信息化局（以下简称章丘市经信局）负责本行政区域内的国防科技工业管理工作，承担保利民爆济南公司有关证照、年检的审核把关和报送工作；履行行业安全生产监督管理职责不认真、不得力；安全生产监督检查工作图形式、走过场，2012年以来多次组织或参与对保利民爆济南公司的安全生产检查，未能发现和查处该公司长期存在的违法违规生产问题；工作不负责任，对该公司新增3500t出口产能审批把关不严；对该公司长期存在违法违规生产和内部安全管理混乱问题失察。

2）济南市经信委负责本行政区域内的国防科技工业管理工作，承担保利民爆济南公司有关证照、年检的审核把关和报送工作；履行行业安全生产监督管理职责不得力；开展安全生产监督检查不认真、不深入、不严格，2012年以来多次组织或参与对保利民爆济南公司的安全生产检查，未能发现和查处该公司长期存在的违法违规生产问题；行政审批工作不认真，对该公司新增3500t出口产能审批把关不严；对该公司长期存在违法违规生产和内部安全管理混乱问题失察。

3）山东省国防科工办负责本行政区域民用爆炸物品生产、销售的安全生产监督管理；履行行业安全生产监督管理职责不到位；组织开展安全生产和相关工作监督检查不认真、不深入、不扎实，2012年以来多次组织或参与对保利民爆济南公司的安全生产和相关工作检查，未能发现和查处该公司违法违规生产问题；对该公司新增3500t产能出口情况监管不力；对该公司长期存在违法违规生产和内部安全管理混乱问题失察。

（4）地方政府对民爆行业安全生产工作监管不到位，“打非治违”工作不彻底。

1）章丘市人民政府未认真履行安全生产属地监管责任，贯彻执行安全生产法律法规和政策规定不得力，组织开展“打非治违”工作不深入、不扎实、不彻底，督促指导本地区民爆行业主管部门履行安全监管职责不严格，对保利民爆济南公司长期存在的违法违规生产和内部安全管理混乱问题失察。

2）济南市人民政府履行安全生产属地监管责任不到位，贯彻执行安全生产法律法规和政策规定不得力，组织开展“打非治违”工作不深入、不彻底，督促指导本地区民爆行业主管部门履行安全监管职责不到位，对保利民爆济南公司长期存在的违法违规生产和内部安全管理混乱问题失察。

3）山东省人民政府履行安全生产属地监管责任不到位，组织开展“打非治违”工作不深入、不彻底，督促指导本地区民爆行业主管部门履行安全监管职责不到位。

3. 事故性质

经调查认定，山东保利民爆济南公司“5·20”特别重大爆炸事故是一起生产安全责任事故。

11.7.1.4 对事故有关责任人员及责任单位的处理建议

（1）司法机关已采取措施人员11人，以上人员属中共党员或行政监察对象的，待司法机关做出处理后，由当地纪检监察机关或具有管辖权的单位及时给予相应的党纪、政纪处分。对其他人员涉嫌渎职等职务犯罪的，由司法机关依法独立开展调查。

（2）建议给予党纪、政纪处分人员21人，鉴于保利民爆集团、保利民爆济南公司有7人不属于行政监察对象，事故调查组只提出党纪处分建议，建议国务院国资委责成保利集团依法解除上述7人职务。

（3）相关行政处罚及问责建议。

1）依据《安全生产法》《生产安全事故报告和调查处理条例》等有关法律法规的规定，责成山东省安全生产监督管理局对保利民爆济南公司处以规定上限的罚款，对保利民爆济南公司董事长冯怀禄、总经理彭汉雷各处以2012年度收入上限的罚款。

2）建议工业和信息化部、国务院国资委督促指导保利集团对保利民爆济南公司进行停产整顿。

3）建议责成山东省人民政府向国务院做出深刻检查；建议责成保利集团向国务院国资委做出深刻检查。

11.7.2 岳阳利宇矿业有限公司“7·22”较大爆炸事故

2015年7月22日16时许，岳阳利宇矿业有限公司临湘市忠防镇中雁村王家山峰雁矿区在作业过程中，发生一起较大爆炸事故，造成4人死亡，直接经济损失300余万元。

事故发生后，岳阳市、临湘市两级政府高度重视，岳阳市委常委、副市长唐道明立即做出指示，要求有关部门立即派员赶赴现场做好事故处理工作，查清事故原因，扎实做好善后工作；要举一反三，吸取教训，切实采取有效措施，坚决遏制类似事故再次发生。

根据《安全生产法》和《生产安全事故报告和调查处理条例》的规定，2015年7月24日，岳阳市人民政府批准成立了由市安监局牵头，市监察局、市公安局、市总工会、市国土局、临湘市人民政府组成的事故调查组。事故调查组邀请市人民检察院派员参加，并聘请了矿山爆破和气象方面的专家参加事故调查工作。

事故调查组按照"四不放过"和"科学严谨、依法依规、实事求是、注重实效"的原则，通过现场勘查、调查取证和综合分析，查明了事故发生经过和原因，认定了事故性质和责任，提出了对事故责任单位和责任人员的处理建议和事故防范措施。

11.7.2.1 基本情况

1. 事故发生单位基本情况

事故发生单位为岳阳利宇矿业有限公司，其前身为岳阳利宇贸易有限公司，成立于2010年3月18日，2012年6月7日变更为岳阳利宇矿业有限公司，类型为有限责任公司，营业执照注册号为430682000006042，公司住所为湖南省临湘市忠防镇鱼潭，法定代表人为余宇良，经营范围为长石露天开采、选矿及销售和有色金属矿产品、机电产品销售。该公司取得了公安部门颁发的爆破作业单位许可证（非经营性）（编号为4306001300061，有效期为2014年3月25日~2017年3月25日），事故发生地点位于岳阳利宇矿业有限公司的峰雁矿区。

2. 峰雁矿区基本情况及演变由来

事故发生矿区峰雁矿区登记面积为1.3819km^2，生产规模为年产45万t。目前，该矿区的露天开采取得了安全生产许可证（证号为湘FM安许证字〔2014〕F968号，许可单位名称为岳阳利宇矿业有限公司花石岩长石矿，许可范围为长石露天开采，有效期为2014年1月27日~2017年1月26日），但未取得正式的采矿许可证。

2003年5月，临湘市国土局向该矿首次颁发采矿许可证。2011年4月29日，临湘市国土局对该矿进行了最后一次延期登记（采矿许可证编号为C4306822009047120013216，开采方式为露天开采，有效期为2011年4月29日~2012年4月29日）。

2012年，岳阳利宇矿业有限公司申请对临湘市忠防镇和詹桥镇的长石矿进行资源整合。临湘市政府同意该公司进行资源整合并进行了批复。随后，岳阳利宇矿业有限公司向岳阳市国土局递交了峰雁矿区的采矿权延期申请报告，岳阳市国土局依据相关的文件办理了延续登记，颁发的采矿许可证（编号为C4306822009047120013216，开采方式为露天/地下开采）有效期仅1年，自2012年9月3日至2013年9月3日。

2013年6月25日，岳阳利宇矿业有限公司再次向岳阳市国土局提出峰雁矿区办理采矿权延续登记及扩大矿区范围的申请，并依法缴纳了407.77万元的采矿权价款、提交了相关文件。由于湖南省矿业权设置方案尚未取得国土资源部的审查，导致采矿许可证暂时不能配号，岳阳市国土局于2013年9月13日发出《颁发采矿许可证的通知》（岳预采〔2013〕011号），允许的开采方式为露天/地下开采，开采期限为5年，并明确该通知可以视为对该矿权采矿的行政许可。湖南省国土资源厅于2015年8月19日出具《关于岳阳利宇矿业有限公司采矿登记有关问题的函》，函中明确了法律法规对矿业权设置方案制度没有规定，国务院于2015年5月10日公布取消了矿业权设置方案审批事项。该函认为岳阳市国土局为岳阳利宇矿业有限公司发放《颁发采矿许可证的通知》确属特殊情况。

直至事故发生前，该矿区的地下开采未取得安全生产许可证。

3. 事故发生矿硐基本情况及作业流程

事故发生矿硐位于岳阳利宇矿业有限公司峰雁矿区内，属于国土部门认定的岳阳利宇矿业有限公司采矿权范围内。

该矿硐由临湘詹桥人魏运皇与家人于1998年合伙雇人开挖。该矿硐于2000年开始出矿。2008年，魏运皇自己带徒弟回矿硐开采长石矿至今。2013年矿硐划入岳阳利宇矿业有限公司采矿范围后，魏运皇与岳阳利宇矿业有限公司在矿硐的收购上展开了多次谈判，但是没有达成统一意见，而魏运皇认为自己投入太大，要求继续开采。2014年5月6日，岳阳利宇矿业有限公司与魏运皇签订了《承包合同》，将该矿硐发包给魏运皇开采，合同规定魏运皇开采的矿石由岳阳利宇矿业有限公司收购，开采矿石所需的民用爆炸物品由岳阳利宇矿业有限公司以市场价格向魏运皇提供。但实际上开采出来的矿石由魏运皇自己销售，每吨矿石向岳阳利宇矿业有限公司缴纳销售额10%的采矿权价款和管理费用。

事故发生矿硐每天只进行一次爆破，爆破作业时间为每天下班前，第二天上班后，所有的作业人员在作业面根据各自的分工进行开采作业，待矿石和渣土全部清完后，再进行打眼、装药和爆破后下班。

4. 企业安全管理基本情况

岳阳利宇矿业有限公司成立了安全生产委员会，设主任1人，副主任3人，成员14人，安委会办公室设安保部，由何术伟任办公室主任，负责安委会日常工作。公司有4名持证安全管理人员，其中法定代表人余宇良持有主要负责人安全资格证书（证书编号：1304060634），安全负责人何术伟持有安全管理人员资格证书（证书编号：1304060637）。

岳阳利宇矿业有限公司制定的安全生产责任制度不健全，未按照《安全生产法》的要求明确所有岗位的责任人员、责任范围和考核标准等内容，未制定《安全生产培训教育制度》《安全检查制度》。岳阳利宇矿业有限公司制定了《岳阳利宇矿业有限公司应急救援预案》《岳阳利宇矿业有限公司安全事故应急救援预案》，但实际并未进行演练。岳阳利宇矿业有限公司对从业人员进行安全教育培训不到位。公司行政部负责公司的安全培训教育，但该公司以采矿作业点人员进出频繁为由，没有对从业人员进行安全培训教育。

岳阳利宇矿业有限公司没有依据《民用爆炸物品安全管理条例》的相关规定对民用爆炸物品进行管理，以市场价格向不具备任何采矿资质的个人提供民用爆炸物品用于采矿；没有严格执行民用爆炸物品回库制度，该公司民用爆炸物品回库台账直至2015年7月才开始建立；没有严格督促各矿点将当班未使用完毕的民用爆炸物品清退回库，公司在王家山建了四间房子，将各矿点未用完的民用爆炸物品集中存放，聘请的看守人员无相应资质。

岳阳利宇矿业有限公司在与魏运皇的承包合同中明确了各自的安全生产责任，公司安全负责人何术伟对事故发生矿硐一周进行两次检查。魏运皇在开采中使用的民用爆炸物品由岳阳利宇矿业有限公司提供。先由民用爆炸物品仓库库管员刘少勇核定民用爆炸物品的数量，魏运皇再根据核定的量交现金到公司，公司财务部开出领用单，魏运皇凭其子魏天良的爆破作业人员许可证从岳阳利宇矿业有限公司领取炸药和雷管，魏天良未在事故发生矿硐中从事爆破作业。2015年7月8日，忠防镇向事故发生矿硐下达责令停止违法生产通知书后，岳阳利宇矿业有限公司虽然停止向魏运皇供应民用爆炸物品，但是没有督促魏运皇将未使用完的民用爆炸物品清退回库，魏运皇仍在使用之前未清退回库的民用爆炸物品开采长石矿。

5. 事故发生当天天气情况

2015年7月22日下午，事故发生矿区出现了雷雨天气，临湘市气象台于当天15时42分发布了雷雨大风黄色预警信号。

11.7.2.2　事故发生经过及应急救援情况

1. 事故发生经过

2015年7月22日12时30分，事故发生矿硐负责人魏运皇带领王细它、李学球、何明望、邓小文、魏映红和徐丽象六人到达事故发生矿硐作业。矿硐里分两个作业组进行作业，魏运皇和李学球负责打炮眼，王细它负责将渣土运出硐外，其余四人负责采矿、选矿。15时20分，作业面的炮眼全部打完。15时40分，魏运皇开始在炮眼里装炸药和雷管，15时50分，魏运皇将引爆电线接在雷管上，但并未将电线接上电源。当时何明望、邓小文、魏映红和徐丽象正在矿硐中台阶坑下面炮眼附近处收拾工具，王细它、魏运皇、李学球三人在台阶上面清渣施工。忽然硐里的照明灯一闪，轰的一声巨响，发生了爆炸。

2. 应急救援情况

事故发生后，魏运皇、王细它和李学球立即跑到四人所处的位置，看到何明望坐在地上，左脚被落石压住，邓小文趴在地上喊疼。由于无法搬动压在何明望身上的落石，魏运皇等三人就先将邓小文抬出硐。16时16分，魏运皇拨打了120急救电话后就在硐外等救护车。李学球和王细它继续进硐救人，进硐后又找到了趴在地上痛苦呻吟的徐丽象，李学球和王细它将其抬出硐后再返回救何明望。两人用铁撬棍撬开压在何明望左腿上的石头后，将何明望救出硐，因伤势过重，在搬出矿硐后不久，何明望死亡。爆炸发生后，周边矿硐的工人也过来帮助救援，在最后清理爆炸现场石头时发现了魏映红的遗体。16时20分，公司主要负责人助理李海军接到矿硐报案电话后，当即安排魏运皇组织现场人员抢救伤员，同时拨打120请求医疗支援，并打电话给行政部长敖凯，要求敖凯向主管职能部门上报事故情况。17时07分，敖凯向临湘市安监局矿山股股长戴晓波电话报告事故情况。医疗救护车到达现场后，徐丽象、邓小文当即被送往医院进行抢救，后二人因伤势过重，经抢救无效死亡。

7月22日17时左右，忠防镇安监办主任王铁勇接到忠防镇水电站站长何伟华的事故报告电话，王铁勇立即向镇党委、政府相关领导报告。忠防镇立即组织相关人员赶赴事故现场组织开展救援，并向临湘市委、市政府及有关职能部门报告事故情况。接到事故情况报告后，临湘市启动非煤矿山应急救援预案，临湘市、岳阳市有关负责同志带领相关职能部门主要负责人，第一时间赶赴现场处置事故应急救援工作。当晚，临湘市政府连夜组织召开专题会议，要求相关部门单位妥善处理善后工作，防范次生事故发生。7月23日，事故善后工作得到了有效处理。

11.7.2.3　事故原因和性质

1. 直接原因

（1）事故发生矿硐内爆破作业人员无爆破作业人员许可证，属于违规作业，在与爆破无关人员未撤离爆破作业现场的情况下就进行爆破网路架设，同时事故发生矿硐内起爆线、连接线与其他电力线路布置不当，起爆线路与其他电力线路隔离不到位。

（2）动力和照明线路破损、芯线外露产生漏电，加之矿硐所在矿区有雷雨现象，雷电作用加强了电雷管网路内的杂散电流强度，致使5个已安装炸药、雷管的炮眼中3个炮眼提前早爆。

2. 间接原因

（1）岳阳利宇矿业有限公司。

1）违法组织地下开采。该公司虽已取得露天开采长石安全生产许可证，但未向安监部门申报并取得地下开采长石安全生产许可证。

2）违法发包。该公司在证照不全的情况下，违法将事故发生矿硐发包给没有相关开采资质的魏运皇进行开采。

3）爆破现场管理混乱。事故发生矿硐现场爆破线路存在芯线外露漏电的安全隐患，爆破作业人员未取得爆破作业人员许可证资质。

4）没有落实民用爆炸物品管理制度。该公司没有执行民用爆炸物品回库制度，未建立回库台账，违法设立爆炸品仓库，并聘请无相应资质人员看守。

5）岳阳利宇矿业有限公司对从业人员进行安全教育培训不到位。该公司以采矿作业点人员进出频繁为由，没有对从业人员进行安全教育培训。

（2）地方党委、政府。

1）临湘市忠防镇党委和镇政府贯彻落实上级党委、政府关于安全生产工作的部署和要求，组织开展“打非治违”不力，对事故发生矿硐长期违法开采行为没有采取有效措施制止。忠防镇对事故发生矿硐进行过多次检查，并分别于2015年4月16日下达《停止生产通知书》，2015年7月8日下达《责令停止违法生产通知书》，2015年7月14日上午，镇党委书记李开龙、镇长汤勇兵分别向临湘市安委办和临湘市国土局递交了《关于请求对忠防镇违法违规采矿行为进行打击治理的情况汇报》，汇报材料中没有提到事故发生矿硐，2015年7月22日上午，李开龙和汤勇兵再次来到临湘市安委办请求尽快采取联合执法行动，但忠防镇采取的措施没有从根本上制止事故发生矿硐违法生产的行为，直至事故发生前，该矿硐仍在进行违法开采作业。

2）临湘市人民政府组织开展非煤矿山“打非治违”工作推进不到位，没有及时督促相关部门采取有效措施打击非煤矿山领域非法违法行为。

（3）负有安全生产监督管理职责的部门。

1）临湘市国土局履行矿产资源监督管理职能，组织开展矿产资源领域“打非治违”工作不到位。该局矿管中队在日常巡查过程中，多次对事故发生矿硐进行检查，但没有将事故发生矿硐违法开采的情况向有关部门通报。2015年7月，忠防镇党委、政府以书面形式向该局递交了《关于请求对忠防镇违法违规采矿行为进行打击治理的情况汇报》的报告后，采取相关措施不力。

2）临湘市公安局履行民用爆炸物品安全管理职能不到位，对岳阳利宇矿业有限公司没有落实民用爆炸物品管理制度、未建立回库台账、违法设立临时仓库储存民用爆炸物品的行为没有及时发现查处。对事故发生矿硐爆破作业人员无爆破作业人员许可证进行爆破作业的情况没有及时发现制止。临湘市忠防镇派出所在排查行动中查获事故发生矿硐无证违法开采行为后，没有上报临湘市公安局，也未采取查封其民用爆炸物品的措施。

3）临湘市安监局对非煤矿山监督管理，开展非煤矿山“打非治违”工作不到位。对岳阳利宇矿业有限公司日常监督检查督促指导企业落实安全生产培训教育、健全安全管理制度等不到位，对事故发生矿硐未及时发现和制止。2015 年 7 月，忠防镇党委、政府向该局递交了《关于请求对忠防镇违法违规采矿行为进行打击治理的情况汇报》后，采取相关措施不力。

3. 事故性质

经调查分析认定：岳阳利宇矿业有限公司“7·22”较大爆炸事故是一起较大生产安全责任事故。

11.7.2.4 对事故有关责任人员及责任单位的处理建议

1. 司法机关已采取措施人员

事故涉案人员待司法机关做出处理结论后，再给予相应党纪政纪处分。其他国家机关工作人员涉嫌渎职等职务犯罪的，由检察机关依法独立开展调查。

2. 相关行政处罚建议

（1）刘少勇，男，群众，岳阳利宇矿业有限公司民用爆炸物品仓库保管员，负责公司民用爆炸物品的发放和保管。对民用爆炸物品发放把关不严，将民用爆炸物品发放给无爆破作业人员许可证的魏运皇使用，未落实民用爆炸物品回库制度，未建立回库台账，对事故发生负有直接监管责任，建议由公安机关依法吊销其爆破作业人员许可证。

（2）依据《安全生产法》《生产安全事故报告和调查处理条例》等相关法律法规的规定，建议由岳阳市安全生产监督管理局对岳阳利宇矿业有限公司给予行政处罚。

11.7.2.5 事故防范措施建议

（1）岳阳利宇矿业有限公司要深刻吸取本次事故的教训，健全公司的安全生产责任制和安全生产规章制度，确保责任落实到岗，落实到人；要按照法定程序完成整合，在证照齐全，符合安全生产条件的情况下方可投入生产；要加大对爆破现场设施设备的隐患排查治理力度，确保爆破现场作业安全；要加强民用爆炸物品的管理，严格按照《民用爆炸物品安全管理条例》的要求，督促当班作业人员在爆破作业后将剩余的民用爆炸物品清退回库；要切实加强安全教育培训工作，依法依规制定教育培训计划并严格落实。

（2）临湘市政府、忠防镇政府要依据《安全生产法》《湖南省安全生产监督管理职责规定》等相关法律、文件的要求，认真落实安全生产“党政同责”“一岗双责”的职责规定，要针对本起事故提出非煤矿山安全生产专项整治方案，进一步完善“打非治违”工作机制，强化整顿整治措施，严厉打击安全生产非法违法等行为，切实提高安全生产属地监管水平。

（3）临湘市政府对辖区内无证开采矿山要坚决予以取缔，收回的采矿权要通过合法程序进行招拍挂，并督促拍得采矿权的企业通过法律法规规定的各项审查，取得相应证照后方可允许生产。

（4）临湘市国土局要依法打击矿山的违法开采行为。在日常检查过程中要对企业取证情况予以查验，发现存在的安全隐患应当由其他部门进行处理的，应当及时移送相关部门。

（5）临湘市公安局要加强民用爆炸物品的日常管理，加大对民用爆炸物品使用单位的监管力度，防止民用爆炸物品用于无证无照或证照不全场所。

（6）临湘市安监局要切实加强整合矿山的安全监管。对于实施整合的矿山，要严格按照“先关闭、后整合”的原则，依法注销其非煤矿矿山企业安全生产许可证。整合后的矿山，必须严格实行安全设施“三同时”审查，依法取得安全生产许可证，证照齐全方可投入生产。要加强对整合矿山的执法检查，严厉打击各种形式的“假整合”，严厉惩处以整合或基建名义组织生产等非法违法行为。

参 考 文 献

[1] 王铁崖．国际法引论［M］．北京：北京大学出版社，1998.

[2] 梁慧星．民法学说判例与立法研究［M］．北京：中国政法大学出版社，1993.

[3] 韩世远．免责条款研究［M］．北京：法律出版社，1994.

[4] 梁慧星．民商法论丛：第2卷［M］．北京：法律出版社，1994.

[5] 国家安全生产监督管理总局（国家煤矿安全监察局）．安全评价［M］．2版．北京：煤炭工业出版社，2004.

[6] 汪元辉．安全系统工程［M］．天津：天津大学出版社，1999.

[7] 赵铁锤．危险化学品安全评价［M］．北京：中国石化出版社，2003.

[8] 毛海峰．现代安全管理理论与实务［M］．北京：首都经济贸易大学出版社，2000.

[9] 刘国财．安全科学概论［M］．北京：中国劳动出版社，1998.

[10] 苏汝维，王风江．安全生产与劳动保护实用大全［M］．北京：中国物价出版社，1996.

[11] 王玉元，王金波，肖爱民．安全工程师手册［M］．成都：四川人民出版社，1997.

[12] 何学秋．安全工程学［M］．徐州：中国矿业大学出版社，2000.

[13] 何银虎．安全生产实务全书［M］．延吉：延边人民出版社，2000.

[14] 曹康泰．安全生产许可证释义［M］．北京：中国市场出版社，2004.

[15] 张其中．爆破安全法规标准选编［G］．北京：中国标准出版社，1994.

[16] 国家安全生产、劳动保护法制教育丛书编委会．伤亡事故防范与调查处理统计报告［M］．北京：中国劳动社会保障出版社，2002.

[17] 张达义，夏昌华，等．个人劳动保护用品及其选择使用［M］．北京：冶金工业出版社，1989.

[18] 王自齐，赵金恒．化学事故与应急救援［M］．北京：化学工业出版社，1997.

[19] 张寿林，等．急性中毒诊断与急救［M］．北京：化学工业出版社，1996.

[20] 王世俊．工业卫生与职业病学［M］．北京：化学工业出版社，1990.

[21] 卞耀武，等．《中华人民共和国安全生产法》读本［M］．北京：煤炭工业出版社，2002.

[22] 石少华．2005年注册安全工程师执业资格考试辅导教材——安全生产法及相关法律知识［M］．北京：煤炭工业出版社，2005.

[23] 赵震江，付子堂．现代法理学［M］．北京：北京大学出版社，1999.

[24] 卞耀武．中华人民共和国职业病防治法释义［M］．北京：法律出版社，2002.

[25] 苏宏杰．地方安全生产条例与《安全生产法》比对分析［J］．中国安全生产科学技术，2012 (4).

[26] 王军，王达慧．论提高煤矿安全生产管理水平的方法和途径［J］．中国煤炭，2006，32 (2)：59-61.

[27] 金铌．煤矿安全管理中外对比分析［J］．中国煤炭，2010，36 (6)：110-113.

[28] 倪士重．完善煤矿安全生产法治化的建议［J］．中国煤炭，2015，41 (1)：11-14.

[29] 刘兴军．煤炭企业安全文化的构建与应用［J］．中国煤炭，2014，40 (10)：139-141.

[30] 马求成．加强国有煤炭企业农民工队伍建设的探索与实践［J］．中国煤炭，2014，40 (8)：136-138.